羅光著

# 中國哲學思想史

清代篇

臺灣學生書局印行

# 中國哲學思想史　清代篇

## 目錄

## 第二章　清代初葉哲學思想（下）

### 一、王夫之

## 第三章 清代中葉哲學思想

## 二、焦循

附錄（論生命哲學）

讀者如願知道作者對中國哲學的解釋，請參考：

中國哲學大綱　臺灣商務印書館
儒家形上學　輔仁大學出版社
中國哲學的展望　臺灣學生書局

# 一　導　論

清朝統治中國，自公元一六四四年到一九一一年，爲時兩百六十八年，算爲中國歷史上一個長久的朝代。清朝爲滿清人，以異族入主中華，帶來民族情緒上的衝突。清初大儒，隱迹山林，逃避官職。康熙皇帝乃學元世祖的政策，採用儒家思想來治國，自己讀四書，尊崇朱熹。開博學鴻詞科，延取士人。編纂叢書：康熙字典，爲空前的字書；淵鑑類函，包括天時地理人事的典故；圖書集成，由雍正帝完成，編纂經歷二十五年。乾隆帝繼位，爲清朝極盛的時代。乾隆帝喜好文學，能書能詩，纂修四庫全書，共收古今書籍三千四百七十部，七萬九千零十八卷，爲空前的浩大叢書。兩朝皇帝又纂修了許多經義和會典的書籍。雍正帝雖不是文人，却深信佛教，親自參禪，號圓明居士，選輯禪師語錄，爲御選語錄。乾隆帝下諭雕刻大藏經。康熙時，且重用西洋天主教教士，從事科學的傳譯，後因祭天敬祖的禮儀問題，降旨驅逐教士出境，斷絕了傳習西洋科學的途徑。然最可惜的，則是文字獄。滿清皇帝雖習儒學，然也明瞭儒學傳統是排斥夷狄。清初儒者的民族思想，常留在學者心中。因此大興文字獄，在康熙朝，有莊廷鑨的「明史之獄」，戴名世的「南山集之獄」。在雍正朝，有曾靜、張熙的「呂留良詩文之獄」，查嗣良的「維民所止之獄」。在乾隆朝，有胡中藻、鄂昌的「乾三爻不象龍說之獄」，有徐述夔、沈德潛的「一柱樓詩之獄」，和查禁錢謙益詩文的詔令。因此，清朝文人便不敢再表顯民族思想。但文字獄對於研究理學，並沒有直接的影響，何況康熙、乾隆兩代，都尊崇朱熹。漢武帝曾罷黜百家，一尊儒學，漢朝却沒有一位大思想家；清康熙乾隆推崇朱學，清朝也沒有一位大理學家。

清朝的哲學思想，一方面和明末的哲學思想相連接，一方面受政治環境的影響，乃造成一種畸形的色彩，沒有走上正當發展的途徑。

明末的哲學思想，以劉宗周（蕺山）爲代表，由王陽明的『心卽理』，走回朱熹的『格物致知』；然不接受朱熹的理氣二元而主氣，以性爲神，以心爲物，强調愼獨。黃宗羲爲劉宗周的弟子，宗朱熹。明末學者的趨勢，因着國家政治軍事的失敗，趨於實學。黃宗羲因而有實學的領袖之稱。

明末，因宦官專權，政治腐敗。社會民衆受官吏的剝削，又逢天災，遍地饑荒。張獻忠、李自成乃擧兵作亂，攻破京城，逼死崇禎皇帝。在對滿清的軍事上，也因朝臣不和，守疆大臣迭遭貶殺，淸兵乃得入關。以異族入主中國，引起强大民族意識的反抗。

黃宗羲宗朱熹而專實學，著明夷待訪錄，列擧各種社會問題，對於賦稅、土地、貨幣，都提出答案。對於政治，著有「原君」、「原臣」、「原法」幾篇文章，發揮民主政治的理想。但是他的學術成績，則在於明儒學案。

同時有顧炎武，反對明末學風，研究明朝的衰亡，歸罪於王學的空疏，也力主實學。然他不走黃宗羲的政治和學術評論的路，而走歷史研究的路，又提倡研究經學，開考據訓詁的門徑，作音學五書。他對地理很有興趣，著有天下郡國利病書和肇城志。平生走訪各省，著有日知錄，記錄自己的經驗和讀書的心得。但是他的專長，在於歷史，每研究一事，必詳細研究事情的本末，參以佐證，且力求學以佐用。

黃、顧兩氏，都具有經世之才，也抱着救世之心；可是自身所處，乃是天崩地裂，異族入主的時代；便決心避世，辭官不就。然而淸朝的學術思想，由黃顧兩氏已開了途徑。反對王學的空疏，進而攻擊宋朝的理學。攻擊宋學的理由，不是亡國的罪名，而是離經叛道的大惡。炎武已開始說經學卽是理學，後來惠棟、戴震、阮元等人以考據爲經學，經學成爲了漢學。

實學本是實用之學，爲經世致用；顏元、李塨乃倡恢復孔孟的實踐之學，以孔門的射、御、書、數爲實學的內容。他們的哲學思想，沒有理學的理和性；但是以爲惡來自習染，須修身嚴肅，克己改惡。

清唐鑑作國朝學案小識，曾國藩爲作「書後」，曾說：

「我（清）朝崇儒一道，正學翕興，平湖陸子，桐鄉張子，闢詖辭而反經，確乎其不可拔。陸桴亭、顧亭林之徒，博大精微，體用兼賅；其他鉅公碩學，項領相望。」（曾國藩全集 文集，頁五十五 漢苑出版社）

「平湖陸子」爲陸隴其（稼書），「桐鄉張子」爲張履祥（考夫），在學案小識中列第一卷，陸在前，張在後，兩氏被視爲清朝理學的嚮導。學案小識有沈維鐈的序文，序中說：

「綜擧國（清）朝諸儒，次第甄錄，首列傳道，以清獻、揚園，桴亭、清恪爲正宗，其次湯文正以下十九人爲翼道，得所翼而道不孤也。于北溟以下四十四人為守道，得所守而道益明也。又次黃黎洲以下，為經學，許鄭賈孔皆道之支流餘裔也。卷末附心宗終焉。」（清學案小識 上 廣文書局）

清獻乃陸隴其，揚園爲張履祥，桴亭則陸世儀，清恪爲張伯行，四學者皆清朝初葉人，傳程朱的理學。學案中說陸隴其「嘗謂聖門之學，雖一以貫之，未有不從多聞多見入者。欲求聖學斷不能舍經史。又謂今之論學者無他，亦宗朱子而已。宗朱子爲正學，不宗朱子則非正學。」（清學案小識 上 卷一，頁一）學案說張履祥「窮理居敬，宗法考亭。知行並進，內外夾持，無小無大，無粗無精，無一念非學問，無一事非學問。」（同上，頁十）學案論陸世儀，「篤志聖賢，謹守程朱家法，以格致誠正修齊治平爲程，以居敬窮理省察克治爲工夫。謂只提一敬字，便覺此身擧止動作如在明鏡中。」（同上 卷二，頁六）學案論張伯行「學以程朱爲準的，不參異說，不立宗旨，主敬以端其本，窮理以致其知，躬行以踐其實。」（同上，頁十一）學案列四氏爲「傳道學案」，他們都是傳程朱之道，但保有當時實學的風氣，少講性命之理，多行實踐工夫。他們四人，都有集作，然在哲學方面沒有自家的見識。其他翼道和守道的學者，也沒有哲學上的特點。這一系列的學者代表清朝的理學，然而清朝理學的思想則是由王夫之作代表。學案列王夫之於第三卷，稱爲翼道的人，實則清朝唯一的哲學家，乃是他。

王夫之的哲學思想，以易經爲基礎，以尙書和論語中庸作資料，接受張載的學說，發揮『氣』的思想。宇宙由陰陽兩氣並立而相運交。在太極中兩氣未顯明，爲形而上；陰陽顯明爲兩氣，爲形而下。兩氣運行不息，化生萬物。在物內仍舊運行不停，乃創『性日生而命日降』的學說。王夫之又精於歷史，所著讀綱鑑論和宋論，發揮歷史哲學，以天命氣運貫串歷史。王夫之的著述豐富；但因他極力反對滿淸，逃亡在窮鄉僻壤，生時，所有的著作都不能刻板傳世。淸初和淸中葉的人，很少知道他，因此對於淸朝學術思想，沒有大影響。淸朝末葉，曾國藩以復國元勳的地位，敬重自己的同鄉，乃刻王夫之的遺書，親爲作序。序中說：

「其身長遯，其名寂寂，其學亦竟不顯於世。荒山敝榻，終歲孳孳，以求所謂育仁之仁，經邦之禮，窮探極論，千變而不離其宗，曠百世不見知而無所於悔。先生沒後，巨儒迭興，或攻良知捷獲之說，或辨易圖之鑿，或詳考名物訓詁音韻，正詩集傳之疏，或修補三禮時享之儀，號為卓絕。先生皆已發之於前，與後賢若合符契。雖其著述太繁，醇駁互見，然固可謂博文約禮，命世獨立之君子已。」（曾國藩全集 文集，頁四四 王船山遺書序）

顏元、李塨生在船山以後，沒有讀船山的書，思想不相合。顏元、李塨素稱爲清朝的哲學家，因在舉國學者都傾於考據訓詁的風氣中，他們師弟兩人能夠講求義理之學，力求以孔孟之道修身立德，實在可以令人稱佩。

## 二

清朝的代表學術，爲經學，又稱漢學。考據訓詁的漢學，在清初的顧炎武和王夫之已經開端，顧氏講音韻，王氏講訓詁。然而他們講考據乃是以考據以解釋經書，追求義理。僅以考據作訓詁，則起於閻若璩和惠棟。考據的風氣起於反對宋學。明末學者責斥王學空疏，誤國殃民。清初學者尚忠守宋學，然反王學的趨勢漸漸走向反對宋學，以宋朝理學論理論性，空玄不可捉摸，便套以空疏的罪名。清初繼明末的實學，由政治和歷史走入考訂經書，以考據和訓詁爲脚踏實地的實學，「經學即是理學」。爲攻擊宋學，提出漢學。

閻若璩作尚書古文疏證，考證古文尚書和孔安國的尚書傳爲僞書。惠棟作九經古義、易漢學、周易注、古文尚書考。胡渭作易圖明辨，辨明先天後天易圖和河圖洛書都是後人的著作。毛奇齡作古文尚書寃詞、大學古本。段玉裁著說文解字注、六書音韻表。王念孫著讀書雜誌、廣雅引疏，王引之著經義述聞。

考據家中，能有哲學思想的，則爲戴震。戴震不以考據訓詁爲學術的目標，學術目標在於義理。經書的義理以訓詁爲根據，也爲範圍。他攻擊宋明理學者隨便解釋經文，尤其攻擊朱熹的性卽理。理不是抽象的理；而是事物的條理。性不是生來而有的「如一物」的性，而是食色的欲。他著有原善和孟子字義疏證，以孟子所說的性和孔子所說的性相調協，性無不善，習則生惡而相遠。但是戴震走不出訓詁的範圍，關閉在事物的形色裏，不能進入推理的形上境界。

在考據家中，追隨戴震而談義理的，有焦循（里堂）和阮元（芸台）。焦循著有易通釋、孟子正義、論語通釋、雕菰樓文集。他最佩服戴震的孟子字義疏證，以漢學訓詁說明宋學義理；因宋學的義理，應以孔孟的義理去評衡，不能以爲宋學的義理，就是孔孟的義理。他分當時研究經學的人爲五派：　、通核；二、據守；三、校讎；四、摭拾；五、叢綴。他最不看重據守的學理，自己願意是個通核的貫通全經的學人。

阮元則是清朝考據學的殿後人，他官至內閣大學士，平生喜歡提倡經學，又編輯皇清經解，他很崇拜戴震，自己也主張「食色性也」，欲卽性。排擠欲在性以外，乃是佛教的思想；唐李翺講復性，乃是莊子的思想。儒家則是任情從欲而求樂，以禮爲節制。但是他沒有懂得孟子所講仁義之性，也沒有懂得孟子所講的性命之分。

阮元去世的次年，洪秀全在廣西起兵作亂，佔據了也蹂躪了清朝的半壁江山。江南富饒的地區，成了兵後的廢墟。曾國藩雖平定了太平天國，然而國家元氣大傷，已經不是埋首故紙堆中，追求字義聲韻的時候了，學術界遂起了新的趨勢。一種趨勢爲曾國藩的樸學，一種趨勢爲龔自珍和魏源的公羊學。

## 三

當考據訓詁學最盛的時候，清初黃宗羲、顧炎武、王夫之的史學，尚有傳人。繼黃氏的明儒學案者有全祖望，祖望和黃宗羲的兒子黃百家著宋元學案。寫史者有萬斯同的明史稿。然而眞能繼王夫之的歷史哲學思想者，乃爲章學誠。學誠著有文史通義、校讎通義，他不滿於考據學者所說的經學就是理學，他說道的大原出於天，不能說完全藏於六經以內，應隨時研究以發明。他以爲六經皆史，史則包括一切典章法度見於政教行事的實迹。

清朝的國勢和社會安寧，自順治、康熙、雍正到乾隆，達到了極盛的時代。國內平安，蒙古、新疆、西藏也相繼平定。江南的絲業、紡織業、陶瓷業、鹽業都相當發達，民間已多富裕的人家。但是自嘉慶以後，內憂外患，相繼迭至。國內會黨如天理會，白蓮敎常作亂，西南苗猺等民族又反叛，後來洪秀全起兵成太平天國，幾乎亡了清朝。對外，因鴉片戰爭後，締約通商，後來英法聯軍；日本起釁；以致八國聯軍，清朝已經不知應付。

曾國藩則在天下大亂以後，力行孔孟修身之道，謹守禮制，以建立士氣，改正風俗，挽救國家的頹勢。國藩以清朝的學術，對於國家，沒有建設性的貢獻，今後宜在實際生活上以建立倫理道德。

「乾嘉以來，士大夫為訓詁之學者，薄宋儒為空疏；為性理之學者，又薄漢儒為支離。鄙意由博乃能返約，格物乃能正心，必從事於禮經，考覈於三千三百之詳，博稽乎一名一物之細，然後本末兼該，源流畢貫，雖極軍旅戰爭食貨淩雜，皆禮物所應討論之事。故嘗謂江氏禮書綱目，秦氏五禮通考，可以通漢宋二家之結，而息頓漸諸說之爭。」（覆夏弢甫　曾國藩全集書牘，頁九三五）

國藩的學友，有倭仁、劉蓉、羅澤南等人，都治理學，格物窮理，存心養氣。

然而清朝的國勢已到了末運，歐洲列强和日本，步步進逼中國。清廷只知道割地通商，社會有識之士則提倡改革，公羊學派乃走上政治改革的路。康有爲爲公羊學的代表；公羊學爲今文學，起於清中葉的莊存與、孔廣森、劉逢祿、龔自珍。漢朝經學有今文和古文兩大派，漢以後古文派得勢，學者都宗鄭許，今文經學公羊傳已成絕學。清朝經學宗漢古文學，莊孔等人忽提出公羊傳，研究孔子春秋改制。清末國勢既面臨危急存亡的時候，康有爲乃依據公羊學而倡議變法。公羊之學有所謂「張三世」、「存三統」、「異內外」的三科，康有爲主張孔子託古改制，爲素王；又以禮運的大同，小康配三世，而主張大同。他著大同書，幻想一烏托邦，破除一切制度，全球爲一國家。他的私淑弟子譚嗣同襄助變法運動，不成，以身殉。嗣同曾著仁論，仿有爲的大同書，以仁而廢除家庭國家的限制，以仁通於天下萬物。

戊戌變法雖失敗，改革的聲勢已遍及全國，產生接收西學的聲浪。國人所遭受者，爲西洋的「船堅砲利」，認爲西學卽是自然科學；且以歷代傳統的儒學爲不合時代的廢物，應予拋棄。民國成立後，乃有全盤西化的行爲，認科學爲萬能，哲學爲玄學幻想。

有清一代，沒有一位大思想家。史家說原因在於清朝皇帝箝制思想，大興文字獄。故清初唯一的思想家王夫之藏匿草莽，不爲世人所知。然而也因爲學術研究的盛衰，循自然的趨勢。理學由宋到明，已經到了全盛時期，在明末則已顯出衰敗的氣象。接着喜歡講理論的理學，應有一種實際的學術，清末遂有史學和考據學的興起。考據和史學到了極盛以後，必然走向衰頹的路，理論的學術又該復興，因而清末有曾國藩的理學和民初的佛學。但是國家的存亡，較比學術的研究更重要，清朝最後幾年和民初，大家所專心注意的事，在於救國。全盤西化，接收科學，成為學術界最顯明的現象。

# 第一章 清代初葉哲學思想（上）

## 一、顧炎武

### 1. 緒論

顧炎武，初名絳，號亭林，字寧人，江蘇省崑山縣人，生於明神宗萬曆四十一年癸丑（公元一六一三年），卒於清聖祖康熙二十一年（公元一六八二年），年七十，炎武的生父名同應，母何氏，兄弟五人。炎武居第二，孩提時過繼於叔父同吉。同吉早卒，無子。卒以前，聘王氏女貞孝，未過門，守節不嫁，撫養炎武爲子。炎武幼讀大學、周易、資治通鑑。十四歲讀書經、詩經、春秋。十八歲中鄉試。崇禎八年，炎武二十二，巡按御史祁彪佳表揚養母王氏於貞孝之門，次年，巡按御史王一鶚具題貞孝事狀，奏旌門戶，報可。崇禎十七年，李自成陷京師，崇禎帝自縊。四月，炎武率家人侍母遷居常熟，時年三十二歲。次年，清師入南都，明亡。炎武的生母何氏被游騎砍斷右臂，弟子叟、子武並遭難。養母貞孝聞變，卽絕食，三十日乃死，遺命勿仕異朝。三十九歲時，謁明孝陵，四十一歲時再謁。次年，四十二歲，順治十一年，卜居金陵神烈山下。次年四十三，四謁明孝陵，還歸崑山，四十五歲元旦，六次謁明孝陵。四十六歲，遊泰安，登泰山，赴兗州曲阜，謁孔林，往鄒縣，謁周公廟和孟子廟。次年，出山海關，返至永平，出居庸關，再返山東，回江蘇，至揚州，旋復北上至天津過年。四十八歲由山東，南歸，抵金陵，七謁明孝陵，寓居淮上。五十歲時，北上，入京，出古北口，往薊州，赴山西，渡汾河，至平陽。次年，由汾州，取道蒲州入潼關，至西安，然後回太原。五十二歲，由山西到河南輝縣，往山東。五十四歲再往山西，然後到京師，由京到山東，然後南歸。五十六歲，以萊州黃培詩獄牽連，下濟南獄，在獄六個月，得釋，回金陵。後又遊山東直隸山西。六十九歲時，在山西，寓下坡韓村韓旬公家。次年，七十歲，正月八日，早起，上馬，失足墜地，疾作，竟日嘔吐不止，初九日丑刻，去世，歸葬崑山。

（張穆編　清顧亭林先生炎武年譜）

炎武一生著書很多，現可考者：

日知錄三十二卷，補遺四卷。

二十一史年表十卷，天下郡國利病書一百二十卷，歷代宅京記二十卷，顧氏譜系考一卷，聖朝記事一卷。

古音表三卷，易音三卷，詩本音十卷，唐韻正二十卷，音論三卷，統名音學五卷，韻補正一卷。

五經同異三卷，左傳杜解補正三卷，九經誤字一卷，五經考一卷。

昌平山水記二卷，十九陵圖志六卷，萬歲山考一卷，肇城記一百卷，岱嶽記八卷，北平古今記十卷，榮平二州史事記六卷，建康古今記十卷，官田始末考一卷。

求古錄一卷，金石文字記六卷，山東考古錄一卷，京東考古錄一卷。

詩集五卷、文集六卷、茀錄十五卷，菰中隨筆三卷。

炎武所專的學術，爲歷史和考據，尤長於音韻。他遊山東，直隸、山西、江蘇各省時，隨地紀錄，隨事考訂。他可以說是清代考據學的先驅。對於哲學所寫的很少，只在他的文集中，頗有所提。他的思想重實學，主氣節。清唐鑑的學案小識說：「夫先生之爲通儒，人人能言之，而在學問思辨也。是以平心察理，事事求實，凡而論述，權度惟精，往往折衷於朱子。」[1]

李文貞顧寧人小傳說：「自幼博涉强識，好爲蒐討辯論之學。十三經諸史，旁及子集稗野，列代名人著述，微文碎義，無不考究。騎驢走天下，所至荒山頹阻，有古碑版遺跡，必披榛菅，拭斑蘚，手錄其要以歸，十餘歲至七十而老，勤如一日。於六書音義，尤有獨

得。」(2)

潘次耕作日知錄序，說：「崑山顧寧人先生，生長世族，負絕域之資，潛心古學，九經諸史，略能背誦。尤留心當世之故，實錄奏報，手自鈔節，經世要務，一一講求。當明末年，奮欲有所建樹，而迄不得試，窮老以終。然憂天憫人之志，未嘗少衰。事關民生國命者必窮源索本，討論其所以然。足跡半天下，所至交其賢豪長者，考其山川風俗，疾苦利病，如指諸掌。精力絕人，無它嗜好，自少至老，未嘗一日廢書。出必載書數簏自隨，旅店少休，披尋搜討，曾無倦色。有一疑義，反復參考，必歸於至當。有一獨見，援古證今，必暢其說而後止。當代文人才士甚多，然語學問，必歛衽推顧先生。凡制度典禮，有不能明者，必質諸先生；墜文軼事，有不知者，必徵諸先生；先生手畫口誦，探源竟委，人人各得其意去。天下無賢不肖，皆知先生爲通儒也。」(3)

## 2. 論實學

明末，劉宗周反陽明學派，責爲空疏誤國，力主實學。宗周門人黃宗羲繼承師說，也主實行。明末局勢岌岌可危，竟沒有人能够救國，國竟以亡。有志氣的學者，憤滿清異族力主中原，常懷復國的大志，故講經世之學。但時勢已定，清朝已一統江山，且嚴禁反滿的思想，學者不敢多言，乃轉向考據，上繼漢代的經學，經學也是一種實學。顧炎武說：

「晚益篤志經學，曰：經學卽理學也，舍經學則所謂理學者、禪學也。於陸王之說，辨之最力。」（清儒學案 卷六，亭林學案上。顧炎武先生傳）

炎武不喜談性理，日知錄對五經、四書所記錄，都爲修身治家平太下。對於易經，反對漢人易學的象數說。

「聖人設卦觀象而繫之辭，若文王周公是已。夫子作傳，傳中更無別象，其所言卦之本象，若天地雷風水火山澤之外，惟頤中有物本之卦名，有飛鳥之象，本之卦辭，而夫子未嘗增設一象也。荀爽虞翻之徒，穿鑿附會，象外生象，以同聲相應為震巽，同氣相求為艮兌，水流濕火就燥為坎離，雲從龍則曰乾為龍，風從虎則曰坤為虎。十翼之中，無語不求其象，而易之大旨荒矣。豈知聖人立言取譬，固與後之文人同其體例，何嘗屑屑於象哉。王弼之注易，雖涉於元虛，然已一掃易學之榛蕪而開之大路矣，不有

程子大義，可由而明乎？」（日知錄 卷一，頁四）

「記者於夫子學易之言，而卽繼之曰：子所雅言，詩書執禮皆雅言也。是知夫子不日不言易，而其言詩書執禮者，皆言易也。苟循乎詩書執禮之常，而不越焉，則自天祐吉無不利矣。故其作繫辭傳於悔吝無咎之旨，特諄諄焉。而大象所言，凡其體之於身，施之於政者，無非用易之事。然辭本乎象，故曰君子居則觀其象而玩其辭。觀之者淺，玩之者深矣。其所以與民同患者，必於辭焉著之，故曰聖人之情見乎辭。若天一地二，易有太極二章，皆言數之所起，亦贊易之所不可遺，而未嘗專以象數敎人為學也。……希夷之圖，康節之書，道家之易也。自二子之學興，而空疏之人，迂怪之士，舉竄跡於其中以為易，而其易為方術之易，於聖人寡過反身之學，去之遠矣。」（日知錄 卷一，頁十八）

易傳講聖人，一以修身，一以治國，以天道用於人事。顧炎武肯定易傳乃是「聖人寡過反身之學」，孔子平日不談易而行易之事。漢朝易學家荀爽虞翻專講卦象以求吉凶，宋朝易學者專講圖數，如陳希夷（摶）和邵雍，顧炎武責斥他們失去了易象的大旨。他有與友人論易書兩篇，第一篇所說，和前面所引的一段相同。

「子所雅言詩書執禮，詩書執禮之文，無一而非易也。」（亭林文集 卷三，與友人論易書）

文集卷三的第一篇爲與友人論學書，書中說明他求學的主張，『學』不是談心性，而講修身。

「竊歎夫百餘年以來之爲學者，往往言心言性，而茫乎不得其解也。命與仁，夫子所罕言也；性與天，子貢之所未得聞也。性命之理，著之易傳，未嘗數以語人，其答問士也，則曰『行己有恥』；其爲學則曰『好古敏求』；其與門弟子言，舉堯舜相傳；所謂危微精一之說，一切不道，而但曰『允執厥中，四海困窮，天祿永終。』嗚呼！聖人之所以爲學者，何其平易而可循也！……今之君子則不然，聚賓客門人之學者數十百人，譬之草木，區以別矣，而一皆與之言心言性。……是必其道之高於夫子，而其門弟子之賢於子貢，祧東魯而直接二帝之心，我弗敢知也！……愚所謂聖人之道者如之何？曰博學於文，曰行己有恥，自一身以至於天下國家，皆學之事也。自子臣弟友以至於出入往來辭受取與之間，皆有恥之事也。……嗚呼！士而不先言恥，則為無本之人，非好古而多聞，則為空虛之學。以無本之人而講空虛之學，吾見其日從事於聖人，而去之彌遠也。雖然，非愚之敢言也！」（亭林文集 卷三，與友人論學書）

孔子之謂學，在於「好古敏求」以修身知恥，少談性命之道。顧炎武主張以這種思想爲求學的原則，切實避免多談性理的空虛之學，他認爲明代理學家談心談性，都是「茫然不得其解。」這種評語，不包括宋朝理學家，因爲他說「百餘年以來之爲學者」，他是指着陽明學派的學者。明末清初的學者對陽明學派，都有很大的反感，都企圖矯正這派學者的空疏，而代以實學；實學的根基在於孔子。

「今之言學者必求諸語錄，語錄之書，始于二程，前此未有也。今之語錄幾乎充棟矣，而淫于禪者實多。」（亭林文集 卷六，下學指南序）

炎武不想著書，祇願抄書，收集古碑帖，這是受他祖父的影響。他在鈔書自序裏說，先祖贊善公曾告他，著書不如抄書，因爲今人所集的，必不及古人，所讀的書也不及古人的博。有的人改前人所作而成書，有的人偷襲前人的書而爲自作。讀書和抄書，乃是求學的正途。他遵守先祖的教訓，很謙虛地做這種實際的工夫。

「孔子之刪述六經，卽伊尹太公救民於水火之心，而今之注蟲魚，命草木者，不足以語此也。故曰載諸空言，不如見諸行事。夫春秋之作，言焉而已。而謂之行事者，天下後世用以治人之書，將欲謂之空言而不可也。愚不揣，有見於此，故凡文之不關於六經之指，當世之務者，一切不爲。而旣以明道救人，則於當今之所通患，而未嘗專指其人者，亦遂不敢以辟也。」（亭林文集　卷三，與友人書二）

## 3. 辨別朱陸

王陽明曾作朱子晚年定論，以朱熹的思想在早年和陸象山的思想不相同，到了晚年則和陸象山相同了。這明明是袒護陸象山，以象山的思想爲正，朱熹晚年也有了這種思想。顧炎武特加辨明。

「夫學程子而涉于禪者上蔡也，橫浦則以禪而入于儒，象山則自立一說，以排千五百年之學者，而其所謂收拾精神，掃去階級，亦無非禪之宗旨矣。復之學者遞相演述，大抵不出乎此。而其術愈深，其言愈巧，無復象山崖之迹矣。」（同上，下學指南序）

炎武直指陸象山爲禪，更責後來追述陸學的人，更離開陸學的途徑而入於禪了；這明明指的是王學。

「王文成所輯朱子晚年定論，今之學者多信之，不知當時羅文莊（原註欽順）已嘗與之書而辯之矣。其書曰：評朱子晚年定論之編，蓋以其中歲以前所見未真，及晚年始克有悟，乃於其論學書牘三數十卷之內，摘此三十餘條，其意皆主於向裏者，以爲得於既悟之餘，而斷其爲定論。斯其所擇，宜亦精矣。第不知所謂晚年者，斷以何年為定。偶考者何叔京氏卒於淳熙乙未，時朱子方四十有六。復二年丁酉，而論孟集註或問始成。今有取於答何書者四通，以為晚年通定，至於集註或問，則以為中年未定之說，竊恐考之欠詳，而立論太果也。……

嘗讀朱子文集，其第三十二卷皆與張南軒答問書，內第四書，亦自以為其於實體似益精明，因復取凡聖賢之書，以及近世諸先生之遺語，讀而驗之，則又無一不合。蓋平日所疑而未白者，今皆不待安排，往往自見灑落處，與執事之所序者，無一語之不相似也。書中發其所見，不為不明，而卷末一書，提綱振領，尤為詳盡。竊以為千聖相傳之心學，殆無以出此矣。不知何故，獨不為執事所取，無亦偶然也邪？若以此二書為然，則論孟集註、學庸章句或問，不容別有一般道理。如其以為未合，則是執事精明之見，決與朱子異矣。……

又曰：朱子有朱子之定論，象山有象山之定論，不可强同。專務虛靜，完養精神，此象山之定論也。主敬涵養以立其本，讀書窮理以致其知，身體力行以踐其實，三者交修竝盡，此朱子之定論也。乃或專言涵養，或專言窮理，或止言力行，則朱子因人之教，因病之藥也。今乃指專言涵養者為定論，以附合於象山，其誣朱子甚矣。……且吾夫子以天縱之聖，不以生知自居，而曰好古敏求，曰多聞多見，曰博聞約禮，至老刪述不休，猶欲假言學易。朱子一生效法孔子，進學必在致知，涵養必在主敬，德性在是，問學在是。如謬以朱子為支離為晚悔，則是吾夫子所謂好古敏求，多聞多見，博文約禮，皆早年之支離，必如無言無知無能，為晚年自悔之定論也？……」（日知錄　卷十八，頁四三五）

顧炎武以王陽明的朱子晚年定論，是陽明願意以圓其說，借朱子以攻朱子。他不贊成王學，詆爲空虛，責爲禍國殃民。他贊成朱子的學說，認爲是繼承孔子的修身求學之道。因爲孔子孟子所傳的心學，乃是實踐操存之學。在上面所引的文據的開端，顧炎武說：

「論語一書言心者三：曰七十而從心所欲不逾矩；曰回也其心三月不違仁；曰飽食終日無所用心。乃操則存，舍則亡之訓，門人未之記，而獨見於孟子。夫學聖人之操心，而驟語夫從心，此卽所謂飽食終日無所用心，

而已盡之所為，有牿亡之者矣。」（同上，頁四三一）

操心和從心，兩者有分別；操心須要修身，修身則要格物致知正心誠意。孔子教門生之道，就在於操心。孟子講操心，以存心的善端；從心，則是從心所欲，自然而行。炎武推崇孔子七十而從心所欲。然七十以前，孔子則常操心。因此王學一派人，沒有學孔子的操心，却驟講孔子的從心，必有牿亡自己的心。他說王陽明的高足爲王艮（泰州）和王畿（龍溪），王艮的弟子爲顏均（正農），再傳爲羅汝芳（近溪）、趙大洲。王畿的弟子爲何心隱，再傳爲李贄（卓吾）、陶望齡（石簣）。炎武借王世貞的評語說：「今之學者，偶有所窺，則欲盡廢先儒之說而出其上，不學則借一貫之道以文其陋，無行則逃之性命之鄉以使人不可詰。」又借范武子評王弼、何晏的話，以責王學，「爲一世之患輕，歷代之害重；自喪之惡小，迷衆之罪大。」他對王學的不滿很深，乃一心提倡實學，終生從事歷史和考據的研究。

「文之不可絕於天地間者，曰明道也，紀政事也，察民隱也，樂道人之善也；若此者，有益於天下，有益於將來，多一篇，多一篇之益矣。若夫怪力亂神之事，無稽之言，勦襲之說，諛佞之文；若此者，有損於己，無益於人，多一

篇，多一篇之損矣。」（日知錄　卷十九，頁四四五）

他鄙視當時學人的著作，因爲多是勦集古人的言論，把著書看得太易，急於求自己的名。所以他看重朱子的學說，然不重視語錄。曾與王山史建朱子祠，「朱子祠堂之擧，適有機緣，今同令弟及諸君相視形勢，定於觀北三泉之右，擇平敞之地，二水合流之所，建立一堡，止用地四五堂。繚以周垣，引泉環之，並通流堂下。前爲石坊，列植松柏。內住居民三四家守之。」（亭林文集　卷四，與王山史書）

## 4. 論哲理

顧炎武注重實學，專心史學和考據，對於形上的哲理，不喜講論，然在日知錄和書信中，間而也談到哲理。

「形而上者謂之道，形而下者謂之器，非器則道無所寓。」（日知錄　卷一，頁五）

形器的關係，宋明理學家多有講述。朱熹以理爲形而上之道，以氣爲形而下之器，理和氣不相分離。炎武也說沒有器，則道無所寓，卽是說沒有氣，則理不能存在。清初學者如黃宗羲、顏元、李塨都反對朱熹的理氣二元論，然又都主張理成性，氣成形，性寓於形中。易經以象數代表形，形中有理，故象和數都有其中的道理。顧炎武雖反對漢朝易學專講象數和宋朝易學的專講圖形，然他也看重易經固有的象數。

「聖人設卦，觀象而繫之辭，若文王周公是已。夫子作傳，傳中更無別象。其所言卦之本象，若天地雷風水火山澤之外，惟頤中有物本之卦，名有飛鳥之象，本之卦辭，而夫子未嘗增設一象也。……」（日知錄 卷一，頁四）

「數往者順，造化人事之迹，有常而可驗，順以考之於前也。知來者逆，變化云為之動，日新而無窮，逆以推之於後也。聖人神以知來，知以藏往，作為易書，以前民用。所設者，未然之占；所期者，未至之事，是以謂之逆數。雖然若不本於八卦已成之迹，亦安所以觀其會通，而繫之爻象乎。」（日知錄 卷一，頁十六）

「余嘗讀左氏傳曰：物生而後有象，象而後有滋，滋而後有數，知象居理數之先。又讀繫辭知六十四卦中，凡近取諸身遠取諸物者，無不於此乎探

賾索隱，乃益嘆今人讀易，盡廢象不講，何異擿埴索冥，自以為揭昭昭日月而行也！」（周易廣義略序，清儒學案　卷七，亭林　下）

易經的象數，象徵天地的變化，天地的變化有變化之道，按照變化之道，易經有爻辭以解釋象數，因此可以推占未來的事。聖人的心，光明睿智，和天地相通，知道天地變化之道，故能設卦繫辭，以象徵天地變化之迹。後人祇能按照八卦去推占，不可自出心裁，加增象數，如虞翻、荀爽等人，穿鑿附會，遺失了易經本來的意義。

「是以天下之言性也，則故而已矣。」（日知錄　卷一，頁十六）

「性之一字，始見於商書，曰：『惟皇上帝，降衷於下民，若有恒性。』恒卽相近之義。相近，近於善也。相遠，遠於善也。故夫子曰：人之生也直，罔之生也，幸而免。」（日知錄　卷七，頁一五九）

性，爲故，爲恒，卽人所固有，常不變。固有或故有，乃生而有。生而有之性爲善，孔子說「人之生也直」，「直」卽是孟子所說性善，關於惡，炎武沒有講，然他既以性爲善，惡必來自性以外；至所謂氣質之性，清初學者都不接受，顏元以惡來自習染。

論語曾說孔子不談性和天道，顧炎武認爲不對；因爲祇要講仁義之道，就是講性和天道。

「子曰：『二三子以我為隱乎？吾無隱乎爾！吾無行不與二三子者，是丘也。』謂夫子之言性與天道不可得而聞，是疑其有隱者也，不知夫子之文章，無非夫子之言性與天道，所為吾無行而不與二三子者，是丘也。子貢之意，猶以文章與天道為二，故曰：『子如不言，則小子何述焉！』子曰：『天何言哉！四時行焉，百物生焉！天何言哉！』是故可仕可止可久可速，無一而非天也！恂恂便便，侃侃誾誾，無一而非天也。動容周旋中禮者，盛德之至也，孟子以為堯舜性之之事。夫子之文章莫大乎春秋，春秋之義尊天王，攘戎翟，誅亂臣賊子，皆性也，皆天道也。」

（日知錄 卷七，頁一五三）

炎武重實學，貴實行，講性不講性理而講善行，善行卽是性。這一點，假定兩點：一、性是善。二、善行來自性，所以守禮卽是率性，卽是『性之之事』。

性，來自天命，中庸已明明說了。炎武說人的行善，乃是天命，人因受天命而有人性。

「然則子之孝，臣之忠，夫之貞，婦之信，此天之所命，而人受之爲性者也；故曰天命之謂性。求命於冥冥之表，則離而二之矣。」（日知錄 卷六，頁一四六）

命爲天命，天命人行善；這種天命在於人性，人因性善而行善，雖不知有天命，仍然是天命。

「維天之命，於穆不已。其在於人日用而不知，莫非命也。」（日知錄 卷六，頁一四六）

命不是吉凶壽夭之命，不是問鬼神以求知吉凶之命，命乃是人性的天命。人祇要行善，不必去卜問吉凶。炎武不信命運，而重人爲。

孟子講性善常以心爲主體，善端是在心中；修身便在於存心養性。炎武既重實行，便主張存養，反對王陽明學派的從心所欲。

「論語一書，言心者三：曰七十而從心所欲不踰矩；曰回也其心三月不違仁；曰飽食終日無所用心。乃操則存，舍則亡之訓，門人未之記，而獨見於孟子。」（清儒學案　卷六，亭林　上）

孔子講心，乃正心之心。人須要時刻努力，和顏回一樣能夠『心不違仁』。孟子所以說『操則存，舍則亡。』操練修養，則心的善端可以保存；若舍而不操，無所用心，心的善端必亡。

「理學之傳，自是君家弓冶；然愚獨以為理學之名自宋人始有之，古之所謂理學，經學也，非數十年不能通也。故曰：君子之於春秋沒身而已矣。今之所謂理學，禪學也，不取之五經，而但資之語錄，較之帖括之文而尤易也。又曰論語，聖人之語錄也；舍聖人之語錄，而從事於後儒，此之謂

不知本矣。高明以為然乎？」（亭林文集　卷三，與施愚山書）

顧炎武生在明末清初的時代，受政治環境的影響，造成了從事實學的趨向。所謂實學，在於實踐修身，在於研究經事，從事考訂，收錄古蹟，編纂歷史。他開清朝經學考訂的先聲，爲清朝學術的領路者。他不講性理之學，便少講哲理。然於五經的經義，則有深刻的認識；且從字義字聲深入研究，所講經義都有根據。

炎武的人格，清廉嚴正。因著過繼之母的臨終遺訓，不仕異朝，絕不接受清朝的官職。

「先妣時年六十，避兵於常熟縣之語濂涇，謂不孝曰，我雖婦人，身受國恩，義不可辱。及聞兩京皆破，絕粒不食，以七月三十日卒於寓室之內寢。遺命炎武讀書隱居，無仕二姓。迄今三十五年，每一念及，不知涕之沾襟也。」（亭林文集　卷三，與史館諸君書）

炎武本精於史，且性好修史，而竟拒斷往史館修明史，他常不忘過繼之母的遺訓，保持節操，有明末清初學者的風度。黃宗羲、王船山、顏元和炎武都有春秋尊王攘夷的義氣，不以學術爲重，而以志節爲先，追隨孔孟識時者爲聖賢的教訓，進則進，止則止，不失爲時代的賢豪。

註：

(1) 唐鑑　清學案小識　卷三，崑山顧先生。廣文書局

(2) 張穆　顧亭林年譜　卷四

(3) 見日知錄卷首。

# 二、黃宗羲

## 1. 緒論

清初，社會剛剛安定，康熙皇帝採取元世祖的政策，以儒家思想統治國家。但是清初學者排斥滿清異族的情緒，非常强烈，不願爲滿清所用。普通所稱的清初三大儒者，黃宗羲、顧炎武、王船山，都辭官不做，隱居民間。他們對明末儒者思想的空疏，抱强烈的反感，認

爲對國家的興亡應負責任，因此他們的思想注重實用。另一方面，因清朝皇帝壓迫漢族，殘殺士大夫，他們不便在民族思想上多有發揮，乃轉而研究歷史，以歷史的事蹟，傳授他們的愛民族的情緒；清初三大儒者便都長於史學。

黃宗羲，字太冲，號梨州，一字德氷，學者稱南雷先生。浙江餘姚人，生於明神宗萬曆三十八年（公元一六一〇年），卒於清聖祖康熙三十四年（公元一六九五年），壽八十五歲。他的父親黃尊素，字眞長，爲東林學派儒者，明儒學案卷六十一末，列有學案。尊素曾官御史因劾奄宦魏忠賢和客氏，被削籍爲民，後又被捕入獄，竟卒於獄中。尊素有子五人，五人中有三人以學術著名，卽宗羲、宗炎、宗會。

宗羲年十四，補諸生，隨父到京師。天啓三年，父尊素遭逮捕，死於獄中。他的祖父鯤溟拈八字於屋中牆壁『爾忘勾踐殺父乎』，母親指着八字訓他。宗羲學習擊刺術，圖報父仇。明思宗卽位，奄宦魏忠賢被誅。宗羲請疏誅曹歌程和李實，刑庭對簿時，出鐵錐錐李實。又於會訊許顯純和崔應元時，以鐵錐擊應元，拔其鬍鬚，歸家祭於父親神位前。父寃旣白，乃從劉宗周於蕺山讀書。

崇禎十一年戊寅（公元一六三八年），馬士英和阮大鋮又謀興黨禍，黃宗羲和東南太學生，作南都防亂揭文，攻擊阮大鋮。崇禎帝死難後，弘光帝在南都建國，阮大鋮握大權，遂按南都防亂揭的署名一百四十人，想都誅殺。卒因清兵入南都，宗羲乃得逃出，亡命到浙東。劉宗周餓死殉國，宗羲糾合黃竹浦子弟數百人，為魯王效命，任職方司員外，又改任監察御史。兵敗，逃入四明山，結山寨自守。公元一六四九年，追從魯王到海上，晉左僉都御史，再晉左副都御史，清兵圍健跳，魯王往翁州。宗羲因母親在鄉，將遭清兵所殺，遂變姓名歸鄉侍母，挈家眷藏匿海隅。明朝復興既沒有希望，清兵已平定各方義軍，宗羲奉母歸里，閉門著書。清康熙帝命葉方藹、徐元文監修明史，徵宗羲的門人萬季野、萬貞一來京同修，宗羲以大事記三史鈔交給他們參考。後來他的兒子主一被延聘參加史局工作。康熙帝屢次徵召，宗羲都以年衰力辭。康熙三十四年（公元一六九五年），病卒於家。

他在世時，自己在父親墓側築一壙，作自己葬身處。去世前，作黎州末命，卽遺囑一篇。篇中說：

「予壙雖成，然頂未淋土，非三百擔不可，此予日夕在心者。予死後，卽於次日之晨，用棕綳抬至壙中，一被一褥，不得增益。綳抽出，安放石牀。壙中須令香氣充滿，不可用紙塊錢串一毫入之，隨掩壙門，莫令香散。墓前隨分為階級拜壇，其下小田，分作三池，種荷花。春秋祭掃，培土要緊。其祭品，乾肉一盤，魚臘一盤，果子兩包，麻餈一盤，饅首一盤。凡世俗所行折齋做七，一概掃除。好友弔者，五分以至一兩，並紙燭，盡行却之。至能於墳上植梅五株，則稽首謝之。有石條兩根，可移我壙前，作望柱，上刻，不事王侯持子陵之風節，詔鈔著述同虞喜之傳文。若再得二根，架以木樑，作小亭於其上，尤妙。」（黃梨洲學案）

黃宗羲的著述很多：明儒學案六十二卷。宋元學案一百卷，未成，遺命兒子百家續成，實際上由全謝山續修成書。易象數論六卷、授書隨筆一卷、春秋日月曆一卷、律呂新義二卷、孟子師說七卷、深衣考一卷、宋史叢目補遺三卷、明史案二百四十四卷，行朝錄六卷、弘光紀年一卷、汰存本一卷、海外慟哭記、明季災異錄、滇考一卷，魯監國大統曆、歷代甲子考一卷、四明山志九卷、四明山水題考一卷、臺宕紀一卷、匡廬游錄二卷、病榻隨筆一卷。又編纂明文案二百十七卷、明文海四百八十二卷、明文授讀六十二卷、姚江遺詩十五卷。他的文筆集成南雷文案十卷、外卷一卷、吾悔集四卷、南雷文定三十二卷、明夷待訪錄二卷。

看他的著述，都在收集明朝的思想，有學案，有文案，有明末史蹟，表現他民族思想的深刻，和保全明朝文物的苦衷。

## 2. 哲學思想

### 甲、氣質之性

劉宗周不採納朱熹的理氣相分說，以盈天地間只有一氣。在人，只有氣質之性，沒有義理之性。人之氣虛而清，故靈，為人心。人心有意，意為心所存，立於人心，故主張愼獨以誠意。

黃宗羲尊守師說，他也主張天地之間唯有一氣：

「夫大化之流行，只有一氣充周無間。時而為和，謂之春。和升而溫，謂之夏。溫降而涼，謂之秋。涼升而寒，謂之冬。寒降而復和，循環無端，所謂生生之謂易也。聖人卽從升降之不失其序者，名之為理。其在人而為惻隱羞惡恭敬是非之心，同此一氣之流行也。聖人亦卽從此秩然而不變者，名之為性。故理是有形（見之於事）之性，性是無形之理。先儒性卽理也之言，真千聖之血脈也。而要皆以氣為之。易傳曰：一陰一陽之謂道，

蓋舍陰陽之氣，亦無從見道矣。」（黃梨洲學案，與友人論學書　蘇德用纂輯。正中書局）

黃宗羲提出天地之間唯有一氣，氣流行於宇宙間，是爲大化。大化流行，化生萬物，是爲『生生之謂易』。在大化流行中，有不變的循環次序，稱爲理。理是無形的，由事物的變化而顯出。不變的無形之理，則稱爲性；由事物而顯之理，稱爲理，故『理是有形之性』。這種講法，表明宗羲注重實事，把理和事相連。理不是虛空的抽象之理，而是實際事物之理。朱熹根據易傳所說『形而上者謂之道』，以理爲形而上，氣則爲形而下；宗羲却說『理是有形之性』。王陽明曾說心外無理，陽明的理爲是非之理，是非必要見於行事，理和事便相合爲一。宗羲雖主張理爲事物之理，但不主張心卽理，也不主張心外無理。所以他的思想，不屬於陽明一派，也不屬於朱熹一派，他是繼承劉宗周的思想。

對於性，黃宗羲主張『性是無形之理』。劉宗周曾說：「或曰：有氣質之性，有義理之性，則性亦有二與？爲之說者，本之人心道心而誤焉者也。程子曰：論性不論氣，不備；論氣不論性，不明；二之則不是。若既有氣質之性，又有義理之性，將使學者任氣質而遺義理，則可以爲善可以爲不善之說，信矣。又或遺氣質而求義理，則無善無不善之說，信矣。

又或衡氣質義理而並重，則有性善有性不善之說信矣。三者之說信，而性善之旨復晦，此孟氏之所憂也。須知性只是氣質之性，而義理者氣質之本然，乃所以爲性也。性則是人心，而道者人之所當然，乃所以爲心也。人心道心，只是一心。氣質義理，只是一性，識得心一性一，則工夫亦一，靜存之外，更無動察；主敬之外，更無窮理。其究也，工夫與本體亦一，此愼獨之說也……。」（天命章說）蕺山這一段文章裏，說出了他思想的中心點，指明了愼獨說的理由。性只是氣質之性，義理乃是性之所以爲性的理由。性不是抽象的性，而是具體的性；因此稱性爲心。黃宗羲却說性是無形之理，便和老師的思想不相合。

「氣無始終，而質有始終。質不相通，而氣無不通。先儒何嘗以質言性，其言氣質之性者，指其性之偏者耳！此孟子有命焉君子不謂性之性，又何嘗竟指此為性乎！」（同上，與友人論學書）

宗羲把氣和質相分，氣是萬物的成素，質則是每人所有的個性，或稱爲才，或稱爲命，孟子不以爲性。但是朱熹講氣質之性，就是講每個人所有的性。在抽象方面說，人性是一個，每個人的人性相同；在具體方面說，每個人除公共的人性外，有自己的個性。氣質之性，是性和氣相結合，因氣的清濁而各有不同，成爲每個人的性，所以稱爲氣質之性。質由氣而成，氣因命而成此質；朱熹乃講氣質之性。劉宗周接受氣質之性，黃宗羲則認爲不妥。他曾明言：「夫盈天地間，止有氣質之性，更無義理之性。謂有義理之性，不落於氣質者，臧三耳之說也。師於千古不決之疑，一旦拈出，使人冰融霧釋。」（先師蕺山先生文集序）他對劉宗周的思想知道很清楚，爲什麼他竟說：「先儒何嘗以質言性。其言氣質之性者，指其性之偏者耳！」他的問題在質字上。朱熹以質爲氣的清濁，爲氣的個體化；每個人所有的性，就是因氣的質而成的個性，便稱爲氣質之性。既然盈天地之間，只有一氣，氣在每個人裏也是這氣；但若每個人所有的氣完全是同一的，則每個人完全是一樣，又和事實不合。黃宗羲便說氣在個人裏都有所偏，即是各有一種特性，稱爲氣質，氣質不稱爲性，只稱爲性之所偏；性則應該是公共的，是『無形之理』。氣質之性則是理，理爲有形之性。理和性相分，氣和質相分，都是黃宗羲自己的思想，在哲學上尚欠成熟。

他又說：

「老兄云：周子無欲之教，不禪而禪，吾儒只言寡欲耳。人心本無所謂天理，天理正從人欲中見，人欲恰好處，即天理也。向無人欲，則亦無天理之可言矣。老兄此言，從先師道心卽人心之本心，義理之性，卽氣質之本性，離氣質而無所謂性而來。然以之言氣質言人心則可，以之言人欲則不可。氣質人心是渾然流行之體，公共之物也，人欲是落在方所，一人之私也。」（與陳乾初論學書）

宗羲又以氣質人心爲公共物，以人欲爲一人之私。實際上氣質之性是指每個人之性，而不是公共之性，氣質之性和人欲都是每個人的個性。通常說人欲爲欲，是指人欲傾向於私人的利益和享受，氣質之性含有人性的天理，故傾於人的公益。這是從目的方面說，不是從本體方面說。

「夫性固渾然天地萬物一體，而言性者必以善言性。決不以渾然天地萬物一體言性。一體可以見善，而善之非一體明矣。」（與友人論學書）

潘用微曾說：「渾然天地萬物一體者，性也。觸物而渾然一體者，吾性之良知也。」黃宗羲不讚成這種主張。潘用微說性，從性的本體說，以天地萬物有一體之性，這乃是張載、朱荀子講性惡，不能說不是講性，從性的本體上說，並不一定要說性善。黃宗羲說性，從性的特點上說，以性爲善。然而熹、王陽明的主張：卽是理一而殊的主張。

## 乙、致知格物

王陽明學說的新頴處，在於格物致知，以格爲正，以物爲事，事正則致良知。劉宗周講致知格物，以止於至善爲主。「故曰致知在格物。然致吾心之聰，非無不聞之謂也，聞吾至善而已矣。致吾心之明，非無不見之謂也，見吾至善而已矣。聞吾至善，返於無聞矣，見吾至善，返於無見矣，知無知矣。中庸曰：『戒愼乎其所不睹，恐懼乎其所不聞，不動而敬，不言而信，其要歸於愼獨。』此格物眞下手處。故格物，卽格其反身之物，不離修者是。而致知卽致其所性之知，不離止者是。孔門之學，無往而不以格致爲第一義。」（劉蕺山。大學雜辯）劉宗周的講法，和王陽明不同，都有些近乎朱熹的知其所止爲至善。

黃宗羲曾擧明末清初學者講論格物的主張。有說格物如同射箭，中的卽是格物，這是以格爲至，物是應止之所，到達所應止的所在，便是格物。有說格爲式，事該合式爲格物。有說格物爲本不失爲本，末不失爲末；致知則爲由本達末，由末貫本。宗羲乃說：

「夫心以意為體，意以知為體，知以物為體。意之為心體，知之為意體，易知也。至於物之為知體，則難知矣。……格有通之義，證得此體分明，則四氣之流行，誠通誠復，不失其正，依然造化，謂之格物。未格之物，四氣錯行，溢而為性情之喜怒哀樂，此知之所以貿亂也。故致知之在格物，確乎不易。」（答萬充宗論格物書）

物爲人心之動，爲仁義禮智的倫理，格物卽是人心和天地之氣相通，在喜怒哀樂和倫理道德內，不錯亂逆行。「後儒以紛紛應感，所交之物，纔爲之物。佛者離氣以言物，宜乎格物之義不明也。唯先師獨透其宗。此意散見語錄中。門弟子知先師之學者甚少，故晦而未彰。」（同上）他的老師以止於至善爲格物，宗羲以通於天地之氣，不失其正爲格物。劉宗周訓「格」爲「止」，黃宗羲訓「格」爲「通」。兩人的思想並不完全相同。

劉宗周以意爲心之所存，且以意爲心的主，意誠則心正，故不讚成陽明的四句教。黃宗羲隨從宗周的主張，也不以四句教爲當。

「夫此四句，無論與大學本文合與不合，而先與致良知宗旨不合。其與大學本文不合者，知善知惡而後為善去惡。是為善去惡之工夫，在知善知惡，則大學當云格物在致知矣。若大學非倒句，則是先為善去惡，而後求知夫善惡，豈可通乎？然此在文義之間，猶可無論也。陽明提致良知為宗，一洗俗學之弊，可謂不遺餘力矣，若必守此四句為教法，則是以知覺為良知，推行為致知，從其心之所發，驗其孰為善，孰為惡。而後善者從而達之，惡者從而塞之，則方寸之間，已不勝其憧憧之往來矣。……豈動者一心，知者又一心，不防並行乎？……然則先師意為心之所存，與陽明良知是未發之中，其宗旨正相印合也。……故欲全陽明宗旨，非先師之言『意』不可……。」（答董吳仲論學書）

王陽明和朱熹都以意爲心之動，心動生情，情生纔有善惡；陽明乃講誠意。陽明的誠意，不是把意放在心以前，而是講善惡之所來，因爲心本體沒有善惡，善惡來自意。誰知道善惡？是艮知知道善惡；知便必行，乃是致知。陽明不是從先後去講；並且他以內外合一，四句敎也是合一。心動有意，艮知自然知道意的是非。他的門生却從先後去看四句敎，劉宗周也是從這方面去看，以爲陽明四句敎不通。王畿提出四無說，宗周提出意爲心所存，兩人所提，和陽明的思想不同。黃宗羲追隨師說，以意爲心之體，知爲意之體，物爲知之體；這個體字的意義，不是本體論的體。就本體說，心乃是意之體，心也是知之體，物爲知的對象。宗義以物爲倫理善惡之事，知爲心之知，意爲心之主。他認爲若意爲心之動，意動有善惡，「而後善者從而達之，惡者從而塞之，則方寸之間，已不勝其憧憧之往來矣。」他把一切歸之於意，意主心，意誠則心自然正了。朱熹以心主意，心不正時乃受私慾所蒙蔽，使意動不合於理，若能克除私慾則心正，心正則意動而合於理了。兩人的看法不同，實際上從孟荀以來，儒家都以心爲一身的主宰。

> 「茲讀先生之書，……所言德性學問之分合，弟謂不然。非尊德性則不成問學，非道問學則不成德性。故朱子以復性言學，陸子戒學者束書不觀，周程以後，兩者因未嘗分也。」（復秦燈巖書）

中庸所說尊德性而道問學，本是以兩者爲不分，宋末和元、明儒者却以爲朱熹道學問，陸象山則尊德性。黃宗羲指明這種分法不對，朱熹何嘗不尊德性，陸象山也不廢學。只有王陽明的門生中有人主張廢書不讀。

明朝儒者都排斥佛教，實際上則王陽明和門生們，都接近禪學。淸朝儒者也排佛。黃宗羲在同一封復秦燈巖的書信裏說：

「先生合儒釋而言之，則儒者亦是無理，儒釋界限越不清楚。大略先生會通儒釋，主於向上一著，謂兩者異處在下學，同處在上達，從來儒者，皆為此說。弟究心有年，頗覺其同處在下學，異處在上達。同處在下學者，收歛精神，動心忍性是也。異處在上達者，到得貫通時節，儒者步步是實，釋氏步步是虛。釋氏必須求悟，儒者實篤光輝而已。」（同上）

黃宗羲的看法正確，儒、釋的分別在於基本學理，所同者在於收心養性。但這種門戶之見仍舊擋不住儒者吸取佛教禪學的收心方法。

爲着修身，儒者對於大學的致知格物有了許多不同的解釋，淸朝的顏元、李塨也有他們反對宋儒的解釋。大學所列的次序，是格物以致知，致知以誠意正心。宋明儒者把格物致知和中庸所說未發和已發連在一起，以致於觀念和思想都生了紛亂。有的儒者以未發之中爲心的本體，已發之和爲恢復心本體之中，於是『致知』在於知心之本體，格物爲恢復心之本體。

黃宗羲說這豈不是說致知以格物，把大學的次序倒轉了嗎？他主張知的對象在於物，物是仁義禮智倫理道德；知則爲意之體，意以知爲對象，意在主宰時以知爲標準；心以意爲體，心隨着意的主宰而動。他是主張格物以致知，致知以誠意，誠意以正心。不過他對心和意的關係，所說的同於劉宗周，與其他儒者有異。

### 丙、歷史哲學

黃宗羲爲一位歷史學家，雖不像王船山寫有歷史批論，也不像顧炎武搜尋史料，然所編纂明儒學案和明夷待訪錄，都具有深刻的歷史觀。對於歷史，他有一種歷史哲學。中國歷代學者都相信歷史是循環的，歷史常在一治一亂的輪轍上轉移。黃宗羲却另有主張。

「余嘗疑孟子一治一亂之言。何三代以下有亂而無治也？乃觀胡翰所謂十二運者，起周敬王甲子以至於今，皆在一亂之運。向後二十年，交入大壯，始得一治，則三代之盛，猶未絕望也。」（明夷待訪錄）

一治一亂的歷史原則，起於易經。易經講循環，陰陽有消長盛衰。但是『治』的觀念和標準，常以三代之治爲治。三代之治爲『大同』。這種『大同』之治，在中國歷史上並沒有再出現，於是乃有一代不如一代的思想。宋邵雍按照易卦以數運會，便是以三代正當盛運，以後便衰，要轉過一元運世會，重新另起世紀時，纔可以有大同之治。胡翰的十二運，也是仿邵雍的算法。黃宗義依照歷史的事實，懷疑這項原則。但他也不相信歷史成一直線，由上而下，三代盛況再不復現。

黃宗羲作明儒學案，以學術思想爲人心的功力，人各有異，不能歸於一途。但他在序文開端說：「盈天地皆心也」，自然界的萬物雖有變動，都沒有意義；宇宙萬物變動的意義，由於人心。人心有知有靈，乃能知變動的意義，也能給變動以新的意義。歷史是人的活動，便是人心的活動。「盈天地皆心也，變化不測，不能不萬殊。」歷史事蹟，便不能常是相同的。從這一方面去看歷史，黃宗羲可以懷疑一治一亂的歷史循環原則。

> 「盈天地皆心也，變化不測，不能不萬殊。心無本體，功力所至，卽其本體。故窮理者，窮此心之萬殊，非窮萬物之萬殊也。」（明儒學案序）

但是從另一方面去看，天地間只有一氣，一氣的流行有一定的原則。人性也是一氣，則人性的發展，也有原則。歷史爲人的事，便不能沒有常則。

「猶天地以一氣進退，平分四時，溫凉寒燠，不爽其則，一歲如此，萬古如此。卽有愆陽伏陰，釀為災祥之數，而終不易造化之大常。」（先師蕺山先生文集序）

「造化之大常」，乃一氣流行的常則。一氣流行不能離開「造化之大常」。人事的變化，也不能離乎這個『大常』。這就是說歷史雖「變化不測，不能不萬殊」；然在萬殊中，仍有『大常』。

「有生之初，人各自私也，人各自利也。天下有公利，而莫或興之，有公害，而莫或除之。有人者出，不以一己之利為利，而使天下受其利，不以一己之害為害，而使天下釋其害。此其人之勤勞，必千萬於天下之人。夫以千萬倍之勤勞，而己又不享其利，必非天下之人情所欲居也。故古之人君，量而不欲入者，許由務光是也。入而又去之者，堯舜是也。……後之為人君者不然，以天下利害之權，皆出於我，我以天下之利盡歸於己，以天下之害盡歸於人，視天下為莫大之產業，傳之子孫……」(明夷待訪錄　原君)

歷史的一個常則，是人皆自私。秦始皇以後的皇帝，是以「天下之利盡歸於己」。在這種情況之下，「天下之大害者，君而已矣。」(同上)天下當然不能再有堯舜的盛況，因爲堯舜「不以一己之利爲利，而使天下受其利。」但是自漢以來儒者僅講君臣之義，暴君也當受愛戴，湯武不當弒君。「豈天地之大，于兆人萬姓之中，獨私其一人一姓乎！」(同上)皇帝既以天下爲私有產業，難道就沒有人想搶奪這份產業嗎？天下從此常亂。

歷史的另一常則，是天下之大，不是一個人所能治，必要羣工分治。在政府做官的人，是爲國家，不是爲皇帝；爲萬民，不是爲一姓。若有這種思想和精神，則能堅守道德原則。

「緣天下之大，非一人之所能治，而分治之以羣工。故我之出而仕也，為天下，非為君也。為萬民，非為一姓也。吾以天下萬民起見，非其道，卽君以形聲强求，未之敢從也。」(同上，原臣)

黃宗義研究歷史上的變亂，認爲三代以上有法，三代以下無法。法乃爲天下萬民的利益，後世人君的法都爲保全自己一家的利益。

「三代以上有法，三代以下無法。……此三代以上之法也，固未嘗為一己而立也。後之人主，既得天下，唯恐其祚命之不長也，子孫之不能保有也，思患於未然，以為之法。然則其所謂法者，一家之法，而非天下之法也。是故秦變封建而為郡縣，以郡縣得私於我也。漢建庶孽，以其可以藩屏於我也。宋解方鎮之權，以方鎮之不利於我也。此其法何曾有一毫為天下之心哉，而亦可謂之法乎！」（同上，原法）

這又是歷史的事蹟，事蹟中有一常則，法愈繁則亂愈多。因爲繁法都爲防作亂，所謂『亂』在於不利於皇帝；「故其法不得不密。法愈密，而天下之亂即生於法之中。」（同上）

黃宗義雖沒有參加編修明史，但派門人萬斯同（季野）兒子黃百家參加編修，指示修史的條例。他自己也曾輯明史稿二百四十四卷，作爲編修明史的資料。宗義又長於歷法、律呂、禮儀的考據工作，且通西洋的曆法，是一位講求實學的儒者。

在哲學方面，宗羲堅守老師劉宗周的思想，少有發揮。然而他論事論學，都有深刻的見解，立身處世，更是志堅不苟，實配稱爲清初三大儒者之一。

# 三、顏　元

## 1. 緒　論

顏元，字易直，又字渾然，直隸保定府博野縣北楊村人。生於明崇禎八年（公元一六三五年），卒於清康熙四十三（公元一七〇四年）壽七十歲。學者稱爲習齋先生。

他幼時的家庭很窮苦，父親顏昶爲蠡縣劉村朱九祚的養子，改姓朱。二十二歲時隨清兵走往關東，時崇禎十一年，顏元僅四歲。母親王氏因顏昶久無消息，當顏元十二歲時改嫁。顏元孤苦伶仃在養祖父家生活。養祖父朱九祚在地方上稍有聲望，曾組織鄉人抗拒李自成的匪兵。清順治年間，九祚被人控告，逃遁他鄉，顏元被捕下獄。訟事完畢，顏元年二十，隨朱翁遷居鄉中，自己耕田灌園，然不廢學，且學兵法。二十四歲，在鄉設家塾，教授生徒。

二十六歲得性理大全，乃想學主敬存誠之道，在耕稼的閒時，習於靜坐。三十四歲時，朱九祚妻病死，顏元以父親不在，乃代父行承重三年服，哀痛行禮，鼻血和淚俱下，三日不食。長輩中有人怕他毀傷身體，乃告訴他不是朱家子。朱九祚曾因妻不育，娶妾，妾生子名晃，遂偏愛晃，晃且想讒害他。他聽說自己不是朱家子，走問生母，得知眞相，便和朱翁分居。著存學、存性兩編。年譜記：「己酉三十五歲，正月著存性編，原孟子之言性善，兼排宋儒之言氣質不善。畫性圖九，言氣質淸濁厚薄，萬有不同，總歸一善。至於惡，則後起之引蔽習染也。」(李塨編顏習齋先生年譜)「庚戌三十六歲。正月，學習書射及歌舞演拳法，謄存學編，曰：『存學將以明學，而書多潦草，卽身謗之一端。』古云：明無人非，幽無鬼責。今抑程朱而明孔道，倘所學不力，何以辭程朱之鬼責哉。」(同上)「著存學編，申明堯舜周孔三事六府六德六行六藝之道，大旨，明道不在章句，學不在頴悟誦讀，而期如孔門博文約禮，身實學之，實習之，畢生不懈」。顏元不喜歡宋明理學的空疏，乃講求實學，學以致用。四十八歲時著存人編，早年曾著存治編，四編合爲四存編。

五十歲時，顏元往關外尋親。尋找兩年，得知父已喪，葬在瀋陽附近韓英屯。顏元往拜父墓，見異母妹，乃招魂奉主以歸，守三年喪。五十三歲時，生母病逝。顏元曾自儆曰「堯舜之聖在精一，吾不惟不精，而方粗如糠粺，不惟不一，而且雜如市肆，愧哉懼哉！須極力

培持，上副天之所以生我者，可也！」（年譜）

顏元以實習爲務，志在治國，著會典大政記。但終身不答應大吏的推薦和邀請，隱居授徒。七十歲，病寢，「九月，朔日，張文升來視病。二日辰，令燀湯沐浴，及賈子一來視疾，先生謂門人曰：天下事尚可爲，汝等當積學待用。申，命自學舍遷於正寢，酉，卒。面貌如生。」（年譜）

顏元一生好禮，訂立家中常儀，實習家庭祭禮。年譜記載五十五歲時，「正月，訂一歲常儀常功。」講學則求實學，不以述解章句爲重，更不主張靜中求了悟。故他雖講論理學，然不追隨程朱陸王，自成系統。

顏元自述思想改變的經過：

「噫，予之評王學質疑也，宗朱學者見之，必怫然怒，謂予黨王子而護之也；然予則分毫不敢為王子恕。宗王子者又必怫然怒，謂予附朱學而貶之也，而予則皆不敢。

予以十九歲列庠末，廿一歲遂厭八股業而棄之，從事史鑑。廿三歲，得陸王二子語錄，而始知世有道學一派，深悅之，以為孔孟後身也，從之直見本心，知行合一，元雖不敏，一若有得於二子者。其時著求源歌，大盒、小盒歌，格物論，皆二子宗旨也。見者稱真陸王。至二十六歲，得性理大全，見周程張朱語錄，幡然改志，以為較陸王二子尤純粹切實，又謂是孟子後身也。進退起居，吉日嘉賓，必奉文公家禮為矩矱，奉小學、近思錄等書，如孔孟經文。人或有一言疑論諸先生者，忿然力辯，如詈父母。元雖不敏，一若於程朱諸子，稍有得者。……第自三十四歲，遭先恩祖母大故，一一式遵文公家禮，頗覺有違於性情，而讀周公禮，始知其刪修失當也。及哀殺，檢性理，乃知靜坐讀講，非孔子學宗，氣質之性，非性善本旨也。朱學已參雜於佛氏，不止陸王也，陸王亦近支離，不止朱學也。痛堯舜周孔三事三物之道亡，而生民之塗炭至此極也，遂有存性存學之作，聊伸前二千年聖人之故道，而微易後二千年空言無用之新學。幸學者靜辨之。若云乾坤中朱陸兩派相爭，予又故開一派，以與兩派相角也，是則罪之大者，則予豈敢！則予豈敢！」（習齋記餘卷六，王學質疑跋）

## 2. 理　氣

宋朝理學，因程朱主張理和氣可分而不可離，乃有理氣二元論。陸象山和王陽明雖講理而不講氣，然並不明明反對理氣相分。明朝儒者中羅整菴（欽順）論理氣，專攻朱熹；劉宗周主張盈天地爲一氣，理卽氣之理。清初，黃宗羲追隨宗周的學說，也反對理氣二元。顏元採納宗周和宗羲的思想，攻擊程朱的理氣二元論。年譜五十九歲記：

「二月，王法乾曰：吾二人原從程朱入。先生曰：從程朱入之功，不可沒也；然受其害亦甚。使我二人不見程朱之學，自從專力孔孟，所成豈如今日而已哉！卽以賢弟聰穎，屢悟屢蔽，受害豈淺。故吾嘗言仙佛之害，止蔽庸人；程朱之書，偏迷賢知。」（李塨編　顏習齋先生年譜）

年譜六十四歲云：

「七月曰：天下甯有異學不可有假學；異學能亂正學，而不能滅正學，有

似而非之學乃滅之矣。」（同上）

異學，指佛道；假學，指程朱之學。顏元攻擊程朱，雖因不讚成理氣二元論，然另外因不同意朱熹的氣質性惡問題。顏元認爲氣質性惡論陷溺了許多士人。關於這一點，在下一段討論。

充天地間只有一氣，在氣以前沒有理，在氣以外沒有理，理乃是氣的理。

「若謂氣惡，則理亦惡；若謂理善，則氣亦善。蓋氣卽理之氣，理卽氣之理。」（存性編 駁氣質性惡）

「天道統體也。……陰陽流行而為四德……無非是氣是理也。知理氣融為一片，則知陰陽二氣，天道之良能也。」（存性篇 卷二）

「萬物之性，此理之賦也；萬物之氣質，此氣之凝也。」（同上）

「天之生萬物與人也，一理賦之性，一氣凝之形。故吾養吾性，嘗備萬物之理以調劑之；吾養吾形之氣，亦嘗借萬物之氣以宣洩之。」（習齋記餘 卷四，與何茂才千里書）

理在氣中，和氣不相分：張載曾有這樣的主張，在張載以前，漢儒只講氣不講理，他們都認爲宇宙一切都由氣而成，易經也只講陰陽。但是易傳有說「一陰一陽之謂道」又說「形而上者謂之道，形而下者謂之器。」因此氣分陰陽，是有陰陽之道理，陰陽互相交流，也有交流的道理；在陰陽的氣中，有自己的道理。氣中有理，乃是儒家的傳統思想。

然而易傳以道爲形而上，器爲形而下。器由氣而成。朱熹便認爲形上形下不能同是一物，道是理，是形而上，器是氣，是形而下，理和氣便應相分。

朱熹雖講理氣相分，並不講理氣相離，有理必有氣，有氣必有理；並沒有獨立存在之理。所謂在宇宙以先，有一理存在；那只是從理想上說，不從實際上說。朱熹以太極爲最高之理，但他不主張太極爲獨立的存在，只說每一物有一太極，宇宙有一太極。太極就是一物之理，就是宇宙之理。朱熹主張理氣二元論，是不以理包含在氣中，理是理，氣是氣，理氣合成一物，理氣同時存在。顏元則講理氣不分，理在氣中。若說「氣卽理之氣，理卽氣之理。」朱熹也是這種說法。他常說有這種氣便有這種理，有這種理便有這種氣。氣的清濁限制理，理又限制氣。但是顏元以理在氣中，朱熹則以理和氣相結合，兩人的主張便不相同。看來，這種差別只是學說方面的一點不同，在修身上沒有關係；然而却很有關係。朱熹主張理氣二元，以惡來自氣質，人須改變氣質；顏元以氣不能有善惡，惡來自外面的染習，人須改變所染習慣。愼擇交往。再者，朱熹雖以理和氣合成事物，究竟以理爲重，在修身方面常注重天理和事理；顏元則注重實行，行爲是體事，爲氣。

「孔孟以前天地所生以立此氣機者，率皆實文實行，實體實用，卒為天下造實績，而民以安，物以阜。雖不幸而君相之人竟為布衣，亦必修身盡力於文行體用之實，斷不敢以不堯舜，不禹皋者，苟且於一時虛浮之局，高談袖手，而委此氣數，置此民物，聽此天地於不可知也。亦必修身窮究於文行體用之實，斷不敢以惑異端，背先哲者，肆口於百喙爭鳴之日，著書立說而誤此氣數，壞此民物，負此天地於不可為也。」（上太倉陸桴亭先生書，存學編　卷一）

他重氣數，重實行，以著書言談爲尚空談；空談所談者爲理，宋明兩代的滅亡，都兆於學者空談性理。

實行，便注重事實，即是『事』。顏元說：

「孟子必有事焉句，是各學眞傳。心有事則存，身有事則修，家之齊，國之治，皆有事也。無事則治與道廢。故正德，利用，厚生曰事，不見諸事，非德，非用，非生也。德，行，藝曰物，不徵諸物，非德，非行，非藝也。」（年譜，七十歲）

有事，則能有德有行，這是實用主義（Pragmatism），也近於功利主義（Utilitarianism）。美國詹姆士（James W.）和杜威（Deway J.）等的實用主義，以事爲學說正確的標準。戰國墨子的三表證據，也有這種思想，墨子唯命篇說：「言必有三表。何謂三表？有本之者，有原之者，有用之者。於何本之？上本之於古者聖王之事。於何原之？下原察百姓耳目之實。於何用之？發以爲仁政，觀其中國家人民之利。此所謂言有三表也。」顏元重事，事爲具體之事，爲氣。盈天地之間，只有一氣。他解易經乾卦「九三，終日乾乾」說：

「終日乾乾，乃終日加力習行子臣弟友禮樂兵農，汲汲皇皇，一刻緊於一刻，至夕無可作事，則心中提撕警覺，不自怠息。觀下釋曰終日乾乾行事也，可見。」（年譜，三十六歲）

顏元論理時，特別指出『實理』。理上加一實字，指明理爲實行之理，不爲虛言。

「主忠信，天生人只一實理，人為人只一實心。汝等存一欺心卽欺天，說一謊話卽欺人，務存實心，言實言，行實事，違者責！」（年譜，四十一歲）

這種注重實事的主張和精神，乃儒家的傳統思想，孔子孟子都以篤行爲修身的要點。然而易經和中庸也注重『道』，孟子也講『王道』。只是宋明理學家則偏於談性理，而不以治國安民爲事。明末清初學者，便一反其道而主張實事。

### 3. 性

顏元反對朱熹的理氣二元論，目的在於說明人性。朱熹根據理氣二元的主張，以理應爲善，絕對不能爲惡；雖然在理論方面說，性的本體沒有善惡的可言，因不和倫理發生關係；然而在本體方面說，性一定是成全的，也就是善的。從具體方面說，人有善惡，善惡既不來自性，便來自氣。氣有淸濁，淸濁和性的天理之關係，便是善惡的基礎。氣淸則理能顯明，使人爲善；氣濁則掩蔽理而使人爲惡。具體之性，包含理和氣，這種氣稱爲氣質之性。氣質之性有善有惡。

顏元以氣爲人物的唯一元素，理乃是氣之理。因此，人的善惡，既不來自理，也不來自氣。絕不能以氣爲萬惡之源。

> 「程子云：『論性論氣，二之則不是。』又曰：『有自動而善，有自動而惡，是氣稟有然也。』朱子曰：『纔有天氣，便有氣質，不能相離。』而又曰：『既是此理，如何是惡；所謂惡者，氣也。』可惜二先生之高明，隱為佛氏之賦之說浸亂而不自覺。若謂氣惡，則理亦惡；若謂理善，則氣亦善。蓋氣卽理之氣，理卽氣之理，烏得謂理純一善，而氣質偏有惡哉。譬之目矣，眶、皰、睛，氣質也。其中光明能見物者，性也。將謂光明之理，專視正色，眶、皰、睛，乃視邪色乎？余謂光明之理，固是天命；眶、皰、睛，皆是天命，更不必分何者是天命之性，何者是氣質之性。只宜言天命人以目之性，光明能視，卽目之性；善其視之也，則睛之善。其視之詳略遠近，則才之强弱，皆不可以惡言。蓋詳且遠者固善，卽略且

近，亦第不精耳，惡於何加！惟因有邪色引動，障蔽其明，然後有淫視，而惡始名焉。然其為之引動者，性之咎乎？氣質之咎乎？是必無此目，而後可全目之性矣。非釋氏之賦之說而何？」（存性篇　駁氣質性惡）

究其實，朱熹未嘗以氣爲惡。朱熹的主張，是善惡來自氣，因氣有清濁。清氣，不障蔽性理，人乃善；濁氣則障蔽理，人乃惡。因此說天命之性因善，氣質之性有善有惡。顏元認爲朱熹以氣爲惡，理爲善；便說：「若謂氣惡，則理亦惡；若謂理善，則氣亦善。」我們不管朱熹的主張對不對，但朱熹的主張並不是以氣爲惡，只是以惡，來自氣質之性。顏元和弟子李塨常是這樣攻擊朱熹，並不合理。朱熹所謂氣質之性有善有惡，不是以氣有善惡，而是以氣有清濁，清者不蔽性理，濁者蔽性理。善在於性理顯露，惡在於性理蔽塞。若要攻擊朱熹，應攻擊這一點。

「程朱因孟子嘗借水喻性，故亦借水喻者甚多，但立意不同，所以將孟子語皆費牽合來就己說。今卽就水明之，則有目者可共見，有心者可共解矣。程子云：『清濁雖不同，然不可以濁者不為水。』此非正以善惡雖不同，然不可以惡者不為性乎？非正以惡為氣質之性乎？請問，濁是水之氣質？吾恐澄澈淵湛者，水之氣質，其濁之者，乃雜入水性本無之土。正猶否吾言性之有引蔽習染也。其濁之有遠近多少，正猶引蔽習染之有輕重淺深也。若謂濁是水之氣質，則濁水有氣質，清水無氣質矣，如之何其可也！」（借水喻性　存性篇　卷一）

借水喻性，是程頤所說，不可用之於朱熹的性說。朱熹以氣分清濁，清濁為氣的兩類，是本體的分類，清氣本來是清，濁氣本來是濁，並不是像水一樣，本來是清，後來滲入了土便成了濁。濁不是氣的氣質，清也不是氣的氣質；濁乃是濁氣的本體，清乃是清氣的本體。就氣的清濁本體說，無所謂善惡，但就對性理的關係說，乃生善惡。

顏元進一步反對「氣質之性」，認為性只是一，沒有所謂天命之性和氣質之性。性也不宜說有偏和全，卽使有偏、全，偏性全性都是善，不能以偏性為惡。

「既云氣稟之性，卽是四端之性，別無二性。則惡字從何加之？可云：惡之性卽善之性乎？蓋周子之言善惡，或亦如言偏全耳！然偏不可謂為惡

也，偏亦命於天者也，雜亦命於天者也，惡乃成於習耳！」（存性篇 卷一）

朱熹曾說物得理之偏，人得理之全。所謂得理之偏，指性理因濁氣所掩蔽而只顯一部份；得理之全，指性理因清氣而全顯露。偏不能稱爲惡，當然合於理。顏元批評朱熹以偏性爲惡，實際上朱熹並不這樣主張，或可以說二程有這樣的思想。

「程張於衆論無統之性，獨出氣質之性一論，使荀揚以來，諸家所言，皆有所依歸，而世人無窮之惡，皆有所歸咎。是以其徒如空谷聞音，欣然著論垂世。而天下之為善者愈阻，曰：『我非無志也，但氣質原不如聖賢耳』；天下之為惡者愈不懲，曰：『我非樂為惡也，但氣質無如何耳！』且從其說者，至出辭悖戾而不之覺。如陳氏稱『程子於本性之外，發出氣稟一段，噫！氣稟乃非本來者乎，本來之外乃別有性乎？……』（存性篇 卷一）

本來之外沒有別的性，所以便沒有氣質之性。朱熹主張人有氣質之性，乃是人的具體之性，並不是在本來之性外，又別有氣質之性。性是理，在具體存在上，性理應如具有蓋的醰子，蓋的乃是氣。性理爲人類的普遍性理，人人相同；具體的每一個人的性，性和氣相和，每人的氣所有清濁程度不同，每個人所有的性便彼此不同。理和氣結合的性，稱爲氣質之性。在朱熹的學說裏，氣質之性是必然的結論，因爲朱熹主張理氣二元，又主張氣有清濁。顏元只主張氣一元論，人性也便是氣，性卽是氣質的性；他却反對氣質之性。性是什麼呢？是理？是氣？是理氣相合呢？他沒有說明。然而他讚成孔、孟的思想，他以孔、孟有「氣質」這個名詞，而且看重氣質，不以氣質爲惡。

「觀告子或人三說，是孟子時，已有荀揚韓張程朱諸說矣，但未明言氣質二字耳！其未明言者，非其心思不及，乃去聖人之世未遠，見習禮、習樂、習射御、習書數，非禮勿視、聽、言、動皆以氣質用力。卽此爲存心，卽此為養性。故曰：『志至焉，氣次焉。』故曰：『持其志，勿暴其氣。』故曰：『吾善養吾浩然之氣。』故曰：『惟聖人然後可以踐形。』當時儒者視氣質甚重，故雖異說紛紛，尚不敢直誣氣質以有惡也。魏晋以來，佛老肆行，乃於形體之外，別狀一空虛幻覺之性靈。……」（同上）

孟子講氣，顏元也講氣，性便是氣質之性。他反對有空虛幻覺的抽象之性，這便是反對本來之性，卽是反對抽象天理之性；因此，顏元必定要承認有氣質之性。只是他反對以氣質之性爲惡。

惡是由何而來？顏元主張由習染而來。他認爲惡不能來自人性，惡不能是人所本有的。朱熹以氣之清濁爲善惡的根由，這一點不正確。假使惡是來自人性，人怎麼能改變本性以行善呢？儒家講改變氣質；然氣質若屬於人的本體，人怎麼能改呢？人改變了本體，便不是人。荀子以人惡，善爲人爲之僞，這一層是講不通的。惡所以應本自人性以外，顏元便有這種主張，以惡來自行蔽習染。

「孔子曰：『性相近，習相遠也。』……性之相近如真金，輕重多寡雖不同，其爲金俱相若也。惟其有等差，故不曰同；惟其同一善，故曰近。將天下聖賢豪傑，常人不一之質性，皆於性相近一言包括。故曰人皆可以爲堯舜。將世人引蔽習染，好色好貨，以至弒君弒父，無窮之罪惡，皆於習相遠一句定案。故曰非才之罪，非天之降才爾殊。孔孟之旨一也。……大約孔孟而前責之習，使人去其所本無；程朱以後責之氣，使人憎其所本

有。是以人多以氣質自諉，竟有山河易改，本性難移之諺矣。其誤世豈淺哉！」（存性篇　卷一）

「今卽有人偏勝之甚，一身皆是惻隱，非偏於仁之人乎？其人上馬而學以至之，則為聖也，當如伊尹。次焉而學不至，亦不失為屈原一流人，其下頑不知學，則輕者為姑息好人，重者為貪溺昧罔之人。然其貪溺昧罔，亦必有外物引之，遂為所蔽而僻焉。久之相習而成，遂莫辨其為後起為本來。此好色好貨，大率偏於仁者為之也。若當其未有引染，而指其身之惻隱，曰：此是好色，此是好貨，豈不誣乎！……」（存性篇　卷一）

『惡』由於引蔽習染而成，這是一般人的常識，乃是眞理。所謂「引」，是外物的引誘；若沒有外物的引誘，則心不動。「蔽」是情慾掩蔽理智，使人看事不明，乃趨於惡。「染」是學習別人的行動。「習」則是習慣，久了，習慣成自然，「遂莫辨其爲後起爲本來」。

但是理學家所研究的和所講的，並不是反對人的常識，而是進一步去研究人爲什麼會引蔽習染而作惡？在同樣的環境裏，有的人作惡，有的人不作惡。普通人居陋巷，愁且怨；顏回却能貧而樂。理學家從哲學方面去追究，人作惡作善，是不是在人以內有種根由？若說人性是善，爲什麼人因外物的引誘而作惡呢？若說人性惡，人又怎麼能够違反人性而行善呢？因此，善惡必定在人以內有種根由。孟子講性善，却講情慾可以使人行惡，孟子乃講克慾以存心養性，情慾便是惡的根由。荀子講性惡，却以性可以用教育去矯正，這種性已經不是本體之性，本體之性不能變；只能說是才，才可以培養。朱熹以本來之性無善無惡，然實際上只是善。氣質之性因氣的清濁，可善可惡；朱熹以氣之清濁爲善惡的根由。然而實際上，氣的清濁由情慾才質而表現，而惡的緣由在於情慾。但朱熹的氣爲本體之一元，本體之一元不能改變，人生來是善便是善，生來是惡便是惡，一切修養和教育便都歸於空談；這一點便和儒家的傳統不合。惡的原由只能由情慾方面去找，情慾若强，則因外物的引誘而發動，蔽障心思，使意趨於惡。情慾在性以外，可以增强或削弱，孟子克慾的修養法，就是以情慾爲惡之原由。情慾本身不是惡，但能作惡，又能作善。顏元以惡爲性以外，乃是對的；以惡爲引蔽習染所成，也是對的；然而沒有再進一步指出惡在人以內所有原由。

「愚謂識得孔孟言性原不異，方可與言性。孟子明言為不善，非才之罪，非天之降才而殊。乃若其情，則可以為善。」（存性篇　卷一）

情可以爲善，也可以爲惡。惡的原由不是性，也不是才，而是情慾。中庸說：「喜怒哀樂之未發謂之中，發而皆中節謂之和。」若發而不中節則是惡。惡是情慾發動時不中節。朱熹曾說：「以人心言之，未發則無不善，已發則善惡形焉。」顏元駁斥說：

「以未發為無不善，已發則善惡形，是謂未出土時純是麥，既成苗時卽成麻與麥，有是理乎？至謂所以為惡，亦自此理而發，是誣吾人氣節，並誣吾人性理。」(存性篇)

宋明理學家對於未發、已發，爭論非常多。朱熹所說是依照中庸的思想。中爲未發，未發既無動作，當然是無不善，是反映性的本體。已發則是情之動，情動乃有具體的善惡，故曰：「已發則善惡形焉」。形字非常重要，是指着善惡成爲具體的動作，成爲事實，於性的本體無關。顏元根本沒有理會朱熹的意思，而以善惡爲性的善惡，乃說未發的麥，已發變爲痲和麥，和朱熹的思想風馬牛不相及。假使以惡爲性的惡，未發時性爲善，已發時性變爲惡，當然豈有此理！然而朱熹所謂善惡形，乃是情的動作而形成善惡的事實，這是合理的。但朱熹學派的人有時說話，也使人相信他以善惡爲性之善惡，例如：北溪陳氏說：「問：目視耳聽，此氣質之性也。然視之所以明，聽之所以聰，抑氣質之性邪，抑義理之性邪？曰：目視，耳聽，物也。視明聽聰，物之則也。來問可施於物則，不可施於言性。若言性，當云：好色、好聲，氣質之性；正色、正聲，義理之性。」難怪顏元罵說：

> 「大約宋儒認性，大端既差，不惟證之以孔孟之旨不合，即以其說互參之，亦自相矛盾各相牴牾者多矣！如此之類，當時皆能欺人，且以自欺。蓋空談易於藏醜，是以捨古人六府六藝之學，而高言性命也。予與友人法乾王子，初為程朱之學，談性天似無齟齬，一旦從事於歸除法，已多艱誤，況禮樂之精繁乎！昔人云：『畫鬼容易畫馬難。』正可喻此。」（存性篇　卷一）

這種批評，說得過當。程朱試圖從人本體上追求善惡的根由，因爲孟荀揚等，都只說性善、性惡、性善惡混，沒有說爲什麼性是這樣。程朱想說明性爲什麼有善惡，乃造出氣質之性。實際上，善惡問題不是人本體的問題，而是倫理行爲的問題。程朱的錯，錯在這一點上。顏元沒有看到這一點，只說惡不在人性，也不在於才或情，而只是引蔽習染。殊不知若在人內沒有一個爲惡的根由，引蔽習染也不能使人爲惡。因此大陸唯物辨證論的人稱讚顏元和李塨爲唯物論的學者，因爲他們只講引蔽習染的物，而不談形上的理論。

顏元在存性篇的卷二，作有七個性圖，稱爲「妄見圖」。第一個圖爲總圖

渾天地間二氣四德化生萬物之圖

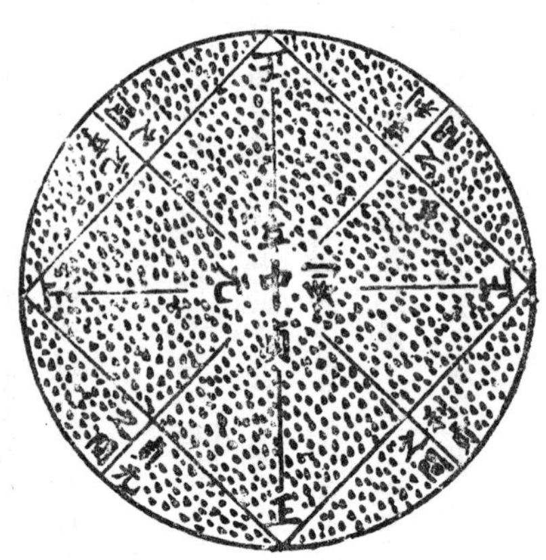

「大圈，天道統體也。上帝主宰其中，不可以圖也。左陽也，右陰也，合之則陰陽無間也。陰陽流行而為四德；元亨利貞也。橫竪正畫，四德正氣正理之達也。四角斜畫，四德間氣間理之達也。交斜之畫，象交通也。滿面小點，象萬物之化生也。莫不交通，莫不化生也，無非是氣是理也。知理氣融為一片，則知陰陽二氣，天道之良能也。元亨利貞四德陰陽二氣之良能也。化生萬物，元亨利貞四德之良能也。知天道之二氣，二氣之四德，四德之生萬物莫非良能，則可以觀此圖矣。

萬物之性，此理之賦也；萬物之氣質，此氣之凝也。……至於人，則尤為萬物之粹，所謂得天地之中以生者也。二氣四德者，未凝結之人也；人者，已凝結之二氣四德也。存之為仁義禮智，謂之性者，以在內之元亨利貞名之也。發之為惻隱羞惡辭讓是非，謂之情者，以及物之元亨利貞言之也。才者，性為情者也，是元亨利貞之力也。謂情有惡，是謂已發之元亨利貞，非未發之元亨利貞也。謂才有惡，是謂蓄者元亨利貞，能作者非元亨利貞也。謂氣質有惡，是元亨利貞之理謂之天道，元亨利貞之氣不謂之天道也。噫！天下有無理之氣乎？有無氣之理乎？有二氣四德外之理氣乎？惡其發者，是卽惡其存之漸也。惡其力者，是卽惡其本之漸也。惡其氣者，卽惡其理之漸也。何也？人之性，卽天之道也。以性爲有惡，則必以天道爲有惡矣。以情爲有惡，則必以元亨利貞爲有惡矣。以才爲有惡，則必以天道流行乾乾不息者亦有惡矣，其勢不盡取三才而毀滅之不已也！」（存性編　卷二）

從上面的圖，我們可以想起周敦頤的太極圖。太極圖以太極，陰陽，五行，男女，而生萬物。顏元的圖，以二氣，四德，而生萬物。「知天道之二氣，二氣之四德，四德之生萬物莫非良能，則可以觀此圖矣。」他以二氣四德生萬物，是來自易經的太極兩儀四象，天道可以比諸太極，陰陽乃是兩儀，四德便是四象。元亨利貞本來自易經，爲乾坤的良能，象徵四季，化生萬物。「上帝主宰其中，」則來自詩經、書經；顏元把詩、書和易的宇宙論結合一起，成一系統。

顏元解釋性、情、才；元亨利貞存在人以內者，稱爲性；發爲惻隱羞惡辭讓是非之心，稱爲情；元亨利貞發爲情之力，稱爲才。然而他又說：「人之性，卽天之道也。」性便是理，理不能稱爲良能，除非以良能有良能之理，這種良能之理，稱爲性。情爲性之發，宋明理學家中有這種思想；但是朱熹以情爲心之動，而不是性之已發，則較爲合理。才爲力，實則才爲能。

顏元以朱熹肯定氣質之性爲惡，情乃爲惡，才爲惡，加以駁斥；理由是氣質，情，才，都歸於性，假若氣質，情才爲惡，則必以元亨利貞之道，卽是性爲惡。然而朱熹的主張並不是這樣，朱熹只主張氣濁則掩蔽性理，人便是惡；氣清則顯露性理，人便是善。因此氣質之善，可以是善可以是惡。掩蔽性理或顯露性理之氣質，卽是才，才便可以爲善可以爲惡。至於善惡之實現，則在於行，行爲以之發，卽是情，情乃有善惡，便是中庸所謂已發的中節或不中節。若說朱熹的學生或學派中的後輩，有人以氣質爲惡，並非朱熹自己的主張。

## 4. 格物・致知

凡是講理學的人，總免不了要講格物致知；因爲朱陸分野，原因就在於格物致知。王陽明倡良知說，繼承陸象山心外無理的主張，而以致知爲致良知。顏元重實學，反對王陽明的致良知說，而以實行爲致知。

「知無體，以物為體；猶之目無體，以形色為體也。故人目雖明，非視黑視白，明無由用也。人心雖靈，非玩東玩西，靈無由施也。今之言致知者，不過讀書講問思辨已耳；不知致吾知者，皆不在此也。譬如欲知禮，任讀幾百遍禮書，講問幾十次，思辯幾十層，總不算知；直須跪拜周旋，捧玉爵，執幣帛，親下手一番，方知禮是如此，知禮者所至矣。譬如欲知樂，任讀樂譜幾百遍，講問思辨幾十層，總不能知，直須搏拊擊吹，口歌身舞，親下手一番，方知樂是如此，知樂者所至矣。是謂物格而后知至。故吾斷以為物卽三物之物，格卽手格猛獸之格，手格殺之格。」（四書正誤卷一）

實際去行事，纔能說知道這事。這種致知爲關於人生的知識。中國古人講論知識，本來就都是講關於人生的知識。宋明理學家講格物致知，就是講人生的知識，卽是知天理以行人事。顏元訓『格』爲手格殺，格殺是親手去做。

「格物之格，王門訓正，朱門訓至，漢儒訓來，似皆未穩。……元謂當如史書『手格猛獸』之格，『手格殺之』之格，乃犯手捶打搓弄之義。卽孔門六藝之教是也。如欲知禮，憑人懸空思悟，口讀耳聽，不如跪拜起居，周旋進退，捧玉帛，陳籩豆，所謂致知乎禮者，斯確在乎是矣。……推之萬里皆然，似稽文義質聖學為不謬，而漢儒朱陸三家失孔子學宗者，亦從可知矣。」（習齋記餘　卷六）

親身實行，稱爲格物。實行在中庸裏稱爲篤行，篤行在儒家的傳統裏爲求學的重要部門，儒家決不以空談性理爲求學。但是在實行以前，應該對於事物有所認識；譬如行禮，跪拜週旋以前，應知道怎樣跪拜，捧玉帛以前，應該知道捧玉帛之道。致知，乃是將學理和行事，結合在一起。因此，爲格物致知，不能廢讀書講問思辨。孔子六藝的教育，也包括有讀書明理。

「僕妄謂性命之理不可講也；雖講，人亦不能聽也；雖聽，人亦不能醒也；雖醒，人亦不能行也。所可得而共講之，共醒之，共行之者，性命之作用，如詩書六藝而已。卽詩書六藝，亦非徒列坐講聽，要惟一講卽教習，習至難處來問，方再與講，講之功有限，習之功無已。……

自漢唐諸儒傳經講誦，宋之周程張朱陸，遂羣起角立，亟亟焉以講學為事，至明而薛陳王馮因之，其一時發明吾道之功，可謂盛矣！……然世道之為叔季自若也，生民之不治自若也，禮樂之不興自若也，異端之日昌而日熾自若也，以視夫孔子明道而亂臣賊子果懼，孟子明道而楊朱墨翟果熄，何啻天淵之相懸也。

僕氣魄小，志氣卑，自揣在中人以下，不足與於斯道。惟願主盟儒壇者，遠溯孔孟之功如彼，近察諸儒之效如此，而垂意於習之一字，使為學為教，用力於講讀者一二，加功於習行者八九，則生民幸甚！吾道幸甚！」（存學編　卷一，總論諸儒講學）

顏元求學，重在習行，不重講論。他認爲宋明理學家的語錄，都是講學論學，自行衒耀。所因此詆毀宋明理學爲離經叛道，把孔孟的道統斷了，爲儒家的罪人。他自以爲提倡習行，乃是繼承孔孟的道統。

「某聞氣機消長，否泰剝復，天地有不能自主，理數使然也。方其消極而長，否極而泰，天地必生一人以立之，亦理數使然也。然粵稽孔孟以前，理數醇尚其實。凡天地所生以立此氣機者，悉皆實文實行實體實用，卒為天地造實績，而民物以安以阜。……降自漢晉，濫觴於章句，不知章句所以傳聖賢之道，而非聖賢之道也。妄布於清談，不知清談所以闡聖賢之學，而非聖賢之學也。虛浮日盛，而堯舜三事六府之道，周公孔子六德六行六藝之學，所以實位天地，實育萬物者，渺不見於乾坤中矣。迨於佛老昌熾，或取天地萬物而盡空之，一歸於寂滅，或取天地萬物而盡無之，一歸於陞脫。……哀哉！儻氣數於此，生堯舜周孔，固必回消為長，轉否為泰矣。卽不然，或生端言卜仲二冉之流，亦庶幾衍道脈於不墜，續真宗於不差，而長泰終有日也。奈何氣數薄尚其虛，趙氏運中，紛紛躋孔子庭廟者，皆修輯注解之士，猶然章句也；皆高坐講論之人，猶然清談也。甚至言孝弟忠信如何教，氣質本有惡，其與老氏以禮義為忠信之薄，佛氏以耳目口鼻等為六賊，相去幾何也！故僕妄論宋儒是集漢晉釋道之大成者，則可！謂是堯舜周孔之正派則不可！……

某爲此懼著存學一編，申明堯舜周孔三事六府六德六行六藝之道，大旨明道不在詩書章句，學不在穎悟誦讀，而期如孔門博文約禮，身實學之，身實習之，終身不懈者。著存性一編，大旨明理氣俱是天道，性形俱是天命，氣質雖各有差等，而俱是善。氣質正是性命之作用，而不可謂有惡。其所謂惡者，乃由引蔽習染四字爲之崇也。……

但孔孟死後二千年，無人道此理，而某獨異；又惴惴恐涉偏私自是，誹謗先儒。……』（習齋記餘 卷三。上太倉陸桴亭先生書）（又見存學編 卷一）

在這篇長信裏，顏元道出了自己的思想，寫了自己學說的大綱。在格物致知方面，他講實習，一切都就『實』字着想，不尙章句和講論。在性理方面，他主張理成性，氣成形，性爲善，氣質才情都善，惡來自引蔽染習。他批評漢晉儒者，只有章句清談；他指責宋儒摘取佛老思想，不是孔孟眞傳。他乃自認爲孔孟以後兩千年中，唯一以孔孟之道以教人。這是他可取的一點，然也是他不可取的一點；可取，是他講實行；不可取，是他以實行爲唯一的正道。孔子曾經說學須篤行，也須博學審問，愼思，與明辨。

# 5. 修 養

顏元講究實習，他的修養特別注重禮。平日家居，常行家禮，尤其是祭禮，按時實行。在開始時，他習行朱子家禮，後來他認爲朱子家禮中有許多不對的地方，便加以修改。顏元的年譜裏，多記載他習禮的經歷。孔子曾說非禮莫視聽言動（論語 顏淵），禮乃是修養的模範，顏元堅守孔子的這種教訓。平日，行動不苟，有過必改，每天定有每天功課。

「八月九日，欲視非禮，忽醒，遂止。往耕田，行甚敬。日鷄鳴夙興。二十二日，妻不敬，愧無刑餘之道，自罰跪，朱媪命起，妻亦悔過，乃起。自勘過，易怒多言。九月三日，晚，坐側，覺，卽正坐。又躧履，覺，卽納。定日功，若遇事，甯缺讀書，勿缺靜坐與抄家禮，蓋靜坐為存養之要，家禮為躬行之急也。」（年譜 甲辰，三十歲）

三十歲爲精力壯健的時候，能够走路正，坐正，不正卽改，這是修養的功夫。同時每日靜坐以存養，又躬行習禮。他後來反對伊川教學生靜坐，

「伊川每見人靜坐，便嘆其善學。因先生只說話，故弟子只學說話，心口且不相應，況身乎！況國家乎！……責及門不行，彼旣請問，正好教之習禮習樂。却只云：『且靜坐』。二程亦復如是！噫！雖曰不禪，吾不信也。」（存學編 卷二，性理評）

「九月朔日，偕王次亭昆仲習冠燕諸禮。次亭問明德親民。先生曰：修六德，行六行，習六藝，所以明也。布六德六行六藝於天下，所以親也。今君等在仲誠先生之門，從未以此為學教，然則何者為若所以明之親之者乎？閉門靜坐、返念收心，乃二氏之學，非吾儒之操存也。次亭感佩。至湯陰，訪朱敬主一，他出，其父甯居出會，夙儒也，語之學，抵掌稱善。主一歸，先生與主一及其子侄習禮。甯居曰：予可任老乎？卽主位，優與彬彬如也。夜與主一論學論治，主一曰：不見先生，幾枉度一世。行徐適，仲容已來迎，出日省記求教，問禮樂，答之。已而主一復來，追送至磁州別。主一請先生習恭禮，覩之，因並坐習恭。先生曰：吾儒無一處不與異端反，卽如我二人並坐習恭，儼然兩儒。倘並靜坐，則儼然兩禪和

子矣。」（年譜 辛未，五十九歲）

顏元少年靜坐，後來則以靜坐爲禪、不習行；所習行的爲各種禮儀。平居習禮，教學生也習禮，因禮爲孔子所重。他教門生，立有教條：一、孝父母，二、敬尊長，三、主忠信，四、申別義五倫，五、禁邪僻，六、勤赴學，七、愼威儀，八、肅衣冠，九、重詩書，十、敬字紙，十一、講書，十二、作文，十三、習文藝，十四、行學儀，十五、序出入，十六、輪班當值，十七、尚和睦，十八、貴責善，十九、戒曠學。

這篇教條，見於年譜乙卯四十一歲，每條都有說明，勸習儒家的倫理道德，戒絕佛道。第五條禁邪僻說：「自聖學不明，邪說肆行，周末之楊墨，今日之仙佛，及愚民之焚香聚會，各色頭目，皆世道之蟊蠹，聖教之罪人也。汝等勿爲所惑，勿施財修謠祠，勿拜邪神，勿念佛，勿呼僧道爲師。若宗族隣里惑迷者，須感化改正。」

顏元固守儒家的道統，每天必自加省察，如有過錯，決加改正。行止必恭，處事接人有禮。

「偶見筆有亂者，因思杏壇之琴書不整，孔子不得謂之恭而安。俱正之。」

（年譜 辛未，五十七歲）

筆墨紙張書籍都有適當處所，不可亂放；況自己的行動更要恭正不亂。

「抵上蔡，訪張仲誠。仲誠曰：修道卽在性上修，故學必先操存，方為有主。先生曰：是修性非修道矣。周公以六藝教人，正就人倫日用為教，故曰修道。謂教，蓋三物之六德，其發現為六行，而實事為六藝，孔門學而時習之，卽習此也，所謂格物也。格物而後可言操存誠正。先生教法，毋乃於大學先後之序有紊乎！……仲誠名沐，以進士知內黃縣事，有惠政。論學大旨宗陸王，而變其面貌，以一念常在為主。弟子從者甚夥。」（年譜 辛未，五十七歲）

顏元以實學教門生，自己身體力行。他有治國平天下的志氣，不想隱居，但沒有用事的機會，年譜記五十七歲時：「三月，先生將出游，曰：蒼生休戚，聖道明晦，敢以天生之身偷安自私乎！於是別親友，告家祠，十六日南遊中州。」甲申，七十歲九月二日酉時卒，卒時囑門人說：『天下事尚可爲，汝等當積學待用。』

**註**：顏元常說以堯舜周孔的三事，六府，六德，六行，六藝教人。

三事：書經，立政，『任人，準夫，牧作三事。』疏：『治爲天地人三事』即事天、事地、治人民。

六府：曲禮：『天子之六府曰司土，司木，司水，司草，司器，司貨，典司之職。』

六德：周禮地官，大司徒：『教萬民而賓興之，曰六德：知仁聖義忠和。』

六行：周禮地官，大司徒：『二曰六行：孝友睦婣任恤。』

六藝：禮樂射御書數。

## 四、李塨

### 1. 傳略

李塨，字剛主，號恕谷，直隸省蠡縣曹家蕞人，生於清世祖順治十六年（公元一六五九年），去世於清世宗雍正十一年（公元一七三三年），壽七十五歲。

他的父親李明性，號稱孝慤先生，給他命名叫塨，意思是「恭欲其謙，土欲其實也。」（清 李恕谷先生年譜，馮辰撰。卷一頁一）他三十歲時，自號恕谷，年譜上記：

「思仁道大，求之惟恕。曹家蕞村中，一路甚深，似谷，長而通，似恕，乃自號恕谷，志勉也。」（年譜 卷二，頁十三）

八歲入小學，從父親學幼儀，讀經書。十五歲娶同邑王氏女爲妻；女長他一歲，兩年後患瘵疾死。李塨後來爲她寫了一篇傳。

李塨十八歲時也患了瘵疾，然未嘗廢讀。他自己說：

「吾少年讀書强記，四五過始成誦，比時同學者多如此，而予迤後閱書幾萬卷者，好故也。故學，祇在好，不在質高。」（年譜 卷一，頁四）

十九歲，續娶馬氏女，在這一年考進縣學生員第一名。二十一歲和刑臺李毅武往謁顏習齋，深佩習齋學習六藝的教育，乃廢八股而專正學。然家貧，種田教書都不足以養家，便兼習醫賣藥，仍從習齋學，並仿習齋立日記自考。二十三歲，十月齋戒，往楊村會學質日記，考經濟，演禮，習琴習射。二十四歲正月入城設筵，和朋友行禮鼓樂，較射演技。顏習齋作穀曰燕記以紀盛況。然後來規勸他說：「有一分名卽一分禍，又規先生繫心詩文之失及多笑失儀。」（年譜 卷一，頁二十）二十五歲時，喪父。父臨終時囑：「家貧，宜終劉村館以養兩母四弟，居喪，不言不事之禮，不可執也。」（年譜 卷一，頁二十五）十一月，因顏習齋的邀請，往劉村趙太若家設館授徒，行前，告於父的靈牌前。乃往劉村，奉嫡母到學館安養，又償還父親的遺債。次年，辭館歸家，友人張函白邀同往保安州署幕府。三十一歲時，二月，齋戒沐浴，往拜顏習齋，稱門人。以往，和習齋相過從，習齋待以友人禮，互相規過。當李塨二十二歲初次見顏習齋後，聽說習齋要賣所娶妾，塨勸說只可出，不可賣。習齋說「承教，敢不改。因下拜，先生亦拜，曰：成湯改過不吝，漢高從諫如轉環。先生既是鄙言，願朝聞夕行。習齋曰：何待夕。飯畢卽同如蠡結此事耳。先生服習齋改過之勇，躍然志氣若增益。效習齋立日記自考，自此日始。」（年譜 卷一，頁五）

李塨家貧，須養嫡母生母四弟，常到附近鄉村設館授徒。三十一年時，應趙錫之聘，設帳於趙家莊。因叔父李節白去世，守喪，居靜，問顏習齋說：「近日，此心提起，萬慮不擾，祇是一團生理，是存養者？曰：觀足下九容之功不肅，此禪也。數百年理學之所以自欺也，予素用力，靜則提醒，動則剛辨，而總以不自恕。蓋必身心一齊竦起，乃爲存養，不然，則以釋氏之照徹萬象，混吾儒之萬物一體矣。先生竦然謝教。」（年譜 卷二，頁十五）

因貧，李塨聽趙錫之的建議，從事舉業。三十三歲時入京春試。嫡母卒，哀勞成疾，幾乎不支。三十七歲，南遊，至杭州。回鄉，謁習齋問學，習齋說：「此行歷練可佳也；惟勿染南方名士習氣耳」（年譜 卷二，頁三十一）三十九歲時，病愈，入京。以後常往返京師，結交學者，討論易經和宋明理學。塨習樂，習射，習書、習數學，習兵法，常想有用於世。又服膺顏習齋的主張，不尙空文，祇求實學。依據習齋所說，以六德六行六藝爲三物，「博文以此，約禮以此。若外此而別有逕途，則異端曲學，烏可訓哉，」（年譜 卷三，頁三十七）四十四歲時見顏習齋，習齋對他說：「吾素可子沈靜淡默，而此見微有浮驕之氣，宜細勘改之。先生竦然。」（年譜 卷三，頁二十八）塨歸，在牆壁止寫着：「坐如尸，坐時習也，立如齊，立時習也；周旋中規，折旋中矩，趨以采薺，行以肆夏，行時習也。寢不尸，寢時習也；皆習禮也。」（年譜 卷三，頁二十八）次年，巡撫李光地薦於朝廷，少宰吳公言也想推薦，時李塨年四十五，堅辭不受薦。四十八歲時，他自己責自己說：「思予生平大短曰傲，見時人非，則傲生，不知時愈下，人愈非，天之禍益迫矣，尙敢傲乎！不智哉！不仁哉！」（年譜 卷四，頁七）「思身之不莊，則學之不振也，愧甚！」（年譜 卷四，頁十三）又說：「思身漸衰疲而德不立，是吾憂也。」（同上）次年，四十九歲，年譜記說：「儀功如常，去瑣碎，戒暴怒，勿言人是非，待人以和，日必習恭一次。思吾心不精而粗，不一而雜，年已將衰而德不立，愧哉！」是年皇子三王謀延爲師，他辭說：「草野非王前器也。」（年譜 卷四，頁十六）五十歲時又自責說：「自勘狷隘狂亢，已之大病，事不立，人不親，皆以此，不力改，則廢才終身矣。」（年譜 卷四，頁二十三）五十六歲時，同邑進士王之臣自京來，傳言王相國將薦他於天子，塨具書力辭。六十歲時，被選爲通州學正，因病告歸。六十二歲時，被邀爲鄉飲大賓。六月，陝西武舉楊蘭生來說十四王想聘他，車馬卽將到，塨堅辭以老病不能行。六十八歲時，仍自勉說：「常儀，雖老不敢不勉；常功，雖不能親學，而禮樂射御書數，教卽學也。心期和平，身期莊肅，昌明聖道，不敢旁委。」（年譜 卷五，頁四十九）六十九歲自勉說：「常儀如故，常功量老力所任爲之，勤家政，接後學，明行聖道，益孳孳不倦，小益戒懼，氣益和平，量益寬大，行益仁厚，自勉。」七十一歲則說「擇病中所能爲者爲之，日記每月下書小心翼翼，懼以終始，以自勉。」（年譜 卷五，頁六十）正月，「布政王公又以書幣价邑，令喬公來聘，先生具書陳作志書的大略曰：竊惟志書之修，所以紀山川形勢，歷代沿革，風土消長，政事利弊……一一按蹟詳記方可下筆，則非無據之空言也，此豈塨之老病所能任者，所以萬難自前者也。」（年譜 卷五，頁六十五）次年，王布政使又以書幣來聘，李塨臥牀不能行，將所修通志稿封還，具書堅辭。七十四歲時，病不能理事，有心養性，以終餘年。作永言賦：「老冉冉今已邁兮，恐斯文之僾亡；良朋遠隔天涯兮，來者又未可逆量；上帶降鑒而匪遙兮，祝周情孔思其抱將。」（年譜 卷五，頁七十二）又自作墓志。七十五歲，雍正十一年正月初一，病卒。

李塨所著書有：小學稽業，大學辨業，聖經學規纂，論學，學禮錄，學樂錄，學射錄，瘳忘編，閱史郄視，平書訂，擬太平策，田賦考辯，宗廟考辯，周易傳注，論語傳注，大學傳注，中庸傳注，傳注問，恕谷后集。著作：定州王灝所刊的畿輔叢書第二十三，第二十四函，收入他著作的重要部份，為現在所保存的。

## 2. 論　學

李塨在七十四歲所自作墓志說：

「（李孝慤先生）時力為聖賢，學敦孝弟，主忠信，崇禮義廉恥，讀論孟學庸，以授李子。同時有顏習齋先生者崛起，近與祁州刁包，遠與上蔡張沐辨學，謂世儒蠟講性天，非孔子不可得聞之教法也。且禮樂兵農，聖門經世之撰皆廢失，何以學成致用？乃易靜坐入定以習恭，內而敬直，外而九容交攝。讀書猶漢唐訓詁遺習，惟擇經史有用書讀之，餘不盡究，以蹈玩物喪志也。嚴課孝弟謹信，冠婚喪祭務遵古禮，日稽禮樂兵農之允宜今古者，而倡六藝以教來學。於是李子從之學禮於習齋，學琴於張而素，射騎則學於趙思光郭金城，書則學於王五公彭通，數則學於劉見田，後又學律品於毛河右。其於明德，則立日譜，逐時記身心言行得失勉改，至耄老愈追念家學，欲然自歉寡改未能。」（年譜　卷五，頁七十二—七十三）

李塨年青時因家貧，想應試中舉得官以養家，後因顏習齋的指點，遂棄八股，捨詩文，從事實學。當他四十三歲時，請萬季野（斯同）爲他的大學辨業作序，季野序中說：

「大學一書，見於戴氏之禮記，非泛言學也，乃原大學教人之法，使人實事於明親之道焉。爾其法維何？即所謂物也。其物維何？周官大司徒之三物是也。周先王設黨庠術序，皆以此為教。……降及春秋，世教漸微，而大學三物之法，或幾乎衰矣；然教雖衰，其成規未嘗不在，固人人之所共知，此作大學書者，所以約其旨於格物。……後之儒者，不知物為大學之三物，或以爲窮理，或以爲正事，或以爲扞格外誘，或以爲格通人我，紛紛之論，雖析之極精，終無當於大學之正訓，……。蠡吾恕谷李子示予大學辨業一編，其言物謂卽大司徒之三物，言格物卽學習禮樂射御書數之物。予讀之，擊節稱是，且嘆其得古人失傳之旨，而卓識深詣爲不可及也。……」（年譜卷三，頁二十二）

這篇序文，不見於現存畿輔叢書的大學辨業內，而大學辨業書中的幾篇序文，沒有一篇像萬季野序文講李塨論學那樣清楚。李塨追隨顏元反對宋明理學家教學之法，以宋明理學家講性和天，乃是虛談。對於宋明學者格物致知的爭辯，批評爲失聖學的正道。他在三十九歲時，有上顏元的一封信，信上說：「略謂宋儒學術之誤，實始周子。周子嘗與僧壽涯道士陳摶往來，其敎二程，以尋孔顏樂處，雖依附儒說，而虛中玩弄，實爲二氏潛移而不之覺。二程承之，遂以其依稀恍惚者爲窺見性天，爲漢唐儒者所未及。不知漢唐儒者原任傳經，其視聖道因散寄於天下也。……」（年譜卷二，頁三十四）他在這封信裏，責宋儒改變古代學章，創立八種不合舊章的異端。一、太極圖乃道家參同契水火匡廓、三五至精兩圖所合成，爲丹家修煉用的。二、河圖洛書，爲宋陳摶所僞傳，上古圖書自周驪王時犬戎的變亂都已遺失。

三、靜坐，十三經所沒有，宋儒忽立課程，半日靜坐，幾幾乎和蒲團打坐一樣。四、教人先明見自性，孔子却曾不多講性和天。五、朱熹分小學大學，八歲入小學，教以灑掃應對的禮節，和禮樂射御書數，十五歲入大學，教以窮理正心，修己治人的道理。這種分法和古法不同；古法分小學大學，小學學小藝，大學學大藝，都是學六藝和修己治平之道。六、致良知，說是眞知必行，不行不是知，王陽明以心本來淸明，可辨識一切事理；因此，大家譏哄王陽明爲禪。尙書說命篇曾說「知之匪艱，行之維艱。」七、立道學名，宋史遂專立道學一傳，把許多大儒都擠在道學以外，道學成爲迂腐無用之學。八、立書院，古來大小學都稱學，宋人立書院，便專以讀書爲學。

顏元的學稱爲實學，實學在於學三物。三物爲六德、六行、六藝。按周禮地官大司徒：六德爲知、仁、聖、義、忠、和；六行爲孝、友、睦、婣、任、恤；六藝爲禮、樂、射、御、書、數。李塨在大學辨業解釋格物說：

「爾雅格格擧也，郭璞註曰：擧持物也。又爾雅到字極字皆同格；蓋到其域而通之搏之擧之，以至於極，皆格義也。物，物有本末之物也，卽明德親民也，卽意心身家國天下也。然而謂之物者，則以誠正修齊治平，皆有其事，而學其事皆有其物，周禮禮樂等皆謂之物是也。格物者，謂大學中之物，如學禮學樂類，必舉其事，造其極也。……故先王立學，教以六德六行六藝，皆此謂也。語云：一處不到一處黑，最切致知在格物之義。」(大學辨業　卷二)

李塨和顏元代表清初論學的思想，學爲實學，學以致用。學文章不是求學，只是讀書；談性理不是求學，只是空談；存敬以養心不是求學，只是佛教的空虛。因爲他們看到明末的學者都迂腐不知治國，致國政日非，不能再振作，遂極力主張實學。中國的實學，祇有古代的六德六行六藝，清朝末年，學者因見中國衰弱，列强以武力侵華，乃主張修西學。目前，因爲國家發展經濟，學者便都提倡科技；都是一時愛國心的要求，不免有所偏激。

「好生鐵識曰：『先生重六藝，將廢詩書乎？』予曰：此誣坐人罪也！予何嘗謂廢詩書，正謂興必於詩，考政必於書，非徒繙讀具耳！何者？經書乃德行藝之簿籍也，所以詔習行，非資徒讀，猶田園册所以檢稼殖，非用徒觀也。徒讀詩書者，是廢詩書也。」(李塨　論學　卷一，頁四)

「又䥫識曰：『然則性天可輕歟？』予曰：惡！是何言也。詩云：昊天曰明，及爾出王；昊天曰旦，及爾游行。孟子曰：『形色天性也』。人全身皆是性體，人無時不與天接。故古人曰畏天之威，敬天之渝，小心翼翼，昭事上帝。學者存養誠正之功，因刻刻如此也。若不實盡此功，而徒鑿思漫論，探索無朕，是褻之耳，非重之也！」(同上，頁五)

李塨表白自己的主張，並不是不讀書，不講天和性，但必須講實行。在實行上，當然不能完全抄襲古代的制度。

「況孟子時行井田學校，尚須潤澤，今取文藝，但要其有實用耳。古法因有斟酌，不必盡依樣葫蘆也。」(論學 卷一，頁五)

中國的社會在和歐美通商以前，兩千年來沒有多大變更，社會和政府的組織，也是沿用舊制；因此，李塨和顏元講實用之學，還是講六藝。到了清末，講實用之學的人則講西學爲用了。

清初當時也有不讚成顏元、李塨的人。

「錢丙謂觀三物，知周禮僞書也。虞書言五典，今六行取孝友而去其三，則周人但有父子兄弟，而無君臣夫婦朋友也。添睦婣任恤，是父子兄弟外別有四倫為六倫也。此為拂理叛聖，世未有仁義禮智之人而不中和者，亦未有中和者而不仁義禮智者，更未有捨五德之外而為聖者，安可列為六？……況仁義禮智四德，相並躋三於德，降一於藝，是何道理？禮樂與射御書數並稱經天緯地之業，執鞭之役，偕升並進，不倫之甚！李子謂教之具在六藝，則必由此而可成德行也，今世善書能算慣射之人不乏，何人由此成其孝友，成其聖智歟？」(論學 卷二，頁一)

李塨答覆古人中有仁義禮智中的一種德行，不能便稱爲中和。六德六藝合於聖人之訓，不要斤斤地據着一個字去辯，因爲六藝爲日用必需的事。

「若今時教選髦士，德以四德，行以五倫，藝於六者之外，再分天文地理等科，亦無不可。但不求實用，而好為橫議，執一以駁古經，甘自居於非道侮聖，則罪滋大矣！

錢丙不講學問，不講持行，專以明理為言。年來加以狂怪，將大學、中庸、古文尚書、易繫辭、周禮、儀禮、禮記、春秋三傳，有見者有未見者，望風而詬，曰：我理見以為如是，雖古聖起，吾不信也，吾信吾理而已矣。近又移之於醫，……天下之物，因形以察理，則理可辨。……夫理者，物之脈理也，物形既置，理安傳哉！」——（論學卷二，頁二—四）

李塨承顏元的主張，以六德六行六藝教人，為的是在古書上有根據，所根據的是周禮。然他們並不是呆板地據守着「六」字。孔子講三德，孟子講四德，漢宋講五德，孔子又講五倫，乃是儒家的傳統，顏李也不反對，祇要能教人去實行就好了。他們所反對的，是專講理而不講實行。

「徐公果亭（秉義）曰：『讀書以明理，不讀書，理何由明？』

予曰：非敎人廢讀書也，但專以讀書為學，則不可耳！且明理非盡由讀書也……故古人明理之功以實事，不以空文，曰致知在格物。」（論學 卷二，頁五）

學射，須要實際上去射，纔能懂射之理；學樂，要實際上去鼓琴瑟纔懂樂理。這是一種很普通的道理。宋明理學者也敎人去實行所學，祇是他們所敎的是存心養性，而不是射御書數的實事；若說禮樂，朱熹很看重，他還作了家禮。若責宋明理學者祇是空談，則有所偏。王陽明講知行合一，顏元李塨斥爲空虛；他們主張知在先，行在後，且知易行難。

「歸德周崑來（尋）問曰：『先生言學而後知，知而後行，則修齊治平之事，皆可俟之格致後歟？』

曰：非謂盡知乃行也。今日學一禮，遇其禮當行卽行之。明日又學一禮，遇其禮當行卽行之。知因在行先，而亦一時併進，且迭進焉，非列其寅也。」（論學 卷二，頁六）

一般說來，知在行先，然並不是絕對的原則。孟子說小孩生來知道愛父母，不學而知，知必行。這是王陽明所說知行合一。至於實用的六藝則是知在行先，而且須要學。顏李所講的知，乃是實用六藝之知，以及六德六行之知。

「大興王崑繩（源）閱予大學辨業、聖經學規，歎乎稱是。曰：『向觀世儒謂聖道當不爾，而未得抉其故也。今乃曉然聖學矣；聖學斷非無用者。』予告之曰：『以論語記之，孝弟忠信體也，兵農相禮用也。能孝弟忠信而不能兵農相禮，不失為善士，能兵農相禮而不能孝弟忠信，終陷於小人。體自重於用矣。但欲求聖學則體用去一不可耳。……至於不能孝弟忠信，亦不能兵農相禮，而徒講明心見性，如李卓吾何心隱輩，或妄亂著述，浮浪詩文，如豐坊鄭鄤輩，則華士異端，離經敗世，聖道之蟊賊也。」

（論學　卷二，頁九）

李塨舉出聖學，聖學必須能孝弟忠信，能兵農相禮。能孝弟忠信，不能兵農相禮，不失為一善士；不能孝弟忠信，而能兵農相禮，終不免為小人。顏李所講的學，當然是聖學。

李塨寫了大學辨業一書後，編了一冊聖經學規纂。他在序裏面說，自宋儒表章大學以後，大家都讀大學，都知道明德親民，但是却不知道明親的途徑，他把經書上論學的話，纂集成一冊，使求學的人可以明瞭聖學。他選了論語學規三十九條，中庸三條，孟子十一條，尙書三條，易經一條，詩一條，周禮八條，禮記九條。最後他作一結論，題爲「古聖正學宜急復」。

「古學非古也，乃今日之急務也，而何云迂濶也！或曰今古不相及，如何？曰：為學則安今人而棄古人，論學又尊古人而小今人，此學者之大病也。不知古人之學皆衷於道，古人之道實本於天性必然之理。今雖岐塗分出，然古學實不能盡廢；使盡廢而尚可成人世，則古之立學法者，必非聖人。使今世行其事而盡外於古法，則古聖之立學教也，必非性道，而必不能也！……」（聖經學規纂 卷二，頁十五）

聖學卽是古聖之學，古聖之學本於人的天性，本於天性則今古一貫。李塨乃主張恢復古聖之學。

「近世詩文字畫，浮學不論，所稱高座道學根據，不過三者：一玩照內地；一持身不大顛躓；一誦讀著書；遂謂今世上品。……其內地玩照，皆依傍主靜觀空，為二氏所雜，而失聖門戒懼慎獨存心養性之正也。不大顛躓者，乃孟子所謂鄉黨自好，而於聖門約禮之功尚缺略也。至於誦讀，則學者餘事，著書乃不能行道不得已而明道之事。……而兀兀窮年，故紙充棟，復增以紙。舉世目道學為迂濶，而已亦以迂濶自居。聖學之明親止善豈如此歟！故嚮承顏先生教，於同人少有辯說。……一二人有誤何足辯，獨是舉世以為聖學正路止於如此，而心性無實功，身世無實學，天地萬物不能位育，可為太息而中夜徬徨也！……」（恕谷後集 卷五，與張子勵 韓同甫魏膺功書）

## 3. 理・氣・心・性

### 甲、陰 陽

李塨追隨顏元，反對朱熹的理氣二元論，以氣為一元，而理在氣中。但因為顏元不喜歡講論天理人性，所以祇批評宋朝理學，自己本人則少有主張。李塨也對前人關於理氣心性之學，常有批評。

「敬庵問中庸朱註五行化生人物之說。先生曰：陰陽生萬物，易言也；五行生人物，則漢後之誤語也。五行乃流行於世為人用者，如蠶然木，須然金，且賴人培植之，銷冶之，焉能生人哉。」(年譜 卷五，頁二十二)

易繫辭有言：「一陰一陽之謂道，繼之者善也，成之者性也。」(繫辭上，第五章) 李塨採易經的思想，以陰陽生萬物。易經的思想是先有太極，後有兩儀，再後有八卦，八卦而六十四卦，代表萬物。李塨說陰陽在宇宙間常動，動而生物。

「趙泰巖侍郎來，……見壁琴，言琴能調變陰陽。先生曰一物耳，何以然？趙曰以動機相感也。先生曰然。陰陽皆以動而生物，故曰繼之者善也。和風甘雨，天地之琴瑟也，琴瑟人之和風甘雨也。今有却動專靜之學，逆天道也。」(年譜 卷二，頁二)

陰陽運行不停，化生萬物。漢儒接受戰國末年五行之說，以五行代四象，五行由陰陽而生，五行乃化生萬物。宋朝周敦頤的太極圖和太極圖說都以陰陽生五行，五行生萬物。李塨以五行爲五種物體，乃是金木水火土，物體怎能生人？然漢宋儒家以五行爲陰陽的變化，五行再互相結合，再繼續變化，乃生萬物。李塨本注重變化，以易卦的爻代表陰陽變化，萬物纔能化生。若五行乃五種物體，供人使用，不能再起變化，則不能生人。

「謹白吾子，據居則觀象玩辭，動則觀變玩占二語，以為爻變乃占事，非平居觀玩所用。然此互足之言耳。觀象玩辭，變在其中矣；觀變玩占，象在其中矣。不然，占亦有不變者，何以觀乎！且聖言不止此，爻者言乎變者也，爻者效天下之動者也。道有變動，故曰爻，爻者交也，陰交陽，陽交陰也，則爻本以變為名，而乃曰不變乎？故爻不用七八，專用九六，以云變也，而曰爻不言變，是反聖經矣！……」（恕谷後集　卷四，與王崑繩書）

陰陽相交，化生萬物，這是易經的思想。四象八卦六十四卦，都由陰陽兩爻相交而成。

漢宋的五行，也由陰陽相交而成，意義和四象八卦相同。

「六十四卦皆生也，天地之大德曰生，天心祇一生也，而可見者，莫過于一陽之初生。無往不復，有斷必續，為物不二，乾，知大始；復，不其見天地之心乎！」（顏氏學記 卷五，恕谷二 周易傳注）

李塨在這一點上和朱熹的思想相同，以天地之心爲生。

「一陰一陽分立，兩道也。一陰一陽迭運，一道也。其繼續不已，造化流轉者，乃陰陽本然之善也。」（同上）

在這一點上，李塨和朱熹的思想不同了。朱熹以陰陽爲氣，不是道，迭運之理則是道。李塨以陰陽乃是道。

李塨雖講太極，不主張在陰陽以先另有一實體；故他反對老子所講的道，而以道爲人生之道。

「道者，人倫庶物而已矣，……故曰道倫物實事也。道，虛名也。異端乃曰：道生天地；曰：『有物混成，先天地生。』是道為天地前一物矣。天地尚未有，是物安在哉！且獨成而非共由者，何以謂之道哉！誰生之哉！道家黑言誑語，大率類此。惟道可道也，故指倫此之肫接曰仁，裁制曰義，節文曰禮，毗是非曰智。所謂民受天地之中氣以為性，而能行知倫物者也。」（恕谷後集　卷十二，原論）

「易有太極云云，乃申明大衍之數。易，變也。然必有不變者，而變者以生。崔憬曰：『五十有一，不用太極也。』不變者也。有太極之一，乃可用四十九策。」（顏氏學記　卷五，恕谷二　周易傳注）

李塨一生講實學，不講性理，即不講形上學。他論學常從實際事物去看，不從形上理論去講，以太極爲數之一，以五行爲物體，以道爲倫常，反對在天地之先可以有萬物之元的實體，認爲沒有天地便不能有實體，因爲實體沒有落腳處。因此他反對宋朝理學家所講太極爲理之極至，也反對周敦頤的太極圖說，和邵雍的先天圖。

「未聞未生陰陽而先有動靜者也，乾靜專動直，坤靜翕動闢，則陰陽俱有動靜，陽不必專動，陰不必專靜也，五行非四象也，所謂生八卦者，安在乎？」（顏氏學記 卷三，恕谷二 周易傳注）

## 乙、理　氣

顏元主張理氣爲一，理在氣內。李塨接納顏元的思想，自己却很少講到這個問題，偶爾談到，也祇是重覆顏元的話。

「草堂曰：顏先生言理氣為一理氣，亦似微分。曰：無分也。孔子曰：一陰一陽之謂道，以其流行謂之道，以其有條理謂之理，非氣外別有道理也。」（年譜 卷二，頁三九）

道和理，實義相同，祇是觀點不同。但無論道或理，都在氣內；氣以外沒有道理，氣是理的所在，也可以說是理的體。

「物形既置，理安傅哉？」（論學 卷二，頁四）

物形由氣而成，理在氣內。朱熹也有這種思想，他以氣成物形，理成物性，理不能離氣，氣不能離理；然而理是理，氣是氣，爲物體的二元。顏元李塨則以氣爲主，理在氣內。然兩人對於理氣都不重視，和朱熹看重理氣相反。

「理氣心性，後儒之習談也。易則不多言氣，惟曰：乾陽物，坤陰物。又曰：百物不廢，懼以終始，論語以知，仁、孝、弟、禮、樂爲道，偶一及心，一及性，而無言理者。惟曰敬事，執事敬。唐虞于正德，利用，厚生，曰三事，成周于六德六行六藝曰三物，與後儒虛實大有分別。」（顏氏學記 卷五，恕谷二 周易傳注）

古聖先賢不講理氣心性，祇談三事三物。三事三物爲顏元提出的教育綱要。然而不能說易經不講理氣，論語孟子不講心性。顏李在論學上常有偏激。李塨自己也承認易經講氣，他駁辯先天圖曰：

「天地固有否泰往來，而尊卑之位一定。艮山兌澤，分據而通氣，山伏氣於澤，澤蒸氣于山，為雲，為嵐，為泉，為雨。震雷，巽風，各體而相薄，出于地，行乎天。風叫號而迫雷，雷訇訇而從風。……是定位也。乾坤相錯，通氣也，艮兌相錯，不相薄也，震巽相錯，不相射也，坎離相錯。重而六十四卦，皆相錯也。……」（同上）

兩卦相錯，爲氣相通或不相通，則六十四卦都代表氣。氣爲陰陽之氣。陰陽的相錯則有道理，繫辭說：「一陰一陽之謂道。」（繫辭上 第五章）道就是理。

「朝聞道夕死可也矣。聞非偶然頓悟，乃躬行心得之謂也。顏子之嘆，曾子之唯，庶克當之，方不徒死，亦不虛生，故曰可矣！道猶路也，有原有委。性與天道，道之本也。三綱五常，道之目也。禮樂

文章，道之事也。經有統言者，有專言者，當各以文會之。」（論語傳注、顏氏學記 卷五，恕谷二）

經文統言道時，言天道和性，也是言道。易經講天道，宋儒講性，講理，便不應視爲離經叛道。

## 丙、心 性

李塨和顏元一樣，肯定孔子不多講心和性：

「有始有卒者，其惟聖人乎！……按聖門不輕言上達，固也；卽下學亦有次序；先博文而後約禮，先幼儀謹信而後愼獨正心。乃後儒敎人先講心性，誣人誣世甚矣！」（顏氏學記 卷五，恕谷二 論語傳注）

既然先要博文，先要致知，則宋儒先講心性，並不能就視爲誣世誣人。若講心性而不講致敬以愼獨正心，那纔是誣人誣世。這祇能責之於王陽明的一些弟子！李塨對於王陽明的學說攻擊甚力。

「又曰(陽明曰):『為學工夫有淺深,初時若不著實用意去好善惡惡,如何能為善去惡?這著實用意,便是誠意。然不知心之本體原無一物,一向著意去好善惡惡,便又多了這分意思,便不是廓然大公,書所謂無有作好作惡,方是本體。』此則似禪語矣!書言作好作惡,失在作字,大學言有所忿懥好樂,失在有所字,並非好善惡惡之意而去之也。若如陽明言,則舜之好問,而好察邇言,樂取於人以為善,君子有惡,皆初學所為,非聖賢事矣。又曰:『無善無惡心之體,有善有惡意之動,知善知惡是良知,為善去惡是格物。』以無善無惡為心體,是告子無善無不善之說也,明與易傳言繼善,孟子言性善相反矣。以為善去惡為格物,則致知後之誠意為蛇足矣。且意之有善有惡亦不可並言,動而善者,意之自然也;動而惡者,後起之引蔽習染也。」(大學辨業 卷三)

李塨不讚成王陽明以無善無惡爲心的本體，說這是採取告子的性無善惡的主張。他自己是採孟子性善論，主張性爲善，心也是善，情和才都是善，顏元便是這樣的主張，以惡來自後天的習染。

「先儒指人心為私欲，皆誤。『人心惟危』，謂易引於私慾耳，非卽私慾也。」（同上）

心不是私慾，也是宋儒的主張。朱熹以私慾爲情慾，情爲心之動，動不合於節，乃成爲私慾；心的本體則是善。李塨指先儒爲宋明理學家，但未提名。

「民可使由之，不可使知之，顏先生曰：此治民之定法也。修道立教，使民率由乎三綱五常之路，則會有其極；歸有其極，此可使者也。至於三綱五常之具於心性，原於天命，使家喻而戶曉之，則離析其耳目，惑蕩其心思，此不可使知也。自聖學失傳，乃謂不能使之知，非不使之知，於是爭

尋使知之術，而學術治道俱壞矣。」（同上）

「三綱五常之具於心性，原於天命。」李塨的思想是以心性爲善，具有三綱五常之道。三綱爲白虎通所說君臣、父子、夫婦三倫，五常爲仁、義、禮、智、信。這種思想源自孟子，孟子說人心有仁、義、禮、智四端。心性所以有善端，李塨說原於天命。中庸說「天命之謂性」，性來自天命。

「辛己冬，語萬季野王崑繩曰：人受天地之中以生，必有仁義禮智之性。性見於行，則子臣弟友；行實以事，則禮樂兵農。」（論學 卷二）

人性原自天命，因人受天地之中以生。禮記說人得天地的秀氣，人心乃靈明；宋朝理學家以人得理之全，物則得理之偏。朱熹又以人得天地之心爲心。李塨說人受天地之中，中爲中正，爲中正之氣，卽爲清氣，爲秀氣。人性乃具有仁義理義。人心且虛靈能應對萬事。

「虛靈不昧，具衆理應萬事。此心之訓也，非指性之德也。則所謂明者，

佛氏之明心耳，豈吾儒盡性之學哉？」（顏氏學記 卷五，恕谷二傳注問）

「人者，天地之心也。」（恕谷後集 卷十一 給鄭子書）

人爲天地之心，首先因如朱熹所說人得天地之心爲心，再者如王陽明所主張天地因人心而明。李塨以人爲天地之心，「聖人存之，庶民去之。」庶民雖去，尚能不負天地之心。李塨性善的思想，來自顏元，他自己解釋說：

「尊著學辯質疑曰：孟子性善最的！程朱言氣質之性有惡，而曰：清固水，濁亦不可謂非水，不知黃河之水濁矣，乃沙泥闌入。若汲而澄之，本體自清。伊尹曰習與性成。孟子曰：陷溺則惡之咎在習，非性之才情有不善也。亮哉斯言！以為情才皆善，是習顏存性篇理氣皆善之論矣。蓋才即形色也，即氣質也。歸惡於習，與存性篇歸之引蔽習染者又合矣。何閤下上達性天之見，迥出先儒如此也。」（恕谷後集 卷五 給陳秉之學院書）

顏元、李塨都反對朱熹的氣質之性，更反對氣質之性爲惡。他們倆都認爲氣屬於性，氣若惡，則性亦惡。孔子、孟子都主張性善，性善乃是聖學的傳統。惡的來由，在於引蔽習染。

「陽明有格物欲之說，近宗之者，直訓物為私欲。……己之物，耳目是也，今指己之耳目而卽謂之私欲可乎？外之物，聲色是也，今指工歌美人而卽謂之和欲可乎？其失在『引蔽』二字，謂耳目為聲色所引蔽而較僻也。不然，形色天性，豈私欲耶？猶人羨人金玉而盜之，始謂之盜，始謂之贜。豈人與金玉並未染指，卽坐以盜名，定為贜物耶？是照烈之指有酒具者，而誅其犯酒禁也。」(大學辨業 卷三)

問題並不是這樣簡單，人見金玉沒有偷盜，當然不能指爲盜，大家都明瞭這事；問題是在爲什麼這個人見了金玉就偷盜呢？顏元李塨說是因爲習染。但是爲什麼這個人有惡習染，別的同居共處人却沒有呢？問題在追尋人作惡的內在根由，因爲外在的引蔽習染不是惡的最後根由。朱熹乃說是人所禀受的氣不同，禀受淸氣的人所有氣質淸，則善；禀受濁氣的人所有氣質濁，則惡。朱熹的問題，是進一步的問題，爲何因着外在的引蔽習染，有人作惡，有人不作惡。不能說朱熹的問題不對，只能說朱熹的答案還不能解決問題。氣質善的人，不常行善，氣質惡的人不常行惡，氣質善惡和引蔽習染都祇能解釋一部份人爲什麼行惡。

李塨沒有分別心和性，常把心和性說在一起。然有時也分別心和性。上面曾引他的話說：「虛靈不昧，具衆理應萬事，此心之訓也，非指性之德也。」心是虛靈不昧，性則不是。接下去，又說：

「又問，孟子言：仁，人心也。仁，性也，卽心也。今何分心性爲二也。曰：善哉問也！經有分言者，存其心養其性，則心以氣質言也，性以義理言也；有合言者，仁義之心，心之所同然。曰理義，是義理卽在氣質，無二物也。異端滅去義理，而專以靈明知覺爲心，心已非其心矣，又何與於性！」（同上）

理在氣內，兩不分離，則性在心內，故稱義理之心。實際上，從理論上去說，心和性應有分別，心是氣，性是理，氣清故虛靈不昧，性則不說是虛靈不昧。

## 丁、修養

李塨自己一生，在修養上非常用功，每天寫日記，日記所記爲一天內的缺失，爲求能改過。二十二歲時，年譜記曰：

「擬日譜（日記）每時下一圈，多言則×圈上×〇，過忿則×圈下〇×，有貪利心則×圈右oX，有出名心則×圈左Xo，有怠心則×圈中⊗，有作僞心則圈上下左右皆×⊗。』（年譜卷一，頁八）

二十三歲時，以日譜就正於顏元：

「習齋評先生日譜曰：學習多於讀作，快甚！」（同上，頁十五）

師弟兩人都用心在修養，少讀多做。每天自加省察，敏於改過，終生都自强不息。李塨去世前一年自己替自己作墓誌，誌中說：

「其於明德，則立日譜，逐時記身心言行得失勉改，至耄老愈追念家學，欿然自歉，寡過未能。」（年譜 卷五，頁七十二）（恕谷後集 卷十三）

這種修養的精神，在宋明理學家中也曾興旺，祇是修養的方法和目標不同。程朱的修養法爲守敬，陸王的修養法爲靜坐；他們都標擧孟子的存心養性和大學的正心誠意爲目標。李塨對於他們的修養法多有批評。

「思宋人主敬卽主靜，故曰主一無適。若以小心翼翼爲敬，則與主靜判若黑白矣。姚江固豪傑之士也，既見朱子之支離，何難直追孔孟，乃又別出一途以亂聖道，則氣運之未反也，今天心宜悔禍矣。」（年譜 卷五，頁三十三）

「謂二子曰：學者存心惟宜欽敬，不可先求自得。蓋自得坦蕩，乃兢業之效驗。又曰孔顏之樂，卽是樂道樂學，故曰好不如樂，故曰發憤忘食，樂以忘憂。若宋人曰知有道而樂之，則粗是禪語矣。」（同上）

宋人主敬主靜，李塨責以爲禪，因靜則流於空虛，而主敬則是積極的勉力，兢兢業業。

「謂方鐵壺曰：主敬存誠，誠意正心，入道之門戶；然向解皆誤。主一無適，乃主靜之功，非兢兢業業，小心翼翼之敬也。眞實無妄，乃質民之誠，非返身而萬物皆備之誠也。誠意統明親，意者知正修齊治之善而欲爲之也。誠者，實其意而定於必爲也。意定，而後可以正脩以明德齊治平以親民焉。正心兼動靜，有念有事，無念無事，時時敬慎，使天君肅然中處也。若朱注以意爲心之發，則心統動靜，誠意即屬正心功矣，經何以分爲二事也？況人心發時多，未發時少，發念屬誠意，則正心之功僅幾希矣。若終日寂然惺然以爲正心，則異端之玄牝白業，又非聖學矣。鐵壺曰：論道須以人心之不言而同然者，此其是矣。」（顏氏學記 卷五，恕谷二 傳注問）

李塨以敬爲欽敬，不是『主一無適』，而是戒愼恐懼，時時謹愼。中庸講戒懼和愼獨，學者每分爲靜存動察，李塨責其爲一種錯誤，無論靜或動，都應該守道不離。人不覩不聞的時候，應小心翼翼；大衆共聞共覩的時候，也必要小心翼翼。這種小心翼翼，就是存心。宋儒分存養省察爲兩件事，實際上都是正心的功夫，不是兩件事。存養必要有省察，省察便是存養。

李塨不讚成朱熹以意爲心之動，因爲若分爲動靜，動爲誠意，不動爲正心；實際上心無論動不動都應是正。他以爲意是想做善事，「意者，知正修齊治平之善而欲爲之也。」誠就是決定必定去做。但是，若以意爲心想做善事，心想做惡事也是意；若誠是決定必定去做，那麽決定必定去做惡事也是誠意了，這卻不對！誠意乃是使意誠於道，即中庸所說『發而皆中節謂之和。』正心則不能分動靜，心靜須正，動亦須正。宋明理學家並非不知道正心不能分動靜，然爲能在動時心能正，先從心不動時以求正，這就是靜坐以求未發之中。李塨和顏元都反對靜坐，李塨作有一篇短文，題目爲「論宋人白晝靜坐之非經」，他說：

「自周濂溪以主靜立教，程朱陸王因之，用白晝靜坐以為存心立本，考之古經無是也。……是古經自天子以至庶人，無白晝靜坐者。宰予晝寢，孔子責之。子路求息，孔子斥以惟死乃息。古鷄鳴夙興，不惟君子孳孳為善也，卽小人孳孳於利，亦終日無暇焉。戰國時，莊列學起，南郭子綦隱几而坐，嗒焉喪我，為靜坐觀空之始，後佛道二派祖之，參禪入定，閉目

垂簾，公然晝廢，乃異端也，吾儒胡為染之哉。」（恕谷後集 卷十三）

靜坐當然不是古代修養的方法，而是起於道家的養生，佛家乃用爲禪觀。宋代理學家採佛教修養的方法，遂提倡靜坐。然而靜坐在宋明理學家的心目中，不應是晝寢，也不應是徒坐，而是爲正心澄慮。李塨認爲不對，主敬爲敬於事，而不是靜坐。

「故曰執事敬，故曰敬其事，故曰行篤敬，皆身心一致加功，無往非敬也。若將古人成法皆舍置，專以靜坐，收攝，徐行，緩語為主敬，乃是以吾儒虛字面做釋氏實工夫，去道遠矣。」（大學辨業 卷三，頁四）

清初學者反明朝王學的風氣很盛，王學的流弊在於空疏，只講虛靜，不講修養的克己努力，顏元李塨因而極力反對靜坐，提倡實行省察改過。

「坐交股，不覺，已而覺，乃知心不存，卽不能察；存養省察一事也。」（年譜 卷二，頁十八）

「習齋評日譜曰：氣象振起，更宜檢校身心，無怨無倦。」(年譜 卷二，頁二十五)

「夜心動，因聖賢之心，用而不動，庸衆之心，動而無用。

語習齋曰：自返積累數日，一頃矜張浮躁，遂敗之。譬貨殖者，數日積之，一朝耗之，其能富乎！

習恭，效顏先生之居處恭，端坐整容，澄心以易靜坐。」(年譜 卷二，頁二十七)

李塨當時三十多歲，每天注意自己的修養，寫日譜，隨時省察自反，有惡必改。年歲既長，他的修養工夫不少怠。五十一歲時，答學生問說：

「瑞生問聖學俗學之分。

先生曰：聖學踐形以盡性，耳聽目明，踐耳目之形也，手恭足重，踐手足之形也，身修心睿，踐身心之形也。形踐而仁義禮智之性盡矣。

今儒墮形以明性，耳目但用於誦讀，耳目之用去其六七。手但用於寫字，手之用去其七八。足惡動作，足之用去其九。靜坐玩弄而身不喜事，心遇事迂板，身心之用亦去其九。形旣不踐，性何由全。此一實一虛，一有用一無用，一爲正學一染異端，不可不辨也。瑞生諸子皆曰然，黑白昭昭分矣。」（年譜 卷四，頁二十六）

李塨的修養，在於動作，在於事事檢點，絕不守迂濶的端正，而效孔子的『君子不重則不威』。他以靜坐爲不踐行，爲空虛的異端。六十四歲時，他仍常自省察：

「自省，持家嚴急，嗃嗃然，一過也，須寬。以居之人有過短，不忘於心，一過也，須見人一善而忘其百非。」（年譜 卷五，頁三十九）

「思晚年每日心覺志氣如神，身覺莊敬日强，庶不衰弛。」（年譜 卷五，頁五十一）

時年六十八，常自覺心明如神，仍舊莊敬自强，不稍衰弛，似乎有如孔子所說：「六十而耳順。」七十歲時，繼續在日譜上省察自己。

「致力以寬以寬以和。日譜日一圈，或時下圈以黑白別心存亡；失言，黑左；失行，黑右；過怒，黑上；慾心，黑下。」（年譜 卷五，頁五十六）

年七十，尚這樣努力自省，不失爲一純儒。他學顏元的自修，也有顏元爲天下用的志氣；然也和顏元一樣，不願爲淸人所用。在自作的墓誌裏說：

「聖門經世之撰皆廢失，何以學成致用？乃易靜坐入定以習恭，內而敬直，外而九容交攝。……

李子性謹畏，時或肩輿出門，輒悚然曰：我何人斯而人肩之坐！必躬以謝肩夫。……」（年譜 卷五，頁七十二）

李恕谷先生年譜後，錄有光緒年間趙烈文的書後，評顏李的人格和學術說：「顏、李，蓋懲明季諸儒空虛，思矯其弊，遂至詆諆洛閩，初心亦善，末流乃不能無門戶之見。……太氏，顏、李生於北方，識短而力長，行優而知淺，誠一世豪世之士，而謂儌入聖域，似未能。」這種評語，可說得當。

# 第二章　清代初葉哲學思想（下）

## 一、王夫之

### 1. 傳略

王夫之本屬清初人，因他的思想深入而且豐富，故自成一章。

王夫之，字而農，號薑齋，湖南衡陽人。晚年居湘西蒸左石船山，自號船山老人，船山老農，船山病叟，船山遺老；學者則稱他爲船山先生。生於明萬曆四十七年（公元一六一九年）卒於清康熙三十一年（公元一六九二年），享年七十四歲。

王夫之天生異才，四歲從次兄同入塾，從長兄受讀。七歲讀完十三經；十歲，從父親讀五經經義。父親名朝聘，字逸生，爲副貢生，略有文名。王夫之十二歲能詩能文，十四歲入衡州州學，十六歲致力音韻學，二十一歲加入匡社（後併於復社），二十四歲中舉人，時崇禎十五年。次年，張獻忠陷衡州，擄執王朝聘作爲人質以招夫之。王夫之剺面傷腕，使人抬往賊營，賊看他徧體鱗傷，便放了他們父子倆人。王夫之，往匿南嶽雙髻峯下，築室名「續夢庵，聊蔽風雨。次年，崇禎十七年甲申，五月，聽聞李自成陷京師，崇禎帝自縊煤山，絕食數日，作絕憤詩一百韻，吟畢輒哭。次年，走入永興，欲入猺洞。

那時督師何騰蛟屯兵湖南，制相堵胤錫屯兵湖北，楚南天旱不雨，赤地千里。李自成既死于九宮山，餘黨奔竄，何、堵兩人不能防禦，又自相攻訐。王夫之急走湘陰，上書司馬章曠，請作調停，不果。夫之還鄉，時年二十八歲，開始研究易經，又受父命，作春秋家說。次年，丁亥，清兵下衡州，夫之避居湘鄉山中。冬十月，父親去世。次年王夫之和管嗣裘起義衡山，兵敗，奔行在時桂王在肇慶，大學士瞿式耜守桂林，王夫之到桂林投效，式耜向桂王推薦，授行入司行人，待服滿，就職。桂王的內閣王化澄結黨營私，陷害忠良。王夫之三次上疏，參化澄結奸誤國，化澄乃決心殺他。幸有忠貞營降帥高必正營救，纔得給假。高必正為闖賊的「制將軍」，投降朝廷，王夫之仍認他為國讎，不以私恩往謝。既得給假，返回桂林，忽聞母病，急歸衡，抵家門，母已去世。

後來，瞿式耜在桂林殉節，桂王在緬甸被執，王夫之知道沒有辦法可以恢復明朝的天下，便浪遊浯溪、郴州、耒陽、晉甯、漣邵之間。方以智曾屢勸逃于禪，夫之不應。晚年定居湘西蒸左石船山，築室名「觀生居」。藏身不出，自署居室曰：「六經責我開生面，七尺從天乞活埋。」

王夫之家素貧，平生不仕清朝，且逃避清朝官吏，居無定所，連寫作的紙筆都沒有，常檢拾紙和破爛賬簿作爲稿紙。親戚朋友和門生有送他紙筆的，他寫完後把所寫稿紙送還，自己不予收藏。

康熙十七年（公元一六七八年）吳三桂在衡州叛變，僚屬勸王夫之作勸進表，王夫之時年六十歲，答說自己本來是亡國忠臣，祇等一死，寫勸進表怎麼可用這樣不祥的人！他便逃入深山。吳三桂敗後，湖南中丞鄭端聽到這段事蹟，便遣郡守往送粟和帛給他，並請見。夫之以病辭，收了粟，退還布帛。

年七十三，久病喘嗽，仍吟誦不輟，手不能寫筆，仍置紙筆墨硯於榻旁，勉强書寫。在自己的像上題字說：

「把鏡相看認不來，問人云此是薑齋。龜於朽後隨人卜，夢未圓時莫浪猜！誰筆仗，此形骸，閒愁輸汝兩眉開，鉛華未落君還在，我自從天乞活埋。」（王敔，薑齋公行述）

康熙三十一年元旦次日卒。葬于大樂山高節里，自題墓爲「明遺臣王夫之之墓」。自己作銘曰：

「抱劉越石之孤忠，而命無從致！希張橫渠之正學，而力不能企。幸全歸于兹邱，固銜恤以永世。」（船山先生傳，潘宗洛）

王夫之的著述很多，他的兒子在行述裏說：「讀史讀註疏，於書、志、年表，考駁同異，人之所忽，必詳慎搜閱之，而更以聞見證之。以是參駁古今，共成若干卷。至于敷宣精義，羽翼微言，四書則有讀大全說、詳解、授義；易經則有內傳、外傳、大象解；詩則有廣傳；尚書則有引義；春秋則有世論、家說；左傳則有續廣義；禮記則有陳氏之書，應科舉者也。更爲章句，其中大學、中庸則仍朱子章句而衍之。」（薑齋公行述）

張西堂曾作王船山學譜（現有商務印書館板本，又收在船山學術研究集第一集），學譜裏的第三節爲著述考。所考船山著述，凡經類二十五種，史類五種，子類十八種，集類四十一種，共八十八種。

## 經類 二十五種

周易稗疏四卷，周易考異一卷，周易外傳七卷，周易大象解一卷，周易內傳六卷，發例一卷。

書經稗疏四卷，尚書考異一卷（未見），尚書引義六卷。

詩經稗疏四卷，詩經考異一卷，叶韻辨一卷，詩廣傳五卷。

禮記章句四十九卷。

春秋家說三卷，春秋稗疏二卷，春秋世論五卷，續春秋左氏傳博議二卷。

四書稗疏一卷，四書考異一卷，讀四書大全說十卷，四書訓義三十八卷，四書集成批解（未刻），四書詳解（佚失）

說文廣義三卷。

**史類　五種**

讀通鑑論三十卷，宋論十五卷，永曆實錄二十六卷，蓮峰志五卷，大行錄（佚失）。

**子類　十八種**

老子衍一卷，莊子解三十三卷，莊子通一卷，呂覽釋（佚失），淮南子註（未刻），張子正蒙註九卷，近思錄釋一卷（佚失），思問錄內篇一卷，思問錄外篇一卷，俟解一卷，噩夢一卷，黃書一卷，識小錄一卷，搔首問一卷，龍源夜話一卷，愚鼓詞一卷，相宗絡索三卷，三藏法師八識規矩論贊（佚失）。

**集類 四十一種**

楚辭通釋十四卷，夕堂永日八代文選評（未刻），夕堂永日八代詩選評六卷，夕堂永日四唐詩選評七卷，夕堂永日明詩選評七卷，李詩評（未刻），杜詩評（未刻），劉復愚集評（未刻），詞選一卷（未刻），薑齋文集十卷，薑齋文集補遺二卷，漧濤園初刻（佚失），買薇集（佚失），憶得一卷（佚失），嶽餘集一卷，悲憤詩一卷，桃花詩一卷，落花詩一卷，遺興詩一卷，和梅花百詠詩一卷，洞庭秋詩一卷，鴈字詩一卷，倣體詩一卷，薑齋詩編年稿一卷，五十自定稿一卷，六十自定稿一卷，七十自定稿一卷，柳岸吟一卷，薑齋詩分體稿四卷，薑齋詩賸稿一卷，瀟湘怨詞一卷，鼓棹二集一卷，龍舟雜劇二卷，詩譯一卷，夕堂永日緒論內編一卷，夕堂永日緒論外編一卷，南窗漫記一卷，南窗外記一卷，船山經義一卷，船山制義（佚失）。

船山著作的刻印，第一種刻印本，爲他的弟子王敔所刊印，所收著作不多。第二種刻本，爲船山七世孫王世全，根據六世孫王承佺所搜集遺書，刻于湘潭。收有著述十八種，名爲船山遺書，爲湘潭王氏守遺經書屋刋本，咸豐初，燬於火。第三種刻本，爲曾國藩曾國荃所刻，收有著述五十八種，名爲曾刻船山遺書。民國十九年，上海太平洋書局，收集宋遺經書屋刋本，曾刻本，又加劉陽劉人熙補刻本，及長沙湘潭衡陽坊間各散刻本，並新發見的手稿本，綜合排印爲船山遺書，較比曾刻本多六種著述。民國六十一年，臺北成立船山學會，印行船山遺書全集。較此上面張西堂所列已刋的目錄，經部多：大學章句序、大學訓議、中庸章句序、中庸訓義、論語序說、論語訓義、孟子序說、孟子訓義，八種。

## 2. 認識論

王夫之的哲學思想，範圍廣泛，思想深刻。然而他的哲學有一貫的精神，卽是主張實有論。對於『有』，以『誠』作代表，他堅持予以肯定；旣反對道家的無，又反對佛教的虛，也反對陸象山和王陽明的空疏。清初學者雖都對王學起反響，而主張實學；但沒有一人能像王夫之從形上方面建立實學的基礎。王夫之思想的另一特點，是『動』：「凡物與事皆有所自始，……動則其始者，卽所以行乎萬變而通者也。」（周易內傳 卷一，頁十五）的觀念。動的觀念來自易經，宋明理學家也都注意到宇宙的動；因此動靜的觀念在宋明理學裏佔的份量很重；但是也沒有一人像王夫之那樣澈底主張『動』。他在本體論有『性日生而命日降』的主張，在修身論也有心意常動的看法，在歷史哲學又有時勢循環的思想。因此，講王夫之的哲學思想須要把握『實』和『動』兩個觀念，便可以貫通他的全部思想了。

## 甲、知　識

王夫之不是中國名家學派的學人，沒有專門討論名學的問題；然而他的著作無論是對經書子書的訓義，無論是對史事的評論，所用的推理方式非常嚴密，不是文人的縱談天下事，而是研究學術的人，論理論事都有根據，都有邏輯法。

### A、感覺之知

王夫之論人的知識，有感覺，有心思。宋明儒者分知識爲見聞之知和德性之知。見聞之知爲感覺之知，德性之名爲心思之知，張載在正蒙「大心篇」說：「見聞之知，乃物交而知，非德性所知。德性所知不萌於見聞。」

感覺的知識，由感官、對象之物、心三者相合而成。從來儒家講感覺，都依據孟子所說物引物（告子下），由對象之物引動感官，不提出心。雖然大學曾經說過，若是心不在，看也看不見，聽也聽不見。「心不在焉，視而不見，聽而不聞，食而不知其味。」（大學 第七章）學者論感官則不舉出心，以爲感覺的知識乃是感官的知識。佛教唯識論則以識由心而成，把『意識』和五種感官相連而成爲六識。王夫之論感覺則說：

「形也，神也，物也，三相遇而知覺乃發。」（張子正蒙注 卷一，太和篇註 頁十）

外面的客體之物和感官相接，感官接受外物的形，引起心的注意，乃有感覺的知識。王夫之註張載正蒙「大心篇」的話：「人謂己有知，由耳目有受也。」說：

「受聲色而能知，其固然，因恃為己知，而不察知所從生，陋矣！」（張子正蒙註 卷四，頁二）

「耳與聲合，目與色合，皆心所翕闢之牖也。合故相知，乃其所以合之故，則豈耳目聲色之力哉。故輿薪過前，羣言雜至，而非意所屬，則見如不見，聞如不聞，其非耳目之受而卽合，明矣。」（同上）

王夫之主張「由用知體」，也是由感覺而有心知：

「天下之用皆其有者也，吾從其用而知其體之有，豈待疑哉。」（周易外傳、卷二，頁二）

## B、心之知

人心有能知之理，卽是知的功能，不與外物交，功能不能用，知識便不能成。但是王夫之另有一種思想，爲講格物致知。他說：「心具此理」，又在同一章註張載的話：「客感客形，與無感無形，唯盡性者一之。」他說：「靜而萬理皆備，心無不正。動而本體不失，意無不誠。」則似乎是陸象山的思想；但是王夫之的思想實際上則是來自孟子，以人心具有仁義理智之端。因此他說：「識知者，五常之性，與天下相通而起用者也。」他以人心具有仁義理智信之理，人心遇了外事，五常之理乃發爲用。然他所謂用，又不是王陽明的良知之行，他所謂用，乃是知識之用，卽是人能知道應付事之理。知不是行，知在先，行在後，知易，行難。所以他說赤子之心雖有五常之理，然而不能知，因爲心的神明能知尚未透徹；愚昧的人無知，因爲不能辨別外物。他便分心爲知覺運動之心和仁義之心。

他在中庸序說：

「隨見別白，曰知；觸心警悟，曰覺。隨見別白則當然者可以名言矣；觸心警悟則所以然者微喻於己，卽不能名言，而己自了矣。知者，本末具鑒也。覺者，如痛癢之自省也。知或疏，而覺則必親。覺者隱，而知則能顯。」（讀四書大全說 卷二，頁一）

這又進到理性之知和直覺之知。普通以知覺爲感覺之知，王夫之在這一段文裏則把知和覺分開：知爲「隨見別白」卽是遇事知道分別，佛家稱爲「了別知」。遇事知道分別，便能用名指出所知的物和事。覺爲「觸心警悟」，卽是直覺，「如痛癢之自省也」，痛癢爲親身的感覺，對於別的事物，人也能直覺。直覺必親，「覺則必親」，而且隱微，不可名言，凡是直覺之知，乃是體會和體驗，沒有言詞可以表達出來，「不能名言，而己自了矣」。自己了然於心，然不能名言。

爲有感覺之知，須有客體對象的形；沒有形，則不能有感覺。無形的客體，則能爲心所知。張載在正蒙「太和篇」說：「氣聚則離明得施而有形，不聚則離明不得而無形。」王夫之註釋說：

「離明在天為日，在人為目。光之所麗，以著其形，有形，則人得而見之，明也。無形，則人不得而見之，幽也。無形，非無形也；人之目力窮於微，遂見為無也。心量窮於大，耳目之力窮於小。」（張子正蒙注 卷一，太和篇 頁八）

有形，則耳目可見；因爲耳目的感覺力不能見到幽微的客體，即是不能見到無形的客體。感覺之知有限，限於形色的客體。心的知識大，故能知無形的客體，王夫之以有形和無形，並不是在於形的有無，而是在於耳目可不可以見到。他主張實學，常注重實有；因此說無形不是沒有形，而衹是幽微不可見。他註張載「太和篇」：「方其形也有以知，幽之因；方其不形也有以知，明之故。」說：

「盡心思以窮神知化，則方其可見而知其必有所歸往，則明之中具幽之理；方其不可見而知其必且相感以聚，則幽之中具明之理。此聖人所以知幽明之故，而不言有無也。言有無者，徇目而已。……蓋天下惡有所謂無者哉。於物，或未有於事，非無於事；或未有於理，非無尋求而不得。怠惰而不求，則曰無而已矣。甚矣言無之陋也。」（張子正蒙注 卷一，太和篇 頁八）

心有窮神知化之力，故於明中幽中都可以知道事理。明中幽中都有理，故天下沒有所謂無。又註「太和篇」：「諸子淺妄，有有無之分，非窮理之學也。」說：

「淺則據離明所得施為有，不得施為無。徇目而心不通，妄則誣有為無。莊、列、淮南之流以之，而近世以無善無惡為良知者，亦惟其淺而成乎妄也。」（張子正蒙注 卷一，太和篇 頁九）

有無不能以本體言，祇以感覺言。據感覺之有無而講本體之有無則是淺妄。另一方面，人若祇據守耳目之知，而制梏心思之知，則必徇私慾而昧於天理。

「形色莫非天性，故天性之知由形色而發。智者引聞見之知以窮理，而要歸於盡性。愚者限於見聞而不反諸心，據於窺測恃為真知。徇欲者，以欲為性；耽空者以空為性，皆聞見之所測也。」（張子正蒙注 卷四，大心篇 頁三）

知識和修身，關係密切，先知而後行。心思之官可以窮神知化，認識天理。形色雖是天性，然不是人性；祇知道形色，便祇有感覺之知。由感覺之知而引動私欲，却以爲是盡性，則和以感覺不見者爲空，都是被感覺之知所限。由感覺之知，應該進到心思之知，「智者引聞見之知以窮理」，感覺之知和心思之知，兩者間有密切的連繫，心思之知來自感覺之知。

「有物於此過乎吾前，而或見焉或不見焉。其不見者，非物不來也，己不往也。遽而望之得其象，進而矚之得其質，凝而睇之然後得其真，密而睽之然後得其情。勞吾往者不一，皆心先注於目，而後目往交於彼。不然，則錦繡之炫煌，施嬙之冶麗，亦物自物而已。」（尚書引義 卷一，大禹謨二 頁十八）

眼目看物，物來眼往便相交；然眼往雖然是自然的動作，必定要有心的注意。「皆心先注於目，而後目往交於彼。」這也是大學所講的。但是在上面一段文裏，有一點應受我們的注意，即感覺和心知的連繫。王夫之說：「遙而望之得其象。」這是感覺之知。「進而矚之得其質，凝而睇之然後得其眞，密而際之然後得其情。」矚之，睇之，際之，乃是眼目的動作；得其質，得其眞，得其情，則是心知。由眼目的知覺而有心的知識。心能知道物的質，物的眞，物的情，是由於眼目的矚之，睇之，際之。另一有哲學價值的一點，是心能知道物的性質和情，西洋近代哲學從英國實徵論，到現在反對形上學的哲學派都否認心思之官可以知道物體的性質和本體。王夫之則肯定心思之官可以知道物的性和情和本體。

「明者，心依耳目之靈而生者也。夫抑奚必廢聞見而孤恃其心乎！」

（尚書引義　卷一，堯典　頁三）

同時，王夫之又主張知識的客體爲『實』爲『有』，不是虛無。

「嗚呼，天下之物殊其狀，人之爲言異其說。美者自美，惡者自惡，貞者自貞，邪者自邪，誠者自誠，妄者自妄，安者自安，危者自危。有稽可稽，有詢可詢，目施其明，可然槷然，黑白不相互，小大不相假，有無不相襲，無不灼然其易辨也。」（尙書引義 卷一，大禹謨二 頁十八）

外面的客體爲實有，不能說是空虛。就是在講否定，也要假設否定爲『實有』。例如說：「我沒有去。」沒有去本不是積極的實事，然而在否定我去時，須要假定「沒有去」爲一實事，否則這句話就不能有意義，也不能懂。由有纔能懂得無，若純是無，便不可懂。

「惟其有是無非，故非者可現。若原有非，則是非無所折衷矣。非不對是非者，非是也。」（讀四書大全說 卷一，大學序 頁一）

有是而沒有非，則說非時，非對着是，纔可以懂。若原祇有非，非不對着是，非便是不可說了。說有無時，無須對着有，若不對着有，無便不可說。有則不必對着無。祇說有，有就成立。

在莊子的認識論和佛教的認識論裏，都認爲人的知識有限，所有的知識祇是相對的知識，不是絕對的知識，所以沒有眞的價值。有無，是非，眞假，都是相對的名詞，所以價值祇是相對的。王夫之講論名詞，也認爲許多名詞是相對的，然而並不是一切名詞都是相對的，因爲有的客體是自立的，不必依託別的物體。

「凡言理者，必有非理者爲之對待，而後理之名以立。猶言道者，必有非道者爲之對待，而後道之名以定。……若夫天之爲天，雖未嘗有俄頃之間，微塵之地，蜎子之物，或息其化，而化之者天也。」（讀四書大全說 卷十，盡心上 頁三十三）

理、道等名詞爲對待的名詞，天則是自立的名詞，因此人的知識不祇是相對的知識，有的知識則是自立而普遍的。

「多寡長短輕重大小，皆非偶也。兼乎寡則多，兼乎短則長，兼乎輕則重，兼乎小則大，故非偶也。大既有小矣，小既可大矣，而畫一小大之區，吾不所其從生？」（莊子通，逍遙游）

相對的名詞互相包容，因爲說小就意識到大，說長就意識到短。但是不能把大小的界限分得清楚，王夫之說這是『勢使之然也』，因爲客觀的物體本無所謂大小，而是人把牠們一比較，便有了分別，這是智識論的問題，所以他說：「勢使之然也。……情使之然也。」

總括起來，王夫之分知識爲感覺之知和心之知，心之知分爲「隨見別白」之和和「觸心警悟」之知。「隨見別白」之知能「盡心窮理」，「觸心警悟」之知則能「窮神知化」。然而人之知都是有限的，聖人也不能完全知道「天」，人所知道的天是人之天。

## 乙、推　論

### A、思

王夫之的著述，多爲論辯的作品，史論當然是議論，經書子書的引義和註釋也多是論辯的文字。他的論辯文常有一種方式，卽先標出論辯的根據。這種根據常是史學、倫理學和政治學的原則。這些原則不是他憑空擬訂的，而是他研究歷史和經書子書的心得。每篇文章常標出一項原則，後然根據原則去評論史事或別人的思想。例如：

尙書引義卷一，第一篇堯典一，開端就說：

「聖人之知，智足以周物而非不慮也；聖人之能，才足以從矩而非不學也。」

這是一項原則，指出聖人也應該敬，也應該學，平常人則更要敬而學了。他接下去便說：

「是故帝堯之德至矣！而非欽，則亡以明也，非明，則亡以文思安，安而允恭克讓也。嗚呼，此學之大原，而為君子儒者所以致其道矣。」（尚書引義 卷一，頁一）

尚書說：『文思』，孔子也說：『學而不思則殆』（論語 為政），孟子乃講心思之官；人知識的特點在於思。王夫之說：

「足知言不思者，謂不思而亦得也。不思而亦得，故釋氏謂之現量。心之官不思則不得，故釋氏謂之非量。耳目不思而亦得，則其得色得聲也。逸而不勞，此小人之所樂從。心之官不思則不得，逸無所得，勞而能得焉，此小人之所憚從。……不思而不得者，心之義也。而蔽於物者，耳目之害也。思則得，心之道也。故耳目者，利害之府；心者，道義之門也。」

（讀四書大全說 卷十，頁二十一）

王夫之解釋孟子所說大體和小體，思與不思都祇用於心，不用於耳目，耳目是物交物。心則思也可以不思，思則得，不思則不得。得若用於取得對象，則耳目不思也取得對象，即是聲色。這所謂思，不是說心在不在，若心不在，則耳目也不能有得。心思，則取得心的對象，不思，則不能取得。「不思而不得者，心之義也。」「思則得，心之道也。」心的對象爲道義，因爲心出自性，性爲天理天德，故心的對象爲道義。「心者，道義之門也。」

「所以知天之與我者，專為心言，而非耳目之所得共者。蓋天之所與我者，性也。……此唯心為天所與我，而耳目不得與也。心思之得於天者不待取，而與耳目之得於天者，則人取之而後天與之也。」（同上）

人有耳目之官和心思之官，「以官之爲言，司也，有其司則必有其事，抑必有其事而後有所司？今既云不思矣，是無其事也。無其事而言司，則豈耳目以不思爲所司之職也？」（同上，頁二十）耳目之官有自己的職司，司聲色的取得；心思之官，司道義之取得。耳目所得的對象爲外在的色；心官所得則爲內在的道義。陸象山和王陽明曾以『心外無理』，和朱熹的格物致知說相衝突，王夫之雖以仁義在人心，却以應用在人心的思，思則應認識時間人地。這是王夫之的原則，天化由人而成。

王夫之分知覺運動之心和仁義之心。知覺運動之心，是心在，而知覺運動纔爲人所知，卽知道所有感覺運動之心。若此心不在，雖有感覺或運動，人也不知道，仁義之心則是思維之心，思維之心則思仁義。

「前旣釋仁義之心與知覺運動之心，雖同而實異。今此又概言之，而卽已別乎小體。……」

「孟子昌言之曰：『心之官則思』，今試於當體而考之，知爲思乎？覺爲思乎？運動爲思乎？知爲能知，覺爲能覺，運動爲能運動，待思而得乎？不待思而能乎？所知所覺所運動者，非兩相交而相引者乎？所知所覺，以運以動之情，理有不蔽於物，而後能物以存，無物而有者乎？（自註：所知一物則止一物，如知鳩爲鳩，則蔽於鳩，不能通以知鷹。覺運動亦如之。）審此，則此之言心，非知覺運動之心可知已。……」

「孟子說此一思字，是千古未發之藏，與周書言念，論語言識，互明性體之大用。念與識則是聖人之事，思則是智之事。……然仁義自是性，天事也。思則是心官，人事也。天與人以仁義之心，只在心裏面。唯其有仁義之心，是以心有其思之能，不然，則但解知覺運動而已。此仁義爲本而生

乎思也。」（同上，頁二十二）

荀子曾以心虛靈，故能徵知，徵知卽是思。朱熹以人心的氣清，故虛靈，虛靈乃能知。王夫之則以知有仁義乃能思，他把知和思分開了。知爲知覺運動之心，思爲仁義之心。孟子曾分感覺之性，卽食色之性，和仁義之性。食色爲性，因人生來就是目喜歡美色，耳喜歡美聲，口喜歡美味；既然是天生的，當然便是性。孟子說這是感覺之性，君子不以爲性。仁義之性眞眞代表人性，人性向善。王夫之有點仿效孟子的思想，把孟子性的分類法，用之於心，雖是從認識論方面出發，實則是倫理論的看法。心本是同一心，性也是同一性，兩者都不能分爲二，只是一性有兩方面的能，一心有兩方面的用。

「致知之途有二：曰學，曰思。學則不恃己之聰明而一唯先覺之是效，思則不徇古人的陳跡而任吾警悟之靈。……學於古而法則具在，乃度之於意，其理果盡於言中乎？抑有未盡而可深求者也？則思不容不審也。」（四書訓義，卷六）

心既能知能思，思則能推論，上面所引尚書引義的話：「是故帝堯之德至矣！而非欽，則亡以明矣。非明，則亡以文思安，安而允恭克讓也。嗚呼！此學之大原，而爲君子儒者所以致其道矣。」

## B、推論

思爲致知的一種方法，思是按照已知去推求未知。對於上文所引尚書引義的話，他的推論方式是這樣：

聖人應當欽敬而好學，堯皇卽欽敬好學，所以君子儒者應當欽敬好學。

接着他一層一層地再解釋君子儒者爲致道，爲什麼要欽敬好學。王夫之習慣用這種推論方式。例如：

春秋世論卷一，第一篇「隱公」，開端就說：

「王道衰而春秋作，春秋者以續王道之絕也。」

這是一項原則，也是一樁史事。王夫之便先證明王道衰的事實。他以王道之衰在桓王：「桓王之爲君，晉鄭之爲臣，禍延於數千年而弗息也。」皇帝和諸侯不能繼續王道，聖人乃作春秋，故「是則聖人之所續也。」

他說明了春秋一書的意義，開始評論史事，首先就說：

「君子相喻以性，小人相安以習。」（春秋世論　卷一，頁二）

這是倫理學和政治學的一項原則，引用原則以論史事，不是用史事以證明原則，而是以原則解釋史事。讀通鑑論和宋論常用這種推論方式。在史論上這種方式可以說是還原法，史事原則來自史事，再又應用到史事上，看是不是跟原來一樣。數學上用還原法以證實數學的計算沒有錯。

王夫之在議論文裏，另有一種特性，卽常有哲學的形上理論，以論人事。故他的議論，常深奧不易懂。一旦明瞭了他的哲學思想，則卽明瞭他文章的意義。

例如：尚書引義第一篇堯典解釋『欽』，因爲不欽則不明，不明則不文思恭讓，理由在那裏呢？

「文有所以文，思有所以思，恭有所以恭，讓有所以讓，固有於中而為物之所待。增之而無容，損之而不成，擧之而能堪，廢之而必悔，凡此者，明於其所以，則安之而允安矣。不明其所以，將以為非物之必待，將以為非己之必勝，將以為惟己之所勝而蔑不安，將以為絕物之待而奚不可。」

（尙書引義 卷一，頁一）

這一段文章的詞句，非常緊湊，而意義則是物有自己的所以然之理，物是等待處理的人按照所以然之理去處理，「固於其中有所待」這種所以然之理，不能有增損。若不明白這一點而以爲自己可以隨便處理，則「將以爲絕物之待而奚不可」，事情必定處理不得當，天下必不能安。

例如：春秋家說卷一，論建年號，有文有質。

「有質以生文，有文以立質。質者人事之資也。質生文者，後質而生，旣有資矣，則文居可損可益之閒，寧無益也。文立質者，卽以其文為質，而以為人事資，于此而廢文，是廢質而事不立矣。」（春秋家說 卷一，頁四）

對於人事制度，宜知道辨別文質，質重於文，爲事的資質，文則爲外面的文飾。

例如讀通鑑論第一篇秦始皇，論郡縣制：

「陰陽不能偏用，而仁義相資以為亨利，雖聖人其能違哉！」（讀通鑑論卷一，頁一）

郡縣制和選擧制相資以用，不能偏廢。「秦以私天下之心而罷侯置守，而天假其私以行其大公，存乎神者之不測，有如是。」（同上）

例如，宋論第一篇太祖，論太祖受天命，不以德，不以功，祇是在亂世時勢下，唯一較可統治者，天乃授以命。宋太祖自知不配承受天命，朝乾夕惕，畏懼天命，遂能得天之祐：

「商周之德，漢唐之功，宜為天下君者，皆在未有天下之前，因而授之，而天下之佑之也逸。宋無積累之仁，無撥亂之績，乃載考其臨御之方，則固宜為天下君矣，而凡所降德於民以靖禍亂，一在既有天下之後，是則宋之君天下也，皆天所旦夕涉降於宋祖之心而啓進之者也；故曰命不易也。」（宋論卷一，頁一）

評論史事，王夫之常根據歷史原則。上面一段爲人君由上天之命而得踐帝位。上天之命以德，以功，或權宜而命無德無功但能治國的人，宋太祖的受命爲第三等人的受命。

在讀四書大全說一書中，對於性、心、才，各種問題，則常由形上學的本體論去討論。如論孟子所說大體小體：

「竟此小體大體之分，如言形而上者謂之道形而下者謂之器，實一貫也。合下粗浮用來便喚作耳目之官，裏面密藏底便喚作心靈。……故從其一本，則形色無非性，而必無性外之形色。以於小體之外，別有大體之區宇。若聖人之所以為聖，功則達其一實之理，於所可至者無不至焉。」

（讀四書大全說 卷十，頁四十四）

小體爲形色，形色爲性，小體也屬於人之性。王夫之對於形上的理論，深切明瞭，在論宇宙和人事常能從深處着眼而立論。

近人講論王夫之的推論法，牽強地附會到辯證法。以王夫之所主張「乾坤並建」和「物極必反」，作爲矛盾辯證法，或說爲唯物辯證法。王夫之的主張來自易經，易經的乾坤是互相完成，不是矛盾相對。「物極必反」則是循環原理不是矛盾原理。

### 丙、致知格物

從朱熹大學章句補致知格物一段，宋明理學家都討論這個問題。朱王學說的分野，致知格物爲一分水線。朱熹主張研究物理，王陽明主張致良知。王夫之不讚成王陽明的學說，尤其反擊王學的王畿、李贄。然而他也並不完全接納朱熹的思想。

「至如或問小註所引語錄，有謂父子本同一氣，只是一人之身分成兩個，為物理於此格去，則知子之所以孝，父之所以慈，如此迂誕鄙陋之說，必非朱子之言，而為門人所假託附會者無疑。天下豈有欲孝子者，而癡癡呆呆將我與父所以相親之故，去格去致，必待曉得當初本一人之身，而後知所以當孝乎！

即此一事求之，便知吾心之知，有不從格物而得者，而非即格物即致知審矣。且如知善知惡是知，而善惡有在物者，如大惡人不可與交，觀察他舉動詳細，則雖巧於藏奸，而無不洞見。如砒霜毒殺人，看本草，聽人言，便知其不可食，此固於物格之知可至也。至於吾心一念之非，幾但有媿於屋漏，則卽與蹠爲徒。又如酒肉黍稻本以養生，只自家食量有大小，過則傷人。此若於物格之，終不能知，而唯求諸己之自喻，則固分明不昧者也。是故孝者，不學而知，不慮而能……唯夫事親之道，有在經爲宜，在變爲權者，……乃籍格物以推致其理，使無纖毫之疑似，而後可用其誠。則格致相因，而致知在格物者，但謂此也。」（讀四書大全說 卷一，頁五～六）

王夫之以人心有良知，對於基本的善行，不學而知，不用格物去致知。這是陸象山和王陽明的思想。然而他又主張有些事物的善惡，也是不學而可以知道；但不是良知，而是憑自己的直覺經驗。他更和朱熹一樣主張研究事物之理，以知道權變之道；因爲人事複雜，必定要研究人事的環境，知道適合當時環境之道，使心沒有疑慮。

「天下之物無涯，吾之格之也有涯，吾之所知者有量，而及其致之也，不復拘於量。顏子聞一知十，格一而致十也。子貢聞一知二，格一而致二也。必待格盡天下之物而後盡知萬事之理，既必不可得之數，是以補傳云：至於用力之久，而一旦豁然貫通焉。初不云積其所格，而吾之知已無

不至也。知至者，吾心之全體大用無不明也。則致知者，亦以求盡夫吾心之全體大用，而豈但於物求之哉。」（同上，頁六）

朱熹講格物致知，今日格一事，明日格一事，久之則自然豁然貫通。王夫之解釋「豁然通貫」不是明瞭一切事理，而是心在應付事時，明白應事之道。心靈明，能推論，可以聞一知十。因着已有的知識，能夠推知當前行事之理，「吾心之全體大用無不明也。」「心之全體大用」是心在行事時，完全沒有疑慮。

「夫知之方有二，二者相濟也，而各有所從。博取之象數，遠證之古今，以求盡乎理，所謂格物也。虛以生其明，思以窮其隱，所謂致知也。非致知則物無所裁，而玩物以喪志；非格物則知非所用，而蕩智以入邪。二者相濟，則不容不各致焉。」（尙書引義　卷三，說命中，頁十三）

宋明理學家常以致知格物相連，認爲致知在於格物，不格物則不致知。朱熹和王陽明都有這樣的講法。王夫之分致知格物爲兩種求知的方法，「夫知之方有二」。因爲他主張「便知吾心之知，有不從格物而得者，而非卽格物卽致知審矣。」他主張人心有良知之能，人心又有事理乃基本之理，對於基本之理人心的良知能知。這種知稱爲致知。然而有些事理複雜難知，必須加以研究纔能知，這種知稱爲格物。

「大抵格物之功，心官與耳目均用，學問為主，而思辨輔之。所思所辨者，皆其所學問之事。致知之功，則唯在心官，思辨為主，而學問輔之。所學問者，乃以決其思辨之疑。致知在格物，以耳目資心之用，而使有所循也。非耳目全操心之權，而心可廢也。」（尙書引義 卷一，頁六）

大學旣講致知在格物，王夫之乃就耳目之官和心思之官去解釋。格物用耳目之官的經驗，以心去思辨。致知則是心思之官去思考。所說致知在格物，是就感覺的經驗所思辨所得之知。不學而知的知，則祇用心思之官。王夫之對於格物致知的解釋，是從認識論去解釋，認爲是知識的兩種方法。宋明理學對這問題則多就本體論去講，以理在物或在心作爲問題的焦點。清初顏元曾說：「格物之格，王門訓正，朱門訓至，漢儒訓來，似皆未穩。……元謂當如史書『手格猛獸』之格。」（習齋記餘 卷六）因爲顏元主張實學，致知是致六藝六行的實事知識，格物則是實際去踐行這種知識；他也不是由認識論去解釋。大學的致知在格物，則是講認識人生之道，應從認識論去看。理在物或在心的主張，必定會影響求知的方法；然而大學並沒有這等問題，祇是按人情之常去講。王夫之的解釋，很近乎人情之常。

宋明理學關於格物致知，有了許多爭論，是因爲大學以格物致知爲修身的方法，而且是方法的第一步。

「大學既云：『欲正其心者，先誠其意，欲誠其意者，先致其知，致知在格物。』是修身之功，以正心爲主，三者爲輔矣。又云：『物格而後知至，知至而後意誠，意誠而後心正。』是修身之功，以物格爲始，心正爲成，此學者之所疑也……然則學之固無其序乎？非無序也，四者各以漸而進，而非急其一而姑置其三也。」（禮記章句　卷三十一，頁二十九～三〇）

修身固然有次序，然不是必定先要修好了第一步，纔修第二步，否則意終不能誠，心更不能正了。王夫之認爲四者要同時並進，致知愈有進步，更能幫助誠意正心。

「古之欲誠其意者，必先于善惡可知之理，力致其辨，而無一理之不明，

引意以爲妄焉。夫致知則意知所誠，心知所正，身知所修矣。」（四書訓義卷十七，頁十三）

四者相連，四者並進。致知格物不成爲一本體論問題。

王夫之在知識論上，對於推論的原則，他主張「立兩以見一」，「通變互用」。他根據張載所說：「兩不立則一不可見」，解釋易經，創「乾坤並建」之說。沒有兩，則不能有變，陰陽相合爲一，才可以有變易。知識上的名詞常是相對立以表一種特性：動靜、虛實、長短、大小、盛衰……。再者，通和變也要互用，「當其變必存其通，當其通必存其變；因此不宜「執一」不化。「心之用患其不一也，一之用又患其執一也。」

## 3. 氣

### 甲、宇宙

#### A、宇宙

王夫之以宇宙爲實體，宇宙卽是氣，氣爲實體，氣流行不停，宇宙乃變化不止。這是他的基本思想。

王夫之從二十八歲有志讀易經，一直到七十四歲去世時爲止，四十多年，在憂患流離中，研究易經對於宇宙變化的義理，以了解人事變遷之道。他不忍見華夏爲滿清所征服，常想從易經的義理和歷史變遷之道，以決定華夏終有復興的一天。他又企圖以易經的宇宙變遷原則，貫通經史，作爲訓義和評鑑，使後人能明先聖的大道。王夫之的易學，便代表他的形上學。他的易學代表著作；壯年三十七歲時作周易外傳，晚年時作周易內傳，兩傳思想，有時不盡相同，顯示思想變遷的形跡。

王夫之的易學，首先破除漢朝易學的卦氣象數等說，駁斥漢朝易學家京房荀爽等人以緯書亂經。

「造化之神所以有恒而不可測也。京房者，何足以知此哉！其說行，而魏伯陽竊之以為養生之術，又下流為爐火，彼家之妖妄，故不可以不辯。」

(周易內傳　卷二、周易上經，頁三八)

他以爲易經含有天道人道，由於聖人所傳，固然可以推測人事的吉凶，尤其可以通天地的變化，使人立命不貳。

「若夫文王周公所繫之辭，皆人事也，卽皆天道也；皆物變也，卽皆聖學也；皆禍福也，即皆善惡也。其辭費，其旨隱，藏之於用，顯之於仁，通吉凶得失於一貫，而帝王經世，君子窮理以盡性之道，率於此而上達其原。夫子慮學易者逐於占象而昧於其所以然之理，故為之傳以發明之，即占也，即學也，即以知命而不憂，即以立命而不貳，其所以喻斯人於人道之所以立，而貞乎生命體咎之大常，意深切矣。」（周易內傳 卷五、繫辭上，頁二）

王夫之以易經爲四聖的大道，四聖爲伏羲、文王、周公、孔子。經書中包涵天地之道和人事之道；因此他的形上學和史學，都以易經的思想作基礎。宋朝理學家的思想也是根據着易經，他們講解易經以義理爲主，旁及象數。但是王夫之不讚成邵雍的易說，因而也不採納朱熹的易圖：

「邵子之圖，如織如繪，如飣如砌，以意計揣度，域大化於規圓矩方之中。……疏節濶目，一覽有盡天地之設施，聖人之所不敢言，而言之如數家珍，……文王周公孔子之所不道，非聖人之書也。而挾古聖以抑三聖，曰伏羲之易，美其名以臨之曰先天。伏羲何授，邵子何受，不能以告人也。……朱子錄之於周易之前，竊所不解。」（周易內傳發例，頁十二）

「朱子學宗程氏，獨於易經，盡廢王弼以來所伸之理，而專言象占，謂孔子之言天、言精義、言人、言性、言德、言研幾、言崇德廣業者，皆非義文之本旨，僅以為卜筮之用，而謂非學者所宜講習。其激而為論，乃至擬之於火珠林卦影之陋術，則又與漢人之說同，而舉孔子繫傳窮理盡性之言，顯相牴而不恤，由王弼以至程子，矯枉而過正者也，朱子則矯正而不嫌於枉矣。」（周易內傳發例 頁二）

漢易失在過於講氣數，不講義理；王弼和程頤檄矯却過於講義理不講象數；朱熹想檄正程子則又偏於漢易。王夫之自己尊重張載。張載的易學雖不講象數的占卜，然對於易經的數理則頗注意。王夫之且注張載的正蒙，採納他的宇宙論。張載的宇宙論以氣爲基本，氣爲實體，理在氣中，朱熹雖主張理氣二元，然在理論上，理在氣先，理則是宇象之理。王夫之主張實有論，故不採朱熹的學說，而採張載的思想。

### B、宇宙之源——太極

易經講宇宙之源爲太極，但只提出了太極而沒有講解（繫辭上，第十一章）。朱熹以太極爲理之極至，王夫之解釋繫辭說：

「太極之名始見於此，抑僅見於此，聖人之所難言也。太者，極其大而無尚之辭。極，至也，語道至此而盡也。其實，陰陽之渾合者而已。而不可名之為陰陽，則但贊其極至而無以加，曰太極。太極者，無有不極也，無有一極也。惟無有一極，則無所不極。故周子又從而贊之無極而太極。陰陽之本體，絪縕相得，和同而化，充塞於兩閒，此所謂太極也。張子謂之太和。」（周易內傳 卷五、繫辭上，頁三十一）

王夫之對於太極的解釋，說得很清楚。他以太極爲張載的太和。在名詞方面說：太表示最大，「極其大而無尚之辭」。極是最後一點，爲「至」，「語道至此而盡。」周敦頤乃稱爲「無極而太極。」宇宙的一切到了太極，便到了最高和最後一點，不能再上去。但這是從宇宙去講，從人的認識去講。易經沒有講太極爲自有，不像老子講『道』爲自有自成，所以並不和書經、詩經的上天造物信仰相矛盾。

太極便是宇宙之源，宇宙從宇宙本身去看，最後一點乃是太極。太極的內容若何？太極究竟是什麼？王夫之說是氣的本體，是氣未分陰陽以前的太和。「其實，陰陽之渾合者而已。……陰陽之本體，絪縕相得，和同而化，……張子謂之太和。」

宇宙是實有的，宇宙之源應是實有的。實有的宇宙之源乃是氣，氣爲實有。王夫之反對老子的有生於無，又反對佛教的虛空。

「唯本有此一實體，自然成理，以元以亨以利以貞，故一推一挽動而愈出者皆妙，實則未嘗動時，理固在氣中，停凝渾合得住。那一重合理之氣，便是萬物資始，各正性命，保合太和底物事。」（讀四書大全說 卷十，頁四）

『物』不能講有無，只能講形上形下。形上形下只是隱或顯，可見或不可見；但是都屬實有。

「道之隱者，非無在也。如何遙空索去？形而上者隱也，形而下者顯也。纔說箇形而上，早已有一形字為可按之跡，可指求之主名。就着上面窮將去，雖深求而亦無不可。唯一概丟抹下者形，籠統向那沒邊際去搜索，如釋氏之七處徵心，全不依物理推測將去，方是索隱。又如老氏刪下者可道可名的，別去尋箇綿綿若存。他便說有，我亦無從以證其無，及我謂不然，彼亦無執以證其必有。」（讀四書大全說　卷二、中庸第十一章，頁二十二）

形上形下，以形爲分界；形上只說不見形，不是說沒有形。所謂形上之物乃是道，隱而不見。然而道必附於物，形上之道所附之物是氣，因爲天下沒有不是氣之物。只不過形上之氣，因爲沒有聚集，故不顯形跡。雖沒有形，而物必有形，形上之氣乃有隱幽之形，不可爲人目所見罷了。

「無形，則人不得而見之幽也。無形非無形也，人之目力窮於微，遂見為無也。心量窮於大，耳目之力窮於小也。」（張子正蒙注　卷一、太和，頁八）

王夫之對於形上形下，以顯和隱去解釋，不用有無去解釋，形上之道爲氣之道，氣爲實體，必有形，但在太和時，陰陽不分，形跡隱而不顯。故也可以說道有形。這是張載和朱熹的爭論點，張載以本然之氣爲形而上，朱熹主張凡是氣都是形而下。

太極爲太和，也稱爲太虛。太和爲道，道爲天地人物之通理，而在最極至之點，道稱爲太極，在陰陽未分之氣的本體中。張載在正蒙「太和篇」說：「太和所謂道。」王夫之注說：

「太和，和之至也。道者，天地人物之通理，卽所謂太極也。陰陽異撰而其絪緼於太虛之中，合同而不相悖害，渾淪無閒，和之至矣。」(張子正蒙注卷一、太和篇，頁一)

宇宙之源由道的方面說，稱爲太和，爲陰陽渾淪無間之理，又稱爲太極。從氣的方面說，稱爲太虛，因爲無形無器。張載在「太和篇」說：「太虛無形，氣之本體。其聚其散，變化之客形耳。」王夫之註說：

「於太虛之中，具有而未成乎形，氣自足也。聚散變化，而其本體不爲之損益。日月之發斂，四時之推遷，百物之生死，與風雨露雷，乘時而興，乘時而息，一也，皆客形也；有去有來謂之客。」（張子正蒙注　卷一、太和篇，頁三）

氣之本體，無形爲虛，稱爲太虛。張載說：「太虛不能無氣。」（正蒙　太和篇）王夫之便以宇宙之源稱爲太極，太極卽是渾淪無間之氣。氣之中有天地人物之通理，稱爲道。既有天地人物之通理，則天地變化之道，人事變遷之德在其中，故元亨利貞，仁義禮智都包涵在太極之中。

「中也，和也，誠也，則就人之德以言之，其實一也。在易則乾坤竝建，六位交函，而六十四卦之爻象該而存焉。著運其間，而方聽乎圓，圓不失方，交相成以位其摩盪，靜以攝動，無不浹焉。故曰：易有太極，言易之爲書，備有此理也。」（周易內傳　卷五、繫辭上，頁三十一）

易書備有此理，就是太極備有此理，太極爲氣之本體。具有宇宙變化之理，爲氣的極至，也爲理的極至，故爲宇宙之源；然太極的實體乃爲陰陽之氣，宇宙的來源，實是太和之氣。

## 乙、氣

### A、一　氣

氣的本體，爲無形之氣，居形而上。在這一點上張載和朱熹兩人的主張，各有不同。張載以氣可以是形而上又可以是形而下，朱熹則主張氣只是形而下，形而上爲理。因爲朱熹以氣成形，有氣則有形，有形卽是形而下。張載則以爲氣的本體有形而不顯，稱爲太虛，爲形而上。陰陽則有形，屬形而下。因此，王夫之乃說陰陽爲太極的實質內容。但是在太極時，陰陽沒有顯明各自的實質，也沒有顯明自己的外形。氣的本體變化，乃生陰陽。

「程子統心性天於一理，於以破異端妄以在人之幾為心性，而以未始有為天者，則正矣。若其精思而實得之，極深研幾而顯示之，則橫渠之說尤為著明，蓋言心言性言天言理，俱必在氣上說。若無氣，處則俱無也。張子云由氣化有道之名，……然則其云由太虛有天之名者，卽以氣之不倚於化者言也。氣不依於化，元只氣，故天卽以氣言；道卽以天之化言，固不得

謂離乎氣而有天也。」（讀四書大全說 卷十、盡心上，頁三十二）

朱熹追隨程頤的思想，以天、性、心爲理，不是氣。張載則以天、性、心、理，俱在氣上說，王夫之接納張載的主張。氣爲實有，天性心理若不是虛無幻想，則必在氣以內，不能離開氣。當然天性心理不是氣，然也不能說是理，理氣不能分離，離氣而說天，則沒有天，離理而說天，也沒有天。

「程子言天，理也；既以理言天，則是以天為理矣，以天為理，而天固非離乎氣而得名者也。則理卽氣之理，而後天為理之義始成。浸其不然而舍氣言理，則不得以天為理矣。」（同上）

理不能自立，必附於氣上，在氣以內，理爲氣之理。清初的哲學者普遍有這種思想，以宇宙唯一氣，理則在氣中。太極爲氣，陰陽爲氣，人也是氣。

「天之命人物也，以理以氣；然理不是一物與氣為兩。而天之命人，一半

用理以為健順五常；一半用氣，以為窮通壽夭。理只在氣上見。」（讀四書大全說 卷五，子罕篇 頁三十四）

「蓋氣者，吾身之與天下相接者也。……則理以治氣，而固託乎氣以有其理，是故舍氣以言理而不得理。則君子之有志，固以取向於理，而志之所往，欲成其始終條理之大用，則舍氣言志，志亦無所得，而無所成矣。」（讀四書大全說 卷八、公孫丑上，頁十六～十七）

人有五常之理而有仁義禮智信的五德；五常之理託於氣；人有窮達壽夭的命，命爲氣，然而命中有理。「凡氣皆有理在，則亦凡命皆氣，而凡命皆理矣。」（同上、卷五、子罕篇，頁三十四）

氣的本體爲虛，爲無形；然而絪縕善變。這種氣不能歸屬於物質，王夫之接納張載的思想，稱氣之本體爲神，爲靈明。張載正蒙「參兩篇」說：「一故神」，一爲太和之氣，王夫之註說：

「神者，不可測也。不滯則虛，善變則靈，太和之氣於陰而在，於陽而

在；其於人也，舍於虛而行於耳目口體膚髮之中，皆觸之而靈，不能測其所在。」(張子正蒙注 卷一、參兩篇，頁十七)

太和之氣，爲虛爲靈，故爲神而變化不可測。人也是氣，而人的氣也有靈明，充滿人的全體，使耳目口鼻能有感覺，而心能思。張載在「太和篇」說：「太虛爲清，清則無礙，無礙故神。反清爲濁，濁則礙，礙則形。」清氣濁氣爲儒家傳統的思想，清氣無礙，卽是沒有『量』；沒有量，便不是物質而是精神。濁氣則礙，有『量』爲物質，雖然儒家的精神和物質之分，不很明瞭，界限也不很清楚；然而儒家傳統思想承認有精神。王夫之當然不例外。他說：

「氣之未聚於太虛，希微而不可見，故清。清則有形有象者皆可入於中，而抑可入于形象之中，不行，而至神也。」(張子正蒙注 卷一，頁九)

氣未聚，希微不可見，並不是無形，不是虛無，而是實有。故未聚之氣爲清，清故神，沒有量，可以容納一切有形有象的物質，又可以入於有形有象的物質中。這乃是精神體的特性。人的心靈爲精神，充滿人的身體，在耳目口鼻膚髮中。

「其在於人，太虛者，心涵神也。濁而礙者，耳目口體之各成其形也，礙而不能相通。故嗜欲止於其所便利，而人己不相謀。官骸不相易，而目不取聲，耳不取色，物我不相知，則利其所利，私其所私。聰明不相及，則執其所見，疑其所罔。

聖人和氣之聚散無恒，而神通於一。故存神以盡性，復健順之本體，同於太虛，知周萬物，而仁覆天下矣。」（同上）

人有凡人和聖人之分，凡人物於物質的耳目，各自有限，互不相通。聖人則心靈太虛，變化靈妙，通於天地。王夫之對物質和精神的分析，很有特見，有同於西洋哲學的精神觀念。精神能容物質，能入於物質，能靈妙變化，不爲『量』和『位』所拘束。物質有量，故礙，不能相通，耳不能見色，目不能聽音。這種精神和物質的區分，在人本身上很明顯。中國當今一些唯物主義的信徒，拉王夫之爲唯物論者，乃是沒有研究中國傳統哲學的氣淸氣濁說。

## B、理與道

### a、理

王夫之主張宇宙爲一氣，然並不否認有理。在他的著作中，理和道兩字常互用。宋明理學家特別重『理』，朱熹講理和氣，但以理爲太極，理爲天理，人爲修身只看天理而改正氣質。陸象山和王陽明更以心爲理，修身乃在致心的天理於事物。清初學者反王學的空疏，一意注重實學，以氣爲實，以理附於氣。王夫之爲清初大儒，提倡實學，不同顏元李塨以致用於治國，而爲修身以發揚聖人之道。他雖以氣爲天地的一元，然却很看重『理』；因爲聖人之道卽是理。張載正蒙的第一句，就是「太和所謂道」，太和爲太虛之氣，氣中有道，道是通天地人物之理。王夫之註說：「道者，天地人物之通理，卽所謂太極也。」

氣必定有變化，最初的變化便是兩儀，理便是兩儀變化的理。

「理只是以象二儀之妙，氣方是二儀之實。……天人之蘊，一氣而已。從乎氣之善謂之理，氣外更無虛託孤立之理也。」（讀四書大全說 卷十、告子上 頁一）

「理只是以象二儀之妙」，妙是變化之妙，理便是變化之理。易經繫辭上第五章說：「一陰一陽之謂道，繼之者善也，成之者性也。」道乃是陰陽變化之理，繼續變化之理稱爲善，由變化之理而成物性。

「此太極之所以生出萬物，成萬理而起萬事者也，資始資生之本體也，故謂之道，亘古今，統天人，攝人物，皆受成於此。其在人也，則自此而善，自此而性矣。夫一陰一陽，易之全體大用也。乃泝善與性之所從出，統宗於道者，固卽所理。是則人物之有道，易之有象數，同原而不容歧視，明矣！」(周易內傳 卷五、繫辭上傳，頁十二)

宇宙之源爲太極，從氣方面說稱爲太虛，從理方面說稱爲太和。太虛之中有太和之理。由太和之理而有二儀之理，兩儀之理便是一陰一陽之謂道。由陰陽之理而有物性之理，性乃稱爲理。人之性便是理。

「盡天下無非理者，只有氣處便有理在。盡吾身無非性者，只有形處，性

便充。」（讀四書大全說　卷十、盡心篇，頁四十四）

### b、生生之理

在天地間，天地萬物變化之道，卽生生之理。易經以乾坤爲萬物化生的元始，乾坤之道就代表生生之理。易經說乾爲萬物資始，坤爲萬物資生。

「易之言元者多矣，惟純乾之為元，以大和清剛之氣，動而不息，無大不屆，無小不察，入乎地中，出乎地上，發起生化之理，肇乎形，成乎性；以興起有為而見乎德。則凡物之本，事之始，皆此以倡先而起用，故其大莫與倫也。……在天謂之元，在人謂之仁。天無心，不可謂之仁，人繼天不可謂之元，其實一也。故曰元卽仁也。」（周易內傳　卷一、周易上經，頁六）

「陰非陽無以始，而陽藉陰之材以生萬物，形質成而性卽麗焉。相配而合方始，而卽方生；坤之元所以與乾同也。」（周易內傳　卷一、周易上經，頁十九）

生生之理，由乾肇始，由坤配合，乾爲陽而成性，坤爲陰而成形，「形質成而性卽麗焉。」天的氣，運行木火水金土，融結萬物，在人又運行惻隱、羞惡、辭讓、是非之心而成仁義禮智信五德。

「木火水金，川融山結，靈蠢動植，皆天至健之氣以為資而肇始。乃至人所成能仁義智勇禮樂刑政以成典物者，皆純乾之德，命人為性，自然不覩不聞之中，發為惻悱不容己之幾，以造羣動而見德，亦莫非此元為之資。在天為元，在人為仁。」（周易內傳　卷一、周易上經，頁六）

生生之理在人爲仁，仁爲一切善德之元，爲人的生命之理。朱熹曾說仁是愛之理，生命的流行在於心，心的行動就是愛。

c、理爲一

王夫之把宇宙和人的理，統歸於一。一理爲太極陰陽動靜之理，太極陰陽動靜之理爲易的生生之理。朱熹曾主張『理一而殊』，王夫之雖很注重宇宙和人事的變化，而變化之形態非常複雜，歸根則只是一理，故常講『一』。

「不躐求之於理之一，而相因於分之殊，此脩天德行王道之津涘也。」(讀四書大全說 卷五，論語雍也篇 頁一)

「於是人各有性，而一陰一陽之道妙合而凝焉。然則性也，命也，皆通極於道為一之，一之神所漸化，而顯仁藏用者。道大而性小，性小而載道之大以無遺。……道外無性，而性乃道之所函。」(周易內傳 卷五、繫辭上，頁十一)

天地萬物的變化，易稱為簡，因變化之道統於一。人事之道則統於一。王夫之讀四書大全說和史論等書，常能根據一統的理去評論，論說能夠深入，又能一貫。

「處非常之變，行非常之事，不揆其本，欲正其末，與于亂而已矣。」(春秋家說 卷一，莊公，頁十三)

「義之與利有統舉無偏收，有至極無中立。惡不義者非以名也，舍不義者

非以害也。」(同上，頁十六)

本是一，統擧是一；在人事變遷中，必守本守統，不逐末，不偏擧。否則，禍必及身。

「至善者，一而已矣。一者仁也，求仁而得仁，貞于一而守之約也。故君子以心盡道，以道立法，以法立名，以名定禮。」(春秋家說 卷三，哀公頁四十八)

「天下固有之理謂之道，吾心所以宰制乎天下者謂之義。道自在天地間，人且合將去，義則正所以合道者也。……故道者，所以正吾志者也，志於道而以道正其志，則志有所持也。蓋志初終一揆者也，處乎靜以待物道，有一成之而統乎大，故志可與之相守。」(讀四書大全說 卷八、公孫丑上、頁二十)

人爲修身應立志，志以道而立。道爲天下的固有之理，人應合乎道。合乎道而立志，則持志不移。道爲一，則志初終一揆，不易變移，人乃能立身立業。

「則於理一分殊之旨，全不分明，其流弊則爲庸臣逢君者之嚆矢。」
（讀四書大全說 卷九，離婁下，頁十五）

一統之理爲仁，仁則敬父母。因敬父母而敬人君，孝經曾說：「資於事父以事君」；但若因敬人君和父母，而以爲天下無不好的君和父母，不知諫惡，則是不明白理一而殊。

「故曰：兩儀生四象，四象生八卦，八卦定吉凶。氣自生心清明之氣，自生仁義之心，有所觸則生可見，卽謂之生，無所觸則生不可見，故謂之存，其實一也。天與人以氣，必無無理之氣。……天之與人者氣無間斷，則理亦無間斷，故命不息而性日生。……故離理於氣而二之，則以生歸氣而性歸理。因以謂生初有命，既生而命息，初生受性，既生則但受氣而不復受性，其亦膠固而不達於天人之際矣。」（讀四書大全說 卷十、盡心，頁十四）

宇宙變化不息，命日降而性日生，然而『其實一也』，乾氣健正，在天地有清氣，在人有靈明之心。坤氣厚而順，和乾協調融合，化生萬物。天理人道，總歸於一。

### d、道與器

太極爲氣之極至，朱熹却以爲理之極至；然王夫之以氣有理，理卽氣之理，則氣之極至也卽是理之極至。王夫之講氣時，常講理，理氣不相離。在存有上理氣同存有，在認識上理氣同認識，不能有氣沒有理，也不能有理沒有氣，理氣沒有先後的可言，就如陰陽也沒有先後可言。但是儒家哲學裏也講『道』，儒家的『道』雖不像道家的『道』所佔的地位重要，但是也有適當的位置；而且在宇宙的變化和人的精神生活方面，儒家更多講『道』，而少用『理』。王夫之也講『道』。

周易「繫辭傳」上第五章說：「一陰一陽之謂道」，第十二章說：「形而上者謂之道，形而下者謂之器。」易傳以道和器相對待，而不和氣相對待。王夫之解釋一陰一陽之謂道：

> 「一陰一陽之謂道，惟性之自出而言之道，謂天道也。陰陽者，太極所有之實也。……動靜者，陰陽交感之幾也。……此太極之所以出生萬物成萬理而起萬事者也，資生資始之本體也，故謂之道。亘古今，統天人，攝人物，皆受成於此。其在人也，則自此而善，自此而性矣。夫一陰一陽，易

之全體大用也。乃泝善與性之所從出，統宗於道者，固卽此理。是則人物之有道，易之有象數，同原而不容歧視明矣。」(周易內傳 卷五、頁十一)

王夫之以道爲天道，在「繫辭上」第四章「由易而推天道之所自合，見易爲至命之書。此章(第五章)推人所受於天之性而合之於易，見易爲盡性之學。」(同上)在「繫辭上」第四章有一句：「易與天地準，故能彌綸天地之道。」王夫之解釋說：「道，謂化育運行之大用，自其爲人物所必由者，則謂之道。自其妙萬物而不主故常者，則謂之神。」(周易內傳 卷五，頁八)

天道，實卽天地之道，天地之道爲「化育運行之大用」。陰陽運行，化生萬物，稱爲天地之道；人物受化生，簡稱爲道。這樣，道包含氣和理。若從氣的本體說，氣中有理，則稱爲太極或太和；若從已分陰陽之氣的本體說，則是陰陽。太極或太和或陰陽，從化育運行方面說，則稱爲道。易傳說：「乾道成男，坤道成女，乾知大始，坤作成物。」(繫辭上 第一章)「天地絪縕，萬物化醇。男女構精，萬物化生。」(繫辭下 第五章)天地之道爲陰陽運行化育萬物之道。這種道不僅是生生之理，而是包含陰陽之氣。在人一方面說，道不只是說人之性，而是說氣質之性，卽是氣含理之性，更具體地說，卽是仁義之心。所以說人道卽是仁義，仁義爲心之實。

王夫之在解釋易傳所云：「形而上者謂之道」說：

「形而上者，當其未形而隱然有不可踰之天則，天以之化，而人以為心之作用。形之所自生，隱而未見者也。」（周易內傳 卷五，頁三十四）

陰陽運行，化育萬物，神妙莫測，沒有形象可見，故稱為形而上之道。至於成形，形質已顯，則已成物，物則為形而下之器。

「及其形之既成，而形可見。形之所可用，以效其當然之能者，如車之所以可載，器之所以可盛，乃至父子之有孝慈，君臣之有忠禮，皆隱於形之中而不顯，二者則所謂當然之道也，形而上者也。形而下，乃形之已成乎物，而可見可循者也。形而上之道隱矣，乃必有其形，而後前乎所以成之者之良能著，後乎所以用之者之功效定。故謂之形而上而不離乎形，道與器不相離。……象辭者，道也，民用器也。……合道器而盡上下之理，則聖人之意可見矣。」（周易內傳 卷五、頁三十五）

道爲化育運行之道，化育運行必因器而成，器既爲化育運行所成，又爲化育運行之用；故道與器不相離。而且在人事方面道因器而有，器由道而成。如「父子之有孝慈，君臣之有忠禮」，有了父子的事實，乃有孝慈之道，有了君臣的事實，纔有忠禮之道。父子事實的完成，在於孝慈之道；君臣事實的完成，也在於忠禮之道。尤其事物之器，如車爲載，椅爲坐，有車纔可載，有椅纔可坐，而車爲載而成，椅爲坐而成。道和器不能相離，是在存有上不能相離，沒有先後的關係。

王夫之在周易外傳解釋「繫辭」所說：「形而上者謂之道，形而下者謂之器」曰：

「謂之者，從其謂而立之名也。上下者，初無定界，從所擬議而施之謂也。然則上下無殊畛，而道器無易體，明矣。天下惟器而已矣，道者，器之道；器者，不可謂之道之器也。無其道則無其器，人類能言之。雖然，苟有其器矣，豈患無道哉。君子之所不知，而聖人知之；聖人之所不能，而匹夫匹婦能之。人或昧於其道者，其器不成，不成非無器也。無其器則無其道，人鮮能言之，而固其誠然者也。洪荒無揖讓之道，唐虞無弔伐之道，漢唐無今日之道，則今日無他年之道者多矣。未有弓矢無射道，未有車馬無御道，未有牢醴壁幣鐘磬管弦而無禮樂之道，則未有子而無父道，未有弟而無兄道。道之可有而且無者多矣。故無其器，則無其道，誠然之言也，而人特未之察耳。故古之聖人能治器而不能治道。治器者則謂之道，道得則謂之德，器成則謂之行，器用之廣則謂之變通，器效之著則謂之事業。故易有象，象者像器者也；卦有爻，爻者效器者也；爻有辭，辭者辨器者也；故聖人善治器而已矣。……故作者之謂聖，作器也；述者之謂明，述器也；神而明之存乎其人，神明其器也，識其品別，辨其條理，善其用，定其體，則默而成之，不言而信，成器在心而據之為德也。嗚乎！君子之道，盡乎器而已矣！辭所以顯器，而鼓天下之動，使勉於治器也。」（周易外傳 卷五，第十二章，頁二十五）

周易內傳和周易外傳都對『形而上者謂之道，形而下者者謂之器』加以解釋，兩書的解釋不相重覆。外傳在前，內傳在後。外傳就人事予以解釋，內傳就宇宙變化予以解釋。內傳多言器。為明瞭道和器的關係，先須解釋器字。

器，是事和物。在宇宙的變化裏，陰陽運行相交而成物，物爲一具體的單體存有。在人人的活動中，心身與物相感而成事，事不是存在的實體，而是實體之用。器便不僅指單體的存有（有人稱為特殊存在），也指心身之用。在周易內傳之器，多指陰陽運行所成之單體物，在周易外傳則多指心身之用而成之事。在內傳之道，指化育運行之道；外傳之道則指用事之道。從這兩層次來說，可以明瞭王夫之所講道與器的關係。

在宇宙變化的層次，道爲陰陽化育運行之道，所成者爲性，性乃是器。性未見形，則因心和情而顯：性雖有形而形未顯；要由心和情而顯，顯出的形便是事，稱爲具體的器。性和陰陽化育運行之道同爲形而上，都可稱爲道。道雖爲形而上，並不是沒有形，而是隱而未顯；因此說：「形而上之道隱矣，乃必有其形；而後前乎所以成之者之良能著，後乎所以用之者之功效定。故謂之形而上而不離乎形，道與器不相離。」人性有心和情的良能，良能用而功效著，形乃顯，良能的形在性內已經有了，只是隱而不顯，道和器不相離，有道乃有器。

在人事的層次說，則是有器乃有道，有父子乃有孝慈之道，有夫婦乃有夫婦之道，有車馬乃有駕御之道，若是沒有車馬便沒有駕御之道，沒有夫婦便沒有夫婦之道，沒有父子便沒有孝慈之道，所以說：「故無其器，則無其道，誠然之言也。」也就是說：「道者，器之道也；器者，不可謂之道之器也。」因此外傳所說和內傳所說並沒有衝突，也並不是說「道者，器之道。」就不能說：「器者，不可謂之道之器也。」兩者的層次不相同。（參看勞思光中國哲學史三，下，頁六八九 三民版）

外傳說：「古之聖人能治器而不能治道。」這是回到易「繫辭下」第二章「古者包犧氏之王天下也，仰則觀象於天，俯則觀法於地，觀鳥獸之文，與地之宜，近取諸身，遠取諸物，於是始作八卦，以通神明之德，類萬物之情。」以卦象像天地間的現象「象者，像器者也；卦有爻，爻者效器者也；爻有辭，辭者，辨器者也。」這裏的器，爲宇宙的現象。伏羲作卦，文王述辭，都是治器。「治器者，謂之道」，易經的卦，有變化之道，道由天地的現象而顯，現象由卦而明，所以治卦有道。以治卦之道而有得於心乃有德。易「繫辭上」第十二章說：「是故形而上者謂之道，形而下者謂之器，化而裁之謂之變，推而行之謂之通，擧而措之天下之民謂之事業。」王夫之乃說：「治器者則謂之道，道得則謂之德，器成則謂之行，器用之廣則謂之變通，器效之著則謂之事業。」這一切都是講治卦的道所有的成效。這個器字既是指天地的現象，也指着卦。至於說「君子之所不知，而聖人知之；聖人之所不能，而匹夫匹婦能之。」乃回到中庸第十二章：「苟有其器矣，豈患無道者！」社會人世既有一事，或一現象，必有其道。既有君子，必有君子之道，君子自己不知，聖人則知；聖人有時不能行，匹夫匹婦能行。王夫之認爲有器必有道，器和道不相離。既有道，必有這道的事。但是他在他的著作裏，所牽及的對象很多很雜，常令人惛迷不清。

### C、陰　陽

「陰陽者，太極所有之實也。」（周易內傳 卷五，繫辭上 頁十一）

在太極中已有陰陽，太極爲名，陰陽爲實。陰陽在太極時隱而微，陰陽出自太極則顯而有形。陰陽出自太極，不是生自太極。太極不在陰陽以先，太極是陰陽，然而陰陽不能說是太極。

「兩儀，太極中所具足之陰陽也。儀者，自有其恒度，自成其規範，秩然表見之。謂兩者，自各為一物，森然迥別而不紊，為氣為質，為神為精，體異矣。為清為濁，為明為暗，為生為殺，用異矣。為盈為虛，為奇為偶，數異矣。……渾淪之乾坤所篤降有生起之義焉，非太極為父，兩儀為子之謂也。陰陽無始者也，太極非孤立於陰陽之上者也。」（周易內傳

卷五，繫辭上，頁三十一）

王夫之對於易經的宇宙變易，主張乾坤竝建。乾坤爲陰陽，亦卽陰陽竝立。不但陰陽同時有，不分先後，而且陰不離陽，陽不離陰。而最重要的是他主張「陰陽無始者也。太極非孤立於陰陽之上者也。」太極卽具有陰陽，也稱爲渾淪之乾坤，陰陽由太極而顯，稱爲「篤降」，有生起的意義，好比一個杯子裏有乳水，乳水相融，不分水和乳。把杯子的乳水以化學的方法加以分解，便水是水，乳是乳。然而不能說乳水從杯子所生。同樣也不能說陰陽由太極所生，故「非太極爲父，陰陽爲子。」

「生者，非所生者為子，生之者為父之謂。……生者，於上發生也。如人面生耳目口鼻，自然賅具，分而言之謂之生耳。」（周易稗疏 卷三，頁五）

在太極內有陰陽，陰陽和太極爲一體。太極不在陰陽以上，只是陰陽未分時稱爲太極。這樣，太極在名稱上稱爲宇宙之源，爲氣的本體；實際上太極就是陰陽，就是乾坤；因此王夫之『乾坤竝建』的主張，成爲他思想的特點。

「故曰：易有太極，言易具有太極之全體也。是生兩儀，卽是兩者之儀形，可以分而想像之也。……乾極乎陽，坤極乎陰。乾坤並建，而陰陽之極皆顯。四象，八卦，三十六象，六十四卦，摩盪於中，無所不極，故謂之太極。陰陽之外無理，乾坤之外無太極。」（周易內傳發例，頁六）

朱熹以太極爲理之極至，每物有自己的太極。王夫之解釋太極，說是盡所有之道，兩儀四象八卦，以及六十四卦，都各盡其所有之道，「無所不極」乾坤陰陽各具備陰陽該有之理，「乾坤之外無太極」乾坤並建，看來是二元論，然而王夫之却非常主張「一」，因爲陰陽之氣爲一本體。

「周易並建乾坤為諸卦之統宗，不孤立也，然陽有獨運之神，陰有自立之體，天入地中，地函天化，而抑各效其功能。……陰無陽無以始，而陽藉陰之材以生萬物。形質成而性卽麗焉，相配而合，方始而卽方生，坤之元所以與乾同也。」（周易內傳 卷一，頁十八）

乾坤並建爲王夫之的獨特思想，貫透他的全部學說。朱熹以理氣爲二元，作成他的思想系統，王夫之則一切都以陰陽同時並立爲二元。他的理由來自氣，氣爲萬物的元素，氣本體就涵有陰陽，在太和時雖未顯明，然已有陰陽，太和爲氣的本體，所以氣的本體就是陰陽。

「太極動而生陽，動之動也；靜而生陰，動之靜也。廢然無動而靜，陰惡從而生哉？一動一靜，闔闢之謂也。由闔而闢，由闢而闔，是動也。廢然之靜，則是息矣。至誠無息，況天地命！維天之命，於穆不已，何靜之有？」（思問錄 內篇、頁二）

周敦頤作太極圖說，以太極動而生陽，靜而生陰，動極而靜，靜極而動，互爲根由。王夫之改正周子的思想，以太極常是動，所謂太極的動靜，卽是動的動靜，却不是有靜極之靜，否則便是止息了，太極則是沒有止息的。動靜爲闔闢的意思，闔闢都是動，只是效用不同。所以陰陽都是動，

「動靜者，陰陽交感之幾也。動者陰陽之動，靜者陰陽之靜也。其謂動屬陽，靜屬陰者，以其性之所利而用之所著者言之爾！非動之外無陽之實，靜之外無陰之實，體因動靜而始有陰陽也。故曰陰陽無始，言其有在動靜之先也。」（周易內傳 卷五、繫辭上傳，頁十一）

陰陽在動靜之先，不是因動而生陽，靜而生陰；因陰陽是太極之實。但是陽因動而顯，陰也因靜而顯，「靜而陰之體見焉，非無陽也。動而陽之用章焉，非無陰也。……故可謂之靜生陰，動生陽，而非本無而始生，尤非動之謂陽，靜之謂陰也。」（同上）王夫之有兩項原則，卽『乾坤並建』；『動無止息』。因此，他不承認動生陽，靜生陰；陰陽同在太極中，陰陽先動靜而有。動靜不是相繼續，因爲若動極而靜，則是止息，動靜乃是闔闢，動是動，靜亦是動。

「合之則為太極，分之則謂之陰陽，不可强同，而不相悖害。謂之太和。皆以言乎陰陽靜存之體，而動發亦不失也。然陰陽充滿乎兩間；而盈天地之間，惟陰陽而已矣。一一云者（一陰一陽之謂道），相合以成主持而分劑之

謂也。無有陰而無陽，無有陽而無陰，兩相倚而不離也。隨其隱見，一彼一此之互相往來，雖多寡之不齊，必交待以成也。」（同上）

王夫之因主張『乾坤並建』，對於陰陽，雖說各有特性，但他所注意的，是陰陽的相合，共同主持事物。他主張陰陽互相感遇，相仇而相成，沒有無陰的純陽，也沒有無陽的純陰。

「兩端者，虛實者，動靜也，聚散也，清濁也，其究一也。實不窒虛，知虛之皆實；靜者靜動，非不動也；聚于此者散于彼，散于彼者聚於此；濁入清而體清，清入濁而妙濁；而後知其一也，非合兩而以一為紐也。」（思問錄 內篇，頁七）

天地萬物，由陰陽相感相交而化生。陽淸上爲天，陰濁下爲地，風雨霜雪以及草木都是陰陽的交惑。

「天地之法象，人之血氣表裏耳目手足，以至魚鳥飛潛，草木花實，雖陰陽不相離，而抑各成乎陰陽之體。就其昭明流動者謂之清，就其凝滯堅彊者謂之濁。陽之清，引陰以偕升；陰之濁，挾陽以俱降。其神之清通者，則貫徹乎其中而未有礙也。」（張子正蒙注 卷一、太和，頁七）

陰陽相交，各有多寡，「雖多寡之不齊，必交待以成也。」多寡不齊遂「各成乎陰陽之體。」昭明流動者爲陽之體，凝滯堅彊者爲陰之體，萬物乃各不相同，各有自己的性和自己的形象。

「以氣化言之，陰陽各成其象，則相為對。剛柔寒溫生殺必相反而相為仇。乃其究也以相成，無終相敵之理。」（張子正蒙注 卷一，太和篇 頁十五）

天地萬物以氣爲元素，氣爲一，氣之道也是一，氣的變化雖有多種方式，然決不會自相矛盾，自加摧殘。陰陽的特質雖各不同，但是相互而交以成萬物。陰陽的特質使萬物各具自己的性質，而不使萬物相對相仇，互相攻殺。達爾文創弱肉强食的鬪爭進化論，和王夫之的陰陽『無終相敵之理』不合，和整個儒家的傳統也相違背。

「夫陰陽之實有二物，明矣，自其氣之冲微而未凝者，則陰陽不可見；自其成象成形者言之，則各有成質而不相紊。自其合同而化者，則渾沌於太極之中而為一，自其清濁虛實大小之殊異，則因其二就其二。」（周易內傳發例，頁七）

陰陽兩氣各有特性：陽爲乾、爲剛、爲明、爲動；陰爲坤、爲柔、爲暗、爲靜；還有其他和這些特性相關的特性。這是儒家傳統的思想。在易經裏，有幾個相對的名詞：天地，乾坤，陰陽，剛柔，進退。這些相對的名詞，實際上都是代表陰陽。

**陰陽**

- 乾坤——德
- 天地——位
- 剛柔——體
- 動靜——化
- 進退——變

易經「繫辭」說：「子曰：乾坤其易之門邪！乾，陽物也；坤，陰物也。陰陽和德而剛柔有體，以體天地之撰，以通神明之德。」(繫辭下 第六章)「剛柔者，立本者也；變通者，趣時者也。」(繫辭下 第一章)「天尊地卑，乾坤定矣，卑高以陳，貴賤位矣。動靜有常，剛柔定矣。」(繫辭上 第一章) 從易經的思想裏，可以看出陰陽的特性。在太極中有陰陽，陰陽具有乾坤之德，爲萬物之元；陰陽顯露時有天地，天地有剛柔之體，剛柔相推而起變化，乃有動靜進退；宇宙萬物乃生生不息。王夫之以天地爲位，陰陽爲材，乾坤爲德。

「天者，象也；乾者，德也。是故不言天而言乾也。且夫天不偏陽，地不偏陰；男不偏陽，女不偏陰；君子不偏陽，小人不偏陰。天地其位也，陰陽其材也，乾坤其德也。材無定位而有德，德善乎材以奠位者也。」(周易外傳 卷一，頁一)

陰陽爲氣，爲實。乾坤，天地，剛柔，動靜，進退，皆代表陰陽。

「彖傳之言陰陽，皆曰剛柔，何也？陰陽者，二物未體之名也。盈兩間皆

此二物，凡位皆其位。」（周易內傳發例，頁六）

張載在正蒙太和篇說：「故聖人以剛柔立本。」王夫之註說：「惟於二氣之實，兼體而以時用之爾。」（張子正蒙註 卷一，頁十三）陰陽爲未成體之名，成體則稱爲柔剛。陰爲柔，陽爲剛；兩者爲物之體，如男爲剛，女爲柔；日爲剛，月爲柔；君子爲剛，小人爲柔；每一物都是或剛或柔。故謂「盈兩間皆此二物。」

由陰陽而有五行，張載說：「水火氣也。……木金者，土之華實也。……物兼體而不遺者也。」（正蒙，參兩篇）。王夫之作註說：

「水火木金皆與土為體，則萬彙之生有形有質，土皆兼體而不遺矣。洪範之言五行，以人事言，利用厚資故於土但曰稼穡。若自天化而言，卽地也，四行所不能抗也。周子太極圖……第三圖位土於中，周行水火木金，而別無太極，明土為在地之極也，土不待水火而生，而水火依土。木金，土之華實，非土之外有木金。張子此論究極物理與周子脗合，而術家之言，謂火生土，木克土者，其陋明矣。」（張子正蒙注 卷五，參兩篇，頁二十六）

五行相生相尅，係漢代儒家的學說，王夫之斥爲術家之言，陋不可信。陽陰的關係，陽爲天運行於地外，地承載萬物；王夫之乃以土爲五行的根本。

「人生於天地之際，資地以成形，而得天以爲性。性麗於形，而仁義禮智著焉。斯人道之所必察也。」（同上）

五行在人爲仁義禮智信，然究其實，則爲陽之性，陰之形。天成性，地成形；天爲陽，地爲陰。有陰陽而有五行，有性和形，而有五德。

## 丙、變　化

### A　太和的變化之道

王夫之思想的一種特點，在於主張動。他不單接納易經的思想，以宇宙常在變易之中，而且推論到極點，以每件物體在本質上仍繼續在動，物體不動不改換物的性質，不稱爲變，然而仍是一種化；因此王夫之的『動』；是澈底的動，是神妙的動。

宇宙的動起自太極，太極爲道，道之實爲氣。氣在太極，陰陽相合，稱爲太和。然而太和之道爲變化之道。張載講太和說：「中涵浮沈升降動靜相感之性，是生絪縕相盪勝負屈伸之始。……不如野馬絪縕，不足謂之太和。」（正蒙 太和篇）太和之性，爲動的性，又生起絪縕相盪勝負屈伸的動，而後陰陽乃顯，天地乃成，萬物乃生。王夫之作註釋說：

「中涵者其體，是生者其用也。……絪縕，太和未分之本然；相盪，其必然之理勢；勝負，因其分數之多寡，乘乎時位，一盈一虛也。勝則伸，負則屈；勝負屈伸衰王死生之成象，其始則動之幾也。此言天地人物消長死生自然之數，皆太和必有之幾。」（張子正蒙注 卷一、太和，頁二）

天地人物的自然變化，皆爲太和之道，自然流動。太和的變化即是氣的變化，太和之實乃是氣。氣的變化自然成對立現象：升沉，動靜，勝負，屈伸，互相推盪。因爲氣動而顯陰陽，陰陽對立；陰陽爲體，升沉動靜勝負屈伸都是用。「乾坤有體，則必生用，用而還成其體，體靜而動。故曰靜極而動，動極而靜，動靜無端。」（同上）乾坤的體爲陽陰，陽陰必然有用，用爲動的表形。用又循環而回到本體，乃稱爲靜。氣之動常流行不息，有如野馬，又如酒在醞釀中，酵母絪緼不止。

「體道者，不於物感未交，喜怒哀樂未倚之中。合氣於神，合神於性，以健順五常之理，融會於清通，生其變化。而有滯有息，則不足以肖太和之本體，而用亦不足以行矣。」（同上，頁二）

太和之道的本體不是靜，不能從物感未交，七情未發之中去看，也不能在變化中有滯有息。太和的體可以從人的生命去觀察，人有神有氣，有性有五常之理，融會貫通於陽的健和陰的順之中，常行不停。

## B、動靜·幾·體用

### a、動　靜

動靜的意義，不是普通的動靜，而是體用的解釋。易經雖講動靜，然更多講剛柔，以剛柔相推相蕩而生變化。宋周敦頤以動而生陽，靜而生陰。王夫之解釋說：

「周子曰：動而生陽，靜而生陰，生者其功用發見之謂。動則陽之化行，靜作陰之體定，爾非初無陰陽，因動靜而始有也。今有物於此，運而用之則為動，置而安處之則曰靜，然必有物也以效乎動靜。太極無陰陽之實體，則抑何所謂，而何所置邪？抑豈此一物，動靜異而遂判然為兩邪？夫陰陽之實有二物，明矣！自其氣之沖微而未凝者，則陰陽皆不可見；自其成象成形者言之，則各有成質而不相紊。自其合而同化者，則渾沌於太極中而為一，自其清濁虛實大小之殊異，則因其二就其二。而統言其性情功效，則曰剛曰柔。陰陽必動必靜，而動靜者陰陽之動靜也。」（周易內傳發例，頁七）

動靜不是生陰陽，動靜只是功用的發見。動爲陽的化行，靜爲陰的體定。在太極中本有陰陽，陰陽本是由動靜而生，而是由作用而顯。「運而用之則爲動，置而安處之則曰靜。」動靜乃是陰陽的動靜，而不是陽爲動，陰爲靜；這一點和宋代理學一般思想略有不同。

> 「動靜者，陰陽交感之幾也。動者，陰陽之動；靜者，陰陽之靜也。其謂動屬陽，靜屬陰者，以其性之所利而用之所圍者言之爾。非動之外，無陽之實體；靜之外，無陰之實體，因動靜而始有陰陽也。故曰：陰陽無始，言其有在動靜之先也。」（周易內傳　卷五，頁十一）

陰陽無始，動靜無端。不是動極而靜，靜極而動；更不是動而生陽，靜而生陰。陽和陰都有動靜，陽陰爲體，動靜爲用。宋張載曾說：「兩體者，虛實也；動靜也，聚散也，清濁也，其究一而已。」（正蒙　太和篇）兩體爲陰陽，有虛實動靜清濁的分別，究其實則爲一氣。王夫之解釋說：

> 「虛必成實，實中有虛，一也；而來則實於此，虛於彼；往則虛於此，實於彼，其體分矣。止而行之動，動也；行而止之靜，亦動也，一也；而動有動之用，靜有靜之質，其體分矣。……於是可知，所動所靜所聚所散，為虛為實，為清為濁，皆取給於太和絪緼之實體。一之體立，故兩之用行。如水唯一體，則寒可為冰，熱可為湯，於冰湯之異，足知水之常

體。」（張子正蒙注 卷一，頁十二）

動靜爲用，太和爲體，太和的實體卽是陰陽，動靜便是陰陽的動靜。

「易故代陰陽之辭曰柔剛，而不曰動靜。陰陽剛柔不依動靜，而動靜非有恆也。」（周易內傳發例 頁七）

剛柔爲陽陰的特性，故能代表陽陰；動靜則爲陽陰的用，而且不是動而必有靜，靜而必有動，兩用不常相銜接，故不代表陽陰。在易經和理學裏，動靜的意義很暗昧，不易分明，理學家的解釋，乃有同異。

b、幾

「動靜者，陰陽交感之幾也。」幾字在王夫之的思想裏佔相當重要的位置。他主張宇宙常在變化，變化是陰陽的運行，運行而化育萬物。化育是化生，卽是生生，生生在易經和中庸裏都被認爲最神妙的工程。易傳說：「範圍天地之化而不過，曲成萬物而不遺，通乎晝夜之道而知，故神無方而易無體。」（繫辭上 第四章）「子曰：知變化之道者，其知神之所爲乎！」

（同上，第八章）「夫易，聖人之所以極深而研幾也；唯深也，故能通天下之志，唯幾也，故能成天下之務，唯神也，故不疾而速，不行而至。」（同上，第十章）中庸說：「唯天下至誠，爲能經綸天下之大經，立天下之大本，知天地之化育。夫焉有所倚？肫肫其仁，淵淵其淵，浩浩其天！苟不固聰明聖知達天德者，其孰能知之？」（第三十二章）天地化育之功，神妙莫測；這種神妙功程，有自然之則。按照自然之則，陰陽運行而化生萬物。一物有一物之形，形按運行之則而成，在形未成之時，形已在自然之則內，形成則物生。有形而形而成的過程卽稱爲幾。王夫之說：

「事無其形，心有其象。」（張子正蒙注　卷二，頁十五）

王夫之講形而上形而下，不解爲有形無形，而是形隱形顯。物未化生之前，物形已隱在化育運行之陰陽氣中，而後「繼之者善也，成之者性也。」形隱形顯的神秘過程，卽是幾。好似一個畫家畫竹時，在畫以前，心中已有竹的象，所以說『心有成竹』，卽是「事無其形，心有其象。」張載曾說：「幾者，象見而未形也。」（正蒙　神化篇）在人事上也有幾，卽事情將發生而尚未發生，但事件的形象已經隱約可見。能够知道這種『幾』，則須要最高的智慧，所以說：「知幾其神乎！」

「有氣而後有幾，氣有變合而攻取生焉。此在氣之後也，明矣。」(思問篇，頁三)

幾爲氣之幾，氣有變合而後有幾，幾就是氣的變合而化育萬物。

「消長之幾，爲變化所自出。」(周易外傳　卷七，頁十三)

萬物既因氣化而成，各自有形器，各自有道，形器相交，乃有攻取。這並不是天地以萬物爲芻狗。

『幾』所以佔重要地位，因爲在萬物化育上，聖人應當贊襄天地的化育，便應知道氣化育的『幾』，以能應『幾』而化。

「誠斯幾，誠幾斯神。誠無爲，言無爲之有誠也。幾善惡，言當于幾而審

善惡也。」（思問錄，頁二）

聖人能誠於天德，則能知幾而應幾，能知幾應幾，聖人的動作也能是神妙莫測。

「義精仁熟，由誠達幾，由幾入神。」（讀四書大全說　卷八，頁廿五）

人在行事時，先有念在心，有念尚沒有發爲行動，這就是行事之幾，也就是一念之微。行事的善惡，就在於一念之幾，所以說「幾善惡，言當于幾而審善惡也。」

「神之格思，不可度思，矧可射思。知學者知其不可射而已矣。神惟恆，故幾也。恆無往而不幾，是故隨警馬而見其幾也。警而見其幾者，人之見之者然而，神豈於此而幾哉！故曰不可度也。」（詩廣傳　卷四，頁十七）

幾爲神，「則幾其神」，學者不能死守成規以測度，須有明，有誠，然後有權變，纔能知幾應幾。

### c 體　用

體用的問題，本不宜於不論宇宙變化時來討論，因爲是屬於『物』的問題。然因我們已經討論了『器』，器牽連到用，而王夫之對於體用，則用得很廣，在各類的書裏都提到。所以也就和宇宙的變化有關係了。

關於體用問題，先在名詞上應有解釋。在西洋哲學裏體和用分得清楚，體是本體，即是實體，用是附加體，附加在本體上。在中國哲學裏，體用的意義就不分得清楚。李塨說：「伏羲以至孔孟，言道已盡，後學宜世世守之，不可別言名目，一立輒誤。如宋人之分體用，其一也。以內爲體，以外爲用；自治爲立體，及人爲致用；明明德立全體，親民致大用，然質之聖經，不如此離析也。心之官則思，思非用乎？自治而行仁布義，致孝盡弟，不見於用乎？臨民之道德莅蒞，非立體乎？故經有以形體爲體者，如易云『正位居體』、「陰陽有體」，孟子曰四體是也。有以作用爲體者，中庸曰體物體羣臣，易曰陰陽合德以體天地之撰是也。……體卽具用也，用，用具其體也。乃後儒曰有體而無用，是謂人有手足而無持行也，則痿手廢足，不可言體矣。又曰有有用無體；是謂人能持行而無手足也，不知以何者持行乎！無此事矣！」又說：「老氏以無爲體，以有爲用。宋人分體用，蓋亦爲其所熒也。然朱子太極圖說以中與仁與感爲太極之用，正與義與寂爲太極之體；則朱子注中庸；中，體也；和，用也；此又何以以中仁配感而爲用，正義配寂而爲體耶？朱陸皆染二氏之學，而陸子直走一誤，朱子則兩顧依違，不能自定其說，此二家之異也。」（李塨。恕谷後集 卷十三）李塨在王夫之以後，然相隔不久，塨沒有知道夫之的學說，所以沒有論他的體用說。王夫之在著作中，使用體用兩詞，常以『體用相涵』。

「是相性情相需者也，始終相成者也，體用相涵者也……體以致用，用以備體。」（周易外傳 卷五、繫辭上 第十一章，頁二十一）

「體以致用，用以備體。」爲體用的關係。有體則有用，有用則顯體，體不能是虛無，用也不能由虛無而生。體是實，用也是實；然而並沒有體只是實有本體的思想。

「中庸一書，大綱在用上說，即有言體者，亦用之體也。乃至言天，亦言天之用，言天體，亦天用之體。……道者，天之大用所流行必由之路也。」（讀四書大全說 卷三，頁八）

「故唯胡氏心卽體，欲卽用之說為當。而心之與欲亦無分界，則體用合。」（讀四書大全說 卷三，頁八）

「說性便是體，纔說心已是用；說道便是體，纔說德便已是用。……若將體用分作兩截，卽非性之德矣。天下唯無性之物，人所造作者，便方其有體，用故不成，待乎用之而後用著。仁義，性之德者，天也，其有可析言之體用乎？當其有體，用已現，及其用之，無非體。蓋用者，用其體，而卽以此體為用也。」（讀四書大全說 卷八，頁二）

王夫之以物性爲體，性之體已具着用，不待用已而後說有用。人性爲體，人心爲用。人心爲體，仁義爲用，體用不可析關，有體卽有用，用是用自己的體。故體用相涵。人所造的東西，如弓、矢、筆、硯，沒有自性，故要用了以後，纔說是有用。

「凡言體皆涵一用字在，體可見，用不可見。川流可見，道不可見，則川流為道之體，而道以善川流之用，此一義也。」

「必有體而後有用，唯有道而後有川流，非有川流而後有道。則道為川流之體，而川流以顯道之用，此亦一義也。緣此，因川流而興嘆，則就川流言道，故可。且就川流為道體上說，不曰道與川流為體，然終不可但曰川流為道之體，而必曰川流與道為體。……故朱子曰與道為體一句最妙。」（讀四書大全說 卷五，頁八）

這又牽涉到道和器，道是體呢？器是用呢？又器是體，道是用呢？有道而後有用。道和器的關係，可以是有器而有道，也可以有道而有器；因此，朱熹說：器與道爲體。

### C、變化原則

宇宙變化有一定之理，易經說「易」是「簡」：「易簡而天下之理得矣。天下之理得，而成位乎其中矣。」（繫辭上 第一章）宇宙變易之理簡單明瞭，能够認識這些簡單的原理，就能懂得宇宙的變化，也能推知人事的變遷。張載在「太和篇」說：「天地之氣，雖聚散攻取百塗，然其爲理也，順而不妄。」王夫之乃說「庶物繁興，各成品彙；乃其品彙之成，各有條理。」（張子正蒙注 卷一，太和，頁三）

宇宙變化的基本原理，如張載所說：「兩不立則一不可見；一不可見，則兩之用息。兩者體，虛實也，動靜也，聚散也，清濁也，其究一而已。」（太和篇）又說：「一物兩體，氣也；一故神，兩故化。」（參兩篇）王夫之作註：

「絪緼太和，合於一氣，而陰陽之體，具於中矣。」（張子正蒙注卷一、參兩篇，頁十七）

「神者不可測也。不滯則虛，善變則靈。太和之氣於陰而在於陽，而其在於人也，含於虛而行於耳目口體膚髮之中，皆觸之而靈，不能測其所在。」（同上）

「自太和一氣而推之陰陽之化，自此而分。陰中有陽，陽中有陰，原本於太極之一，非陰陽判離而孳生其類。故獨陰不成，孤陽不生。既生既成，而陰陽又各殊體。其在於人，剛柔相濟，義利相裁，道器相需，以成酬酢萬變之理，而皆協於一。」（同上）

變化的基本原則，以一為根基。凡事追到至極處必定為一。「一不可見，則兩之用息。」若沒有一作根基，變化便不能開始。但只有一，則不能有變化，單純之一常是自己之一，便須有兩，以開始變化。故『兩故化』。

一為太和，太和具有變化之道，陰陽在太和中，絪縕推盪，乃顯陰陽。陰陽為兩，互相交結，互相退消，遂起變化。張載說：「若陰陽之氣，則循環迭至，聚散相盪，升降相求，絪縕相揉，蓋相兼相制欲一之而不能。」（正蒙，參兩篇）王夫之註說：「此則就分陰分陽，各成其氣，以主羣動者言也。」（張子正蒙注 卷一、參兩篇，頁二十一）

陰陽的變動，互相對待，然不相敵不相否決，而是互求合一，雖不能合而為一，然不相離，而且維還迭至，不停不息。

宇宙變化的原則，在易經裏，由卦爻的變位作象徵。每一卦的象，就代表變易原則的現象。王夫之在周易外傳解釋卦的意義，屢次提出變化原則。

易經卦變的一基本原則，在於時位，時位的原則在於得其正；陰爻屬第二位，陽爻屬第五位，是為中正，其次則陽居外，陰居內。這項原則的意義，陽陰得其中，陽健陰順，為變化的正道。對於乾卦的時位，王夫之說：

「初者，時之潛也；二者，時之見也；三者，時之惕也；四者，時之躍也；五者，時之飛也；上者，時之亢也。一代之運，有建，有成，有守。一王之德，有尊養，有變伐，有耆定。一德之修，有適道，有立有權。推而大之，地之數有子半，有午中，有嚮晦，近而取之。夫人之身，有方剛，有既壯，有已衰，皆乾之六位也。故象曰：『君以自彊不息。』勉以乘時也。」(周易外傳 卷一、乾，頁四)

卦爻之六位六時，象徵天地之變，也象徵人身之變。

在每一卦中，王夫之都提到爻的位，按位的正否解釋卦的意義。如鼎卦䷱，巽下離上；巽爲風，離爲火。上五爲陰，下二爲陽，爻位本不中正；然卦辭說：「元吉，亨。」王夫之解釋說：「鼎，柔上而居中，則風力聚而火道登矣。天下未定，先以驅除；天下已定，納以文明。風以盪之，日以暄之。有其盪而日升，有其暄而風不散，故離位正而巽命凝也。然五位之正，以柔正也。納天下於虛，而自安其位。」(周易外傳 卷四、鼎，頁二) 以陰居五位，象徵虛柔。指示在因禮而得帝位，宜虛柔以守，漢高祖宋太祖都用這種原則以治國，乃能保位。

另一項原則是「始以剛交柔，不以柔交剛」。（周易外傳 卷一，屯 頁八）王夫之解釋屯卦䷂，上坎下震，「彖曰：屯，剛柔始交而難生。」王夫之乃說陰陽相交，在開始時，主動在於陽，陰是受動。「何也？陰陽之生萬物，父爲之化，母爲之基。基立而化施，化至而基凝。」（周易外傳 卷一、屯，頁八）

王夫之解釋復卦䷗，坤上，震下，「彖曰：復其見天地之心。」朱熹註解以一陽復生，見天地生物之心。王夫之以天地無心，天地之心是人。「乾之六陽，乾之位也；坤之六陰，坤之位也。乾始交坤，而得復人之位也。天地之生，以人爲始。故其弔靈而聚美，首物以克家，明聰睿哲，流動以入物之藏，而顯天地之妙用，人實任之。人者，天地之心也。故曰：復其見天地之心乎！」（周易外傳 卷二、復，頁十二）

周易六十四卦，以乾坤爲首，以未濟爲終。王夫之解釋說：「成之小者，不足爲始，故易首乾而不首坎離；毀之長者不可以終，故終未濟而不終坤。……若夫天地之爲大始者則道也，道固不容於缺，必用其全，健全而乾，順全而坤，因是而山澤雷風水火，皆繁然取給於至足之乾坤，以極宇宙之盛。………終，古也，一歲也，一日也，一息也。道之流動而周給者，動止散潤暄說皆備於兩間，萬物皆以其材量爲受，遂因之以有終始。始無待以漸生，中無序以徐給，終無耗以向消也。」（周易外傳 卷四、未濟，頁十八）天地萬物之始，應自『全』而始；天地萬物之終，應自『無耗』而消。有全纔能開始生物；無耗纔能終而復始；這又是天地的一項重要的原則。

## D、變化不息

### a、運行不息

宇宙的變化，運行不停，易經有恆卦。恆卦的象曰：「恆久也，……天地之道，恆久不已也。」復卦的象曰：「反復其道，七日來復，天行也。利有攸往，剛長也。復其見天地之心乎！」這兩個卦，恆卦象徵天地之道，復卦象徵天地之心，都是表示天地的運行，恆久不息，循環不止。乾卦「文言」又說：「天行健，君子以自强不息。」王夫之講天地和人事的變化，常着意到變化的恆久。

「天理日流，初終無閒。」（周易外傳 卷一、乾，頁三）

「天以氣而地以形，氣流而不倦於施，形累而不捷於往矣。陽以樂而陰以憂，樂可以忘其厲而進，憂足以迷其方而退矣。」（周易外傳 卷一、坤，頁六）

「萬物方以此終，卽以此始，終於厚者始於厚；厚者，義之至，仁之盡也。故曰：始終於艮，艮可以終而可以始。化萬物者無不厚之日，舊穀之登，新穀之母也，而何疑其有卒乎陰之一日哉。故剝消而復長，人事之休咎也，艮止而震起，天理之存存也。」（周易外傳 卷四，艮，頁六）

「天命之性有終始而自繼以善，無絕續也。川流之不匱，不憂其逝也。」（周易外傳 卷六、繫辭上 第五，頁十四）

「天下日動而君子日生，天下日生而君子日動。動者，道之樞，德之牖也。」（同上，繫辭下 第一，頁二）

「天地之道，流行不息，皆其生焉者也。」（周易外傳，卷六、繫辭下 第五，頁七）

只從上面所引周易外傳的文據，就可以知道王夫之對於動的思想，天地萬物常動，因爲

「天地之道，流行不息。」道附麗於氣，道流行不息卽是氣流行不息。易繫辭上說「一陰一陽之謂道，繼之者善也。」陰陽兩氣互相交結，互相退却，繼續不停。陽氣爲天爲乾，繼續施予，陰氣爲地爲坤，繼續承受。一施一受，繼續不息。天地萬物乃變化不止。「舊穀之登，新穀之母」；「剝消而復長，……艮止而震起」剝卦以後有復卦，剝消了又重新生，艮卦止了又有震卦，一陽再起「無絕續也」。

天地萬物變化不止，人事的變遷也就不停。一部歷史就是人事變遷的實據。王夫之長於史論，在史事中觀察天理。歷史的存續，卽是「天理日流，初終無閒。」

## b、生

天地運行，流行不息，「皆其生焉者也。故曰：天地之大德曰生。」易經「生以生之謂易」（繫辭上，第四章）。宇宙變化不停爲化生萬物，『生』的思想貫通整部易經。乾稱爲「萬物資始」（乾，彖曰），坤稱爲『萬物資生』（坤，彖曰），王夫之稟承易經的思想，以天地變化化生萬物。

「陰感陽而變，變而與陽同功，性情互藏其宅。理氣交，善用其泰，以相天地之宜，因化感而盡人道者也，而要以為功於天地，以不息其生。故曰

同功。生者實，不生者虛。」（周易外傳 卷二，復卦，頁十三）

萬物化生，是因爲陰陽相感而交。「陰氣善感，感陽而變，既變而分陽之功，交起其用。」（同上）人也因陰陽的交感而生，「乾任爲父，父施者少；坤任爲母，母養者多；少化多而人生焉。」（同上）王夫之遂有乾坤並建的學說。

「夫生理之運行，極情為量；迨其灌注，因量而增情。」（周易外傳 卷二、無妄，頁十六）

「人之有生，天命之也。生者，德之成也，而亦福之事也，其莫之為而有為之者。陰陽之良，各以其知能為生之主。」（周易外傳 卷三，困，頁十七）

「故曰：天地之大德曰生，天地生萬物必有其所生，是道無有不生之德，亦無有卒於陰之理矣。」（周易外傳 卷四，艮，頁六）

在易經的卦裏，常說一卦由另一卦所生，即是一卦的爻所有變動，是由另一卦而來，兩卦有先後的次序，後卦由前一卦所生。卦象徵天地萬物的變化，卦的相生便像徵萬物的化生。六十四卦都由爻變而生而成，萬物便都由陰陽變化而生。

「天以清剛之氣為生物之神，而妙其變化，下入地中以鼓動地之形質，上蒸而品物流形，無不暢遂。」（周易內傳 卷一、泰，頁五〇）

易經所謂生，不是生物之生，船山也曾說，生非父母生兒子的生，而是附於體的意思，臉上生毛，是毛生在臉上。太極生兩儀，不是兩儀由太極而生，乃是兩儀生在太極的體上。天地化生萬物的『生』，是兩氣運行的成果，卽陰陽相交而成物。陽氣動而神妙莫測，深入地中，地的形質因陽氣的動而生物。

『生』不單指着陰陽相感而交的成果，也指着陰陽在所成的物內繼續運行不息。陰陽的運行不只在天地中周流不停，化生萬物；在所成的物體內，仍舊繼續運行。每一個物體都是動的，萬物中沒有一個絕對靜止的物，連石頭也是動的，不是外面的動，而是物體內陰陽兩氣的動。既然物體內部有動，便稱物體為生。每個物，本體動而又和萬物一齊動，整個宇宙乃是一個動的宇宙，川流不息。

「至德，猶中庸言大德，天地敦化之本也。惟有此至德以敦其化，故廣大之生，變通之道、陰陽倡合之義，皆川流而不息。易之首建乾坤以備天道者以此。」（周易內傳 卷五，繫辭上，頁十六）

易繫辭說：「易簡之善配至德」（繫辭上 第六章）聖人效法天地變易之道，以成至德，至德敦化國人與發仁道，仁是人心之生，配合天地之化，天地乃有生生，「皆川流而不息」。

### c、命日降而性日生

王夫之對於生生的一種特殊思想，爲『命日降而性日生』。

「愚於周易尚書傳義中，說生初有天命，而後日日皆有天命，天命之謂性，則亦日日成之爲性，其說似與先儒意見不合，今讀朱子無時而不發現於日用之間一語，幸先得吾心之所然。」（讀四書大全說 卷一，頁七）

「愚嘗謂命日受性日生，竊疑先儒之有異。今以孟子所言平旦之氣思之，乃幸此理之合符也。

「朱子言夜氣如雨露之潤，雨露者，天不為山木而有，而山木受之以生者也，則豈不與天之有陰陽五行，而人受之為健順五常之性者同哉。在天降之為雨露，在木受之為萌蘖，在天命之為健順之氣，在人受之為仁義之心。而今之雨露非昨日之雨露，則今日平旦之氣，非昨日平旦之氣，亦明矣。到旦晝牿亡後，便將夙昔所受之良心都喪失了。……若此者，豈非天之日命而人之日生其性乎！

乃或曰：氣非性也，夜氣非仁義之心，乃仁義之所存也。則將疑日生者氣耳？而性則在有生之初。而抑又思之，夫性卽理也，理者，理乎氣而為氣之理也，是豈於氣之外，別有一理，以游行於氣中者乎！……

天之與人者氣無閒斷，則理亦無閒斷，故命不息而性日生。……

若云：唯有生之初，天一命人以為性，有生以後唯食天之氣，而無復命焉。則良心旣放之後，如家世所藏之寶，已為盜竊，苟不尋求，終不自獲。乃胡為牿亡之人，非有困心衡慮，反求故物之功，而但一夜之頃，物不接，卽此生氣之為生理者，能以存乎仁義之心哉。

故離理於氣而二之，則以生歸氣而性歸理，因以謂生初有命，既生而命息。初生受性，既生則但受氣而不復受性，亦膠固而不達於天人之際矣。」

（讀四書大全說 卷十，孟子 告子上，頁十四～十五）

王夫之的這項主張，有兩個基本觀念：第一個觀念是宇宙之氣迴流不止；第二個觀念是理氣合一。宇宙之氣爲陰陽之氣，陰陽兩氣繼續進退，進爲剛爲交，退爲柔爲敗。氣交成物性又成物形。成物性者爲相交之道，即是理；成形者爲氣。物形的變遷，眼睛可以看見，一個人從少到老，形體常在變。然而性爲理，理則是不變的；所以物在初生時，得陰陽相交之道而成性，性一成不變，一種物常是這種物。王夫之則認爲這種思想犯了錯誤；因爲把性和形分而爲二。即是把理和氣分而爲二；又因爲把理看爲一成不變。人的氣既然時時變，爲什麼性不變呢？性爲理，一定隨着氣而變易。然而，爲什麼一個物體的性既然時時變，而這個物體常是同一的物體，它的性並沒有改變呢？那是因爲天命。天命常是一，雖然天命時時降予，天命則是同一的天命；因此性雖有變遷，而性則是同樣的性。性是由天命而來，中庸說：『天命之謂性』。

王夫之解釋孟子所說存夜氣，以夜氣爲人清明之氣，沒有物欲的良心。夜氣在有人欲的人一過卽亡，今夜的夜氣不是昨夜的夜氣。若夜氣爲一成不變的良心，一旦牿亡了，則不能講『存』，而是要講去『追求』；因爲「如家世所藏之寶，已爲盜竊」。但是孟子却說只要沒有人欲，夜氣就存，豈不是時時有夜氣來，不必去追求，而是立時卽得，「而但一夜之頃，物欲不接，卽此生氣之生理，能以存乎仁義之心哉！」又像朱熹所說夜氣如雨露，今天的雨露，不是昨天的雨露。這樣，「豈非天之日命而人之日生其性乎！」

「天地之生亦大矣！未生之天地，今日是也；已生之天地，今日是也。惟其日生，故前無不生，後無不至。」（周易外傳　卷二、復，頁十四）

天地生生不息，在昨日看來，今日的天地爲未生的天地；在今日看來，今日的天地是已生的天地。生生不息，則所生者常不是同一的物體。然而不同一的物體，而又是同一的物體，則因天命不異。

「天以理授氣於人，此謂之命。卽其所品節限制者，亦無心而化成。則是一言命，而皆氣以為實，理以為紀，固不容折之，以為此兼理，此不兼理矣。乃謂後命字專指氣而言，則天固有無理之命；有無理之命，是有無理之天矣，而不亦誣天也哉。」（讀四書大全說 卷十，盡心下，頁四十八）

所謂天命，乃天以理氣授人，理成人性，氣成人形。天授理氣常不停止，則是命日降而性日生；否則天只授氣而不授理，乃不可能的事。可是人性在天命日降中却仍舊是同樣的人性；那是因爲天命所有的品節限制並沒有變，人所受的理常爲一樣的理。

「蓋天命不息，而人性有恆。受恆者，受之於不息，故曰天命之謂性。不息者，用之繁而成之廣，非徒為一人，而非必為一理。故命不可謂性，性不可謂命也。」（同上）

天命，對萬物而言，所有範圍較比一人之性爲大爲廣。所謂天命之謂性，因人性由天所授。天命不息，人性乃有恆，有恆表示不息。

『命日降而性日生』的主張，貫澈了宇宙流動不息的思想，也貫澈了理在氣中的思想。若照朱熹理氣二元的思想，則氣可流行不息，理則常在不變，人性決不能說是天天在新生。

不過王夫之的主張，並不是澈底的相對論，不是說人性沒有一定，今日的性並不是明天的性，性常在改。他只是說理在氣中，氣流行不息，理也就流行不息，今日的氣不是同一氣，却是同類的氣，因所有的理相同；理相同，因天命的節制相同。這樣，纔可以談人性。

## 4. 人

### 甲、人的地位

「天地之生，人為貴。惟得五行敦厚之化，故無速見之慧。物之始生也，形之發知皆疾于人，而其終也鈍。人則具體而儲其用，形之發知，視物而不疾也，多矣。而其既也敏。孩提始知笑，旋知愛親。長始知言，旋知敬兄。命日新而性富有也。君子善養之，則耄期而受命。」(思問錄 內篇，頁十)

儒家的思想，素稱人文哲學。儒家人文的意義，一從易經，一從禮記。易經以卦有三爻，代表天地人三才，地居下，天居上，人居中。雖然說天尊地卑，爲易經的位；然易經的位以中爲主；因而天地人三才以人爲中心。禮記則以人得天地的秀氣而生。儒家的人文思想，以人爲萬物的最貴者，且以人爲天地萬物之主。

王夫之承繼這種思想，以『天地之生，人爲貴。』又以天地變化順乎自然，而天道能夠顯明於宇宙，則須要由人去做。不是人代天工，乃是天工須要人來彰顯。人較比動植物的發育較慢，在母懷須要三年。但是後來發育的成果，則人較禽獸高得多。人是「命日新而性富有也。」

「言道者，必以天為宗也，必以人為其歸。」（尙書引義　卷五，多士，頁十一）

「天地之生，以人為始，故其弔靈而聚美，首物以克家，明聰睿哲，流動以入物之藏而顯天地之妙用，人實任之。人者，天地之心也。故曰復其見天地之心乎！聖人者，亦人也，反本自立而體天地之生，則全乎人矣。」（周易外傳　卷二，復卦，頁十二）

天地生物的大功，有賴乎人去成全，人乃是天地之心。天地的德爲乾坤，乾坤的德爲元亨利貞，元亨利貞的表現和完成，則是人心的仁義禮智。人若能盡於自己的心性，則能「體天地之生，贊天地之化育。」

「自天生之而皆誠，自人成之而不敢不明。」（尚書引義　卷一，堯典，頁四）

「自然者天地，主持者人，人者天地之心，不見之誠。生於一念之復，所賴於賢人君子者多矣。」（周易外傳　卷二，頁十四）

「天之化裁，人終古而不測其妙；令裁成，天終古而不代其工。」（尚書引義　卷一、皋陶謨　頁十九）

天生，人成，即是天人的關係，也是天人的合一。天生有萬物，自然按性而行，誠而不安。然天的生育功能，需要人去完成，在人本身方面，人的化育由人自己去完成；因爲人有自由。人完成自己的化育，卽是盡人性，盡人性卽是大學的明明德，所以說「自天生之而皆誠，自人成之而不敢不明。」在物方面，天的化育德能也要賴人去完成，不僅如現代的自然科學可以助自然界的各類動植物，發育繁榮，中庸所以說盡人性則盡物性，則贊天地的化育。而且人是天地之心，萬物因着人心而有意義。王夫之的思想當然不同於王陽明的思想。王陽明曾說有人心而後有天地萬物，有天地萬物而後有人心，人心是萬物，萬物是人心。王夫之以人心靈明，爲萬物的最優秀者，萬物的美都反映在人心裏，天地的生理也在人心完全表現。人贊天地的化育，人有創生之義。

## 乙、誠・性

### A、誠

誠，在王夫之的思想裡，佔着很重要的地位。王夫之反對明朝理學，責爲空疏，以致忘國，他主張實學，以誠代表實。知識有實在內容，稱爲誠。名字有實，稱爲誠。宇宙萬物是實，稱爲誠。人性天然明德，稱爲誠。人率性而行，稱爲誠。

但是「誠」不是實體，不相當於西洋哲學的存在，更不是絕對的存在。我不接受以中庸，周敦頤和王夫之的誠，相當於太極。

在宋明理學中，人性的問題，乃是一中心問題。儒家以人爲宇宙的中心，又以人的生命爲倫理的生命，代表萬物生生之理的最高點。生生之理乃是物性，物性中以人性爲貴，人性便在儒家的思想裏，佔了中心位置。

王夫之說：「自天生之而皆誠。」人必定皆誠。誠有兩種意義；第一，按照人性而行動。第二，人性是實理而不是空虛。

「蓋誠者，性之撰也，性者，誠之所麗也。性無不誠。非但言誠卽言性，誠以行乎性之德，非性之無他可名，而但以誠也。性實有其典禮，誠虛應以為會通，性備乎善，誠依乎性。誠者，天之用也，性之通也。性者，天用之體也，誠之所幹也。故曰：唯天下至誠為能盡其性。」（讀四書大全說卷三、中庸第二十二章，頁十五）

誠不是實體，而是性的特點。性自然要表現自己，物自然按照自己的性而變易。誠乃是「性之撰」，附在性上。每一個人一生常在變易，變易乃天地萬物的共同律，天地萬物的變易以『自然』爲原則，自然卽是天道，中庸所以說：「誠者，天之道也。」（中庸第二十章）人雖爲萬物之靈，自己也在變易，變易的原則在於「誠於人性」，所以中庸說：「誠之者，人之道也。」（同上）

人在生理方面的變易，如耳目之官的小體的變易，和萬物沒有不同，自然依照人性而變。血脈的流通，飲食的消息，身體的發育，「自天生之而皆誠。」在心思之官的大體方面，所有活動便不常依照人性。王夫之說：「推天人之本合，而其後人遂有不誠以異乎天，其害在於人欲。」（同上）性是人之天，性外有人欲。人欲可以使人違乎人性，人乃有不誠。

「北溪分天道之本然與在人之天道，極為精細。其以孩提之知愛，稍長之知敬，為在人之天道尤切。……然學者仍不可將在人之道與天道之本然，判為二物。……所云誠者天之道，未嘗不原本於天道之本然，然而以其聚而加著者言之，則在人之天道也。天道之本然是命，在人之天道是性。性者，命也，命不僅性也。若夫所謂誠之者人之道，則以才而言。才者，性之才也，性不僅才也。惟有才，故可學。擇善而固執之，學也。其以擇善而善可得而擇，固執而善可得而執者，才也。有是才必有是學，而後能盡其才。人之所當率循是路以合乎天也。」（讀四書大全說 卷三，中庸第二十章，頁九）

王夫之在這一段話裏，說明了理學上的兩個問題，即是性和才的關係；誠和天道的關係。誠爲天道，指天道之本然；這是以誠爲實有，這種實有，乃是本然之天道。誠之者爲人道，指人所有天道，即是人性。王夫之雖然讚成這種思想，他自己却有自己的意見。他以本然天道爲命，即是中庸所說：「天命之謂性」的命。天命指本然的天道，性是人所受的天道；人之天道爲本然天道的「聚而加著者」，即是因氣而顯。這裏有一個問題：王夫之不主張有氣外之理，否則乃是虛理，不是實理；本然的天道應付於氣，這種氣是什麼氣呢？一定不是陰陽之氣，那麼是不是太虛之氣呢？應當是太虛之氣。太虛之氣爲氣的本體，氣本體的理，也就是本然的天道。王夫之不以誠爲天道，誠之爲人道，他說：

「人之可以盡其才而至於誠者，則北溪所謂忠信，其開示蘊奧，可謂深切著明矣。擇善固執者，誠之之事。忠信者，所以盡其擇執之功。」（同上）

王夫之以誠爲忠於人性。又以誠爲性的自明。萬物之性自然顯明；人之性本也自然顯明，然可被私慾所蔽；所以要『誠之』，人要使自己的性顯明出來。王夫之乃說：「自天生之而皆誠，自人成之而不敢不明。」中庸說：「自誠明，謂之性；自明誠，謂之教；誠則明矣，明則誠矣。」（第二十一章）王夫之說：

「聖人之盡性，誠也；賢人之奉教，明也。誠則明矣，教斯立矣；明則誠矣，性斯盡矣。……聖人之德，自誠而明，而所以爾者，則天命之性，自

誠明也。賢人之學，自明而誠，而其能然者，惟聖人之教，自明誠也。」（讀四書大全說 卷三，頁十三）

人性自然誠而明；聖人的心清淨無欲，聖人之人性便自誠而明。人性能被私欲所蔽；賢人因守聖人的教訓，勉力忠於人性，故能自明以誠。中庸將誠和明連結在一起，王夫之接納中庸的思想，他說：「誠者，天之道也；明者，人之天也。」（同上）聖人自誠而明，因明以立教，賢人遵循聖人的教訓，由聖人的明申以達到誠，忠於自己的性。性乃實理，決不是虛或空。王夫之排斥老莊和佛教，堅持性爲實理，因爲人性是實。

「性者，命也，命不僅乎性。」人性是天命，性便是命；然而天命的外延較比人性爲廣，天命包括萬物之性以及天地變易之道，「命不僅乎性」性是人之所以爲人，人要誠於性，誠於性是從人的行動而言，人的行動「則以才而言。」才是什麼呢？是「性之才也。」人性有許多行動的才能，才能要爲人所用；爲用才能，應有所學，故「惟有才，則可學。」學什麼呢？「擇善而固執之，學也。」能够擇善而固執，這是因爲性有才。然而性的外延較比才廣，性是理，包括才和情，性「不僅才也。」

這樣，我們可以大概知道王夫之對於人，所有的觀念。

## B 性

### a 天命

從孟子提出人性問題，儒家兩千年將這問題作成了思想和爭論的焦點。在宋朝理學家以前，儒家討論人性，在於善惡的問題，對於『性』的含義，從『能』和『用』方面去看，都是說人性有向善向惡或可善可惡的『能』，沒有談到『性』的本體。孟子說性善，以人心本然地傾於善；荀子說性惡，以人心本然地傾於惡。宋朝理學家則進而討論性爲什麼有善有惡，朱熹乃倡理氣二元，以性爲理，又以每個人的性，由理與氣相合而有氣質之性。王陽明則以性爲良知，良知卽是天理的自誠而明，性便是天理。

王夫之既主張理付於氣，氣便不僅是理，而是人所受的天命之理，聚在氣內。

「在天謂之理，在天之授人物也謂之命，在人之受於氣質也謂之性。若非質則直未有性。」（讀四書大全說 卷七，陽貨篇，頁十二）

「天命之謂性」爲王夫之論性的根據。天是理，若以天爲超然的，則理也是超然的；王夫之則又不承認有超然之理。則這種理，爲太虛之理。太虛之理而稱爲命，命字便不可解釋。王夫之曾引朱熹的註釋說：「章句言命猶令也。小註朱子曰：命如朝廷差除，又曰命猶誥敕。謂如朝廷固有此差除之典，遇其人則授之；而受職者領此誥敕去，便自居其位而領其事。以此喻之，則天無心而人有成能，審矣。董仲舒對策有云，天令之謂命。朱子語本於此。以實求之，董語尤精。令者，天自行其政。令如月令軍令之謂。……則讀令如零，便大差謬。人之所性者皆天使令之，人其如傀儡，而天其如提彄者乎？天只陰陽五行流盪出內於兩閒，何嘗屑屑使令其如此哉。必逐人而使令之，則一人而有一使令，是釋氏所謂分段生死也。天卽此爲體，卽此爲化；若其命人但使令之，則命亦其機權之緒餘而已。如此立說，何以知天人之際！」（讀四書大全說 卷二、中庸第一章，頁三）王夫之以天爲陰陽五行自然流行的代表，可以說就是自然。陰陽五行按照運行之理交結成物之性，這就稱爲天命。不是一個有心的天，給每個人一命令；否則人性一切聽之於天，人便成了傀儡。他在解釋繫辭上第五章所說：「一陰一陽之謂道，繼之者善也，成之者性也。」他說：

「一陰一陽之道，天地自為體，人物之所受命，莫不然也。而在天者卽為理，不必其分劑之宜；在物者，乘大化之偶然，而不能遇分劑之適，得則

合一陰一陽之美，以首出萬物而靈焉者，人也。」（周易內傳 卷五，繫辭上傳，頁十二）

「一形之成，必起一事；一精之用，必載一氣。濁以清而靈，清以濁而定。若經營之，若摶捖之，不見其巧，無以喻此。則分劑之之密，主持之之定，合同之之和也；此太極之所以生出萬物，成萬理，而起萬事者也。」（同上）

「天」解爲陰陽運行之道，卽「一陰一陽之謂道」，也就是太極。太極爲陰陽未分之氣本體的理，乃太虛之氣的理。太極變易，自然神妙，分合與主持「不見其巧」。人物因着太極變易而有陰陽，陰陽運行偶然成此物此物，非先有心安排。這種思想若澈底去說，則是老莊的學說，以天地不仁，萬物自生自滅。然而儒家則講仁，朱熹且說天地以生物爲心，人得天地之心爲心故仁。易傳也說：「天地之大德曰生。」王夫之解釋說：

「天地之大德曰生，統陰陽柔剛而言之。萬物之生，天之陰陽具而噓呼以通，地之柔剛具而融結以成。陰以歛之而使固，陽以發之而使靈，剛以幹之而使立，柔以濡之而使動，天地之為德，卽立天立地之本德，於其生見之矣。」（周易內傳 卷六，繫辭下傳，頁四）

天地之德，見於陰陽剛柔相合而生萬物，在天地說是一種德能；聖人效天地之生而有仁心，以爲民父母，故稱爲仁，仁乃道德之德。

「一陰一陽之成性，而此於守位聚人言之者，自其效天下之動，以利用者言也。仁義並行，而後聖人之盡人道者配天地之德，以善天下之動，則六位以盡三才，其效益著明矣。」（同上）

王夫之較比朱熹、王陽明更注重陰陽一氣的自然運行，更以人性之成，爲「乘大化之偶然」，又說「天地無心」，無怪乎極左派的唯物論者，大聲喊王夫之爲唯物主義者。然而王夫之對於書經詩經的上天，衷心欽敬。論語於「泰伯篇」曾說「巍巍乎，唯天爲大，唯堯則之」。王夫之解釋說：

「先須識取一天字，豈窅絕在上，清虛曠杳，去人閒遼濶之宇，而別有一天哉。……堯之為君，則天之為天；天之為天，非僅有空曠之體，萬物資始，雲行雨施，品物流行，各正性命，保合太和，此則天也。……將謂天有巍巍之體段，其亦陋矣。先儒說天如水晶相似，透亮通明，結一蓋殼子在上，以實思之，良同兒戲語。其或不然，以心德比天之主宰，則亦老子橐籥之說。蕩蕩兩閒，何所置其橐，而又誰鼓其籥哉。」（讀四書大全說卷五，泰伯篇，頁三十三）

天不是上面的青天，天不是生物之德，天是萬物得生得性的始源。這個天，可是說是太極的自然變易，使萬物資始，各正性命。然而他又說物有物之天，人有人之天，聖賢有聖賢之天，愚不肖有愚不肖之天。

「故人之所知，人之天也；物之所知，物之天也。若夫天之為天者，肆應無極，隨時無常，人以為人之天，物以為物之天，統人物之合以敦化，各正性命而不可齊也。由此言之，賢智有賢智之天，愚不肖有愚不肖之天，惡得以賢智之天，強愚不肖而天之也哉！」（尙書引義 卷一，頁十九）

這所謂天，乃人物所得於天者；在中國哲學裏也常有這種用意。然而若往上溯，則爲中庸所說的天命。中庸近於古代，古代的天爲書經詩經的天。王夫之在書經稗疏解釋「舜典」的「類上帝」說：「類於上帝者，即陶唐郊祀之名。」反對漢宋儒者以『類』爲合羣神而祭，「飲食不以其類，則既醉而爭，況聖人之接天地鬼神者乎！」他認上帝爲尊神，不宜於羣神相亂。然而儒家講哲學，則以太極爲止。人效法天，乃儒家修身的要典，但是天無限無形，不可則效，人乃以性爲天。

b、性的本體

「天之命人物也，以理以氣，然理不是一物，與氣爲兩。」（讀四書大全說 卷五，頁三四）

性包括理和氣。朱熹以性爲理，並謂告子所說性爲氣。王夫之說：

「性只是理。合理與氣，有性之名，則不離於氣，而為氣之理也。為氣之理，動者氣也，非理也。故曰：性不知檢其心，心則合乎知覺矣。合乎知覺則成才，有才則有能。故曰：心則檢性。」（讀四書大全說 卷十，告子上，頁三十二）

性爲理，然理不能離氣，性乃兼統理氣。心爲性之動，動爲氣，心爲氣，氣不能離理，心兼性情。動有才，才有能，才和能不是性。

王夫之常說理氣凝爲性，因他主張理不能離氣而獨立，理乃是氣之理。但也不能說理凝爲性，或曰氣凝成性。王夫之雖也有這類說法，然其中必含有理有氣。

「道之所者，性也。」（周易外傳 卷七，頁二十一）

「成性者，此一陰一陽健順知能之道，成乎人而為性。」（周易內傳 卷五，頁五十七）

實際上則是理氣合而有性。王夫之說：

「就氣化之成於人身，實有其當然者則曰性。……故以氣之理，即於化而為化之理者，正之以性之名。」（讀四書大全說，卷十，頁三十二）

「天之所用為化者氣也，其化成乎道者，理也。天以其理授氣於人謂之命，人以其氣受理於天，謂之性。」（讀四書大全說 卷十，頁四十九）

性兼理氣，然而和朱熹所說的氣質之性不相合。朱熹所說氣質之性，來自程頤。

「程子創說個氣質之性，殊覺崚嶒。先儒於此不儘力說與人知，或亦待人之自喻。乃緣此而初學不悟，遂疑人有兩性，在今不得已而為顯之。所謂氣質之性者，猶言氣質中之性也。質是人之形質，範圍着生理在內。形質之內，形氣充之而盈天地間。人身以內，人身以外，無非氣者，故亦無非理者。理行乎氣之中，而與氣為主持分劑者也。故質以函氣，而氣以函理。質以函氣，故一人有一人之生，氣以函理，一人有一人之性也。……

「以愚言之，則性之本一，而究以成乎相近而不盡一者，大端在質而不在氣。蓋質一成者也，氣日生者也。一成則難乎變，日生則乍息而乍消矣。夫氣之在天，或有失和者，當人之始生而與為建立，於是因氣之失以成質之不正。乃既以為質矣，則其不正者，固在質也，在質則不必追其所以建立而歸咎夫氣矣。……質能為氣之累，故氣雖得其理而不能使之善，氣不能為質之害。故氣雖不得其理而不能使之不善。又或不然，而謂氣亦受於生物，以有一定之清剛濁弱，則是人有陳陳久積之氣，藏於身內，而氣豈有形而不能聚散之一物哉。故知過在質而不在氣也。……

「乃人之清濁剛柔不一者，其過專在質；而於以使愚明而柔彊者，其功專在氣質一成者也，故過不復為功；氣，日生者也，則不為質分過而能功於質。且質之所以建立者固氣矣，氣可建立之，則亦操其張弛經緯之權矣。氣日生，故性亦日生。性本氣之理而卽存乎氣。故言性必言氣而其得其所藏。乃氣可與質為功，而必有其與為功者，則亦氣而早已與習相攝矣。

……若夫由不善以遷於善者，則亦善養其氣，至於久而質且為之改也。故曰居移氣，養移體，氣移則體亦移矣。……體移則氣得其理，而氣之移也，以氣乃所以養其氣。而使為功者何恃乎？此人之能也，則習是也。是故氣隨習易，而習且與性成也。質者，性之府也；性者，氣之紀也；氣者，質之充而習之所以能御者也。然則氣效於習，以生化乎質，而與性為體；故言氣質中之性，而非本然之性以外，別有一氣質之性也。……

「孟子惟並其相近而不一者，推其所自而無不一，故曰性善。孔子則就其已分而不一者，於質見異，而於理見同，以大始而異以殊生，故曰相近。……雖然，孟子之言性近於命矣。性之善者，命之善也；命無不善也。命善，故性善。則因命之善而言性之善，可也。若夫性則隨質以分凝矣。一本萬殊，而萬殊不可復歸於一。易曰：『繼之者善也』，言命也。命者，天人之相繼者也。『成之者性也』，言質也。既成乎質，而性斯凝也。質中之命謂之性，亦不容以命者言性也。故惟性相近也之言，為大公而至正也。」（讀四書大全說 卷七，陽貨篇，頁九—十二）

在這一段論性的長文裏，王夫之的思想表現得很清楚。朱熹分本然之性和氣質之性：本然之性爲抽象的概括之性，是從理想方面去論的性，是沒有和氣相合的理。本然之性無不善。氣質之性爲具體之性，是每一個人的性，是理和氣相結合的性。氣質之性可善可惡，隨氣的清濁而定。性的善惡，來自氣的清濁。淸初的儒者，如顏元李塨都反對朱熹的氣質之性，但沒有能够加以說明。王夫之不讚成性的兩分法；因爲祇有氣質之性，不能在氣質之性以外，另有本然之性。理由在於理必在氣以內，沒有獨立之理，便沒有僅祇是理的本然之性。

氣質之性有什麼意義呢？王夫之分『氣』，『質』，『性』，『習』四個觀念。質是形質，由氣而成。人初生時卽因氣而有形質，一成不變。人的形質包括生理所有機能，也包括心理所有才能。一個人的形相和聰明智慧，生來具有，各有不同，這就是人的質。氣是人的元素，化成人的形質。氣充滿人身，「人身以內，人身以外，無非氣者。」朱熹主張氣有清濁，因着氣的清濁，人的質乃不同。王夫之雖沒有明白說出，可是他所說的質，由氣而成，質的不同便是由於氣的不同。

性兼有理和氣，質本在氣的觀念以外，然而質由氣而成，性便也含有質。「質者，性之府也；性者，氣之紀也。」所謂氣質之性，就是這種性。因此，在實際上，王夫之的氣質之性和朱熹的氣質之性，在意義上可以相通。

c 性的善惡

朱熹所以講氣質之性，是爲解說性的善惡問題。他主張本然之性爲善，氣質之性可善可惡。顏元李塨攻擊朱熹，以爲朱熹主張氣質之性爲惡，彼等則主張氣質之性爲善，惡是來自習。實際上，朱熹是主張氣質之性可善可惡。然而因爲朱熹以性之惡來自氣，顏、李則主張氣無不善。所以兩者的思想不同。

王夫之主張性無不善，理由是「性之善者，命之善也；命無不善也。」性善是因爲性來自天命，天命不能不善。天命是什麼呢？天命是陰陽之道，卽是理。王夫之的性善，根源在於天命之理；或者可以說是天理。這一點和朱熹的思想也可以相通。但王夫之不稱理爲性，因爲性必兼有理和氣；這一點和朱熹不同。

人性的惡，在基本上說是在於質，「夫氣之在天，或有失其和者，當人之始生而與爲建立，於是而因氣之失以成質之不正。乃既已爲質矣，則在不正者固在質也。」人生的時候，由氣而成形質。氣的陰陽在結合時，有正有不正，質乃有正不正；因質的正不正，性可以有善有惡。王夫之以不正在於質，不必追究到氣，「在質，則不必追其所有建立而歸咎夫氣矣。」然而應該追究質所以建立的元素乃是氣，質的正不正，應由氣負責。王夫之則認爲質的正不正，不是像朱熹所說，由於氣本體的清濁，氣清爲善，氣濁爲惡；而是由於氣的結合失和或不失和。因此，質的正不正，不來自氣，而是來自陰陽的結合，氣本體則常正。這一點，是朱熹和王夫之根本不同之點。

氣有清濁，清爲陽爲剛，濁爲陰爲柔；然而不能以剛常是善，柔常惡；剛不得其正則爲惡，柔得其正則爲善。善惡不在於氣的清濁，而是在於氣的正不正。人初一得氣以成形質，質因氣之正或不正而成正或不正。質的正或不正，乃是每一個人的善或惡的基礎；然而每一個人的善或惡的構成因素，則是『習』。

「後天之性亦何得有善？習與性成之謂也。先天之性天成之，後天之性習成之也。乃習之所以能成乎不善者，物也。夫物亦何不善之有哉？取物而後受其蔽，此程子所以歸咎於氣稟也。雖然，氣稟亦何不善之有哉？然而不善之所從來，必有所自起，則在氣稟與物相授受之交也。氣稟能往，往非不善也；物能來，來非不善也。而一往一來之間有其地焉，有其時焉；化之相與往來者，不能恒當其時與地，於是而有不當之物，物不當而往來者發不及收，則不善生矣。……於是來者成蔽，往者成逆，而不善之習

成矣。業已成乎習，則熏染以成固有，雖莫之感而私意私欲且發矣。」（讀四書大全說 卷八，滕文公上，頁三十七）

質或正或不正，祇是善惡的基礎，善惡的形成，在於行動，卽是人的氣稟和物相接，人的氣稟乃是人心，人心和物相接而心動，動合於時合於地爲善；不合於時不合於地則爲惡。中庸說喜怒哀樂發時中節或不中節，中節是合於時地，不中節是不合於時地。行動既久，養成習慣，習慣成自然，成爲第二天性。故王夫之說：「後天之性習成之」。

「而習者亦以外物為習也，習於外而生於中，故曰習與性成。此後天之性所以有不善。故言氣稟不如言後天之為得也。」（同上）

「人之皆可為善者，性也；其有不可必為善者，習也。習之於人大矣。……故曰習與性成。成性而嚴師益友不能勸勉，醲賞重罰不重匡正矣。」（讀通鑑論 卷十，頁二）

朱熹以善惡在於氣稟，氣稟有清濁；王夫之以善惡成於習，根基在於質。清初顏元李塨倡惡來自習染，顏、李則在王夫之以後。

中庸講喜怒哀樂之發，王夫之講氣稟與物往來之『幾』，幾字在王夫之的思想中，佔着重要位置。

「先天之動，亦有得位有不得位者，化之無心而莫齊也。然得位則秀靈以為人矣，不得位則禽獸草木，有性無性之類蕃矣。旣為人焉，固無不得位而善者也。後天之動，有得位不得位，亦化之無心而莫齊也。得位則物不害習，而習不害性；不得位則物以移習於惡，而習以成性之不善矣。此非吾形吾色之咎也，亦非物形物色之咎也，咎在吾之形色與物之形色往來相遇之幾也。天地無不善之物，而物有不善之幾。物亦非必有不善之幾，吾之動幾有不善於物之幾。吾之動幾亦非有不善之幾，物之來幾與吾之往幾不相應以正，而不善之幾以成。故唯聖人為能知幾，知幾則審位，審位則內有以盡吾形吾色之才，而外有以正物形物色之命，因天地自然之化，無不可以得吾心順受之正。如是而後知天命之性無不善，吾形色之性無不善，卽吾取乎物而相習以成後天之性者亦無不善矣。故曰：性善也。嗚

吁！微矣！」（同上）

幾為未動而將動之時，為初動時之氣，為動之理。因着一種目標的願望而動，動在發動時，心莫知其所以然。目標若不正，動則不正。目標正，氣動的形色合不合時地，這就是動之幾。性是正，動本是正；然人有私欲之蔽，則動之幾便不正，因而有惡。

質既成，「一成則難乎變」；而儒家的修養則在變化氣質。氣日生，「日生則乍息而乍消矣。」氣又質的生素，質由氣而成，氣於質「操其張弛經緯之權」。人若養氣而趨於善，乃習於為善，氣便化質以向正，「故曰居移氣，氣移體。」質一成而難變，然非一成而不可變。有久於善，質將自化。

## 丙、才・情

孟子曾說：「若夫為不善，非才之罪也。……故曰：求則得之，舍則失之，或相倍蓰而無算者，不能盡其才者也。」（告子上）才以質為基礎，俗稱才質。質屬於性，才也屬於性。「才者，性之才也。惟有才，故可學。」

「人之體惟性，人之用惟才。性無有不善，為不善者，非才也。故曰：人無有不善，道則善矣，器則善矣。性者，道之體；才者，道之用；形者，性之凝；色者，才之撰也。」（尙書引義 卷四，洪範三，頁十七）

才爲道之用；道卽是性，才卽性之用。儒者常談盡才。盡才，則人無不善；不盡才，則獲才不得其用，必不正而爲惡；或有才而不得用，也不得其正，亦爲惡。

「今使知吾心之才，本吾性之所生，以應吾性之用，而思其本業也，則竭其無餘以有者必備，為者必成焉，又何暇就人田而芸之乎？故孟子曰：盡其才，曰：盡其心，足以知天下之能為善者，惟其不能為善而然，而非果有不善之才，為心所有之咎，以成乎幾之卽於惡也。」（讀四書大全說 卷十，頁三十一）

人盡其才，必能爲善，不盡其才，則爲善不成。「性不能無動，動則必效於情才，情才而無必善之勢矣。」（讀四書大全說 卷十，頁二）爲惡，不能歸之於才，爲善也不能歸之於才，善惡在於動了幾。

「孟子不將情與才與性，一例竟直說個善字，本文自明曰：可以為善，卽或人性可以為善之說也。曰：若夫為不善，非才之罪也，則告子性無不善之說也。彼二說者，只說得情才，便將情才作性。故孟子特地與他分明破出，言性以行於情才之中？尚非情才之卽性也。……若夫為善，非才之功，而性克為主，才卽輔之，性與才合能而成其績，亦不須加以分別專歸功於性而擯才也。」（讀四書大全說 卷十，頁八）

孟子以人爲不善，不是才的罪，乃同於告子所說性無所謂善惡，祇是人可以用它爲善，用它爲惡。實則是反賓爲主，性是體，情才是用，不能說性可以用於善可以用於惡，該當說情和才可以用爲善，可以用爲惡。然而中庸說喜怒哀樂，發而不中節則不和，王夫之根據這種思想，以惡應歸之於情。

「然則才不任罪，性尤不任罪，物欲亦不任罪，其能使為不善者，不在情而何在哉？……故曰：『或相倍蓰而無算者，不能盡其才者也。』而不可云不能盡其情。若盡其情，則喜怒哀樂好惡欲之熾然充塞也，其害又安可言哉！才之所可盡者，盡之於性也。能盡其才者，情之正也；不能盡其才者，受命於情而之於蕩也。」（讀四書大全說 卷十，頁九）

『才』如眼睛可以看，耳朵可以聽；眼睛和耳朵的聰敏，即是才。眼睛看邪色，耳朵聽淫聲，不是耳朵和眼睛才能的罪，也不是外面美色和聲音的罪，而是情向善向惡的罪。「才不任罪，性尤不任罪，物欲亦不任罪，其能使爲不善者，不在情而何在哉？」

情是什麼呢？

「蓋吾心之動幾，與物相取，物欲之足引者，與吾之動幾交，而情以生。然則情者，不純在外，不純在內，或往或來，一來一往，吾之動幾與天地之動幾相合而成者也。」（同上）

吾心將動而未動之幾，和外物相接之幾，兩幾相接而生情。情不是性，不是才，也不是心；所以不是情之才，不是才之動，而是心之動。朱熹曾以情爲心之動。情能御才，氣則能御情。

「故情可以盡才，……亦惟情能屈其才而不使盡，則耳目之官，本無不聰不明，耽淫聲，嗜美色之咎，而情移於彼，則才以舍所應效而奔命焉。……喜怒哀樂之情，雖無自質，而其幾甚速亦甚盛，故非性授以節，則才本形而下之器，蠢不敵靈，靜不勝動，且聽命於情，以為作為輟為攻為取，而爽乎其受型於性之良能。告子之流既不足見吾心固有之性，而但見夫情之乘權以役用夫才，億為此身之主，遂以性之名加之於情。釋孟子者，又不察於性之與情，有質無質，有恒無恒，有節無節之異，乃以言性善者言情善。夫情苟善，而人之有不善者又何從而生？乃歸之於物欲。……抑以歸之於氣，則誣一陰一陽之道以為不善之具。……愚於此盡破先儒之說，不賤氣以孤性，而使性託於虛，不寵情以配性，而使性失其節。竊自意可不倍於聖賢，雖或加以好異之罪，不敢辭也。」（同上）

惡來自情，成於習。一樁惡事，是情發而不正；情使用才，才不能認爲惡之首。才受性的節制，因性是理和氣，氣有理，理爲情的節制。氣發而爲心，心用理以節制情，使才盡而情歸於正。

情生於心與物交感之幾。『幾』爲往來變化之際。「動靜者，陰陽變化之幾也。」（周易內傳 卷五，頁十二）在實際上，情爲喜怒哀樂好惡。朱熹曾說情爲心之動。王陽明和他的弟子則以心爲良心，良心不動，動爲意，情乃是欲。王夫之以情爲心和物交往所發，在心又在物。情用才，沒有自質，常變，屬於心乃靈。因此，他的思想近於朱熹的思想，以情爲心之動，而不屬於性。

「心統性情，統字只作兼字看，其不言兼而言統者，性情有先後之序，而非並立者也。實則所云統者，自其函受而言。」（讀四書大全說 卷八，公孫丑上，頁二十九）

## 丙、心

### A、心與情

儒家論性的善惡，目的在於修身，修身最重要的，在於正心。心的研究，在儒家的學者中，常佔重要地位。王陽明在陸象山文集的序裏說心學，又說心學的流傳，從孟子開始，由陸象山繼承。王陽明是繼承陸象山的人，他又主張良知，以修身在致良知，王學遂被稱爲儒家的心學。實際上儒家的學者都常講正心，但對於『心』的解釋則有不同。朱熹以心兼性情，卽是心兼理氣。人將天地之秀氣以生，秀氣爲清氣，氣淸則靈，人之心靈明能知，爲人身的主宰。

王夫之反對以孟子之學爲心學，不讚成楊時所說孟子一書衹是正人心。

「龜山云：孟子一書，只是要正人心。此語亦該括不下，向聖賢語中尋一句作紐子，便遮蔽却無窮之理。……孟子說心處極詳，學者正須於此以求見吾心之全體大用，奈何以正人心心字蓋過去。所云欲正之人心，則是仁義充塞後邪說之生心者爾。若大學言正心，自是天淵。……大學夾身與意而言心者，身之所自脩而未介於動，尚無意者也。」（讀四書大全說 卷八、梁惠王上，頁一）

王夫之分道心和人心，不以人心代表心。心字在大學裏的意義，第一是修身的出發點，「身之所自脩」；第二，不是動，動則是意，「未介於動，尚無意者也。」

「孟子云：存其心。又云：求其放心，則亦道性善之旨。……心含性而效動，人之德也。乃其云存云養云求，則以心之所有，卽性之善，而為仁義之心也。仁義善者，性之德也，心含性而效動。故曰仁義之心也。仁義者，心之實也，若天之有陰陽也。知覺運動，心之幾也，若陰陽之有變合也。」（同上）

「心含性而效動」卽孟子所講「心統性情」（同上），心含性的善，以為心的實，實是本質。性的善為仁義，心的本質便是仁義，故稱仁義之心。心又有動，心之動為意，又有情。

「而性為心之所統，心為性之所生，則心與性直不得分為二。故孟子言心與言性善無別，盡其心者知其性，唯一故也。」(同上)

心統性情，爲宋朝理學家的共同意見，心和性不分。但是在意義上兩者並不相同。

「說性便是體，纔說心已是用。說道便是體，纔說德便已是用。……當其有體，用已現，及其用之，無非體。蓋用者，用其體，而卽以此體為用也。」(同上，頁二)

性爲體，心爲用，體用不分。性爲心的體，實則心爲具體之性。性本是理，理必合於氣，理合氣乃是心。所以王夫之以心和性不分。至於說心爲性之用，因爲人是活的，必有活動；人的生命就是生活。生活以性爲基礎，生活的體卽是心。因爲理和氣相合爲性，於是以性爲體，而以心爲用。研其實，心並不是用，因心不是動，動是情，是意，不過心是從用的一方面看，性是從本體的一方面看。

「切須知以何者為心，抑且須知忿懥恐懼好惡憂患之屬心與否。以無忿懥等為心之本體，是心如太虛之說也，不可施正而亦無待正矣。又將以忿懥等為心之用，則體無而用有，旣不相應。且人之釋心意之分，必曰心靜而意動。今使有忿懥等以為用，則心亦乘於動矣。只此處從來不得分明。……凡忿懥恐懼好樂憂患皆意也。……故愚謂意居身心之交。而中庸末章，先動察而後靜存，與大學之序並行不悖。則以心之與意，互相為因，互相為用，互相為功，互相為效。可云由誠而正而脩，不可云自意而心而身也。心之為功，過於身者，必以意為之傳送。」（讀四書大全說 卷一，大學傳第七，頁十五）

心不是意，意包括忿懥恐懼愛惡憂患等情，是則情屬於意，不屬於心。意雖不是心，意則屬於心，心爲體，意爲用。朱熹以意爲心動時之所向，所向爲志。志則能動氣，氣爲心，因此說心與意互爲因互爲用。故「意居身心之交」，心要動身時「必以意爲之傳送。」

「三山陳氏謂心為內，體為外，由心廣故體胖。審爾，則但當正心無問意矣！……心廣既為形外之驗，則於此言心為內者，其粗疏不審，甚矣！蓋中外原無定名，固不可執一而論。自一事之發而言，則心未發，意將發，心靜為內，意動為外。又以意之有其心者而言，則因心發意，心先意後，先者為體於中，後者發用於外，固也。然意不盡緣心而起，則意固自為體，而以感通為因。故心自有心之用，意自有意之體。」（同上）

心和意的分別，從行事方面說，心使意動，「心靜爲內，意動爲外。」心在先，意在後。然心也可以因外物的感通而動，意自爲體。這一點，有些不清楚。心爲主，主發動意。外形與身相交，意欲動，然意果能動否，仍由心作主。若是心不在焉，外物雖和身相交，意仍不動。王夫之說心不在，則身不能脩。然豈是身不能脩，意也不能誠。

「所謂修身在正其心者，以凡不能正其心者，一有所忿懥恐懼好樂憂患則不得其正矣，唯其心不在也。心不在焉，而不見不聞不知味，則雖欲脩其身，而身不聽，此經所謂脩身在正其心也。」（讀四書大全說 卷一，頁十六）

王夫之根據大學的經文，以正心爲求心之在，心不正，則是孟子所說放其心。心不存，身當然不能脩。然而通常所說正心，是使心得其正，心能得其正在於意誠。王夫之認爲心與意互爲因互爲用，心之正，不全靠意之誠，而且意之誠，也靠心之正。王夫之不願意單單提出一心字而講正心，則心將是空虛無物，所以他把心和意和情，連在一起講。他攻擊王陽明的良知，就是以良知爲空虛無物。心不實，不在於忿懥之情，而是在於仁義。所以說：「仁義者，心之實也，若天之有陰陽也。」

「心不在者，孟子所謂放其心也。放其心，豈放其虛明之心乎，放其仁義之心也。」(同上，頁十六)

心由氣而成，在天之氣有陰陽，在人之氣有仁義；仁義乃是心的實體，實則仁義就是人的性。

## B、心與知覺

張載曾說：「合虛與氣，有性之名，合性與知覺，有心之名。」(正蒙太和篇) 王夫之注解說：

「人之有性，函之於心，而感物以通，象著而數陳，名立而義起，習其故而心喻之。形也，神也，物也，三相遇而知覺乃發。故由性生知，由知知性，交涵於聚而有閒之中，統於一心。」(張子正蒙注 卷一，太和，頁十)

合虛與氣，虛爲理，合理與氣，有性之名。知覺，由形，神，物，三者相遇而成。物是客體，形是感官，神是心，客體和感官相交，心在，乃有知覺。因此心能知。心之知，不僅是感覺之知，還有心思之知，「由知知性」。認識自己本性之知，不是感覺之知，而是心思之知，則因心是神明。

「吾心之皆備萬物者，固現前矣。到此，方識得喜怒哀樂未發之中，蓋吾之性，本天之理也，而天下之物理亦同此理也。天下之理無不窮，則吾心之理無不現矣。……物理雖未嘗不在物，而於吾心自實，吾心之神明雖已所固有而本變動不居，若不窮理以知性，則變理不居者，不能極其神明之用也，固矣！心原是不恆底，有恆性而後有恆心，有恆性以恆其心，而後吾之神明，皆致之於所知之性，乃以極夫全體大用，具衆理而應萬事之才，無不致矣。故曰：盡心，則知至之謂也。」（讀四書大全說 卷十，頁三十）

盡心則知性，知性乃知之至。孟子曾說萬物皆備於我，即是萬物之理，皆備於我之心。萬物之理固在萬物，然而吾心之理，備有萬物之理。「蓋吾之性，本天之理也。而天下之物理亦同此理也。」並不是像陸象山所說心外無理，而是萬物之理同於天理；我的人性本是天理，人性便同於萬物之理。然雖相同，理一而殊，人須由萬物而知天理，而不能僅由人心以知萬物之理。人心神明，能知物理，人能窮物理，便能窮自性之理，「天下之理無不窮，則吾心之理無不現矣。」

「蓋性，誠也；心，幾也。幾者誠之幾，而迨其為幾，誠固藏焉，斯心統性之說也。然在誠無不善，在幾則善惡歧出。故周子說幾善惡，是以心也者，不可加以有善無惡之名。張子曰合性與知覺，則知惡覺惡亦統此矣。乃心統性而性未舍心，胡為乎其有惡之幾也。蓋心之官為思，而其變動之幾，則以為耳目口體任知覺之用。故心守其本位以盡其官，則唯以思與性相應。若以其思為耳目口體任知覺之用為務，則自曠其位而逐物以著其能，於是而惡起矣。」（同上，頁三〇～三十一）

王夫之以惡生於幾，成於習，幾則是身與物交之幾，幾爲何有惡？心爲主府，用思而動，思若和性之理相應則善。若思隨耳目感官而逐於物，違於理，則惡生。然而惡不能歸於心，但因心爲主府，思之動幾流於惡，則心應負責，「是以心者，不可加以有善無惡之名。」王夫之承認心是神明，有知，是主宰。他以「知覺皆與情相應，不與性相應，以思御知覺，而後與性相應。但知覺則與欲相應，以思御知覺，而後與理相應。」（同上，自註）

「循夫理者，心也。故曰：惟其所以用心者而已。古之聖人治心之法，不倚於一事，而為萬事之樞，不逐於一物，而為萬物之宰。虛擬一大共之樞機，而詳其委曲之妙用，曰安汝止，維幾維康。何安乎？何幾乎？何康乎？事無定名，物無定象，理無定在，而其張弛開合於一心者，如是也。……夫心之靈，足以盡性而應天下者，豈其然哉！博取之天地之數，萬物之情，逆順之勢，是非之準，治亂吉凶之由，求其協於大中者，抑豈其然哉！……夫心之所以不知所止而危殆者，無他，意欲亂之耳，……夫心者得天圜運不息之靈，以為流行之體，而困於自信之區宇，其可以安乎？惟夫至靜之中，意不妄，欲不棼，而於理則經之緯之，曲折以近其方生之緒，故端凝以處而聰明內照，固無須臾之滯矣。……夫善審幾者，以心察幾，而不以幾生其心。故極心之用，可以大至無垠，小至無閒。……於是而天下之賾於此焉，應之無不順以正矣。何也？一動一靜，天地之閒也，陰陽之有成象，萬物之有成形，是非之有成理，吉凶之有成數，皆止而不遷者也。……故方其靜見為靜，而動者固然矣。乃卽其動而動者初未離也，無不可安者，惟其幾也。故曰知幾其神乎，介於石也。然而陰陽之變，皆可承也；萬物之用，皆可任也；是非之數移，無往而不有是也；吉凶之遞進，無處而不可吉也。一動一靜，而天下之理畢也。則知幾者，知之而已矣，善之而幾矣。窮神知化，通志達情，而心恆持其衡，又豈有不康者乎……心有兩端之用，而必合於一。致天下有三衆之情形，而各適如其分以應之。聖人之用心，至於義精仁熟，而密用其張弛開合之權，以應

> 天地動用之幾，無須臾而不操之以盡其用。……此大禹之心傳，為千聖之統宗，至矣哉！」（尙書引義 卷一，益稷，頁二〇——二十二）

心有神明之知，知天地動用之幾。天地常動，「事無定名，物無定象，理無定在。」不能虛擬一套原則，一切都按原則去推論。須要以心的靈明，觀察天地變動之幾，心有理，物有理，據理以審『幾』，不以『幾』而生心。則無論天地的大小事，心都可以順應以正。在天地變動之中，有至靜之理，陰陽運行時後每成一物，物有形有數有理。心可以就這種形、數、理，知道順應這事。「一動一靜，而天下之理畢矣。」心能「窮神知化」，心能「通志達情」，心能有恆以持中道，衡乎兩端。王夫之以儒家的心學，由大禹傳於後代。聖人用心「以應天地動用之幾」，把一切事都歸之於心。他不是唯心論，而是以心去深入天下之賾，又以心去順應萬事。天地生物，人則成物；人爲成物在於用心，心同天地創生萬物；心能創生，因心有神明之知。心爲主，主於情。王夫之說：「性自是心之主，心但爲情之主，不能主性也。」（讀四書大全說 卷八，公孫丑上，頁二十九）

### C、仁義之心

心神明能知，使人順應萬物而得正，心本來是正，因心之實是仁義。王夫之稱心爲仁義之心。天地有陰陽，心有仁義；陰陽爲天地的實體，仁義也是心的實體。

「故易曰：『一陰一陽之謂道』，又曰：『形而上者謂之道』，形而上者不離乎一陰一陽也。故曰：『兩儀生四象，四象生八卦，八卦定吉凶。』氣自生心，清明之氣自生仁義之心。有所觸，則生可見，即謂之生；無所觸，則生不可見，故謂之存；其實一也。……

「必須說箇仁義之心方是良心。蓋但言心，則不過此靈明物事，必其仁義而後為良也。心之為德只是虛靈不昧，所以具衆理，應萬事者。大端只是無惡而能與善相應，然未能必其善也。須養其性以為心之所存，方使仁義之理不失。孔子曰：『操則存』，操此仁義之心，而仁義存也。『舍則亡』，舍此仁義之心，而仁義亡也。『出入無時』，言仁義之心，雖吾心之固有，而不能必其存在也。『莫知其鄉』，言仁義之心不倚於事，不可

執一定體以為之方所也。『其心之謂與』，卽言此仁義之心也。」（讀四書大全說 卷十，告子上，頁十五）

心的本體，固然是靈明不昧，具有衆理，以應萬事；然而僅僅就這方面講，只講到心的特點，而且只講得空洞。王夫之批評這種講法，「說此書者，其大病在抹下仁義二字，單說箇靈明底事物。集註已未免墮在。北溪更添上一段，描畫寫得恍恍惚惚，似水銀珠子樣，算來却是甚行貨。大概釋氏之說，恰是如此。」（同上）王夫之最恨空虛，心若只是靈明不昧，便空虛無物，一定要說仁義為心之實。孔子所講的心，卽是仁義之心，所講操舍存亡，卽是指着仁義。

心的仁義來自性，性有陰陽之道，「形而上者不離乎一陰一陽也。」道在氣中，「氣自生心，清明之氣自生仁義之心。」孟子曾說心有惻隱、羞惡、辭讓、是非的四端，然祇是端，尚不是仁義之心。「集註全體此心四字，恰與端字對說。孟子之學，大旨把內外精粗看作一致。故曰『萬物皆備於我』，萬物皆備於我，萬事皆備於心也。」（讀四書大全說 卷八，頁三十六）

「若其知天地之化育，則只在動處體會，以動者生而殺也。又曰『立人之道曰仁與義』，仁與義卻俱在動處發見。……『維天之命，於穆不已』，只是動而不已，而動者必因物之感。故易言『感而遂通天下之故』，卽此，是天地之心，所謂一陽來復，數點梅花者是已。樂記以感而遂通為性之欲，便大差謬。後面說物至知知一段，直入異端窟臼裏去。聖賢以體天知化，居德行仁，只在一動字上。」（讀四書大全說 卷八，頁二十八）

王夫之最注意『動』，仁義之心在動時發現；然而仁義則根植在人性上，因此仁義乃心的本質。「而性爲體，心爲用也。」（同上）孟子曾說「仁，人心也。」王夫之不讚成這種說法。「心則只是心，仁者，心之德也。徑以心爲仁，則未免守此知覺運動之靈明以爲性。此程子所以必於孟子之言，爲之分別也。然孟子言此則固無病。……除卻仁，則非心，非無心也，知覺運動將與物同，非人之心也。孟子之言明白簡易。」（讀四書大全說 卷十，頁十七）

仁義之心爲心的本質，卽是古書所稱道心。書經（大禹謨）曾分道心和人心。

「謂欲生惡死，是人心，唯義所生，是道心；則區別分明。」（同上、頁十

(六)

「天下之言心者，則人心而已矣。人心者，人固有之，固有之而人以為心。斯不得別之以非人，斯不得別之以非心也。……故天下之言心者，皆以人心為之宗，心統性情者也。」(尙書引義 卷一，大禹謨，頁十三)

人心爲人所固有，靈明知覺，乃氣質之性，卽每人的具體之性。心與物交之幾乃生情，情發可中節或不中節，故曰：『人心唯危。』

「夫舜之所謂道心者，適於一而不更有者也。惟精惟一，僅執其固然而非能適於有，弗精弗一，或蔽其本有而可適於無者也。未發有其中，已發有其和，有其固有，而未發無不中，已發無不和，無其所無者也。固有焉，故非卽人心而卽道心，僅有其有而或適於無，故曰微也。」(同上，頁十四)

王夫之自己註說：未發爲人心，中爲道心。已發爲人心，和爲道心。『中』爲人心之中，『和』爲人心之和；中與和爲心的本體。惟精惟一，在於執着心的固有本體，則「未發無不中。已發無不和。」道心沒有不中不和，「無其所無者也。」然而人心之本體並不能常應於身於物交之幾，幾生情，情能引心而不正，則發而不和，「僅執其固然而非能適於有，弗精弗一，或蔽其而可適於無者也。」因此曰道心惟微。

「心統性情者也，但言心而皆統性情，則人心亦統性，道心亦統情矣。人心統性，氣質之性其都，而天命之性其原矣。原於天命，故危而不亡，都於氣質，故危而不安。道心統性，天命之性其顯，而氣質之性其藏矣。……人心括於情，而情未有非其性者，故曰人心統性，道心藏於性，性亦必有其情也。故曰道心統情。性不可聞，而情可驗也。」（同上，頁十四）

心統性情，人心所統爲氣質之性，卽靈明運動之心；道心統天命之性，天命之性藏於氣質之性中。天命實則是理，爲氣質之性的原，藏於氣質之性內。這種道心是不是仁義之心？仁義之心爲心的實質，由清氣而生；然仁義之心必有理，理就是天命，天命就是天命之性，天命之性卽是道心。道心雖是天命之理，理必有氣，天命之理合氣也就是仁義之心。所以道心就是仁義之心。「道心統情」，因爲心統性情，假使道心祇是理，藏在氣質性內，道心和情祇有間達關係，須透過氣質之性而運情。然天命之性必有氣而生仁義之心，仁氣之心也卽氣質之心，道心當然可統情了，道心也由情而驗。

人心和道心究竟有什麼分別呢？道心是不是未發之中呢？呂大臨曾以『中』爲人的本體，程頤和朱熹都不讚成。王夫之說道心爲『中』，「此所謂中者，則道心矣，乃喜怒哀樂情也。」（讀四書大全說 卷二，頁十三）然王夫之所說未發之中，爲喜怒哀樂之中，「顯於天命，繼之者善，惟聰明聖智達天德者知之。」（尚書引義 卷一，頁十四）這是天命之性理，若繼續流行則是善；但祇有聖人能知天德，故能知道天命之性理。「藏於氣質，成之者性也。舍則失之，弗思耳矣。無思而失達天德，而始知介然僅覺之，小人去其幾希之，庶民所不得而見也。故曰微也。」（同上，頁十五）道心藏於氣質之性，庶民不得而見，小人舍掉還不自知。「人心括於情」，人心夾着情，情刞動。「今夫情則迴有人心道心之別也，喜怒哀樂（兼未發），人心也，惻隱羞惡恭敬是非道心也。」（同上，頁十四）喜怒哀樂爲情，惻隱羞惡恭敬是非爲善端，由惻隱可以發生喜怒哀樂之情，由羞惡可以發生喜怒哀樂之情，由恭敬和是非也可以發出喜怒哀樂之情。善端本善，沒有惡，然若失去善端則生惡。

「惟性生情，情以顯性。故人心原以資道心之用，道心之中有人心，非人

心之中有道心也。則喜怒哀樂固人心，而其未發者則雖有四情之根，而實為道心也。」（讀四書大全說 卷二，頁十三）

道心和人心的分別，在乎心與物交之幾。引發感情，感情或和或不和天命之理。合，則是天命之理直接流行，則是道心；不合，則是心與物交之幾不合於天命之理，卽是情動不中節，便是人心之惡。朱熹和宋明理學家常以道心爲心的本體，人心則是含有感情。慾情雖本身不是惡，然常傾於惡，因此人心常被看爲惡。書經祇說『人心惟危』，這句話很恰當，感情本身雖不惡，但常引人於惡，故曰『危』。

「且夫人之有人心者，何也？成之者性，成於一動一靜者也。一動一靜，則必有同異攻取之機，同異攻取而喜怒哀樂生矣。」（同上，頁十五）

道心人心都是人的心，心由性而成，性有動靜，動靜相反而有喜怒哀樂之情。情有動靜，動因心與物交感，小人惑於感，常注意情之動。情有靜息，息則無，佛教注意情之息而以心爲虛。人心不虛，因有仁義禮智之實；人心不祇有動，因不常在喜怒哀樂之中。

「當其感用以行而體隱，當其寂體固立而用隱。用者用其體，故用之行，體隱而實有體。體者，體可用，故體之立用而實有用。」(同上)

體為道心，用為人心。人心動而立時，道心隱；人心靜而息時，道心顯。一動一靜，心常是實而不虛。情無自性，沒有心與物的交感，情不生則寂無，然情之無，不能說心為虛。

王夫之對於道心人心的解釋不甚明瞭；然他以心為仁義之心，心與物交之幾而生情，情則能顯仁義之心，也能蔽仁義之心。

## 丁、道德

### A、德

易經說「乾，元亨利貞」；元亨利貞乃是乾的特性。「坤，元亨，利牝馬之貞。」坤也有元亨利貞的特性。乾坤代表天地，又代表陰陽；乾坤具有元亨利貞的特性，即是陰陽具有這四種特性。人由陰陽兩氣合成，而又為萬物之秀，具有天地萬物的生理，人便應該具有元亨利貞。元亨利貞在人性，稱為仁義禮智四德。易經文言曰：「元者，善之長也；亨者，嘉之會也；利者，義之和也；貞者，事之幹也。君子體仁足以長人，嘉會足以合禮，利物足以和義，貞固足以幹事；君子行此四德者。故曰：乾，元亨利貞。」漢朝易學者倡金木水火土五行，代替四象。五行爲陰陽的結合範型，五行在人爲仁義禮智信。儒家以道德的根基在於陰陽，陰陽在天地爲元亨利貞或金木水火土的特性，在人爲仁義禮智信。倫理的道德具有形上的基礎。

「心者，謂天予人以誠，而人得之以為心也。此心字與性字大略相近，然不可言性而但可言心，則以性為天所命之體，心為天所授之用。仁義禮知性也，有成體而莫之流行者也。誠，心也，無定體而行其性者也。心統性，故誠貫四德，而四德分一不足以盡誠。性與生俱，而心由性發，故誠必託乎仁義禮知以著其用，而仁義禮知靜處以誠而行。」（讀四書大全說 卷三，頁二十）

性爲實，不是虛。性之實爲仁義禮智，仁義禮智來自元亨利貞。漢宋儒家曾以元配木配仁，以亨配火配禮，以利配金配義，以貞配水配智，再以土配信。信卽是誠，稱爲五常。「誠貫四德」，信就貫通四德。四德爲性，誠爲心；性爲體，心爲用。性的四德，由心以誠而致用。孔子曾說「克己復禮爲仁。」（論語顏淵）王夫之解釋說：

「夫克復之道，復道也復之，見天地之心。復之動，見天地之心也。動則見天地之心，則天理之節文，隨動而現也。人性之有禮也，二殊五常之實也。二殊之為五常，則陰變陽合而生者也。故陽一也，合於陰而有仁禮；陰一也，變以之陽合而有義知。」（讀四書大全說 卷八，頁十）

仁義禮智由二殊五常而生，爲性所固有，王夫之自己注這一段話說：「義少陰，知老陰；仁所以爲少陽，義所以少陰者，仁本陰而變陽，義本陽而合陰。」（同上）

「元亨利貞者，乾固有之德，而功即於此遂者也。……乾本有此四德，而功即於此效焉。以其資萬物之始，則物之性情皆受其條理，而無不可通。」（周易內傳 卷一，周易上經，頁一）

德既來自性，由心而顯，則在修身方面，在於將固有之德使能顯明。在大學裏稱爲明明德，在中庸裏稱爲誠。

「德者，有得之謂，人得之以為人也。由有此明德，故知有其可致而致之意，有其不可欺而必誠焉。……」（讀四書大全說 卷一，頁一）

「虛靈不昧底，都在裏面。虛者，本未有私欲之謂也；靈者，曲折洞達而咸善也；不昧有初終表裏二義，初之所得，終不昧之，於表有得，裏亦不昧。只此三義，明字之旨已盡，切不可以光訓明。孟子曰：日月有明，容光必照焉。明自明，光自光，如鏡明而無光，火光而不明，內景外景之別也。明德只是體上明，到致知知字上，則漸由體達用有光義矣。」（同上，頁二）

朱熹以明德爲心，心則虛靈不昧。王夫之解釋明德爲心本體自明，心本體由性而得有四德，故稱明德。人以誠而明此明德。大學所說的修身節目雖有八，實際只有三：明明德；新民；止於至善。所說定靜安慮不是功夫節目，只是做工夫時自喻所得的功效，不是按照次第，逐步而進。豈有今日定而明日靜，而是分與合的關係。

## B、中

宋明儒者常以求未發之中爲修身的要道，乃主張靜坐，或主張求敬。王夫之對於未發之中，詳加解釋。

「喜怒哀樂之未發謂之中，是儒家第一個難透底關。此不可以私智索，而亦不可執前人之一言，遂謂其然而偷以為安。今詳諸大儒之言為同為異，蓋不一矣。其說之必不可從者，則謂但未喜未怒未哀未樂而卽謂之中也。夫喜怒哀樂之發，必因乎可喜可怒可哀可樂，乃夫人終日之間，其值夫無可喜樂無可哀怒之境，而因以不喜不怒不哀不樂者多矣，此其皆謂之中乎？於是或為之曰：只當此時雖未有善，亦無有惡，則固不偏不倚，而亦何不可謂之中？則大用咸儲，而天下之何思何慮者卽道體也。夫中者以不偏不倚而言也，今日但不為惡而已，固無偏倚，則雖不可名之為偏倚，而亦何所據以為不偏不倚哉！」（讀四書大全說 卷二，頁十一）

王夫之認爲未發謂之中，則是寂是虛，譬如一個房子裏什麼都沒有，當然可以說這房子裏不偏不倚，然而可以問是什麼不偏不倚呢？總要有東西，纔能說這東西不偏不倚。所謂未發，乃是心中有喜怒哀樂，只是沒有發出來，並不是一個念慮都沒有。所謂發，則是發出外面。

「未發之中，體在中而未現，則於己而喻其不偏不倚耳，天下固莫之見也。未發之中，誠也，實有之而不妄也。時中之中，形也。誠則形，而實有者隨所著以為體也。實則所謂中者一爾，誠則形，而形以形其誠也。……蓋吾性之固有此必喜必怒必哀必樂之理，以效建順五常之能，而為情之所由生，則渾然在中者，充塞兩閒而不僅供一節之用也，斯以謂之中也，以在天而言，則中之為理，流行而無不在。以在人而言，則庸人之放其心，於物交未引之先，異端措其心於一念不起之域，其失此中也久矣。」（同上，卷二，頁十二）

在喜怒哀樂未發之時，有喜怒哀樂之理，理在心中，無時不存。人有喜怒哀樂的一念，雖未發出來，若自已知道合於理，這就是中，也卽是誠。所以未發之中，不是在於心中不有一念，王夫之稱爲異端，「異端措其心於一念不起之域。」

「聖賢學問於此卻至明白顯易，而無有槁木死灰之一時為必靜之候也。在中則謂之中，見於外則謂之和，在中則謂之善，見於外則謂之節。乃此中者於其未發而早已具徹乎中節之候。」(同上，頁十二～十三)

修身之法不在靜坐以求未發之中，息然無念，而是在於誠。心中所固有之性理，在和物交時之幾而發的情，能相符合，這就是正心。

## C、誠意・正心

「大學云：欲正其心者，先誠其意，是學者明明德之功，以正心為主，而誠意為正心加慎之事。則必欲正其心而後以誠意為務。若心之未正，則不足與言誠意。此存養之功，所以得居省察之先。蓋不下其心，則人所不知之處，已亦無以自辨其孰為善而孰為惡。」(讀四書大全說 卷三，頁三四)

這裏的正心，是求心在，若心不在焉，便善惡不知，行事不辨。心在，意纔能誠。「故大學以正心次脩身，而誠意之學，則爲正心設者。」（同上，頁三十五）然這是爲凡夫俗子，心常不收的人而說。若是聖賢則心常在，且須臾不離道，則誠意爲先。

「大學云：意誠而后心正，正要其學之所得，則當靜存，事未兆而念未起，且有自見為正，而非必動者矣。動而之於意焉，所以誠乎善者，不欺其心之正也。則靜者可以動而不爽其靜，夫乃以成其心之正矣。」（同上）

聖賢心常在，故有愼獨靜存，平居知道心正之理。動時，不違背靜存的理，心的正乃顯於外，「夫乃以成其心之正矣。」故誠意在正心之前，或更好說誠意正心同時完成，意誠就是正心。王夫之爲修身最講誠，靜也誠，動也誠。靜的誠，在於不顯惟德，存養到了極功；動之誠，在於發皆中節，率性而行。

「約而言之，德至於敬信，德至於不動而敬，不言而信，則誠無息矣，人合天矣。命以此至，性以此盡，道以此修，教以此明而行矣。故程子統之以敬，而先儒謂主敬為存誠之本。

「誠者，所以行德；敬者，所以居德。無聲無臭，居德之地也，不舍斯謂敬矣。化之所敦，行德之主也，無妄之謂誠矣。……故誠，天行也，天道也。敬天，載也，天德也。君子以誠行知仁勇，而以敬居誠，聖功極矣。」

（讀四書大全說 卷三，頁三十六）

誠，乃聖功的極至。有誠，則能盡性，能贊天地的化育，能與天合一，能行天德。

然而王夫之却更看重論語的「學而時習之」和「有朋自遠方來」視爲修德入學的門戶。

「且學者之於學，將以求說樂也，將以爲君子也，乃必於此而得之，則亦當自勉於習，廣益於朋，而無以知不知動其心，固可以開初學入德之門。乃言乎說，而天理之來復者盡矣；言乎樂，而天理之流行者著矣；言君子，而天德之攸凝者至矣，則亦可以統作聖之功果。」

（讀四書大全說 卷四、學而篇，頁一）

## D、仁

### a、天化曰生

易經的全部精神在於生生，生生乃仁，仁爲元，居衆德的首位，又函蓋禮義信。儒家的哲學稱爲生生的哲學，而也是仁的哲學。

王夫之的易學注重『動』，動在宇宙卽是天化。氣由太虛而運行於宇宙，分爲陰陽，陰陽相推移，繼續交結，化生萬物，運行不息，造成宇宙生命洪流。

「大化之神，不疾而速，不行而至者也。故曰闔戶之謂乾，闢戶之謂坤，一闔一闢之謂變，往來不窮之謂通。闔有闢，闢有闔，故往不窮來，來不窮往。往不窮來，往乃不窮，川流之所以屢遷而不停也。來不窮往，來乃不窮，百昌之所以可日榮而不匱也。」（周易外傳　卷七，頁五）

大化爲乾元的變易，乾與坤合，闔闢不息，往來不窮，宇宙萬物乃化生不停，川流不停，百昌日榮。

「凡生而有者，有為胚胎，有為流盪，有為灌注，有為衰減，有為散滅。固因緣和合，自然之妙合，萬物所出入，仁義之所張弛也。」（周易外傳

卷二，頁十六）

萬物化生的形態各有不同，而實素則爲陰陽，「一陰一陽之謂道，繼之者善也，成之者性也。」（繫辭上 第五章）大化流行，爲陰陽的運轉不息。

「聚則見有，散則疑無，脫聚而成形象，則才質性情各依其類，同者取之，異者攻之。故庶物繁興，各成品彙。」（張子正蒙注 卷一，頁三）

「天地之間流行不息，皆其生焉者也，故曰天地之大德曰生。自虛而實，來也；自實而虛，往也。來可見往不可見；來實爲今，往虛爲古。來者生也，然而數來而不節，將一往而難來；一噓一吸，自然之勢也，故往來相乘而迭用。彼異端固曰死此生彼，而輪迴之說興焉。死此生彼者，一往一來之謂也。而一往一來而有同往同來者焉。有異往異來者焉。故一來一往而往來不一，化機之妙，大造之不可爲心，豈彼異端所可知哉。」（同上，卷六，頁七）

大化的變易，神妙莫測，故易傳說：「陰陽不測之謂神」（繫辭上 第五章）佛教的輪廻，將大化的運化形成了機械化，「豈彼異端所可知哉！」

b、仁

天地無心而大化，人則有心以成天地之化。人有靈明的心，能認知天德，然後乃贊天地的化育。易傳說：「天地之大德曰生，聖人之大寶曰位，何以守位，曰仁。」（繫辭下 第一章）天地的大化，化生萬物，聖賢深明大化的奧妙，與天地合德，成全天地的化育，「夫易，聖人之所以極深而研幾也；唯深也，故能通天下之志；唯幾也，故能成天下之務；唯神也，故不疾而速不行而至。子曰：『易有聖人之道四焉者』此之謂也。」（繫辭上 第十章）「聖人有以見天下之動，而觀其會通以行其典禮。……化而裁之存乎變，推而行之存乎通，神而明之存乎人，默而成之，不言而信，存乎德行。」（同上 第十二章）天地的大化，須要聖人去完成，聖人之心代表天地之心。聖人怎樣可以完成自己的使命呢？在於仁。

仁爲生，在天爲生，在人爲仁。朱熹曾說人得天地之心爲心，因此人心爲仁。孟子則早已說仁爲人心。中庸說「大哉聖人之道，洋洋乎，發育萬物，峻極於天。」（第二十七章）王夫之解釋中庸第二十章說：

「仁者，人也，二句精！推夫仁而見端於天理自然之愛。義者，宜也，因仁義之並行，推義之所以立，則天理當然之則，於應事接物而吾心固有其不昧者。……仁義之相得以立人道，猶陰陽之並行以立天道。」（讀四書大全說 卷三，頁二）

王夫之以乾坤並建，陰陽並立，仁義也並立，在天道中既有陽則陰自生，在人道中既有仁則義自生。仁爲愛，愛有序，序爲義。有仁便有義。然爲行仁義，則須有誠。「誠爲仁義禮之樞，誠之爲知仁勇之樞。」（讀四書大全說 卷三，頁三）

「仁者，心之德，情之性也。愛之理，性之情也。」（讀四書大全說 卷四，頁二十九）

性是情所自生，性爲天命，天命爲天德。仁從心去看，爲心的天德，來自性，所以是「情之性也。」仁從情去看，是愛之理，愛爲情，情由性而生，所以說仁是「性之情也。」仁配元，元涵有亨利貞，仁也涵有義禮智。人心爲仁，仁乃天理。孔子曾說顏回其心三月不違仁，王夫之解釋說是乃從用功上說，若以心體而說，則心體固仁，不與日月相對照。「聖賢學問，明明有仁，明明須不違，明明可至，顯則在視聽言動之閒，而藏之有萬物皆備之實。三月不違，不違此也。」（讀四書大全說　卷五，頁七）

仁不自外來，不從外求，而是人心所固有。心不違仁，心能誠於天理，仁乃顯於視聽言動。

「元亨利貞者，乾之德，天道也。君子則為仁義禮信，人道也。理通而功用自殊；通其理，則人道合天矣。……體仁者，天之始物，以清剛至和之氣，無私不容己，人以此為生之理，而不昧於心。君子克去己私，擴充其惻隱以體此生理於不容己，故為萬民之所託命，而足以為之君長。」（周易內傳　卷一，頁十）

大學以脩身齊家以治國平天下，此乃仁的大用，有利於天下。易經以大人與天地合德，中庸以至誠者贊天地之化育，皆是仁德的發育，以達於盡性的至善。

## 戊、歷史觀

### A、歷史的意義——天命史觀

王夫之在哲學思想方面，可以說沒有寫過一册自己思想的書，他所寫的哲學思想之書，都是解釋易經、書經和四書的文章。但不是作註釋，而是作說明。所以書中會有他的哲學思想。然而他對於歷史則著有專書，永曆實錄，蓮峯志，宋論，讀通鑑論。在學術界裏，他所被人讀得多的書，還是宋論。至於春秋家說和世說，也是史論的文章。在史論的文章裏，他不是考訂史事，而是評論史事，便能發揮自己的歷史觀，因而他常被稱爲一位傑出的史論家。實際上他確實是中國一位傑出的歷史學家。

司馬遷寫史記，目標爲『究天人之際，通古今之變。』(太史公自序) 司馬光編資治通鑑爲『明乎得失之迹，存王道之正，垂鑑戒於後世者也。』(序文) 歷史的意義有兩個層次：一個層次在於顯明天道，第二次層次在於以古鑑今。王夫之的歷史觀，以易經的天道爲基礎，以孔孟的人道作評論，以人心作仰古治今的明鑑。天道人道自古常存，然而能够知道古代事件中的天道人道之跡，而又知道用於目前的人事，則在於人心。天德的大化常由人心以成，歷史的殷鑑也由人心去辨。

「旨哉，司馬氏之名是編也。曰：資治者，非知治亂而已也，所以為力行求治之資也。……然則治之所資者，一心而已矣。以心馭政，則凡政皆可以宜民，莫非治之資。而善取資者，變通以成於可久，設身於古之時勢，為己所躬逢，研慮於古之謀為，為己之所身任。……故治之所資，惟在一心，而史特其鑑也。鑑者，能別人之妍媸而整衣冠尊瞻視者可就正焉。」（讀通鑑論 卷末，敍論四，頁五）

歷史爲治國的資鑑，可是一代的善事，若用於另一代可能成的惡事，「君以柔嘉爲則，而漢元帝失制以釀亂；臣以戇直爲忠，而劉栖楚碎首以藏奸；攘夷復中原，大義也，而梁武以敗；含怒殺將帥，危道也，而周主以興。」（同上）歷史的事不能呆板因襲，務須用心去推究。用心，則在人設身處地，「取古人宗社之安危，代爲之憂患，而己之去危以卽安者在矣。取古昔民情之利病，代爲之斟酌，而今之興利以除書者在矣。……故論鑑者，於其得也，而必推其所以得；於其失也，而必推其所以失。其得也，必思易其迹而何以亦得；其失也，必思就其偏而何以救失，乃可爲治是資，而不僅如鑑之徒縣於室無與炤之者也。」（同上）西洋近代歷史哲學家，以史事不能祇是已往的事迹，却應該在讀史者的心目中重現，史事不是往事而是目前的事。王夫之論讀史，應該以自己的身，處在史事之中，以自己的心去思考史事，使史事成爲現前的事，史事的得失纔可以對於當前的事作爲殷鑑。史事好像一面鏡子，人爲照見自的像，是要自己站在鏡子前面；爲研究歷史，則要把目前的事和歷史的事在心裏相比較。這種研究法雖不和西洋唯心論歷史哲學家相同，但以心將古今事結合在一起，自己活在史事中，史事變成了讀史者心中的事，乃是一種獨到的見解。

中國的歷史以朝代爲主，朝代以君王爲主，天下乃皇帝的天下。故中國歷史上有一問題；在列的國家歷史上不見得有，卽是正統的問題。中國是一個國家，國家祇能有一個皇帝；但是當同一時代而有一個或多人都稱爲皇帝，分治中國，誰是中國的正統皇帝呢？例如魏、蜀、吳三國；魏晉南北朝；唐宋之間的十多個君王，便有了正統的問題。司馬光歐陽修和蘇軾朱熹都各有各自的意見。歐陽修以正統在於名義的正，或由嫡繼王位，或由有德而創朝代，統一天下，因此中國的正統在上面所學的三個時代卽是斷了三次。司馬光不重名義，只以繼承而定正統。朱熹反對司馬光，提出通鑑綱目以魏、吳、晉、五胡爲僭國，以南北朝和五代沒有統序。王夫之不採正統，他認爲：

「論之不及正統者，何也？正統之說不知其所自昉也。自漢之亡，曹氏司馬氏乘之以竊天下，而為之名曰禪。於是為之說曰：必有所乘以為統，而後可以為天子，義不相授受，而強相攝繫以揜篡集之迹。抑假鄒衍五德之邪說與劉歆曆家之緒論，文其詖辭，要豈事理之實然哉！……夫統者，合而不離，續而不絕之謂也。離矣而惡乎統之，絕矣而固不相承以為統。崛起以一中夏者，奚用承彼不連之系乎！天下之生，一治一亂，當其治，無有不正者以相干，而何有於正？當其亂，既不正矣而又孰為正。有離有絕，固無統也，而又何正不正邪？」（讀通鑑論 卷末，敍論一頁一）

正統的歷史的事蹟，不僅是學理，在事實上既然有分離，便不能勉強講正統，列舉當時各國歷史便是了。鄒衍的五德終始說更不是儒家的思想，只可稱爲邪說。

然而朝代的興替，也並不是由人意隨便決定，而是有天意。中國的歷史觀常是「天命的歷史觀」，朝代的興替由於天命。王夫之採納這種思想。

「宋興統一天下，民用寧，政用乂，文教用興，於是而益以知天命矣。……」

「帝王之受命，其上以德，商周是已。其次以功，漢唐是已。詩曰：『監觀四方，求民之莫。』德足以綏萬邦，功足以戡大亂，皆莫民者也。得莫民之主而授之，授之而民以莫，天之事畢矣。乃若宋，非鑒觀於下，見可授而授之者也。……嗚呼！天之所以曲佑下民，於無可付託之中而行其權，於授命之後天自諶也，非人之所能豫諶也，而天之命之也亦勞矣。」（宋論 卷一、頁一）

創業的君王，受命於上天。書經說明湯王武王受上天之命，興師討代桀紂，詩經也說明上天爲民立君。王夫之更說明上天授命的標準；一是有德，一是有功。當天下已亂，人君昏弱不能代天行道，上天乃選擇有德的人繼承帝位。若是天下已大亂，有人能立功而統一天下，上天也授命給他爲人君。但在大亂時，既沒有大德的人，也沒有大功的人，就如唐末五代時，上天監視當時領袖中，沒有可授以天下的人。趙匡胤不是有德的人，也沒有立過大功，「趙氏起家什伍，兩世爲裨將，與亂世相浮沉，姓字且不聞於人閒，況能以惠澤下流，繫邱民之企慕乎！其事柴氏也，西征河北，東北拒契丹，未嘗有一矢之勳，滁關之捷，無當安危，酬以節鎮，而已逾其分。」(同上)連曹操和劉裕都趕不上。但在沒有另外一個可以托天下的人時，上天權且授命給他，而在授命以後，仍繼續予以助祐，「是則宋之君天下也，皆天所旦夕陟降於宋祖之心；而啓廸之者也。故曰：命不易也。」(同上)商周漢高的開國皇帝，在受天命以前，已有受命的資格，則天授以命就好了，「天之祐之也逸」。宋太祖受命則是在受命以後，上天指示他行善政，上天便不容易了。

在中外歷史哲學上常有這種問題！歷史是否在上天的支配之下。西洋古代和近代歷史哲學家都承認歷史有上天的支配，當代西洋歷史科學家中則有人否認。中國歷代的史論家和歷史家都接納書經的思想，以歷史有天命。所以說中國的歷史觀爲天命的歷史觀。

天命的歷史觀不僅是關於朝代的更替，而且關於歷史的價值。孔子作春秋，以倫理道德原則評論史事，春秋的褒貶，以倫理道德的標準，後世史論家都依據這種原則而論史。王夫之的史論，倫理道德的原則非常堅定。他的歷史觀也是道德史觀。道德史觀和天命史觀相連，道德來自天命。因『天命之謂性，率性之謂道，修道之謂教。』(中庸 第一章)

### B、歷史的原則

當代歐美歷史哲學家常常爭論歷史是否有原則：不主張有原則的人，以歷史爲一件一件的單獨個別的事，沒有兩件相同的，怎麼能有共同的原則；主張有原則的人，以歷史爲人類的事，人類屬於宇宙，宇宙的事若完全沒有原則，必定紊亂不堪，自然界的事有原則，人類的事也應有原則。若是歷史有原則，歷史的原則和自然界的原則是否相同呢？這又是目前歷史哲學上所爭論的問題。歷史和自然科學有分別嗎？有人主張沒有分別，認爲歷史和自然科學的原則相同；有的主張有分別，歷史的原則沒有自然科學的必然性。馬克思的唯物辯證史觀，是以自然界的原則，應用到歷史上，歷史原則即是唯物辯證原則。王夫之的歷史觀，絕對承認歷史有原則，歷史的原則來自天道，即是易經所講的天道，易經的天道乃是宇宙自然變遷之道，也就是現在所稱的自然科學原則。但王夫之和馬克思不同，馬克思以人和萬物都是物質，人沒有精神的自由；王夫之以天地無心，一切自然而變，人則有心，人以心而成天功，自然界原則應用到人類歷史，由人用自己的心去應用，人爲精神，靈妙莫測，自然原則應用去歷史也經過人心的自由，到自然原則變成人道原則了。

### a、歷史的變遷

易經的六十四卦，周而復始，卦爻爲陰陽，陰陽之氣在宇宙間流行不息，萬物化生，日新月異。人爲萬物中的最貴最秀者，人以心的靈明，助成天德的大化。人的生活表現天德大化的過程，人類歷史便具有宇宙變化之道。宇宙變化之道顯而易見的是循環原則，白天黑夜相循環，一年四季相循環，人類歷史有氣運的循環。

『氣運』，氣是宇宙流行的氣，運是運行的律數。人類的生活有一氣的運行，運行一周有若干的年數。邵雍曾以易卦的數造成「元、會、運、世」的循環數，康有爲也按公羊傳的三統而造『三世說』。這祇代表學者的構想，中國人普通的信念，則受孟子的影響，孟子曾說：「五百年必有王者興，其間必有名世者。由周而來，七百餘歲矣，以其數則過矣，以其時考之則可矣。」(公孫丑下) 王夫之以氣運爲歷史變遷的原則，氣運有一種數目：

> 「天下之勢，循則極，極則反。極而無憂，反而不陂者，尟矣。」(春秋世論　卷四，頁七)
>
> 「天地之氣，五百餘年而必復，周亡而天下一，宋興而割據絕，後有起者鑒於斯以立國，應有待乎！平其情，公其志，立其義，奠其維，斯則繼軒轅大禹而為天地之肖子也夫。」(宋論　卷十五，頁五)

天地之氣，運行一週，約五百餘年。這種氣運的數字，在孟子的時候已經是普遍的信念，王夫之採納這種思想，在宋論的最後一節，慨惜宋亡「舉黃帝堯舜以來道法相傳之天下而亡之也。」（同上，頁三）希望五百年後有王者修德立維，再興軒轅大禹道統法統的天下。但元亡於明，明亡於淸，明朝的滅亡和宋朝的滅亡一樣，由夷人繼承皇位，王夫之不敢明言淸朝不繼承黃帝堯舜的道統法統，却藉氣運的思想，希望有漢人立德而創王朝。氣運的循環常由勢而顯，勢則是極而反，也就是宇宙變化的『物極必反』的原則。所以中國歷史家常說一治一亂，一分一合，一盛一衰，互相繼續。既是繼續則不是驟然突變，常由漸而著，治亂盛衰都有長久的因素。王夫之說宋朝的亡，「是豈徒徽、欽以降之多敗德，蔡（京）、秦（檜）、賈（似道）、史（嵩之）之挾姦私，遂至於斯哉！其所由來者漸矣！」（同上）

歷史變遷的第二項原則，是民族文化的進化。王夫之主張宇宙的變化繼續不停，然而所生化的萬物日新月異，因此人類的歷史雖有氣運的循環，歷史的表現所造成的文化，不能常是同樣的質量在循環，人類的歷史不能是復古。人心乃是靈明的心，有創新的能力，襄贊天地而成化，所造成的人類生活也必常有新的質量。王夫之更以華夏民族代表人類的正義，化育的文化，表彰天德。

「述古繼天，而王者本軒轅之治，建黃中，拒閒氣殊類之災，扶長中夏，

以盡其材，治道該矣。」（黃書 後序）

「仁以厚其類則不私其權，義以正其紀則不妄於授，保中夏於綱紀之中，交相勉以護人禽之別。」（尚書引義 卷五，頁二十二）

王夫之以人初生，聚族而居，自相愛護。一族漸漸擴大，生活有定制，治安有統治者，乃結成一民族。仁義的天德，使中華民族「扶長中夏，以盡其材。」「保中夏於綱紀之中」民族思想便根深蒂固了。

民族的文化隨着時代而變，變而有新：

「魏徵之析封德彝曰：若謂古人淳樸，漸至澆譌，則至於今日，當悉化為鬼魅矣。……且夫樂道古而為過情之美稱者，以其上之仁，而羨其下之順，以賢者匡王之德，而被不肖者以淳厚之名。使能揆之以理，察之以情，取僅見之傳聞，而設身易地以求其實，則堯舜以前，夏商之季，其民之淳澆貞淫，剛柔愚明之固然，亦無不有如躬閱者矣。唯其澆而不淳，淫而不貞，柔而疲，剛而悍，愚而頑，明而詐也，是以堯舜之德，湯武之功，以於變而移易之者，大造於彝倫，輔相乎天地。若其編氓之皆善邪，則帝王之功德亦微矣。唐虞以前，無得而詳考也。然衣裳未正，五品未清，昏姻未別，喪祭未修，狉狉獉獉，人之異於禽獸無幾也。……若夫三代之季，尤歷歷可徵焉。當紂之世，朝歌之沈酗，南國之淫奔，亦孔醜矣。……至於春秋之世，弒君者三十三，弒父者三，卿大夫之父子相夷，兄弟相殺，姻黨相滅，無國無歲而無之，蒸報無忌，黷貨無厭，日盛於朝野。……唐初略定，夙習未除，又豈民之固然哉！倫已明，禮已定，法已正之餘，民且願得一日之平康，以復其性情之便，固非唐虞以前，茹毛飲血，茫然於人道者比也。……邵子分古今為道德功力之四會，帝王何促，霸統何長，霸之後又將奚若邪！泥古過高而菲薄方今，以蔑生人之性，其說行而刑名威力之術進矣。」（讀通鑑論 卷二十，頁十八～十九）

從禮記上已經有大同小康之世的分別，中國人常以今不如昔，邵雍的元會運世以唐虞的時代爲最盛的時代，以後逐漸下降，中國的文化不是進化而是退化。王夫之反對這種思想，以古來有善有惡，今日也有善有惡，現今的中夏民族文化決定比古來的民族文化有更多的質量，因為文物制度，今日較比古代更為詳備。

b、勢

歷史的變遷乃氣的運行，氣運行而成『勢』。『勢』為一種力，好比風吹時發生一種力量，可以搖曳甚至摧殘沿路的物件。這樣歷史氣運也發生力量，這種力量稱為『勢』，也和『時』連在一起而稱為『時勢』。『時勢』原由氣而生，氣常有理，『時勢』便常有理。

「時異而勢異，勢異而理亦異。」（宋論　卷十五，頁三）

時勢既是力量，力量的形成和消失有自己的『理』，王夫之在史論裏舉出了『勢』的形成和消失原則。

「勢極於不可止必大反，而後能有所定。故易曰：傾否，先否後喜，否之已極，消之不得也。傾之而後喜。」（宋論　卷八，頁七）

王夫之論宋徽宗欽宗的敗亡，在當時已有必亡之勢，時勢推向敗亡。為救危亡，一定要有新的政策和大的力量，纔可以有救。但是當時却祇有「宇文虛中進罪己之言，吳敏李綱定內禪之策，不可謂非消否之道也。乃汴都破二帝俘，愈不可挽矣。」(同上)這都不是大反傾勢的政策和力量，祇能暫時安定，來後反增加傾亡的勢。

「極重之勢，其末必輕，輕則反之也易，此勢之必然者也。順必然之勢者，理也；理之自然者，天也。」(宋論 卷七，哲宗，頁一)

當漢武帝時，帝銳意有爲，兵革連年，苛稅重刑，民心困怨。但是到了末年，武帝漸漸改了政策，以息民困。動武和苛稅的勢漸輕：霍光輔孝昭繼承這種趨勢，國乃得安。「爲持之以心，應之以理，一順民志，而天下不見德，大臣不居功，順天以承祐。承天之祐者，自無不利也。考神宗之初終，蓋類是矣。」(同上)以王安石的新政，力求改革，致使大臣罷貶，民心擾亂，後來罷王安石新政。哲宗立，新政的勢已成餘燄，不必鬬爭，「而諸君子積怒氣以臨之，弗能須臾忍也，曾霍光之弗若，奚論古先聖哲之調元氣，而養天下於和平哉！牛之鬬虎已斃，而鬬之不已，牛乃力盡而死。……乃曰天祚社稷，必無此慮，天非不祚宋也，謀國者失之於天。」(同上)

「勢無所藉，幾無所乘，一念猝興，圖度天下而斯必於為天子者，自古迄今未之或有。帝王之興也，無心干祿而天命自歸，先儒之言詳矣，非虛加之也。」(宋論 卷十，頁二十)

歷代歷史中有許多起兵造反的人，或是大將，或是王室，或是流寇，都是「一念猝興」想做皇帝，終歸敗亡。

「以勢震人者，其傾必速。震之而不震者，其守必堅。其閒必有非望之禍與之相乘，非望之福，與之相就，非一幸而一不幸也，理之所必有，勢之所必至也。」(宋論 卷十，頁二十二)

楚虔於乾谿，夫差於黃池，苻堅於淝水，完顏於瓜步，都是以大兵震敵，敵不爲所震，他們馬上就傾覆了。務必先要使內部堅強，然後纔可震敵。

「大勝不必力，大力不以爭，大爭不以遽。故曰小不忍則亂大謀。」(春秋家說　卷一，頁二十)

齊桓公能够等候時機，不挾名不挾武，故能覇；是大爭不遽，大力不爭。「視國賊之與狄夷如蚊蝻也，故曰大勝不以力。」

「理有必順，勢有必均，偏有必傾，咎有必悔。」(春秋家說 卷一，頁二十六)

政治有政治的倫理，時勢因倫理而可以有均衡。當襄王求王位，仗倚齊國和自己的君父相抗，齊桓公不知道順理均勢以處理，卒至於「襄王終以不孝開內釁，以幾傾其國，桓公蓋未幾而悔此矣。」(同上)

「受天下之歸，太上得理，其次得情，其次得勢。」(春秋家說 卷三，頁二十二)

「太上治時，其次先時，其次因時，最下違乎時。亟違乎時，亡之疾矣。」

（春秋世論，卷五、頁八）

勢雖有推動之力，然勢必有理，爲乘勢而不爲勢所摧殘。最上乘的處理法在於以理治國，使國平治。次一等則在時勢快變時，先予以處理，使時勢順理而行。再次一等的處理法則在於順時勢的趨向，以求導引時勢向正道。最不好的處理法，則是違反時勢，將必取敗亡。一位創業的人君，最好的是按理而有天下的人心；其次是以恩惠而取國人的心。再下一等的，則是乘勢而取天下。王夫之雖重時勢，然更重人道和天道。

### C、道德史觀

中國的歷史史觀常以倫理道德爲主，宇宙間陰陽的運行有天道作規律，人的活動也就有人道作倫常，歷史當然應該在道德規律下進展。中國第一冊歷史哲學思想的書應是春秋，孔子作春秋卽是以倫理道德以評審史事。王夫之說：

「春秋天下之公史，王道之大綱也。」（春秋家說 卷三，頁十四）

「王道衰而春秋作，春秋者以續王道之絕也。」（春秋世論，卷一、頁一）

王道乃堯舜禹湯文武之道，以仁義治國安民，以禮制定儀則。孔子生當春秋時代，禮儀廢棄，仁義遭暴力代替，他乃號召正名，作春秋以寓褒貶，使亂臣賊子懼。後代寫史的人都抱有孔子的正名原則，王夫之的史論更是每篇都提出倫理原則，然後根據原則論事。人君按照孔子的思想，爲草上的風，應以德化民。爲政以德，臣子和人民都會像衆星拱衞北辰般的敬重他。王夫之說：

「天之使人，必有君也，莫之為而為之。故其始也，各推其德之長久，功之及人者而奉之。」（讀通鑑論 卷一，頁一）

人君能爲堯舜，則自然發育本性所有的天德，順乎天地的化育以治民。人民也將發育本性的良能，以順乎天則。這樣上下都可以通化。

人君爲治國，自行仁義還不够，應選擇賢人作輔。賢人在朝乃如一種香的氣味，使人習於爲善。

「父母者乾坤也，卽以命人之性者也；師友交遊者，臭味也，卽以發人之

情者也；見聞行習者，造化也，卽以移人之氣體者也。知此，則於是以求材焉。」（讀通鑑論 卷十，頁二）

「國無人焉則必亡，非生才之數於將亡之國獨儉也。上多猜，則忠直果斷之士不達。」（讀通鑑論 卷十五，頁二十八）

諸葛亮在出師表諫勸後主親賢臣遠小人，這種勸諫乃中國歷代治亂的一項大原則。政治和倫理道德緊相聯繫，賢人可能誤國，但是絕對沒有小人可以興國。

「古先聖人兩俱不廢，以平天下之情；獎之以名者，以勸其實也；導之以文者，以全其質也。人之有情不一矣，旣與物交則樂與物而相取，名所不至，雖爲之而不樂於終。……故因名以勸實，因文以全質，而天下歡忻鼓舞於敦實崇質之中，以不蕩其心。」（同上，卷十，頁九）

以名勸實，因文全質，卽人君駕馭之道。然必出於誠心。春秋戰國之士常勸人君以術治國，以術得霸；王夫之則主張『誠』。

「以大義服天下者，以誠而已矣，未聞其以術也。」（讀通鑑論、卷二、頁五）

「兢兢以德也，非兢以兵也。」（同上、頁十）

「天子之仁，性也；君臣之義，夫婦之禮，道也，道率性而成乎性之用。」（春秋家說 卷一，頁九）

人民治國，必順性而予以引導，則民趨於善，國乃治平。若違反性情，民不得治。

「則古先聖人，……以為拂民之情而固不可也。情者，性之依也，拂其情，拂其性矣。性者，天之安也，拂其性，拂其天矣。」（讀通鑑論 卷十，頁九）

拂情則拂性，拂性卽拂天；爲民父母者焉能以拂天性的政策去治人？人民被拂情，或抑着情緒以尋洩恨的機會，反成反叛；或洩情流蕩，社會失去道德，虛名爭利。

「義不可襲者也，君子驗之於心，小人驗之於天。心所弗信，君子弗為；天所弗順，小人無成。徒曰義而遂執言以加人，則義在外也。故闢外義之邪說，而亂以不生。」（讀通鑑論　卷十六，頁一～二）

當齊滅宋時，弑君滅族，實屬大惡，義所必討。劉昱以齊國懿親，興師討伐，卒不能成，因他的心並非爲義而動兵。「義不義決於心，而即徵於外，驗之天而益信。」（同上，頁二）

「君子之道，有必不為無必為，小人之道有必為無必不為，執此以察其所守，觀其所行，而君子小人之大辨，昭矣。」（宋論　卷六，頁二）

必不爲，由自己作主，求諸自己；外面誘惑雖多，不能驅使他進入叢棘中。必爲，是强物從我，求諸人；雖然是自我行事，於必假藉他人，於是便假藉權勢，或使用邪僻的人。所以君子有必不爲的事，而沒有必爲的事；小人則沒有必不爲的事，而有必爲的事。王夫之說君子雖也有必爲的事，如子事父，臣事君，然仍爲之以義，背義則不爲。因此，人君求治國治民的臣子，必「執此以察其所守，觀其所行，而君子小人之大辨，昭矣。」王安石因有所必爲，乃引用小人而敗事。

史事褒貶以春秋爲例，春秋則聖人以天道不易的標準而作標準。

「天下有大公至正之是非焉，匹夫匹婦之與知，聖人莫能違也。然而君子之是非，終不與匹夫匹婦爭鳴，口以說為名教，故其是非一出而天下莫不敢服。流俗之相沿也，習非為是，雖覆載不容之惡，而視之若常，非秉明赫赫之威以正之，則惡不知懲。善亦猶是也，流俗之所非而大義存焉，事跡之所關而天良在焉，非秉日月之明以顯之，則善不加勸。故春秋之作，游夏不能贊一辭，而豈謹謹諄諄，取匹夫匹婦已有定論之褒貶，曼衍長言，以求俗流之心目哉！」（讀通鑑論 卷末，敍論二，頁二）

王夫之道德史觀很高很深，宇宙有氣化的天德，人心有天命的性理，歷史必順天德性理而行。所以他說：「若夫百王不易，千秋同原者，其大綱則明倫也，察物也；其實政，則敷教也，施行也；其精意，則祗臺也，躋敬也，不顯之臨，無射之保也，此則聖人之道統不可

竊者也。」（讀通鑑論 卷十三，成帝，頁十）

然而歷史以時間爲主，王夫之又以變動爲宇宙的原則，道德仁義的原則雖千古不變，原則的用，則須執政的人察看時勢，以求適應。

「有一人之正義，有一時之大義，有古今之通義，輕重之衡，公私之辨，三者不可不察。」（讀通鑑論 卷十四，頁二十）

一時的大義，重於一人的正義，古今的通義，重於一時的大義，有時三者可以相合，有時不相合。「則不可以一時廢千古，不可以一人廢天下。」

「夫天下有其大同，而抑有其各異，非可以一說竟也。……天有異時，地有異利，才物有異用。……此之所謂傷者，彼之所自全，此之所謂善者，彼之所自敗。雖仁如舜，智如禹，不能不有所缺陷，以留人之指摘。」（宋論 卷三，頁四）

制度可以聽於前王，政治則要聽於朝臣，斟酌則須聽於百官，民情則採於百氓，「而天

下各就其化。」（同上）道德倫理的制度，則「歷千祀，通九州」，應用於政治，則「各效所宜，天下雖亂，莫能越也。」（同上）

## 二、結語

王夫之生在一個變亂的時期，處在一種異乎尋常的艱苦環境中。當時清朝滅了明朝，那不是兩個朝代的更替，而是漢族被夷族所征服，華夏文化遭遇蠻夷民族的毀滅。他愛民族的心情，逼使他逃避清朝的官吏，一生過着逃亡的生活。他沒有遺民的安居生活，沒有教授徒弟的傳道生活。他在逃亡時寫書，所有著作都留存在親友手中。他不能與當時的學者通往來，也不能把自己的思想傳佈天下。他的思想是自己在孤獨裏形成的，在深思中結成系統。所以他的思想和別人的思想不相同，他的文句也深奧不易懂。但是他思想的廣泛和深遠，不是清朝任何一個思想家所可以比得上的。我寫這七册中國哲學史，可以代表中國思想時代的人只有五人：孔子和孟子代表前期儒家，朱熹代表宋朝理學，王陽明代表明朝理學，王夫之代表清朝理學。

在這很長的一章裏，只研究了王夫之的哲學思想，至於他的政治思想，和大家所公認代表他政治思想特色的民族思想都沒有提到，因爲這些思想在我們所研究的範圍以外。

# 第三章 清代中葉哲學思想

## 一、戴震

### 1. 緒論

#### 甲、行傳

戴震，字愼修，又字東原，安徽歙州休寧人，生於清世宗雍正元年（公元一七二四年）。家貧，十歲纔開始說話，同時就開始入學，就傅讀書，過目成誦，當老師開講時，他對每一個字必追究意義，塾師以傳注訓詁作解釋，他還不滿意。塾師乃取近代字書和漢許氏說文解字給他去讀，戴震很喜歡說文，又取爾雅、方言和當時所有漢儒傳注，互相考訂，對一個字，「必本六書，貫羣經，以爲定詁。由是盡通前人所合集十三經注疏，能全擧其辭。」（段玉裁，東原先生年譜，十七歲）二十一歲時，就正於江愼修，愼修精於三禮，又通聲韻地理等學，爲當時有名的學者。

二十二歲時，作籌算一卷。二十三歲作六書論三卷。以後，幾乎每年都有考據學的著作。二十九歲時，補休寧縣學生。三十三歲時，任紀曉嵐尙書家塾師，刻考工記圖注，又作勾股割圜記。次年，設館於大宗伯王文肅家，敎王念孫讀經。三十五歲時，和惠棟相識於揚州都轉運使盧雅雨署內。四十歲，江愼修卒，戴震替他作傳，題爲江愼修先生事略。在這一年，他中擧人。後來，迭次入京會試，都不能中。乾隆三十八年，戴震時已年五十二歲，被召充四庫書館纂修官，次年，奉旨和當年貢士一體殿試，賜同進士出身，授翰林院庶吉士。乾隆四十二年五月（公元一七七七年）以病卒於官，享年五十五歲。

他一生的大半時間，是在私塾敎書，或者是在大官的署內，替大官編修縣志。四十六歲時，在直隸總督方恪敏署內，修直隸河渠書一百一十一卷，因恪敏去世，渠書未成。四十七歲時，住山西布政司朱文正署內，應汾州太守孫和相的聘請，修汾州府志三十四卷。四十五歲時，代壽陽令龔導江修訂壽陽縣志。四十九歲時，修汾陽縣志。五十歲時，則主講浙江金華書院。五十二歲時，入四庫書館任纂修，以迄於終。

## 乙、學術

戴震的學術工作有兩方面的發展，一方面是考據學，一方面是哲學。他接受當時學術趨勢的影響，從事經書的考據。

「治經先考字義，次通文理。志存聞道，必空所依傍。漢儒故訓有師承，亦有時傅會。晉人傳會鑿空益多。宋人時恃胸臆為斷，故其襲取者多謬，而不謬者在其所棄。我輩讀書原非與後儒競立說，宜平心體會經文，有一字非其的解，則於所言之意必差，而道從此失。……」（與某書，見胡適 戴東原的哲學、附錄四）

戴震以治經學；必先從訓詁開始，以求懂得每字的字義，然後由字而通文理，由文理進而取得經書的義理。訓詁和考據爲漢朝儒者的專長，當時勢有所必然。秦始皇焚書，且又變大篆爲小篆。漢初尋找古書，靠幾位熟讀經書的老先生，口授經文，於是各憑記憶而有經文不同的寫本，互相傳授，互相注解，由師傳傳授弟子；漢儒乃重師承。漢中葉出現古本經書，和漢初的今文寫本不同，因而須加考據，須改寫成隸文。兩漢的儒者所有精力便都用在注解和考據的工作。

清初學者繼承明末反王陽明學派的趨勢，注重實學。進而對宋明理學家的解釋經文，懷疑多係杜撰，乃反回漢朝儒家的途徑，以求經文的字義。惠棟直追漢儒，固守字義。戴震也主訓詁和考據，然不拘守漢儒成例，乃由文字而進入義理。清朝王鳴盛曾評論惠棟和戴震說：「方今學者斷推兩先生：惠君之治經求其古，戴君求其是。」（洪榜，東原先生行狀）戴震自己說：

「僕自十七歲時有志聞道，謂非求之六經孔孟不得；非從事於字義、制度、名物，無由以通其語言。宋儒譏訓詁之學，輕語言文字，是欲渡江河而棄其舟楫；欲登高而無階梯也。為之卅餘年，灼然知古今治亂之源在是。」（與段玉裁書一　見胡適　戴東原的哲學、附錄四）

戴震對於訓詁考據，長於小學，長於水經注，研究經書，對於字義聲韻常詳加考訂；為編志書，則詳索山水的源流，而疏於歷史的文獻。章學誠曾在記與戴東原論修志中說：

「乾隆三十八年癸巳夏，與戴東原相遇於寧波道署，……戴君經術淹貫，名久著於公卿間，而不解史學。聞余言史事，輒盛氣凌之。見余和州志例，乃曰：『此於體例則甚古雅，然修志不貴古雅。……夫志以考地理，但悉心於地理沿革，則志事已竟。侈言文獻，豈所謂急務哉！』余曰：……方志為古國史，本非地理專門。如云但重沿革，而文獻非其所急，則但作沿革考一篇足矣。……若夫一方文獻，及時不與搜羅，編次不得其法，去取或失其宜，則他日將有放失難稽，湮沒無聞者矣。……然則如余所見，考古因宜評慎，不得已而勢不兩全，無寧重文獻而輕沿革耳。」(章氏遺書第二冊、卷十四，頁三一一—三一二)

戴震雖重考古，但和當時學者的趣向不同。當時清朝學者以訓詁考據爲求學的目的，戴震則以訓詁考據爲求經義，從而建立自己的哲學思想。在哲學思想上，他少年時雖反王陽明的學派，對程朱則尊重。後來他建立了自己的哲學思想，却極力攻擊程朱，批評他們離經叛道，爲禍於後代學者，較比老莊和佛釋更要厲害。他在孟子字義疏義序裏說：

「蓋言之謬，非終於言也，將轉移人心；心受其蔽，必害於事，害於政。彼目之曰小人之害天下後世也，顯而易見。目之曰賢智君子之害天下後世也，相率趨之以為美言，其入人之深，禍斯民也大，而終莫之或寤。辯惡所已哉！孟子辯楊墨，後人習聞楊墨老莊佛之言，且以其言汨亂孟子之言，是又後乎孟子之不可已也！苟吾不能知之，亦已矣。吾知之而不言，是不忠也，是對古聖人賢人而自負其學，對天下後世之仁人而自遠於仁也。吾用是而懼，述孟子字義疏證三卷。」（孟子字義疏證序）

「自宋儒雜荀子及老莊釋氏以入六經孔孟之書，學者莫知其非，而六經孔孟之道亡矣。」（孟子字義疏證卷上，胡本附錄第十五節）

孟子字義疏證是戴震著作中最重要的一種，不是講考據訓詁，而是談哲學，這本三卷的書，根據段玉裁所作年譜，作於乾隆三十一年（公元一七六六年）。(1)

「是年玉裁入都會試，見先生云近日做得講理學一書，謂孟子字義疏證也。」玉裁未能遽請讀，先生沒後，孔戶部付刻，乃得見，近日始窺其閫奧。蓋先生原善三篇，論性二篇既成，又以宋儒言性，言理，言道，言才，言誠，言明，言權，言仁義禮智，言智仁勇，皆非六經孔孟之言，而以異學之言糅之，故就孟子字義開示，使人知『人欲淨盡，天理流行』之語病。所謂理者，必求諸人情之無憾而後安，不得謂性卽理。」（段玉裁，戴東原先生年譜 四十四歲）

他以程朱論質性卽理，氣爲惡，克欲復性，乃違反孔孟之道，採用老莊佛釋的思想，禍害人心，便效法辯駁楊墨的先例，作書辯駁宋明理學。在作孟子字義疏證以前，他已經寫了原善、原性。原性二篇現已不可見，原善三篇依據段玉裁的記載，作於癸未（公元一七六三年）以前，甲戌（公元一七五四年）以後的十年之間。

「先生大制作，若原善上、中、下三篇，若尚書今文古文考，若春秋改元卽位考三篇，皆癸未以前，癸酉，甲戌以後，十年內作也。玉裁於癸未皆嘗抄謄。記先生嘗言：『作原善首篇成，樂不可言，喫飯亦別有甘味。』」

(年譜 四十一歲)

原善三篇，講論生生之道，論性論才，雖和宋明理學所講不完全相同；但還沒有直接加以攻斥；孟子字義疏證則在這些理學問題上，直接攻斥程朱。關於他思想變遷的過程，胡適之以戴震在三十二歲之後，會見程廷祚，接受顏李思想的影響，作爲分界(2)。錢穆以戴震會見惠棟之年作爲分界(3)。余英時則分戴震思想的發展爲三期，他說：「根據以上的分析，我們大致可以將東原一生的思想發展分爲三個不同的階段。第一階段的下限在東原乾隆甲戌(公元一七五四)入都，而尤以丁丑(公元一七五七)游揚州晤惠定宇之年爲最具決定性的轉捩點。在此一階段中，東原在理論上以義理爲第一義之學，考證次之，文章居末。在實踐上，東原則從事於考證之學，欲以扶翼程朱之義理。因爲此時他在義理方面尚無心得，並未感出程朱義理與六經孔孟之言有岐也。第二階段之下限，較難確定，大約可以一七六六年爲分水嶺，此十年之間，東原受當時考證運動的激蕩最甚，其觀點也最接近惠定宇一派，……但另一方面，東原自己的義理工作亦正式俶始於此一階段。原善初稿三篇當成於丁丑(公元一七五七)至癸未(公元一七六三)之間，擴大之卷則成於丙戌(公元一七六六)。故在第二階段之末，東原自家之義理已初步到手，宜其論學見解之復有轉變也。東原論學之歸宿期在其最後十年左右，此

時東原一掃其中年依違調停之態，重新確定儒學的價值系統。」(4)

這些分階段的方法，都很難確定。思想的發展和變遷，通常是漸進的，界限很難劃得分明。戴震專於考據，乃是從青年就開始；然而他的考據，以通經明道爲目的。

「經之至者，道也。所以明道者，其詞也。所以成詞者，字也。由字以通其詞，由詞以通其道，必有漸。」（與是仲明書，見戴震文集卷九，華正書局）

他在世時，也負有學名；然而學者所看重他的，是他的考據學，而不是講義理的哲學。章學誠曾說：

「凡戴君所學，深通訓詁，先於名物制度而得其所以然，將以明道也。時人方貴博雅考訂，見其訓詁名物有合時好，以爲戴之絕詣在此，及戴著論性原善諸篇，於天人理氣，於天人理氣，實有發前人所未發，時人則謂空說義理，可以無作。是因不知戴學者矣。」（章氏遺書，朱陸篇書後）

然而戴震講義理，必以字義爲依據，責斥程朱憑空說理，違背經義，則把哲學的範圍限於考據了。例如性字，若僅依字義講論，則沒有哲學理論的可言了。他繼續攻斥揉合老莊和佛學的思想，攙入儒家的思想裏，這是犯了中國儒家學者道統的通病。理學被認爲新儒學，爲儒家學說的一項重要發展，卽是因爲在經過魏晉南北朝道家的興盛，和隋唐佛學的發揚，採取了道佛的觀念，以發展儒家的思想，否則一意拘守經書的觀念，儒家思想再不能有發展的途徑。儒家不是一種宗教，儒家的四書五經不是宗教教義，可以有新的發展，接收新的觀念。戴震在訓詁方面雖不讚成漢儒師承門戶之見，「必空所依傍」；然而在義理方面，則必要「非求之六經孔孟不得」。他指責「宋人時恃胷臆爲斷，」以理學的理，在六經孔孟以及傳記羣籍都少見，便是錯誤。這種觀點，充分表現道統的觀念。

戴震的著作很宏富，「內容包括天算、地理、聲韻、訓詁、哲學等各方面，在學術上有不小貢獻。據梁啓超東原著述纂校書目考及安徽叢書戴東原先生全集所附戴先生所著書考著錄，其平生著作及纂校之書近五十種。民前一三五年至民前一三三年，曲阜孔繼涵刋刻的微波榭叢書本戴氏遺書，列二十三種，實刻十五種。民國二十五年安徽叢書本戴東原先生全集增刋爲二十二種。民國三十一年四川省立圖書館出版的圖書集刋創刋號上據抄本刋出了戴氏的孟子私淑錄。戴氏其他著作今日已不見。……戴震文集，戴氏遺書本係十卷本；民前一二

○年，段玉裁重編，刊行經韻樓本戴東原集十二卷，附年譜一卷。繼又有民前一一八年鎭海張氏刻本（卽安徽叢書影印本）和民前二年渭南嚴氏刻本，兩本皆源出經韻樓本。」(5)

## 2. 氣

### 甲、氣　化

戴震的原善和孟子字義疏證所討論的哲學問題，都是屬於『人』的問題，特別是關於人性；關於宇宙論方面的問題，則沒有從正面去討論，祇是在旁面因着人性的問題提到陰陽五行，在哲學方面，戴震沒有系統的宇宙論，僅有宇宙論中的幾個觀念。

明末清初的儒者，因着對宋明理學所起的反感，大都不接受程朱的理氣二元論，而接受張載的氣一元論，王船山便是這種趨勢的代表。顏元李塨也極力反對程朱的理氣互分說，而主張宇宙祇有一氣。

戴震排斥朱熹所講的理，而以宇宙爲一氣，氣有陰陽五行。氣在宇宙中流行不息，仍有氣化，萬物因而生生。

「凡有生卽不隔於天地之氣化。陰陽五行之運而不已，天地之氣化也；人物之生本乎是。」（孟子字義疏證 卷中。胡適 戴東原的哲學，附錄 第二十一節）

氣化的思想，源自易經，「一陰一陽之謂道，繼之者善也，成之者性也。」（繫辭上 第五章）陰陽繼續運行，化成物性物形。程朱以氣成物形，理成物性。王船山以氣成物，有性有形，戴震也是這種思想。萬物由氣化而成，「由其分而有之不齊，是以成性各殊。」（同上。胡適、戴東原的哲學，附錄 第二十二節）人性在人身，人身有知覺運動，有情有欲有才；這一切都歸之於氣。

人物因氣化而生，得「本受之氣」，生存的延續發展中，須有「資養之氣」。

「而其本受之氣，與所資以養者之氣則不同。所資以養者之氣雖由外而入，大致以本受之氣召之。五行有生克，遇其克之者則傷，甚則死，此可知性之各殊矣。本受之氣，及所以資以養者之氣，必相得而不相逆，斯外內為一。其分於天地之氣化以生，本相得而不相逆也。」（同上）

本受之氣，乃由天地氣化所分有之氣，分有之限各不同，「由其成性各殊」（同上）。性既不同，生存的發展便各有異。人爲生存，在生理上需要飲食男女；在感覺運動方面，須要情欲的發展；在知識方面，須要仁義禮智；這一切都是人「資以養者之氣」。資養之氣由外而入，然要合於人的本受之氣，卽合於人性。人需要水，然水過多則有害。其他一切毒藥，都不合於本受之氣而傷人。情慾泛濫，智識邪僻，也不合於本受之氣而會傷人。

易經在繫辭上第十一章說：「易有太極，是生兩儀，兩儀生四象，四象生八卦。」歷代儒家都解釋這段易傳爲宇宙生化的程序，由太極而有陰陽，由陽陰而有太陽、太陰、少陽、少陰，漢朝儒者以五行代替四象，宋周敦頤的太極圖乃以太極生陰陽，陰陽生五行，五行成男女，男女生萬物。戴震則說易傳的這一段話，不是講宇宙化生的過程，而是講畫卦的程序。

「其未成卦，畫一奇以儀陽，一偶以儀陰，故稱兩儀。奇而遇奇，陽已長也，以象太陽；奇而遇偶，陰始生也以象少陰。偶而遇偶，陰已長也，以象太陰；偶而遇奇，以象少陽。伏羲氏覩於氣化流行，而以奇偶儀之象之。……孔子以太極指氣化之陰陽，承上文明於天之道言之，卽所云：

『一陰一陽之謂道』，以兩儀四象八卦指易畫。後世儒者以兩儀爲陰陽，而求太極於陰陽之所由生，豈孔子之言乎？」（孟子字義疏證 卷中。胡本 附錄 第十八節）

戴震反對以太極爲陰陽之源，而以太極爲陰陽。王船山曾以太極爲太和，太和爲陰陽未顯之氣，太極卽是陰陽未顯之氣而涵有理，氣便是形而上。

戴震講形上形下，以形以前，形以後，卽未成形和成形來解釋。形上爲形以前，卽未成形；形下爲形以後，卽已成形。

「氣化之於品物，則形而上下之分也。形乃品物之謂，非氣化之謂。……凡曰謂之者，以下所稱之名，辨上之實，如中庸『自誠明，謂之性；自明誠，謂之教』，此非為性教言之，以性教區別『自誠明』『自明誠』二者耳。易『形而上者謂之道，形而下者謂之器』，本非為道器言之，以道器區別其『形而上』『形而下』耳。形謂已成形質，形而上猶曰形以前；形而下猶曰形以後。陰陽之未成形質，是謂形而上者也，非形而下明矣。……

不徒陰陽非形而下，如五行水火木金土，有質可見，固形而下也，器也。其五行之氣，人物咸稟受於此，則形而上者也。……六經孔孟之書不聞理氣之辨，而後儒創言之，遂以陰陽屬形而下，實失道之名義也。」(同上。胡本，附錄 第十七節)

張載以氣爲形而上，朱熹以氣爲形而下，王船山以氣爲形而上，然陰陽既顯則爲形而下。戴震則以陰陽與五行都爲形而上，祇有成形質之器屬於形而下。「五行之成形質者，則器也。」(原善上。胡本，附錄第二節)戴震解釋五行的行爲道，道當然在形而上。

「易曰：『一陰一陽之謂道。』洪範：『五行：一曰水，二曰火，三曰木，四曰金，五曰土。』行亦道之稱，舉陰陽則賅五行，陰陽各具五行也。舉五行卽賅陰陽，五行各有陰陽也。大戴禮記曰：『分於道謂之命，形於一謂之性』。言分於陰陽五行，以有人物。而人物各限於所分以成其性。陰陽五行，道之實體也。」(孟子字義疏證 卷中。胡本，附錄 第十六節)

五行本是陰陽的五種結合，就如四象是陰陽兩爻的四種結合。漢儒以五行代替四象，不是畫卦，而是象徵宇宙間氣的變化，說陰陽就有五行，因爲五行是陰陽的變化；說五行就有陰陽，因爲五行由陰陽而成。說陰陽爲道的實體，因爲道是氣的變化之道，道爲氣的道，氣則有陰陽五行。

五行相生相剋，爲漢儒的思想，春秋繁露和白虎通都明白講述；宋儒則不大講，朱熹幾乎不提。戴震則採納這種思想。

「聲色臭味之愛畏以分，五行生克為之也。」（孟子字義疏證　卷中。胡本，附錄第三十節）

「五行有生克，遇其克者則傷，甚則死。」（同上。附錄，第二十一節）

聲色臭味之愛畏，據戴震所說屬於欲，欲的分，由於五行的生克。欲以養身，爲人所以資養者之氣。聲色臭味來自外面，應和人所有本受之氣相合，相合則相生而資養人，不相合則相剋而傷人。這是從朱熹以來，儒家爲解釋倫理的善惡，以善惡的根由在於人的本性的氣。戴震以聲色臭味的五行之氣，足以資養欲者爲善，不能資養欲而傷人者爲惡。他本來反對朱熹以惡在氣質，自己却又把善惡歸在氣上。

## 乙、生　生

宇宙間的氣化，乃爲生生。戴震最注重生生的思想；他以這種思想作他哲學的中心。所講的道、理、情、欲都連繫在生生上。生生的思想出自易經，『生生之謂易』（繫辭上　第五章）宇宙變化，運行不息，化生萬物。朱熹稱生生爲仁。宋明理學都傳授這種思想，王陽明乃有『一體之仁』。王船山也承接『生生之仁』的思想，戴震在原善和孟子字義疏證兩書裏，充份發揮『生生之仁』的思想。

「是故生生者，化之原；生生而條理者，化之流。動而輸者立天下之博，靜而藏者立天下之約，博者其生，約者其息。生者動而時出，息者靜而自正。君子之於問學也如生；存其心，湛然合天地之心，如息。人道擧配乎生，性配乎息。生則有息，息則有生，天地所以成化也。生生者仁乎？生生而條理者禮與義乎？何謂禮？條理之秩然有序，其著也。何謂義？條理之截然不可亂，其著也。得乎生生者謂之仁，得乎條理者謂之智。至仁必易，大智必簡，仁智而道義出於斯矣。是故生生者仁，條理者禮，斷決者義，藏主者智。仁智中仁曰聖人。智通禮義以遂天下之情，備人倫之懿。至貴者仁。……同於生生條理者，則聖人之事。」（原善上。胡本 附錄 第一節）

宇宙一氣具有陰陽，陰陽流行，相合相散，萬物乃有生息。陰陽流行的目的在於生生，所以說：「生生者，化之原。」爲生生而有氣化，因着氣化而生萬物。氣化的流行爲動靜，動爲生，靜爲息。動靜變化常有條理，宇宙間乃有次序，有次序而有和諧；這就是所謂天道。「道，言乎化之不已也。」（同上）

「易曰：『一陰一陽之謂道。繼之者，善也。成之者，性也。』一陰一陽蓋言天地之化不已也，道也。一陰一陽，其生生乎？其生生而條理乎？以是見天地之順，故曰一陰一陽之謂道。生生，仁也。未有生而不條理者。」（原善上。胡本 附錄第三節）

一陰一陽運行不已，氣化不停，乃稱爲道。道的目的在於生生，「一陰一陽，其生生乎？」生生必有條理，物各有性，因性而分類，因類而有上下的次序，則稱爲禮。

「易曰：『天地之大德曰生。』氣化之於品物，可以一言盡也，生生之謂歟？觀於生生，可以知仁。觀於條理，可以知禮。失條理而能生生者，未之有也。是故可以知義。」（原善上。胡本，附錄 第四節）

氣化和宇宙萬物的關係，用一句話可以概括一切，卽是『生生』。生生是使萬物化生，對於萬物是愛，所以稱爲天地的大德。人愛惜生命，則稱爲仁。朱熹以爲人得天地之心爲心。戴震也說：

「天地之德可以一言盡也，仁而已矣。人之心，其亦可以一言盡也，仁而已矣。」（原善中。胡本，附錄 第一節）

仁是愛惜生命，愛惜生命則須要資養。爲資養生命，第一不要和天地相隔離，第二要以資養之氣和於本受之氣。

「物之離於生者，形存而氣與天地隔也。卉木之生，接時能芒達巳矣。飛走蠕動之儔，有覺以懷其生矣。人之神明出於心，純懿中正，其明德與天地合矣。是故氣不與天地隔者生，道不與天地隔者聖。……是故一人之身，形得其養不若氣得其養，氣得其養不若神得其養。」（同上）

物有形有氣，人則有形有氣有神。形爲身體，氣爲情欲，神爲心知。形須有飲食的資養，氣須有聲色臭味的資養；卽告子所說：「食色，性也。」神則須有仁義的資養。按照生的條理說，神高於氣；氣高於形，故說：「形得其養不若氣得其養，氣得其養不若神得其養。」

「人之生也，莫病於無以遂其生。欲遂其生，亦遂人之生，仁也。欲遂其生，至於戕人之生而不顧者，不仁也。不仁，實始於欲遂其生之心。使其無此欲，必無不仁矣。然使其無此欲，則於天下之人生道窮促，亦將漠然視之。己不必遂其生，而遂人之生，無是情也。」（孟子字義疏證　卷上・胡

本，附錄 第十節）

「就天地言之，化，其生生也；神，其主宰也；不可岐而分也。故言化則賅神，言神亦賅化。由化以知神，由化與神以知德。」（孟子字義疏證 卷上，胡本，第十五節）

『神』在易經上是變化莫測；張載也以天之不測謂神。在天地方面說，變化爲生生；變化雖不可測，然有主宰者，謂爲神。「試驗諸人物，耳目百體會歸於心。心者，合一不測之神也。」（同上）戴震以神卽是精氣，爲人的本體，不和形體相分。老莊釋氏把形神分體，所以主張隳形骸以養神。戴震則主張人須養形、養氣、養神。

「天下惟一本，無所外。有血氣則有心知，有心知則學以進於神明，一本然也。有血氣心知，則發乎血氣心知之自然者明之，盡使無幾微之失，斯無往非仁義，一本然也。苟岐而二之，未有不外其一者。」（孟子字義疏證 卷上，胡本，附錄 第十五節）

戴震根據生生的原本，證明人的情欲不能受克制，而是要順遂情欲。沒有情欲，人就沒有生命。然而人的生命不僅在情欲，而是以心知爲主要，心知爲神，心知生發的歷程，在於知道仁義禮智。而心知的神，應爲血氣情欲的主宰，「盡使無幾微之失，斯無往而非仁義。」這就是宋明理學家，繼承孟子的思想，以人的生命，爲精神的生命，卽心思之官的生命，因人得生命之理之全。沒有人不想發展自己的生命，想發展自己的生命，也就想發展別人的生命，這乃是「仁也」。想發展自己的生命，却戕害別人的生命，則「不仁也」。假使他不想發展自己的生命，因此不顧別人的生命，這也就無所謂「不仁」了。因爲「己不必遂其生，而遂人之生，無是情也。」所以仁字是來自生生，故沒有生生，便沒有仁。戴震以生生的思想，連繫氣化，陰陽五行，道、理、性、情、欲、才，和仁義道德，把天道和人道連結起來，生生的思想，是他的哲學思想之中心點。胡適和錢穆都沒有注意到這一點，勞思光的中國哲學史也沒有講。

## 3. 道和理

### 甲、道

的觀點。戴震反對程朱的最嚴厲的一點，在於理和性。爲明白這一點，我們先研究他對於『道』

「道，言乎化之不已也。」（原善 卷上。胡本，附錄 第一節）

「一陰一陽蓋言天地之化不已也，道也。」（原善 卷上。胡本，附錄 第二節）

「言乎其分於道，故曰天命之謂性。」（原善 卷上。胡本，附錄 第九節）

張載的正蒙太和篇曾說「由大虛，有天之名；由氣化有道之名；合虛與氣，有性之名；合性與知覺，有心之名。」『道』指着氣化。戴震接受這種思想，以一陰一陽變化不已稱爲道。一陰一陽爲氣，一陰一陽的變化卽是氣化，陰陽運行不已，氣化乃不已。「道，言乎化之不已也。」「一陰一陽蓋言天地之化不已也，道也。」所謂一陰一陽，爲易經的思想；戴震則以陰陽賅有五行，則陰陽的變化，也就是五行的變化，陰陽五行都屬於一氣，陰陽五行的變化，便是氣化。

氣化，也稱爲天地之化；因爲天地代表宇宙，氣的變化，乃整個宇宙的變化；天地代表乾坤，乾坤爲陰陽之德，陰陽的變化，就是乾坤的變化，也就是天地的變化。在具體的現象界，氣的變化由天地的現象而顯，天的現象有日月風雨霜雪和星辰，地的現象有山河草木和禽獸。漢儒乃以氣的變化由一年四季的變化作代表。一年四季的變化乃是天地現象的變化。

「道，猶行也。氣化流行，生生不息，是故謂之道。易曰：『一陰一陽之謂道。』洪範：『五行：一曰水，二曰火，三曰木，四曰金，五曰土。』行亦道之稱謂。……陰陽五行，道之實體也。血氣心知，性之實體也。」

（孟子字義疏證　卷中。胡本，附錄　第十六節）

陰陽五行之氣，流行不息，化生萬物；這其中之理，乃是道。然而戴震却不讚成這個理字；他認爲若說流之理，則道是虛，虛字在六經孔孟裏都沒有，而是老莊佛釋所用的字。他以陰陽五行就是道，離了陰陽五行便沒有道。他反對朱熹把道解釋爲理，理和氣相對；他援受張載的「由氣化，有道之名」的思想。張載並不否認氣內有理，祇以理氣不分，所以也是以道爲理。王船山講『道』，也曾以道和氣和器不可離，但是可分；離了氣和器，便沒有道。然而在理論上說，道在物以先，道在器以後；先有陰陽變化之道而後生物，先有人事的器而後有用器之道。戴震拒斷以道爲氣運行之理，而以氣運行稱爲道；但是氣雖運行不止，然而也有息，息也是道。氣的行止稱爲道，當然就是行止之理，行止的原則。氣運行而化生萬物，化生萬物常有條理，這都是道，也就是生生之理。拒斷道解釋爲理，又拒斷氣和道可以分，則道的意義便不明了。

天地的變化不已稱爲天道，日常人事的處理稱爲人道。人道來自天道，易經曾明白建立這種原則。戴震說：

「人道，人倫日常身之所行皆是也。在天地則氣化流行，生生不息，是謂道。在人物，則凡生生所有事，亦如氣化之不已，是謂道。易曰：『一陰一陽之謂道，繼之者善也，成之者性也。』言由天道以有人物也。大戴禮記曰：『分於道謂之命，形於一謂之性。』言人物分於天道，是以不齊也。中庸曰：『天命之謂性，率性之謂道。』言日用事皆由性起，無非本於天道然也。」（孟子字義疏證 卷下。胡本，附錄 第三十二節）

人道本於天道，因人的本受之氣爲天地之氣，人的性爲分於氣化之道。人的日常行事以性爲本，性則本於天道。戴震所說日用行事皆由性起，不是從行事原則方面講，而是由行事的實事上講。人的日常行事，爲血氣心知的行動；血氣爲情慾，爲才，心知爲心，人的情、欲、才、心都是性所有，血氣心知的行事，是性的行事，便是人道。所以他說：「陰陽五行，道之實體也；血氣心知，性之實體也。」他又拒斷以人道爲人日常行事之理，而以人道爲血氣心知日常行事。這種說法過於偏激！凡是行事，必有行事之理，卽是行事之道。行事之道，在事以內，然並不是『事』。當然事和道不可離，但應可以分別。孝道在父子身上，沒有父子卽沒有孝道；然而孝道究竟不是父子，而是父子關係。父子關係不能離開父子，父子關係却不是父子。氣化不已是道，但氣不是道，氣化是氣的變化，也不是道的變化，道是氣化之理。戴震自已也說：

「就人倫日用擧凡出於身者，求其不易之則，斯仁至義盡而合於天。人倫日用，其物也。曰仁，曰義，曰禮，曰智，其則也。專以人倫日用擧凡出於身者，謂之道，故曰：『脩身以道，脩道以仁。』分物與則言之也。」(孟子字義疏證　卷下。胡本，附錄　第三十四節)

他以爲從「人倫日常出於身者，求其不易之則。」就承認在日常行事中有則；則卽是原則，卽是行事之理。則不是物，則和物有分，「分物與則言之」。但他以「人倫日用舉凡出於身者，謂之道。」又說「人倫日用，其物也。」卽是以物爲道，而以則爲仁義禮智，實在是反乎常情；常情以則爲道，仁義禮智乃是行事之道，人倫日用的事乃是物，道與物相分，而不能以物爲道。戴震一心在避免『虛』字，不願以道爲抽象的理，乃以實事爲道，在哲學上是講不通的。戴震却說：「中庸曰：『君臣也，父子也，夫婦也，昆弟也，朋友之交也，五者天下之達道也。』皆僅及事物而卽謂之道，豈聖賢之立言，不若朱子言之辨析歟？」（孟子字義疏證 卷上。胡本，附錄 第十五節）

## 乙、理

戴震所最恨的，是宋明理學家把理和氣相對立，在氣外有理，理似乎是一實物；他在孟子字義疏證裏反覆辯駁，欲罷而不能休止。

「問：宋以來，儒書之言以理為如有物焉，得於天而具於心。……曰：六經孔孟之言以及傳記羣籍，理字不多見。人雖至愚之人，悖戾恣睢，其處斷一事，責詰一人，莫不輒曰理者，自宋以來始相習成俗，則以理為如有物焉，得於天而具於心，因以心之意見當之也。於是負其氣，挾其勢位，加以口給者，理伸；力弱氣慴，口不能道辭者，理屈。嗚呼，其誰以此制事以此制人之非理哉！」（孟子字義疏證 卷上。胡本，附錄 第五節）

「問：自宋以來，謂理得於天而具於心。既以為人所同得，故於智愚之不齊歸諸氣稟，而敬肆邪正以實其理欲之說。老氏之抱一無欲，釋氏之常惺惺；彼所指者曰真宰，曰真空，而易以理字，便為聖學。既以理為得於天，故又創理氣之說，譬之二物渾淪。於理極其形容，指之曰淨潔空闊。不過就老莊釋氏所謂真宰、真空者，轉之以言夫理。就老莊釋氏之言，轉而為六經孔孟之言，今何以剖別之，使截然不相淆惑歟？

曰：天地人物事為，不聞無可言之理者也。詩曰：『有物有則』是也。物者，指其實體實事之名；則者，稱其純粹中正之名。實體實事罔非自然，而歸於必然，天地人物事為之理得矣。夫天地之大，人物之蕃，事為之委曲條分，苟得其理矣，如直者之中懸，平者之中水，圓者之中規，方者之中矩，然後推諸天下萬世而準。……夫如是為得理，是為心之所同然。……盡乎人之理非他，人倫日用盡乎其必然而已矣。推而極於不可易之為必然，乃語其至，非原其本。後儒從而過求，徒以語其至者之意言思議，視如有物，謂與氣渾淪而成。聞之者習焉不察，莫知其異於六經孔孟之言也。舉凡天地人物事為，求其必然不可易，理至明顯也。從而尊大之，不徒曰天地人物事為之理，而轉其語曰理無不在，視之如有物焉。將使學者皓首茫然，求其物不得。非六經孔孟之言難知也，傳注相承，童而習之，不復致思也。」（孟子字義疏證 卷上。胡本，附錄 第十三節）

理和實體實事的關係，實體實事爲物，理爲則。物皆有則，關於這一點，自詩經以來，儒者都是這樣講。然而關於物和則的關係，則論說不一。所謂物有則，應由人心去知，天地人物若不由人去知，無所謂則不則，天地人物自然而變化，沒有『則』的問題；在人求知天地人物時，便求知道天地人物之則。至於事爲，由人去做，人乃求行事之則。戴震以天地人物事爲本身所有之則，稱爲自然；人爲知道天地人物事爲而求『則』，稱爲必然，必然就是理，也是理之極至。人爲知道天地人物事爲而求『則』，是以心去求；因此，物與理的關係，便是心和理的關係。心和理的關係，在宋明理學家中爲致知格物的問題。戴震舉出關於這個問題，歷代學者所有的意見。

「問：宋儒以理爲如有物焉，得於天而具於心也。人之生也，由氣之凝結生聚，而理則湊泊附著之。因以此爲完全自足。如是，則無待於學。然見於古賢聖之論學，與老莊釋氏之廢學截然殊致，因謂理爲形氣所汚壞，故學焉以復其初。復其初之云，見莊周書，蓋其所謂理，卽如釋氏所謂本來面目。而其所謂存理，卽釋氏所謂常惺惺。豈宋以來儒者，其說盡援儒以入釋歟？

曰：老莊釋氏以其所謂眞宰眞空者爲完全自足；然不能謂天下之人有善而無惡，有智而無愚也，因擧善與智而毀訾之。……彼蓋以無欲而靜則超乎善惡之上，智乃不如愚，故直云絕學，又主絕聖棄智，絕仁棄義，此一說也。

荀子以禮義生於聖心，常人學然後能明於禮義；若順其自然，則生爭奪；弗學而能，乃屬之性；學而後能，不得屬之性：故謂性惡。……此又一說也。……

程子朱子謂氣稟之外，天與之以理；非生知安行之聖人，未有不污壞其受於天之理者也。學而後此理漸明，復其初之所受。是天下之人雖有所受於天之理，而皆不殊於無有，此又一說也。……

陸子靜王文成諸人推本老莊釋氏之所謂真宰真空者，以為卽全乎聖智仁義，卽全乎理。此又一說也。

程子朱子就老莊釋氏所指者，轉其言以言夫理，非援儒而入釋，誤以釋氏之言雜入於儒耳。

陸子靜王文成諸人就老莊釋氏所指者，卽以理實之，是乃援儒以入於釋者也……。」（孟子字義疏證 卷上。胡本，附錄 第十四節）

所謂學，在儒家有所謂『尊德性，道問學』的問題。戴震把心與理的問題，自然和學的問題，尊德性和道問學的問題，都揉合一起。宋儒常分見聞之知和德性之知，德性之知根於心？王陽明以為良知，良知自然而現，不必學習，不必求見聞之知；戴震批評王陽明和陸象山爲援儒入釋。陸王所以主張良知自現卽德性之知，因爲他們主張理在於心，而且主張『心外無理』、『心卽理』。程朱主張理在心，又在事物，所以要研究外物之理；然以理與氣對立，理在氣外。見聞之知不能見理，德性之知纔能知理。張載在正蒙大心篇曾說：「見聞之知，乃物交而知，非德性所知。德性所知，不萌於見聞。」張載固然不以理氣對立之二元，而以理在氣內，然而仍舊主張只有心的知纔是德性之知。荀子時代還沒有理氣的問題，但是他主張性惡，理便不在人心，而在聖人的教訓，人須學聖人的教訓纔知道理。戴震既然看重訓詁考據，便注重道問學。

「僕聞事於經學，蓋有三難：淹博難，識斷難，精審難。……別有略是而謂大道可以徑至者，如宋之陸，明之陳，王廢講習討論之學，假所謂尊德性以美其名。然舍夫道問學則惡可命之尊德性乎？」(與是仲明論學書　戴震文集，卷九)

余英時以「此書作於東原甲戌(公元一七五四)入都以前，其時東原自家之義理尚未到手。」(6)但雖然後來在原善和孟子字義疏證建立了自己的義理思想，他還是看重見聞之知，以德性之知由見聞之知而來。他這種看重見聞之知，使他也看重實體實事；他便以理不是抽象的原則，而是具體的事物。他講論『道』時，以道和物相等。他講論理，便極力攻擊宋明理學以理在人心的思想。他很痛恨以理「如有物焉，得於天而具於心也。」假若理在人心，則人人都可以把自心所想的作爲理，恣睢暴戾的人便常常得到理申，力弱在下位的人便常有理屈。而且所謂理在人心，和老莊所說的眞宰，和釋氏所說的眞空相同，宋明儒者都是採用老莊釋氏的思想，祇是改用一個理字；所以說：理不能在人心。

理是什麼呢？實體實事莫不有自然之道，人在知和用實體實事時，必求實體實事的必然之道，卽是說人必定要這樣認識實體實事，必定要這樣用實體實事，這事「天地人物事爲之理得矣。……盡乎人之理非他，人倫日用盡乎其必然而已矣。」

這樣說來，理是在事物，而且就是事物。事物爲何稱爲理？

「理者，察之而幾微必區以別之名也。是故謂之分理。在物之質曰肌理，曰腠理，曰文理。得其分，則有條而不紊，謂之條理。……中庸曰：『文理密察，足以有別也。』樂記曰：『樂者，通倫理者也。』鄭康成注云：『理，分也。』許叔重說文解字序曰：『知分理之可相別異也。』古人所

謂理，未有如後儒之所謂理者矣。」（孟子字義疏證 卷上。胡本，附錄 第一節）

「問：古人之言天理，何謂也？

曰：理也者，情之不爽失也。……天理云者，言乎自然之分理也。」

（同上、第二節）

天地氣化，生生萬物；氣化成人物的性。性是分於天道。天地萬物各有其類，不相紊亂；因爲都得天道之分。每一物不是全，而是分；卽不是得氣化之全，而是得氣化之分。每一物是有分別的物，物的所有各部份也是有分別的部份。一個人是有分別的人，每一個人的手是有分別的手，所有的足是有分別的足。這個人不是那個人，是手也就不是足。同樣，每一椿事爲，也是有分別的事爲，孝父母的事，不是敬兄長的事。所以說「理者，察之而幾微必區以別之名也。」這個有區別的人就是這個人，這支手臂就是這支手臂，孝父母的事就是孝父母的事；因此物的區別，代表物的本身。物的區別爲理，理就是事物了。這是戴震的邏輯。然而這個『理』成爲理，須要心去知；否則只有事之自然，而沒有事的必然，也就沒有理。戴震主張理是事物，然而理所以成爲理，在乎心知。心知理，稱爲得理。心知理，不是自心所具之理，而是物之理，「夫如是，是爲得理，是爲心之所同然。」（同上。胡本，附錄 第十

四節）

「試以人之形體比而論之。形體始乎幼小，終乎長大；德性始乎蒙昧，終乎聖智。其形體之長大也，資於飲食之養乃長，日加益，非復其初。德性資於學問，進而聖智，非復其初，明矣。人物以類區分，而人所稟受，其氣清明，異於禽獸之不可開通。然人與人較，其材質等差凡幾？古聖賢知人之材質有等差，是以重問學，貴擴充。」（孟子字義疏證 卷上。胡本，附錄 第十四節）

**人爲德性之知，須要用問學去研究事物。理與事物不分離，不能以性爲理，形體爲氣。不可把物性物形分爲二，不可把自然和必然分爲二。**

「天之生物，使之一本。而以性專屬之神，則視形體為假合。以性專屬理，則苟非生知之聖人不能不咎其氣質，皆二本故也。……

由血氣之自然而審察之，以知其必然，是之謂理氣。自然之與必然，非二事也。就其自然，明之盡而無微之失焉，是其必然也。如是而後無憾，如是而後安，是乃自然之極則。」（孟子字義疏證 卷上。胡本，附錄 第十五節）

形體和性不相分，理和事物不相分，天地事物只有一本，而不是程朱的理氣二本。但是問題也和「道與物」的關係一樣，理和事物雖不分離，然不能以事物爲理。每一事物有自己的理則，宇宙有自己的天理，理雖不能是「如有一物，得於天而具於心」；然而決不能和事物不相分。人有所以爲人之理，理和人同爲一體，然不能說人就是理。理在事物以內，人知事物之理，是知事物所有之理，而不是知道自心之理。但事物是事物，事物不是理，祇是具有自己之理。見聞之知，不能知道事物之理，心之知纔能知道。可見形體和理並不是完全爲一。至於德性之知，知道行事之道，知道是非之理，人心具有良知。良知爲孟子所講，良知所知的是非之理爲人心具有之理，爲事之必然之道。王陽明講良知，在根本上沒錯，因「理得於天而是於心」，祇是他認爲心外無理則過偏，良知固然具有天生之理，然而事爲也有自己之理。孝敬父母爲良知固有之理，但在這時、這地、這人應怎樣行孝，則不是良知固有之理了，必須人去研究必然的中庸之道。戴震以是非之理完全是事爲，棄良知不講，則又偏於另一方面了。通常事物之理，爲事物的本性，本性在事物裏，不在事物以外，不在人心；然不是事物。一件物體，必有體質，有性理。例如桌子有體質，有形式，體質是材料，形式是桌子成爲桌子之理。一棟房子有質料，有建築圖形，質料成房子的體，圖形成房子建築的理。朱熹所講理氣二元，即是圖形和質料，在根本上是不錯的。戴震自己也引用詩經的話「有物有則」。祇是不要把理和氣相對立，以之爲兩物。朱熹本來也沒有這種思想，常說理氣不能分離，天下不能有理而沒有氣，也不能有氣而沒有理，理氣不分先後。但是他講「理一而殊」，則太牽强。又講太極爲理之極至，每物有一太極，天地又祇有一太極，似乎認爲理「如有一物」；則是觀念不正確，不清楚，戴震乃予以攻擊。

## 4. 人　性

### 甲、性

戴震反對宋明理學家對於『理』的解釋，原因是他反對宋明理學家對於『性』的解釋。在儒家的哲學思想裏，性善性惡的問題，乃爲一中心的問題。儒家的哲學以人生爲對象，人的生命爲精神的生命，精神的生命爲倫理道德的生命，倫理道德的基礎在於行善，行善的原則，應該是人性，人性便應是善。但是一般人却常有惡行，惡是怎麼來的呢？中西哲學都遇到這個很難答覆的問題。儒家有的說是因爲人的性惡，有的說是因爲氣蔽塞了人性，有的說是因習染不良。戴震也深入地討論了這個問題，舉出了自己的意見。

他認爲『性』是：

「性，言乎本天地之化，分而為品物者也。限於所分，曰命；成其氣類，曰性。各如其性以有形質，而秀發於心，徵於貌色聲，曰才。」（原善上。胡本 附錄 第一節）

「有天地然後有人物，有人物而辨其資始曰性。……本五行陰陽以成性，故曰成之者性也。」（同上，第三節）

「中庸曰：『天命之謂性，率性之謂道，修道之謂教。』莫非天道也。其曰天命，何也？記有之『分於道謂之命，形於一謂之性，』言分於五行陰陽也。天道，五行陰陽而分矣；分而有以成性。」（原善上。胡本 附錄 第九節）

「性者，分於陰陽五行以為血氣心知，品物區以別焉。舉凡既生以後所有之事，所具之能，所全之德，咸以是為其本。故易曰成之者性也。」（孟子字義疏證 卷中。胡本 附錄 第二十節）

「性者，血氣心知本乎陰陽五行，人物莫不區以別焉，是也。」（孟子字義疏證 卷中。胡本 附錄 第二十一節）

戴震論性，依據易經的思想。易傳繫辭上第五章說：「一陰一陽之謂道，繼之者善也，成之者性也。」一陰一陽爲氣，一陰一陽的變化爲氣化，氣化有氣化之道。氣化運行不息，化生萬物，使萬物繼承天地之善。萬物的化生分有陰陽氣化之道，所分氣化之道，稱爲性，使物各有區別。每物所以能分有天地氣化之道，因爲有天命；每物依照各所受的天命而分陰陽氣化之道以成性。性的原則在於天命，性的實體爲氣化所成的血氣心知，性的特質在於使物可以區分。

每物之所以成爲這個物體，和別的物體有區別，是因爲有物性；物性卽是一物成爲一物之理。戴震論『理』說：「理者，察之而幾微必區以別之名也。是故謂之分理。」（孟子字義疏證 卷上。胡本 附錄 第一節）性卽是物之理。戴震因爲反對朱熹的理氣二本，也就反對以性爲理。

「蓋孟子道性善……明理義之為性。……由孟子而後，求其說而不得，則舉性之名而曰理也，是又不可。」（原善中。胡本 附錄 第四節）

> 「孟子曰：『心之所同然者，義也，理也。聖人先得我心之所同然耳。』於義外之說必致其辨，言理義之為性，非言性之為理。性者，血氣心知本乎陰陽五行，人物莫以區以別焉，是也。」（孟子字義疏證 卷中。胡本 附錄 第二十一節）

朱熹主張理氣二元，以性爲理，以形體爲氣。心兼性情，情慾和才都來自氣。然在每一個人，則所有的性，爲氣質之性，即理與氣相合的性。氣有清濁，各人的性乃不同，各人的情欲和才也不同。戴震以性不是空虛的理，性就是氣，就是血氣心知。王船山也主張人的性爲氣質的性，情欲和才出自性；然而性中有理。朱熹言性爲理，理爲共同性，凡同理之物，性也相同。人性是共同的，凡是人都有相同的人性。氣則因清濁的程度不同，使同一性的物而成不相同的個體，朱熹對於人的性稱爲理，對於每一個人的性則稱爲氣質之性。戴震講性，注重區別之分；所注重的分是類別的分，「限於所分曰命，成其氣類曰性。」然而人不單是和禽獸有區別，每一個人和另一個人也有區別，這種區別怎麼來呢？戴震說是因爲氣有清濁。然氣的清濁不影響人性，祇影響人的才。每個人的性相同，才則不相同。「才者，人與百物各如其性以爲形質，而知能遂區以別焉。」（孟子字義疏證 卷下。胡本 附錄）第二十九節）關於才的問題，在後面我們要討論。現在，我們只是要知道戴震所講的性，不因氣的清濁而不相同，他不讚成朱熹所講的氣質之性。

他講聖賢和凡愚的分別，當然由於善不善；然而善不善則由於心知的明不明，心知的明不明乃是才。

「故孟子曰：『耳目之官不思，心思之官則思。』是思者，心之能也。精爽有蔽隔而不能通之時；及其無蔽隔，無弗通，乃以神明稱之。凡血氣之屬，皆有精爽；其心之精爽，鉅細不同。如火光之照物，光小者，其照也近。所照者，不謬也。所不照，斯疑謬承之。不謬之謂得理。其光大者，其照也遠，得理多而失理少。且不特遠近也，光之及又有明闇，故於物有察有不察。察者，盡其實；不察，斯疑謬承之。疑謬謂之失理。失理者，限於質之昧，所謂愚也。惟學可以增益其不足而進於智。益之不已，至乎其極，如日月有明，容光必照，則聖人矣。」（孟子字義疏證　卷上。胡本，附錄第六節）

這樣講，離着題目很遠了。朱熹講氣質之性是爲解決惡的問題，惡由氣濁而來。戴震不主張氣質之性，又不以惡來自性，而是由於習染，習染所以不善，是由於心知之不明。但若因心知之明不明而有善惡，則看理明白的人必是善，智慧就是善了。這一點就德性之知說也不能說通。戴震以善爲「言乎知常，體信，達順也。」(原善上。胡本 附錄第一節) 所謂常，即是分理，知常，是知性之理。因知性之理，乃能體明德而信，達天道而順；所以善在於知理。知理則得理，得理在於心知的光明能照鑑察見。

戴震以性爲善，由才質去斷：

「耳能辨天下之聲，目能辨天下之色，鼻能辨天下之臭，口能辨天下之味，心能通天下之理義；人之才質得於天，若是其全也！孟子曰：『非天之降才爾殊』；曰：『乃若其情，則可以為善矣。乃所謂善也。若夫為不善，非才之罪也。』唯據才質為言，始確然可以斷人之性善。」(原善中。胡本，附錄 第四節)

然而這種解釋和孟子荀子的思想不相同，孟子荀子所爭論善惡，是指着人性，不指着情和才。孟子論情和才，祇是附帶的問題，以情和才爲心的能，心能用情和才去行善或行惡，情和才本身沒有善惡。戴震解釋孟子荀子也就不得其當。

> 「在孟子時，則公都子引『或曰性可以為善，可以為不善』；或曰『有性善，有性不善。』言不同而所指之性同。荀子見於聖人而神明者不可概之人人，其下皆學而後善，順其自然則流於惡；故以惡加之。論似偏，與『有性不善』合。然謂理義為聖心，是聖人之性獨善，實兼公都子兩引或曰之說。揚子見於長善則為善人，長惡則為惡人，故曰『人之性也善惡混。』又曰『學則正，否則邪。』與荀子論斷似參差而匪異。韓子言性之品，有上中下三。上焉者，善而已矣；中焉者，可導而上下也；下焉者，惡焉而已矣。此即公都子兩引或之說，會通為一。
>
> 朱子云『氣質之性固有善惡之不同，……但習於善則善，習於惡則惡。……人之氣質相近之中，又有善惡一定，而非習之所能移也。』直會通公都子兩引或曰之說解論語矣。
>
> 程子云『有自幼而善，有自幼而惡，是氣禀有然也。善固性也，然惡亦不

可不謂之性也。』此與『有性善，有性不善。』合；而與『性可以為善可以為不善。』亦未嘗不兼。特彼仍其性之名，此別之曰氣稟耳。程子又云：『人生而靜以上不容說，纔說性時，便已不是性也。』朱子釋之云：『人生而靜以上，是人物未生時，止可謂之理，未可名為性；所謂在天曰命也。纔說性時，便是人生以後，此理已墮在形氣中，不全是性之本體矣；所謂在人曰性也。』據樂記『人生而靜』與『感物而動』對言之，謂方其未感，非謂人物未生也。中庸『天命之謂性』，謂氣稟之不齊，各限於生初，非以理為在天在人異其名也。

況如其說，是孟子乃追溯人物未生，未可名性之時而曰性善。若就名性之時，已是人生以後，已墮在形氣中，安得斷之曰善？由是言之，將天下古今，惟上聖之性不失其性之本體，自上聖而下，語人之性皆失其性之本體？人之為人，舍氣稟氣質將以何者謂之人哉。是孟子言『人無有不善』者，程子朱子言『人無有不惡』，其視理儼如有物，以善歸理。雖顯遵孟子性善之云，究之孟子就人言之者，程朱乃離人而空論夫理！故謂孟子論性不論氣，不備。若不視理如有物，而其見於氣質不善，卒難通於孟子之直斷曰善。宋儒立說，似同於孟子而實異，似異於荀子而實同。孟子不曰『性無有不善』，而曰『人無有不善。』性者，飛潛動植之通名；性善者，論人之性也。如飛潛動植，擧凡品物之性，皆就其氣類別之。人物分於陰陽五行以成性，舍氣類更無性之名。……何獨至於人，而指夫分於陰陽五行以成性者，曰此已不是性也？豈其然哉？……故截氣質為一性，言君子不謂之性；截理義為一性，別而歸之天，以附合孟子。其歸之天，不歸之聖人者，以理為人與我，是理者我之本無也；以理為天與我，庶幾湊泊附著，可融為一。是借天為說，聞者不復疑於本無，遂信天與之得為本有耳！彼荀子見學之不可以已，非本無，何待於學？而程子朱子亦見學之不可以已，其本有者，何以又待於學？故謂為氣質所汚壞，以便言本有者之轉而如本無也。」（孟子字義疏證　卷中。胡本，附錄　第二十七節）

上面這一段長文，爲戴震講性善的最重要文據。他先擧出公都子引說的兩種主張，把後代儒家的性善性惡說，都歸併在內。又以程朱的性說，實則與孟子的性善說不合，而與荀子的性惡說相合。最後且說「程子朱子於老莊釋氏既入其室，操其矛矣，然改變其言以爲六經孔孟如是；按諸荀子差近之，而非六經孔孟也，」(同上)他沒有深入程朱的性說，程朱分本然之性和氣質之性，本然之性爲理，乃是善，氣質之性爲理與氣合之性，可以是善可以是不善。戴震認爲本然之性爲理，係以理如有物，歸之於天，而非人所本有。這一點不合於朱熹的思想。本然之性稱爲天，係天命所定，然氣質之性也係天命所定，戴震也承認這一點；故不能以性爲天命，就不是人所本有。每個人的本然之性都在人內，爲人所本有。每個人的本然之性與氣相結合，成爲氣質之性；氣質之性纔是每個人的性。朱熹說本然之性常是善，固然是「離人而空論理」，因爲本然之性爲抽象之性；在存有上說，人性是氣質之性，氣質之性有善有惡。朱熹的主張，和孟子的主張不同，和荀子的主張也不同，更不是老莊釋氏的思想。朱熹的主張不能解決性善惡的問題；但是戴震的批評，則是沒有深入研究。

戴震以性爲氣類之性，「舍氣類更無性之名」。性善則專指人性，因爲物性無所謂善惡。戴震承認人性和物性有別，而分別的理由，在於人性爲善。人性爲什麼是善呢？「人以有禮義異於禽獸，實人之知覺大遠乎物則然。此孟子所謂性善；而荀子視禮義爲常人心知所不及，故別而歸之聖人；程子朱子見於生知安行者罕覯，謂氣質不能概之曰善。」(同上)人性爲善，因有理義。理義是否在人心？孟子說人生而有仁義禮智四端，戴震不說禮義爲人心生來所是有，而曰人心能知理義，故「人之知覺大遠乎物。」但他又讚成孟子所說仁義在內不在外。若理義在人心以內，人心對理義之知便是良知，而不是學。但戴震却很强調學，以學以資養心知，盡其極至可以至於聖人；這豈不是荀子的主張嗎？孟子主張性善，確實主張人心生來具有仁義禮智，存心養性卽是培養天生的仁義禮智。仁義禮智是「如有物焉，得之於天而是於心」。戴震專心攻擊這一點，却又專心擁護孟子的性善論。勞思光評論戴震說：「蓋戴氏因不善於作理論思考，故只一味發揮自己某種想法，而全不顧及理論之嚴格性也。」(7)這種評語有欠正確，然戴震不守邏輯法也是事實。胡適則說：「宋儒重理性而排斥氣質，故要『澄而清之』；戴氏認氣血心知爲性，才質有於內而須取資於外，故要『由博學，審問，愼思，明辨，篤行以擴而充之』。這是戴學與理學大不相同的一點。」(8)但是戴震的最大缺點，就在於以血氣心知爲性；因爲從理論上說：人的血氣心知所以是這樣，一定有所以然的理。例如一張桌子所以是這樣，一定是工匠做桌子時心目中有桌子的形式，乃照形式而造。於今說桌子的性就是桌子的材料，誰也知道不能這麼說。一個人的性，不是血氣心知，而是使血氣心知能成爲血氣心知之理。朱熹說理和氣相分，張載和王船山說理在氣以內。戴震則完全不講理，性就講不通。他可以反對朱熹的天然之性和氣質之性，以性爲氣質，然不能說氣質之內不具人之所以爲人之理！「人之得於天也，一本。既曰血氣心知之性，又曰天之性，何也？」（原善上。胡本，附錄，第五節）天之性就是血氣心知之性；血氣心知之性內具有天之性，天之性爲理，血氣心知之性便具有天與之理。

## 乙、情・欲

朱熹曾以「情爲心之動」，所以「心兼性情」。欲則「是情發出來底。心如水，性猶水之靜，情則水之流，欲則水之波瀾。但波瀾有好底，有不好底。」（朱子語類 卷五）戴震把欲、情、知三者都由性而有，三者同樣是重要的。

> 「人生而後有欲，有情，有知。三者，血氣心知之自然也。給與欲者，聲色臭味也；而因有愛畏。發乎情者，喜怒哀樂也；而因有慘舒。辨於知者，美醜是非也；而因有好惡。聲色臭味之欲，資以養其生。喜怒哀樂之情，感而接於物。美醜是非之知，極而通於天地鬼神。聲色臭味之愛畏以分，五行生克為之也。喜怒哀樂之慘舒以分，時遇順逆為之也。美醜是非之好惡以分，志慮從違為之也。是皆成性然也。有是身，故有聲色臭味之欲；有是身，而君臣父子夫婦昆弟朋友之倫具，故有喜怒哀樂之情。惟有

情有欲，而又有知，然後欲得遂也，情得達也。天下之事，使欲之得遂，情之得達，斯已矣。惟人之知，小之能盡美醜之極致，大之能極是非之極致；然後遂己之欲者，廣之能遂人之欲；達己之情者，廣之能達人之情。道德之盛，使人之欲無不遂，人之情無不達，斯已矣。欲之失為私，私則貪邪隨之矣。情之失為偏，偏則乖戾隨之矣。知之失為蔽，蔽則差謬隨之矣。不私，則其欲皆仁也，皆禮義也。不偏，則其情必和易而平恕也。不蔽，則其知乃所謂聰明聖智也。」（孟子字義疏證 卷下。胡本，附錄 第三十節）

在上面一段文據裏，有四點應予說明。第一點：欲，情，知，出自人性，為「血氣心知之自然也。」戴震沒有說明三者和性的關係，也沒有說明三者中間相互的關係。這三者似乎是人的三方面生活：生理方面的生活為欲，「聲色臭味之情，資以養其生；」感覺方面的生活為情，「喜怒哀樂之情，感而接於物。」理性方面的生活為知，「美醜是非之知，極而通於天地鬼神。」第二點：欲，情，知的對象。欲的對象為聲色臭味；情的對象為喜怒哀樂；知的對象為美醜是非。欲的對象是物質性，是物引物；情的對象也是物質性；知的對象則屬精神性。第三點：欲，情，知的動因。欲是「五行生克為之也」；情的動因為時遇順逆，即是說在一時，或順或逆的遭遇，「時遇順逆爲之也」；知的動因爲心的志慮，「志慮從違爲之也。」第四點：遂欲，達情乃人性的要求，「天下之事，使欲之得遂，情之得達，斯已矣。」在這裏所以看出戴震對於心，很少講。朱熹則以心統性情，主宰人身，情欲歸於心，受心統制。戴震曾經提到此點。

「耳目鼻口之官各有所司，而心獨無所司，心之官統主乎上以使之，此乃血氣之屬皆然。」（孟子私淑錄 中）

「心統乎上以使之」，究是什麼意思？是不是心統耳目鼻口？戴震沒有這種意思。他祇是以心知理義，情欲當合於理義，合不合由心去評斷，但心不能發號施令，強制情欲。

「凡人行一事，有當於理義，其心氣必暢然自得；悖於理義，心氣必沮喪自失；以此見心之於理義，一同乎血氣之於嗜欲，皆性使然耳。耳目鼻口之官，臣道也；心之官，君道也；臣效其能而君正其可否。理氣非他，不否之而當，是為理義，聲色臭味之欲，察其可否，皆有不易之則。故理義者，非心出一意以可否之。若心出一意以可否之，何異强制之乎？因乎其事，察其不易之則，所謂『有物必有則』，以其則正其物，如是而已矣。」（孟子私淑錄 中）

心不能强制情欲，情欲有自己的則，心只是以情欲之則去評衡情欲，若合於則，就是理義；若不合，就失去理義。雖說『以其則正其物』，並不是心去主宰或統制情欲，只是指出情欲正不正。

戴震以情欲出於性，既出於出性，則是善。人由陰陽五行而成，陰陽五行是氣，人便也是氣。氣所成爲欲，情，知。人須以仁義禮智去養自己的心，也須要以情欲以養自己的氣。欲若不遂，情若不達，人的氣必定不舒暢；因此須要遂欲達情，「天下之事，使欲之得遂，情之得達，斯已矣。」

宋儒以情欲能障蔽心之理，故主張克制情慾，以恢復心的本體。克制情欲是以心按理去控制情欲，使情欲都能中節。因此宋儒有立敬守靜。戴震反對以理去制欲。理爲事物之則，在事不在心，心以理制欲，則是「若心出一意以可否之，何異强制之乎！」

「天下必無舍生養之道而得存者。凡事為皆有於欲，無欲則無為矣，有欲而後有為，有為而歸於至當之謂理。無欲無為，又焉得有理？」（孟子字義疏證 卷下。胡本，附錄 第四三節）

這段話是合乎理的，士林哲學也主張『凡事皆有所欲』，『有爲而歸於至當之謂理。』但是士林哲學主張以心去節制欲，使欲歸於至理。情欲是盲目的，須用心知去主宰。朱熹也並沒有主張絕欲或無欲，而且他反對自己老師李延平的靜坐以求心的不動，他主張節欲，節欲的方法是持敬主靜，近於佛教的禪法。然而孟子也主張寡欲，寡欲的方法是存心養性。戴震却主張遂欲達情，主張情欲歸於至當，但沒有節制情欲的心，一任情欲自然得有滿足。那豈不是像王陽明學派的王畿、王艮、李贄，主張人不要努力修歛，只要任性而行必是善。戴震則極力攻擊王學，然王學還是主張任良知的自然流露，以情欲混於良知；戴震則單純地主張遂欲達情，豈不會放蕩邪僻了嗎？他認爲不會，因情欲自己有理，但情欲沒有知，只是物引物。孟子尚且說保心思之官爲大人，保耳目之官爲小人，戴震主張遂欲達情，豈不是養小人之體嗎？他雖然也主張以理氣養心，但若心不能主宰情欲，情欲會拉走心，不是心主宰情欲！他事事常說要合於六經孔孟之言，以朱熹的思想不見於六經孔孟，可是他的遂欲達情的主張，也並不見於六經孔孟。

> 「是故君子亦無私而已矣，不貴無欲。君子使欲出於正，不出於邪，不必無。……此理欲之辨，使君子無完行者，為禍如是也！」（同上）

問題就在在『君子亦無私』，『君子使欲出於正』，若沒有修養，若沒有心的主宰，怎麼能成呢？僅僅說事有理，而不是心有理，事有理須要心去知，心知尙須心去執行；捨了心，君子怎樣能夠不私，能夠不邪！戴震最恨「理如有物焉，得於天而具於心」；若是人沒有良知之心，沒有良知的是非之知，怎麼能使欲不出於不正？胡適認爲：「這樣抬高欲望的重要，在中國思想史上是很難得的。」(9) 實則王船山在張子正蒙注中，已經說「天理卽在人欲之中，無人欲則天理亦無從發現」。梁啓超以爲「可謂發宋元以來所未發；後之戴震學說，實由玆衍出。」(10) 然王船山講『理』，以理在氣中，戴震則以理在事物中。

胡適說：「戴震的心理學裏只有欲望、情緒、心知三大區分。心身是一身的主宰，是求理的官能。但他的心理沒有甚麼『得於天而具於心』的理。這樣的主張又和宋儒以來的理欲二元論相衝突了。這樣絕對的二元論的結果便是極端的排斥人欲。他們以爲『去人欲』卽是

『存天理』的唯一方法。這種排斥人欲的哲學在七百年中逐漸造成了一個不近人情，冷酷殘忍的禮教。戴震是反抗這種排斥人欲的禮教的第一人！」⑾他又引戴震的話：

「酷吏以法殺人，後儒以理殺人，浸浸乎舍法而論理，死矣！更無可救矣！」（戴震文集，卷九 與某書）

「理者，存乎欲者也。」（孟子字義疏證 卷上。胡本，附錄 第十節）

朱熹的修養論，主張守敬主靜以節欲，並沒有絕欲的主張；而且宋明理學反對佛教，就是因爲佛教主張絕欲，理學家責以爲使人成爲『槁木死灰』。明初的理學家律身非常嚴肅，排斥人欲；乃有陳献章和王陽明主張明心見性，致良知的天理。若說朱熹所說「人欲云者，正天理之反耳。」（答何叔京書）同戴震所說：理者，「存乎欲者也」恰恰相反，這是因爲朱熹主張理氣二元，以欲來自氣，故認人欲和理相反。戴震只主張氣，以氣中有理，當然是理存在欲中了。但是他所說理存在欲中，意義若是正確，則是指「情之至於纖微無憾是謂理。」並不是凡是欲便是理；否則，只講欲而不講理，爲禍之大，將更大於冷酷殘忍的禮教，而成爲淫逸放蕩的狂妄。戴震本人當然不是有這樣的主張。

## 丙、仁義禮智

孟子以仁義禮智生於心，發起人性。朱熹乃以爲人性之理，「受於天而具於心」。王陽明以人心爲理，致人心之理於事，卽是仁義理智。戴震反對人心有理，善來自人心以外。這點有些似乎荀子；荀子以人心爲惡，善乃人努力所爲，稱爲僞。人爲行善，應學聖賢之道；荀子所以重學。戴震也很重學，他說：

「聖人之言無非使人求其至當以見之行；求其至當，卽先務於知也。凡去私不求去蔽，重行不先重知，非聖學也。」（孟子字義疏證。胡本附錄第四十二節）

他以宋明理學以「理受於天而具於心」，則不必學，違背六經孔孟。所以他重學，學以去蔽。宋明理學也講蔽，蔽是天理爲人欲所蔽，故應克欲以明天理。戴震的去蔽有似於荀子的解蔽，從智識方面去解除錯誤。錯誤不僅是事理看錯，也是事理不明。人以心去求知。

「思者，心之能也。精爽有蔽隔而不能通之時；及其無蔽隔，無弗通，乃以神明稱之。」（孟子字義疏證卷上。胡本，附錄第六節）

心能知，知在於求知聖賢之道。聖賢之道卽是事物之理。事物之理爲事物自然之道，人能知事物必然之道，在行事接物時，必定要按這種自然之道去行，人的行事之道就是事物必然之理。事物必然之理，乃是仁義禮智的道德。以必然而完成自然，戴震乃認爲自己的主張和荀子不同，而和孟子相同。

「荀子知禮義為聖人之教，而不知禮義亦出於性；知禮義為明於其必然，而不知必然乃自然之極則，適以完其自然也。就孟子之書觀之，明理義之為性；舉仁義禮智以言性者，亦為亦出於性之自然；人皆弗學而能，學以擴而充之耳。荀子之重學也，無於內而取於外也；孟子之重學也，有於內而資於外。……未有內無本受之氣，與外相得，而徒資焉者也。問學之於德性亦然。有己之德性，而問學以通於古賢聖之德性，是資於古賢聖所言德性，裨益己之德性也。」（孟子字義疏證卷上。胡本，附錄第二六節）

戴震也主張人有自己之德性，然後以『知』去裨益自己的德性。然而他所講的，究竟和孟子不同。孟子以人性有仁義禮智之端，在於人心，人『存心養性』以擴充自己的德性，可以成爲聖賢。孟子講『存心養性』以擴充仁義禮智之端而成善德，不是講求學以增益知識。戴震所講德性，乃是心的神明能『知』，以聖賢之道增益自己的『知』，『知』就是善。

> 「有血氣，斯有心知，天下之事能於是乎出。君子是以知人道之全於性也。呈其自然之符，可以知始；極於神明之德，可以知終。由心知而底於神明，以言乎事則天下歸之仁，以言乎能則天下歸之智。名其不渝謂之信，名其合變謂之權。言乎順之謂道，言乎信之謂德。……是故生生者，化之原；生生而條理者，化之流。……是故生生者仁，條理者禮，斷決者義，藏主者智。仁智中和曰聖人。」（原善 卷上。胡本，附錄第一節）

戴震講仁義禮智由兩方面講：一方面由『心知』去講；心由自己的德性開始，知人性之自然，「呈其自然之符，可以知始」，而後知道最深最高的神明之德，「極於神明之德，可以知終。」另一方面由『天地變化』去講，生生爲仁，條理爲禮，斷決爲義，藏主爲智。把兩方面合起來，應該是朱熹所說人心合於天心，人心有仁義禮智，發於事而有仁義禮智之德。戴震因反對理，也反對心，使外面的事，不和心主宰之動相合，而與心之「知」相合。則仁義禮智之德，在心以外。

「至貴者仁，仁得則父子親，禮得則親疏上下之分盡，義得則百事正，藏於智，則天地萬物為量。」（同上）

仁義禮智的意義，由生生之德而推到人事。在生生之德，仁蓋賅義禮智。

「生生不息，仁也。由其生生有自然之條理，觀於條理之秩然有序，可以知禮矣；觀於條理之截然不可亂，可以知義矣。在天為氣化之生生，在人為其生生之心，是乃仁之為德也。在天為氣化推行之條理，在人為其心知之通乎條理而不紊，是乃智之為德也。惟條理是以生生；條理苟失，則生生之道絕。」（孟子字義疏證 卷下。胡本，附錄第三十六節）

既然人心有生生之仁，又有生生條理之禮，又有知乎條理之智，雖不言義，義亦在心，義乃心的斷決。這樣仁義禮智都在心而又在理，和朱熹所言，並沒有不同。爲什麼務必要攻擊朱熹以理在心呢？

但是戴震始終以知爲德，不以培養人心德性以爲德。他以德性之知，卽是德性的發揚，完成仁義禮智的德行。

「誠，實也。據中庸言之，所實者，智仁勇也。實之者仁也義也禮也。由血氣心知而語於智仁勇，非於血氣心知之外，別有智有仁有勇以予之也。就人倫日用而語於仁，語於禮義，舍人倫日用，無所謂仁，所謂義，所謂禮也。……人倫日用皆血氣心知所有事。」（孟子字義疏證 卷下。胡本，附錄第三十八節）

「旣以智仁勇行之，卽誠也。使智仁勇不得為誠，則是不智不仁不勇，又安得謂智仁勇？」（同上，第三十九節）

誠爲實，乃淸初學者的共同解釋。王船山釋誠，以人心實有仁義禮智。戴震却把智仁勇和仁義禮智區分，以智仁勇屬於心知，仁義禮智屬於人倫日用之事，最後却又說人倫日用皆血氣心知之事。勉强提出區分的名字，實際上並沒有區分。他所講的誠，也不免是血氣心知之實。因此，戴震講仁義禮智有兩點不明白處：一、仁義禮智是否屬於心的德性，而予以擴充；二、仁義禮智是否爲事物之理，心知道了，是否就是行？他既排斥心有仁義禮智之禮，仁義禮智便是事物之理；然而他却又說人心有仁有禮。他既以心知爲德，則知便是行，然而他却主張知在行先。他主張在行以先之知爲求學之知，是否他所主張的心知爲自然之知，有似於王陽明的良知呢？但他極力反對王陽明的良知。

戴震的哲學思想，對於宋明理學提出許多問題，試圖予以新的答覆。雖多方努力想擺脫宋明理學的系統，然並沒有澈底達到目標，反而造成自己本身許多矛盾之點。

# 二、焦　循

## 1. 緒　論

胡適所著的戴東原的哲學分三部份：第一部份爲引論，共二十頁；第二部份爲戴東原的哲學，共六十頁；第三部份爲戴學的反響，共九十七頁。胡適很注意戴學的反響，列舉了清朝對理學稍有研究的學者，最後嘆惜戴學沒有傳人，僅有焦循稍能發揮戴震的思想，阮元能爲戴學的最有力護法者。

焦循，字里堂，揚州江都縣人，生於乾隆二十八年（公元一七六三年），卒於嘉慶二十五年（公元一八二〇年）年五十八。平生家居奉養母親，不出仕。他爲學最佩服戴震的孟子字義疏證，曾仿照這冊書作論語通釋，又作孟子正義，他說：

「維讀東原戴氏之書，最心服其孟子字義疏證。說者分別漢學宋學，以義理歸之宋。宋之義理誠詳於漢；然訓故明，乃能識羲文周孔之義理。宋之義理仍當以孔子之義理衡之，未容以宋之義理卽定為孔子之義理也。」（寄朱休承學士書 焦循 雕菰集，卷十三）

焦循隨着清朝當時的學風，注重考訂訓詁；但他不以考訂訓詁爲求學的目的，而是求學的工具，求學的目的，和戴震一樣在於求義理。對於義理，他想發揮戴震的思想。戴氏的哲學思想，以論性論情爲主。他說：

「孟子字義疏證於理道天命性情之名，揭而明之如天日。」(論語通釋自序。雕菰集卷十六)

焦循著有性善解五篇，知命解兩篇，格物解三篇。一以貫之解一篇。這幾篇可以代表他的思想，雖和戴震相近，然又和王陽明相近。他論性善說：

「性善之說，儒者每以精深言之，非也。性無他，食色而已。飲食男女，與物同之。……禽獸不知，則禽獸之性不能善；人知之，則人之性善矣。以飲食男女言性，而人性善，不待煩言自解也。禽獸之性，不能善，亦不能惡。人之性可行而善，亦可引而惡。惟其可行，故性善也。牛之性可以敵虎，而不可使之咥人，所知所能，不可移也。惟人能移，則可以為善矣。是故習相遠，乃知其性相近。若禽獸，則習不能相遠也。」(性善解一雕菰集。卷九)

## 2. 性

焦循論性有三點：一、食色是性；二、人有知故性善；三、人性能移故性善。

### 甲、食色是性

焦循以爲人性善應是人人都知道的事，也應該是人人都能的事。孔子曾在中庸裏說，道不遠人，愚夫愚婦都能知都能行；但若要知道或實行道的最完全點，則聖人也都有不能。焦循因孟子也曾說食色是性也，食色又是一切的人都知道都實行的事，而且禽獸也有食色，便肯定食色是性，不必要去講仁義禮智是性。這一點便錯了。性是一物所以成一物的道理，戴震雖然反對『理』，然也不能不講道理。焦循也知道這一點。一物有因成此一物的道理，物和物乃有分別。人和禽獸有分別在於性，性使人和禽獸有別，不是使人和禽獸一樣。既然食色是人和禽獸相同之點，食色便不是人性。孟子因此說君子不以食色爲性。所謂「食色性也」意思是說食色來自人性，爲人性的一部份，却不能說食色就是人性；因爲人之所以爲人，不在於食色，孟子乃以仁義爲性，仁義使人和禽獸有分別。「食色性也」，好比說「張三李四人也」，這句話沒有錯，可以以性去解釋食色，以人去解釋張三李四；然而不能說：

「人者，張三李四也」，或「性者，食色也」，因爲人的外延較比張三李四大，性的外延較比食色大。因此不能以人性就只是食色，也不能就食色去講性善性惡。孟子曾說：

「口之於味也，目之於色也，耳之於聲也，鼻之於臭也，四肢之於安逸也，性也，有命焉，君子不謂性也。仁之於父子也，義之於君臣也，禮之於賓主也，智之於賢者也，聖人之於天道也，命也，有性焉，君子不謂命也。」（盡心下）

## 乙、人能知性乃善

焦循解釋說人和禽獸的分別在於有知。禽獸不能有知，因爲禽獸不知道求佳味，求美色。人則知道，人心有靈。

「此於口味指出性字，可知性卽在飲食。曰：其人性與人殊，可知人性不同於鳥獸。同一飲食，而人能嗜味，鳥獸不知嗜味。推之，同一男女，人能好色，鳥獸不知好色。惟人心最靈，乃知嗜味好色。知嗜味好色，卽能

知孝弟忠信禮義廉恥。故禮義之悅心，猶芻豢之悅口。悅心悅口，皆性之善。」（性善解 五 雕菰集，卷九）

孟子曾說凡是人，在口味方面有相同嗜好，在音樂方面有相同嗜好，故能夠以易牙師曠作代表，因人性相同。焦循說人和牛羊在口味上的嗜好不相同，因爲人和牛羊的性不相同。所以他說：「可知性卽在飲食。」這句話有語病，應該說：「可知飲食卽在性。」因爲若說「性卽在飲食」，豈不是除飲食以外就沒有性嗎？人和禽獸的性不同，不是因爲口味的嗜好不相同，而爲因爲人有知，禽獸沒有知。人有知，因爲人有心，人心最靈。在這一點，焦循又犯了錯誤。因人心有靈，人乃和禽獸的性不同；那麼，人和禽獸的性便不同是食色；因爲在食色上，人和禽獸相同。焦循以食色爲性，就因爲食色是人和禽獸相同，兩者沒有分別這豈不是錯誤嗎！人性的特點，不在於食色，而在於人心之靈。焦循却以人心有靈，故能知道嗜味，知道好色，這就是人性；他又犯了錯誤。人心有靈固然知道嗜味好色；然而人心之靈的意義，則不在於知道食色，而是在於知道天理，卽是知道仁義禮智。焦循也想到這一點，他因此說，「知嗜味好色，卽能知道孝弟忠信禮義廉恥。」這一點又是一大錯誤，孝弟尊道德，和食色不相連貫，不是知道食色，就知道倫理道德。孟子明明說過人有小體和大體，小體爲感受之官，卽食色之官，大體爲心思之官，卽仁義道德之官。故人有感覺之知和德性之知，人也有感官之性和德性之性。焦循把兩者混而爲一。天下嗜食好色的人，多都不知道仁義道德。嗜味和好色，不必學而能。德性之知則須力學篤行。戴震固然也說人性的特色在於人心有知，人心的知在於知道情欲的條理和範圍，實則就是知道天理，只是不願用這種名詞。焦循說：

「性何以善，能知故善。同此男女飲食，嫁娶以為夫婦，人知之，鳥獸不能知之。」（性善解 三）

但是人之善，不是因爲知道飲食和嫁娶，而是因爲知道飲食嫁娶之道。他說「則論性善，徒持高妙之說，則不可定，弟於男女飲食驗之，性善乃無疑耳。」（同上）驗什麼呢，驗飲食男女之道。

「故非性善無以施其教，非教無以通其性。教卽荀子之所謂僞也，為也。為之而能善，由其性之善也。」（孟子正義，滕文公 爲世子章）

這種性善不是孟子的性善，而是荀子的性惡而有爲善之能。孟子的性善，以人性爲善，善爲善端，善端由教育和修養去發育。孟子的性善不僅是可以爲善之能，而是性已經是善，只是尚未成全，隨着人的修養而能完成。

「人性所以有仁義者，正以其能變通，異乎物之性也。以己之心通乎人之心，則仁也。知其不宜，變而之乎宜，則義也。仁義由人能變通，人能變通故性善；物不能變通，故性不善。」（孟子正義，性猶杞柳章）

這種性善也不是孟子的性善，而是告子的性善。孟子質詢告子，若性猶杞柳，使杞柳正直，是殘賊杞柳的性否，不殘賊杞柳的性，則性本就是善，不是因爲可以爲善纔是善，因爲性也可以爲惡，豈不是要說性是惡嗎？

錢穆說焦循思想最好的點，在於發明性善之旨，「里堂論學極多精卓之見，……然卽其思想上之成就言之，亦至深湛，可與東原實齋鼎足矣。其亦說之最明通者，爲其發明孟子性善之旨。」⑿這種評語不符合事實。焦循關於性善，遵循顏元、李塨、戴震的路線，以孔子所說「性相近，習相遠」爲基礎，混合告子、荀子以解釋孟子，沒有得到孟子性善的眞義。

連孟子所說的赤子之心，他也不懂。

「人之為赤子，猶天地有洪荒。……赤子之無知，故匍匐可以入井，必多方保護之。……彼老氏之徒，乃以為真樸未散，……不失赤子之心，而即為大人，如是庸人匠賈，皆可自命為聖賢。相習成風，其禍於天下，與吃菜事魔者等矣。」（孟子正義，不失其赤子之心也章）

孟子所謂赤子之心，不是小孩的愚昧無知，而是心本質的善，由良能而表爲愛爲誠。焦循以知爲善，故以赤子之心爲愚昧，爲惡。

## 丙、人性能移故善

上面已說到焦循以人能變通，故性爲善，他又說人性能引於善，「惟其能引，故性善也」。這種邏輯乃是錯誤。既能引於善，又能引於惡，則應該是人性可善可惡，或者說性無善惡，可引爲善爲惡。若說因能引爲善，故性善；那麼，因能引爲惡，故性惡。兩者不自相矛盾嗎？孔子所謂『性相近，習相遠。』性本是善，但是習慣能引人作惡，惡是來自習慣。

清朝顏元、李塨、戴震都有這種思想。他們的講法和焦循不同，他們不說因性可引爲善，故善，而是說人性本善，惡不來自人性。

焦循又說「惟人性能移，則可以爲善矣。」這個原則，有兩種不同的解釋：第一種解釋是荀子的解釋，以人性爲惡，然有向善之能，用人爲的教育和修養，可以行善；故稱善爲僞，即是人爲，不出自人性。第二種解釋是朱熹的解釋，以具體的人性爲氣質之性，有善有惡。無論善或惡的氣質之性，都可以因着教育和習染，善者而移爲惡，惡者而移爲善。朱熹的修養論，即是爲移惡的氣質之性於善，稱爲改善氣質。焦循僅僅說因「人性能移，則可以爲善。」以證明人性是善，這種證明不邏輯；所可證明的，是人性可以爲善，究竟本性是善是惡，則不能證明。若要用人性能移於善去證明人的本性，則應如荀子和朱熹所說人性或氣質之性雖爲惡，但有爲善之可能。

## 3. 格物致知

焦循解釋格物，訓格爲來，格物即是物到我來。物爲什麼能來？因我知道物，知道物即是物來到我心中。

「格物者何？絜矩也。格之言來也。物者對己之稱也。易傳云：『遂知來物。』物何以來？以知來也。來何以知？神也。何為神，寂然不動，感而遂通也。何為通？反乎己以求之也，……」（格物解一 雕菰集，卷九）

以格物爲知物，知物因人心靈明如神，故能知。但是焦循解釋知爲通，人心因物相感，因而反求諸心，再以自己的心而推乎別人的心。「己所不欲，勿施於人。」便是推。這種推己及人，能格人的惡。「己欲立而立人，己欲達而達人。」也是推。這種推己及人，能格人於善。焦循以格物爲絜矩，「絜矩者，恕也。」（同上）

「感於物而動，性之欲也。故格物不外乎欲己與人同此性，卽同此欲，舍欲則不可以感通乎人。……能推則欲由欲寡，不能推斯欲由欲多。不知格物之學，不能相推，而徒曰過其欲，且以教人曰過其欲，天下之欲可遏乎哉！孔子七十而從心所欲，不踰矩，以心所欲為法，而從之不踰者。…」（格物解三）

格物爲感於物而推己及人，人的感是情欲的感，捨了情欲則沒有感。戴震主張情欲自然流暢，如孔子所說從心所欲。焦循繼承戴震的思想，解釋人性相同，人欲也就相同。因此，根據自己的感受，就可以推知別人有同樣的感受。我既不願別人傷害我的感受，便也不傷害別人的感受；這樣，人就自己節制自己的自私，抑制自己的情欲，「能推則欲由欲寡」。但是戴震和焦循都沒有注意人是否自然就能因推己及人，就能節制自己的私心呢？這是不可能的；須要經過長久的修養工夫，人纔能夠達到。孔子是說七十而從心所欲，他從十五而好學，以及到七十歲，平生努力修養。焦循却以孔子所說從心所欲，作爲一般人的原則，這是懂錯了孔子的話。孔子所謂不逾矩，並不是以心所欲爲法，而是以『禮』爲法，爲絜矩。孔子七十歲時，凡是從心所欲，都能不逾於禮。他自己曾經說過，非禮不要視聽言動。則所謂不逾矩，即是不違背禮。

焦循承認有天命，他說：

「凡死生窮達，屬於天者為命，不屬於天者則非命。」（知命解上 雕菰集，卷九）

君子人知天命，對於死生窮達，順受天命。然不可自己輕心，無故而招至災禍，則是非命，卽死生窮達，不是順乎天命，而是咎由自取。孟子所以說「君子不立乎巖牆之下」，免得死於非命。還有時候，自己有更大的使命，自己便不敢冒危險，以免死不得其時。

焦循另有一種命的解釋，他以爲「聖人在尊位，則可以造天下之命。」（知命解 下）聖王使飢寒的民不飢寒，是爲人民造命；聖王使愚不肖的人民受教化而行善，是爲人民造命。但是這種人造的命是廣義的命，並不是絕對不能逃避。而且惡人在位也造天下之命，例如毛澤東、希特勒等人，不是給千千萬萬的中國人和歐洲人造了苦命嗎？焦循解釋聖人知命，因聖人不在王位，不能造人之命，自己的命還有聽人的擺佈，對於聲色安佚，不妄求，不安得，不以聲色爲性，只以爲命，這種順於命稱爲知命。然而聖人雖不在位，對於自己的道德，則不聽人擺佈，率性而行，不以命相違而不行，這種不順於命也稱爲知命。還有聖人以己之命聽於天，棲棲皇皇去履行天命，這是孔子所謂五十而知天命。孔子的知命爲樂天的知命，爲積極的知命，若是「第以守窮任運爲知命，非孔子所云知命也。」（知命解 下）焦循對知命的解釋，可謂正確，並足以振作人心。

焦循爲學的長處，在於考據，尤長於數學。他對於易經曾有著述。他在上座師英尚書中說：「謹以所作易章句十二卷，易通釋二十卷，易圖略八卷，共爲雕菰樓易學四十卷，叩頭再拜，呈於座下，伏乞誨正。」（雕菰集 卷十三）然都是考據的經學。他在寄朱休承學士書，略述對易經的見解：

「循遁年別無善狀，惟於易稍有所見。……大抵聖人之教，質實平易，不過欲天下之人，各正性命，保合太和而已。其義理，論語孟子闡發無餘。君子小人，猶陰陽寒暑，貴而在上，自王公以至令長皆君子也，賤而在下，農工商賈皆小人也。在君子宜孚於小人，在小人宜進於君子。故寒往暑來，亦暑往寒來，日往月來，亦月往日來，小往大來，亦大往小來。大來固吉，小來亦非凶也。泰卦下天上地，尊卑倒置，而謂之泰者，以其能變通也。故曰：勿恤其孚。卦本有恤，勿恤者，以其有孚也。否卦上天下地，而謂之否者，以其不能變通也。故曰：否之匪人，不利君子貞。否卦原是君子，以不能孚於小人，一己獨正，故不利也。陰陽有尊卑，而無善惡。尊而光，卑而順，皆善也。上慢下暴，皆不善也。惟寒變為暑，暑變為寒，乃為時行，乃為天道，乃為大和，是為之泰。若當寒而燠，當暑而涼，恒寒恒燠，即反時為災，斯謂之否。解者以陽外陰內為否，陽內陰外為泰；是以秋冬為否春夏為泰矣。明曰變通，配四時，是寒暑皆時也，其往來皆通也。……自泰否之義不明，而大小往來之義遂晦，於是各持一君子道長之見，而攻擊傾軋，卽使得正，已不利於君、不利於民，所謂不利君子貞也，是真否也。易道但教人旁通彼此，相與以情。」(雕菰集，卷十三)

焦循持守自己的原則，以變通爲善，解釋泰卦、否卦卽根據這種原則去解釋。四時變通爲善，君子小人互通也就是善。不應持一己的意見，攻擊他人的意見，那就不通爲否了。他在解釋孔子所說的『一以貫之』爲忠恕，舉舜王作例說：「孟子曰：大舜有大焉，善與人同，舍己從人，樂取於人以爲善。舜於天下之善莫不從之，是眞一以貫之，以一心而容萬善，此所以大也。」(一以貫之解 雕菰集，卷九)他解釋論語的『攻乎異端』，也用變通原則。他說：「攻猶摩也。我有好爵，吾與爾靡之。靡卽摩，摩卽攻。他山之石，可以攻玉。他者，異也；攻者，磑切摩錯之也。已者，止也。各持一理，此以爲異己也而擊之，彼亦以爲異己而擊之，未有不成其害者，豈孔子之敎也。異端猶云兩端，攻而摩之，以用其中而已。」(攻乎異端解 上 雕菰集，卷九)意見不同，宜互相錯摩，以求融洽，而不是互相攻擊。焦循根據自有原則，以日常經驗解釋經書，有很多精闢的意見。

他主張讀古書須要先明訓詁，明瞭訓詁則可進入義理，明瞭義理，則應貫通。他分當時學者爲五類：「今學經者衆矣，而著書之派有五：一曰通核，二曰據守，三曰校讎，四曰摭拾，五曰叢綴。……通核者，主以全經，貫以百氏，協其文辭，揆以道理……」（雕菰集卷八，辨學）胡適之說：「焦循以通核自任，故阮元爲他作傳，稱爲『通儒』。通核之學在清儒中很不多見；章學誠與崔述皆當得起通核二字，但皆沒有傳人。經學家之中，只有戴震一派可稱通核；如惠棟一派，只能據守而已。戴學後進，以高郵王氏父子爲最能發揮通核的學風。焦循也屬於這一派。」⑬胡氏以王氏父子在焦循以上。錢穆則說焦循兼有戴震章學誠的長處，自樹一幟；然而他所自創的見解，必一一納諸論語孟子以內，則他又是據守，而不足稱通核。⑭我以爲焦循在學術上有卓絕的數學智識，在經學上不是專家，在義理的哲學上，則遜於戴震，然可以代表清朝中葉的一部份哲學思想。

註：

(1) 余英時論戴震與章學誠（華世出版社，民六六年）頁七，說：「丙戌，這一年在東原的學術生命中寫下了重要的一頁。據段玉裁說：『是年玉裁入都會試，見先生云：近日做得講理學一書，謂孟子字義疏證也。』其實本年東原講理學之書，並非孟子字義疏證，而是原善三篇的擴大本。因段茂堂當時並沒有查問清楚，故曉年撰年譜時推斷有誤。

(2) 胡適 戴東原的哲學 頁二十四，臺灣商務印書館 民五十二年。

(3) 錢穆 中國近三百年學術史 上册 頁三二五，臺灣商務書局 民六十五年。

(4) 余英時 論戴震與章學誠 頁一一七。

(5) 華正書局編輯部 戴震文集點校說明。

(6) 余英時 論戴震與章學誠 頁二十。

(7) 勞思光 中國哲學史 三卷下，頁八三二，三民書局 民七十年。

(8) 胡適 戴東原的哲學 頁四十三。

(9) 胡適 同上 頁七十一。

(10) 梁啓超 清代學術概論 頁三十四，啓華書局。

(11) 胡適 同上 頁六十八。

(12) 錢穆 中國近三百年學術史 下册，頁四五五。

(13) 胡適 戴東原的哲學，頁一一八。

(14) 錢穆 同上 頁四七五。

# 第四章　清代學術中的哲學思想

## 一、天主教教士譯著中的哲學思想

自利瑪竇在北京後（公元一六〇一年），西洋天主教士陸續來華，在康熙乾隆年間，有好幾位在朝廷供職，在天文臺任欽天監，在畫院任畫師，在地理輿圖方面任測量員。又有人著譯數學、機械工程學、物理學、生物學、醫學等科學的書籍。更有人從事哲學和神學的譯著，如利瑪竇的天主實義，傅汎際（P. Futardo）所譯名理探，講解理則學。畢方濟（P. Sambiasi）和徐光啓共譯靈言蠡測，講解心靈。艾儒略（Iulius Aleni）著萬物眞原和性學論述，前一書講解天主，後一書講論靈魂。入清以後，有利類思（Ludovicus Buglio）翻譯聖多瑪斯的神學大王（神學綱要）（Summa Thelogica）。

利類思生於公元一六〇六年（明萬曆三十四年），明崇禎十年（公元一六三七年）來華，卒於清康熙二十一年（公元一六八二年）壽七十六歲。在華四十五年間，先在四川傳教，張獻忠入川時，

利類思和安文思 (Gabriel de Magalhaens) 兩位神父被張所執，拘留軍中。張敗死，兩神位父爲清兵所獲，主帥肅親王豪格，詢知係湯若望的好友，遂委人送到北京。利類思助南懷仁湯若望修曆，又從事譯述，譯書中有超性學要三十卷，安文思另譯有四卷。這三十四卷譯文，僅只聖多瑪斯神學大全的一小部份。三十四卷中，計天主性體四卷、三位一體三卷、物萬原始一卷、天神五卷、形物之造一卷、人靈魂六卷、人肉身二卷、總治萬物二卷、天主降生四卷。共計二十八卷，於康熙年間，陸續刋行，其他各卷則有手抄本。這種譯書當時流行不廣，沒有引起中國學者的注意。

在康熙年間，中國天主敎會中發生一項嚴重的爭端，即是祭天祭祖的問題。耶穌會士和他們的中國信友，極力辯護祭天祭祖，道明會方濟會巴黎外方傳敎會則極力反對。當時有福建漳州信友嚴保祿作天帝考小册，抄錄書經詩經四書有關上帝的文句，加以注解，末附愚論，作者說明上帝即天主敎所信的天主。嚴保祿名謨，字定猷。他在附愚論說：

「敝中邦古書，惟五經四子，其說可憑。然易經語象，非實談事。春秋乃紀周末人事，禮記多秦漢著作，惟尚書詩經二經，及四子書，其中所載為詳，而語且無訛。今欲聞上帝所稱為何，故謹摘二經四書所言上帝言天之語，以備參考。

以今考之，古中之稱上帝，卽太西之稱天主也。曰惟皇，曰皇矣，其尊無對也。曰蕩蕩，曰浩浩，其體無窮也。曰上天之載，無聲無臭，純神無形也。曰維天之命，於穆不已，無終也。曰及爾出往，及爾游衍，曰陟降厥事，曰監在茲，無所不知，無所不在也。曰無不克鞏，曰靡人弗勝，無所不能也。曰有赫，曰顯思，曰聰明，曰震怒，靈明威權也。曰視聽，曰眷祐，曰錫保，曰監觀，曰臨下，曰無親，曰靡常，曰作，曰降，曰矜，曰謂，至神至活也，曰生蒸民，曰降衷于下民，生人生性也。曰善禍善，曰命有德，討有罪，曰作善降之百祥，作不善降之百殃，好善惡惡，賞善罰惡也。曰天矜於民，曰求民之莫，曰天命殛之，曰降災于下，至仁至義也。順之者則為聖賢，曰永言配命，曰克享天心，曰順帝之則。逆之者則為小人，曰矯誣多罪，曰穢德升聞，曰不知所畏。所以歷觀古聖人事上帝之學，曰敕天之命，惟時惟幾，曰聖敬日躋，昭格遲遲，曰小心翼翼，昭事上帝；曰敬之敬之，天維顯思；曰獲罪於天，無所禱也；曰存心養性，所以事天；唐虞夏商周孔孟之學一也。……則古中之稱上帝，卽太西之稱天主無疑矣。或曰：天主無始自有，主體有三位一體之奧，天主有造成天地神人物之工，何書中並無言之？曰：天主無始與三位一體之奧理，極超人性，天主未降生前，非出天主之默示，人亦不能知，亦不敢言。……中古聖賢之無言此者，蓋其當也，蓋其慎也。……他如諸子書中，亦有言似明過于詩書者，如莊子稱造物者，又云有夫未始夫有始也者。伯陽父曰：有物混成，先天地生，函三為一。又漢世祭三一，想亦古初有所傳聞，但今不敢引以為證，以其中語多不純，不如勿語之為更當也。

或曰：既稱上帝，有時又稱為天，何也？天則非天主矣。曰：此古人之借稱也。……人目所見惟天為大，言天所以引吾聰明以知上帝之大。……稱主上為朝廷，為陛下，豈殿宇階級卽為至尊乎！不過借以為稱指耳。夫以人類之顯見可見，尚必借稱如此，豈以純神非形體之上帝，而不可借一大以稱之，以引人思想之有所歸宿乎？此等用字，古人亦妙，非有錯也。故其所言天者，皆靈明威權之事，悉非穹蒼九重之圓體所有者，亦不憂其疑混也。……」(1)

這一段「附愚語」長十三頁，約兩千兩百多字。文中用詞和語法，都表示作者受過西洋哲學神學的教育。然作者本人很難有這種教育根底，必是另有一位西洋耶穌會士給他指示和解釋。小册的第一頁有「教下嚴保祿頓首拜上費大老師臺天域。」費大老師必係一傳教士；可能是費樂德神父，這小册必經過他的校閱指點。册中條舉上帝的各項特性，合於西洋宗教哲理的思想，又說天主一體三位，在基督降生前，沒有天主的默示人不能知，則合於天主教神學。這幾點顯出作者有西洋哲學神學的修養。

三山論學記爲艾儒略與葉向高等論學的紀錄，三山卽福建福州，論學卽論天學，天學乃是天主教。這册書爲明末的書，初刻於福建，康熙三十三年重刊於北京，後又刻於澳門，再刻於上海。在當時，頗能流行士大夫間。

「觀察公（曹先生）曰：謂二氣之運旋者，非乎？抑理也。

曰：二氣不出變化之材料，成物之形質，理則萬物之準則，依於物而不能物物。詩曰：有物有則，則卽理也。必先有物，然後有理，理非能生物者。如法制業令，治之理也；指法制禁令，而卽為君乎？誰為之發號施令，而撫有四國也。若云理在物之先：余以物先之理，歸於天主靈

明，為造物主。蓋造物主未生萬有，其無窮靈明，必先包涵萬物之理；然後依其包涵而造萬物也。」(2)

朱熹講理和氣，氣分陰陽，理與氣合而成物。西洋士林哲學講性相和形質，和理氣的思想頗有相似。艾氏即以士林哲學解釋朱熹的理氣。

「相國曰：太極也者，其分天地之主也。

儒略曰：太極之說，總不外理氣二字，未嘗言其有靈明知覺也。既無靈明知覺，則何以主宰萬化？愚謂氣之於天地，猶木瓦於宮室；理也者，殆如室之規模乎；二者闕一不得。然不有工師，誰為之前堂後寢，庖湢門牆，彼棟樑而此榱桷也！向呈述物原之論，師相謂深入理窟，正合今日之所擧矣。儒者亦云；物物各具一太極，則太極豈非物之元質，與物同體者乎？既與物同體，則囿於物，而不得為天地之矣。所以貴邦言翼翼昭事，亦未嘗言事太極也。」(3)

士林哲學以造物主造天地萬物，應超於天地萬物，不能與物同體，故不認太極爲造物主。

葉向高繼續發問，天主若造生萬物，掌管萬事，則惡事也應歸於天主？又問天主掌管萬物萬事，世間事物很多，對於天主豈不褻瀆，豈不煩而過勞？又問若天主造萬物爲人有益，爲什麼世上有多少害人的毒物？又問關於善惡的賞罰，世間惡人爲什麼不常遭罰？艾儒略一一作答，天主造人，人性本善，作惡，則人自願去做。天主純神，掌管萬物，如太陽照土地，不褻瀆不煩勞。世間萬物各有所利，雖不利於人，實則因人不知駕馭。善惡的賞罰，不全在現世，而是在於永生。人的靈魂不死不滅，將受善惡的賞罰，決不差錯。葉向高結語說：「天主之教如日月中天，照人耳目。第常人沉溺舊聞，學者競好新奇，無怪乎歧路而馳也。先生所論，如披重霧覩青天，洞乎無疑矣。」(4)

主制羣徵一書，爲湯若望早年的著作，初刻於崇禎二年(公元一六二九年)，後重刻於清代。民國四年天津大公報館重印，有馬相伯和吳歛之的兩篇序。民國八年，新會陳垣再刊，自己作一跋。湯若望德國人，精於曆數，所有著作多爲曆算天文。陳垣在跋裏說：「談道者僅此編及主教緣起五卷，眞福訓詮一卷，世尚罕見。」這册談道的書，和其他傳教士的著作有所不同點，就在採用自然科學的智識。全書的目的，在說明萬物都向於人，人則向於天主，一切受上主宰制。爲證明這項眞理，湯氏以十五類例證作徵。在十五類例證以前，首先說：

「首以物公向徵，
次以物私向徵。」

物的公向爲萬物的共同目標，「凡物依其本性，避害保己，各趨所向，是名私向。今所論者公向也；公向云何？寰宇之中，函有庶品，庶品雖繁，寰宇惟一，繁者向之，一乃所向。如家人然，親疏貴賤不同，同向一家。……所向惟一，故命公向。卽此公向，足徵主制。」⑸湯氏擧出四端以證：一：「物之有爲，以有所向，設若無向，卽無一爲。」（同上）萬物行動都有目標，却都不亂，必有一公共目標作總向。二：「凡物之類，有總有專，較而論之，總乃類之切分，而總爲遠矣。」（同上）物都保守自己的專類，然有時有變化他類的，如蠶變爲蛾，則向於總類。三：「統觀萬物，莫不急于傳類。」（同上）傳類卽是共向。四，「凡物以缺而存，知必有所向故也。」（同上）如藥草雖或亂投而害人，藥草仍不可廢，因藥草爲療人疾病。萬物中有缺者不少，如地震，水旱；然而並因此而不有，則有缺乏的事物必有公共的目標。共同目標卽所謂公向，不能由物所定，而定於造物主天主。

「夫向極者，必也先于欲為未為之間，灼見是物有美可愛，因而求以得之。合見與求，乃得云向。彼蠢然塊然者能任此乎？所以然者，萬類之表，別有至靈者為之主宰，定其極而使之不得不然，所謂造物大主是已。」

(同上 頁二一三)

這一段純淨是亞里斯多德和聖多瑪斯的哲理。物必有目標而後動，目標是向一美好事物的追求，除人以外，一切萬物都沒有知識，不知道自己選定所向；所以是按天然而動，天性來自造物主。

接着，湯氏以物的各己目標爲證，他舉出了二十五種事例。

一、以天向徵。

二、以氣向徵。

三、以地向徵。

四、以海向徵。

五、以人身向徵。

六、以生覺容體向徵。
七、以天行向徵。
八、以地生養向徵。
九、以覺類施巧向徵。
十、以覺類內引向徵。
十一、以天地之美徵。
十二、以人物外美徵。
十三、以人物內美徵。
十四、以諸物弱緣徵。
十五、以世人同心徵。
十六、以人異面異聲徵。
十七、以人世缺陷徵。
十八、以鬼神徵。
十九、以無主悖理徵。
二十、以人心之能徵。

二十一、以氣之玄妙徵。

二十二、以靈魂常玄徵。

二十三、以主宰無失徵。

二十四、以神治徵。

二十五、以聖跡徵。

湯若望爲一科學家，任欽天監，然曾受哲學與神學的教育，故在主制羣徵書裏，以科學智識作資料，依據哲學原則，爲神學學理作證明。

天儒印一書，題爲「泰西利安當詮義，天民尚祜卿參閱」。利安當西班牙人，公元一六〇二年生，一六一八年加入方濟會，崇禎六年由臺灣來福建福安，在中國傳教。於康熙八年（公元一六六八年）在廣州逝世。天儒印一書，內容是天主教義與中國四書的對照。作法是先舉四書中的一段，然後以天主教義作詮註，以證兩者意義相同或相近。例如：

「大學云：在明明德。註云：明德者，人之所得乎天，而虛靈不昧。蓋言吾人之靈明不能自有，而為天主所畀也。明者，言當用吾明悟之推測，洞見本明之其源，以克全其初，則可以因固然，而得其所以然，因萬有而夫

萬有之所從有也。」(6)

「大學云：在止于至善。超性學論，惟天主可云至善。則至善卽天主也。其曰止於至善者，謂得見天主之至善而思止安所也。夫止者，吾人之向終也。故曰：知止而後有定。蓋旣知吾人究竟，卽當止向天主，則定而靜而安而慮矣。慮而後能得者，謂于目前，而能豫籌身後之圖，則有備無患，自得所止也。凡失天主為永禍，得天主為永福，得卽得至善永福之天主也。」(同上，頁九九四)

「中庸云：天命之謂性。此天字與本章本地位焉之天不同，彼指蒼蒼者言，此指無形之天，卽天主是也。所謂性者，言天主生成萬物，各賦以所當有之性。……」(同上，頁九九八)

「中庸云：惟天下至誠，為能盡其性。所謂至誠卽天主也。蓋金石無生，草木無覺，禽獸無靈，人類無全神體；故就其本性，雖各圓滿；然終屬有限，不可謂之盡，惟天主則全能全知全善，本然充照盡足。且也生人，則賦以靈兼生覺之性，而人性無不全焉。生物，則賦草木以生性，賦禽獸以覺且生之性，而物性無不全焉。生天地，則賦天地以化育之功，而其所以化育者，實由天主默相乎其間，所謂贊天地之化育也。然化育所以然之妙，精深莫測。人第就諸天之運動，大地之發生，一想像之，孰主張是，孰安排是，必有立乎天地之先而宰制之者，從此由是窺隱，由顯察微，則有以得其故矣。故曰：可與天地參矣。」（同上，頁一〇〇四）

「論語云：獲罪於天，無所禱也。此天非指形天，亦非註云天者理而已。蓋形天既為形器，而理又為天主所賦之規則，所云獲罪于天者，謂得罪于天主也，豈禱乎奧灶，所能免其罪哉。然孔子斯言，非絕人以禱之之辭，正欲人知專有所禱也。觀他日弟子請禱，但曰丘之禱也久矣，寧云己德行無愧，而不必禱，正謂朝夕祈求天主而赦我往衍也。合而論之，一不禱于奧灶，而言天以正之；一不禱於神祇，而言禱久以拒之；然則孔子之所謂禱，蓋在天矣。故其言曰：吾誰欺，欺天乎？又曰：予所否者，天厭之！天厭之！則孔子未嘗不以天禱為兢兢也。乃孔氏之徒，祈神佞佛，所謂非其鬼而祈之，諂也！竊恐獲罪於天矣。」（同上，頁一〇一九—一〇二〇）

「孟子云：盡其心者，知其性也，知其性則知天矣。蓋言人能盡心以格物窮理，則知吾有形之身有無形之靈性，卽可知畀吾靈性之天主矣。又云：

存其心，養其性，所以事天也。蓋言吾性不自有，有授吾之性者；吾心不自有，有予我之心者。存心，非欲侈吾心之廣大，養性，非欲侈吾心之神奇，正欲不失其賦畀心性之本原耳；故曰所以事天也。又云：夭壽不貳，修身以俟之。夫人生在世，無論壽脩夭折，皆不免死；所異者，脩為不同耳。惟當脩身克己，以靜聽天命，此天學以善備死候為向終之上範也。至於數之脩短，豈聖賢所顧問哉。」（同上，頁一〇四〇—一〇四二）

以上所舉六例，可看到利氏對於天主教義和四書的對照，將四書所有關於宗教的思想，以天主教信仰作解釋，自以爲很相合。在我們看來，有的解釋有學理的根據，有的解釋則不免牽强。但是全書五十頁，所引四書，表示作者對四書很貫通，一位西班牙傳教士，能够貫通四書，可以說不是很容易的事。至於全書文筆通順，想必是尙祜卿執筆。

清朝康熙乾隆年間，天主教傳教士在北京供職者；都係研究科學的人，都盡力向中國社會介紹科學；但是他們和利瑪竇一樣不忘記自己是傳道的人，因此研究中國經書，以儒家思想解釋天主教教義，同時又把中國經書譯成拉丁文或法文，向歐洲人介紹中國哲學思想。可惜，在康熙年代因着祭天祭祖禮儀之爭，羅瑪教宗禁止中國天主教信友祭祖祭孔，禁止用上帝的名詞，中國天主敎和儒家脫離了關係，傳敎士便不再研究中國古書，後來也不講究科學，轉入了鄉間傳敎。中國科學的進展因此中斷，西洋哲學神學的思想，也再沒有解說的書籍。到了清代末年。和西洋發生關係時，便只知道西洋的船堅砲利，而不知道西洋有學術。到了民國，知道西洋有學術，却又忘記了中國也有學術思想，而一意媚外而欲全盤西化。

## 二、考據學中的哲學思想

清朝的學術，以考據學爲代表。明代末葉，反對王陽明學派的風勢已經興起，東林學派主張實踐的思想以救國。明朝滅亡，滿清入主中原，學者更覺實踐思想的必要，乃連朱熹的理學也引起反抗；顏元李塨主張孔孟力行之學。然而清朝初葉，講救國就是排滿，排滿則遭滅族大禍；於是實踐之學便走入了研究歷史的一路，再又走入了考訂古書的一路。考訂古書爲漢學，既反對宋學，便走上漢學。

考訂古書雖屬一專門學術，然所考訂的書爲四書、十三經，經和書則是中國哲學的基礎。考訂對於書卷眞僞考據，對於文句的解釋，都能影響經書的思想。而且考據學家雖不是思想家，也免不了有人有自己的哲學思想。我們試擧兩三人，以作代表。

在清初反宋學的趨勢中，還有幾位學者繼承明末理學的思想，如孫奇逢、李中孚、陸世儀、陸隴其等人；然而他們既沒有能夠發揮宋學，建立學術基礎，又沒有繼承的人。到了考據學興盛時，他們的思想就斷了。

清朝考據家在時間上算是在先的，要推閻若璩（公元一六三六—一七〇四）。若璩作尚書古文疏證，專辨東晉晚出的古文尚書十六篇和同時出現的孔安國尚書傳皆爲僞書。梁啓超說這是思想界的一大解放，敢於將歷代尊爲經文的書籍，指爲僞作。(7)但是尚書對於中國的哲學思想影響並不大，只有「大禹謨」的『人心道心』，在後代的哲學思想中，成爲一重要觀念。若璩對於朱熹的理學則尊重而不輕予譏評。

清初毛奇齡（西河先生　公元一六二三—一七一六），著作很豐富，長於文詞，不是考據專家，然而喜歡評論古人，他所作辨道學，極力攻擊朱熹，以爲朱學來自道教。他以道學的名稱不來自六經，而來自老莊，後來由道教的道士繼承，到了北宋有陳摶种放李溉等道士，作道學綱宗。宋周敦頤從陳摶學，朱熹繼承周程，以理學爲道學。奇齡又考訂四書，以四書無一不錯，舉出四百五十一條，成四書改錯一書。但是他後來聞知朱熹由康熙皇帝升祀孔廟，自己持斧毀了這書的版本。(8)然他對於閻若璩的攻擊古文尚書，作古文尚書冤詞，竭力和若璩爭辨。

經書中對中國哲學最有影響的，當推易經。清朝考據家對易經作考據的人，有胡渭和惠棟。

胡渭（公元一六三三—一七一四）字朏明，別字東樵，作有易圖明辨。對於河圖洛書，清初黃宗羲兄弟和毛奇齡已經辨爲僞作，胡渭則考據精切，旁證豐富，所作易圖明辨超出黃毛以上。萬斯同作易圖明辨序說：「友人德清胡朏明先生精於易學，庚申仲夏，示予以易圖明辨十卷，則本義之九圖，咸爲駁正，而謂朱子不當冠於篇首。予讀之大喜，躍然曰至哉言乎！何其先得我心乎！」(9) 阮元也作序說：「元幼學易，心疑先後天諸圖之說，庚子得毛西河先生全集中河圖洛書原種篇，讀之豁然得其原委。友人歙凌以仲廷堪謂元曰：子知西河之辨易，未見德清胡朏明先生易圖明辨尤詳備也。元識之，求其書不可得，繼在京師見四庫館書目錄之曰：其書一卷辨河圖洛書，二卷辨五行九宮，三卷辨參同契先天圖太極圖，四卷辨龍圖易數鉤隱圖，五卷辨啓蒙圖表，六卷七卷辨先天古易，八卷辨後天之學，九卷辨卦變，十卷辨象數流弊。並引據經典，原原本本，於易學深爲有功。元鄉往益切。丙辰，視學至吳興，始求得讀之，蓋距昔已十六年，愧聞道甚之遲，喜斯篇之未泯。亟命其家，修板刷印，廣爲流傳，以貽學者。」(同上) 阮元的序文，把全書的內容目錄，已經指出。胡渭自己在卷首題辭說：

「古者有書必有圖，圖以佐書之所不能盡也。……故詩書禮樂春秋皆不可無圖，唯易則無所用圖，六十四卦二體六爻之畫，卽其圖矣。白黑之點，九十之數，方圓之體，須姤之變何為哉？其卦之次序方位，則乾坤三索出震齊巽二章盡之矣，圖可也，安得有先天後天之圖？河圖之象，自古無傳，從何擬議？洛書之文，見於洪範，奚關卦爻？五行九宮初不為易而設，參同契先天太極，特借以明丹道，而後人或指為河圖，或指為洛書，妄矣！妄矣之中又有妄焉，劉牧所宗之龍圖，蔡元定所宗之關子明易是也，此皆偽書。九十之是非，又何足校哉！故凡為易圖以附益經之所無者，皆可廢也。就邵子四圖論之，則橫圖義不可通，而圓圖別有至理，何則以其為丹道之所寓也。……故吾謂先天之圖與聖人之易，離之則雙美，合之則兩傷。故伊川不列於經首，固所以尊聖人，亦所以全陳邵也。……」（同上）

胡渭解釋易傳，以數爲揲卦，不得用爲畫圖，一切的先天圖後天圖河圖洛書和易經的卦沒有關係，都是後人所附會。

「渭按：易之為書，八卦焉而已。卦各具三畫，上畫為天，下畫為地，中畫為人，三才之道也。羲皇仰觀而得天道，俯觀而得地道，中觀於兩間之萬物而得人道，三才之道，默成於心，故六八卦以象之，因而重之遂為六十四所謂兼三才而兩之也。……夫子言羲皇作易之由，莫備於此。河圖洛書乃仰觀俯察中之一事，後世書以圖書為作易之由，非也！」（易圖明辨卷一，頁二）

「渭按：卦者，易之體所以立；蓍者，易之用所以行。韓康伯云：卦，象也；蓍，數也，蓍極數以定象，卦備象以盡數，四語劃然分曉。……」（同上，頁五）

辨明河圖洛書不出自經書，和卦象沒有關係，次辨五行沒有相生相剋的次序，更沒有和易數的關係。

「按五行之名肇見於洪範，其一二三四五，以微著輕重為次，自氣而形，而質具在其中未見。此但為生數，而必待六七八九十以成之也。易有四象而無五行，此與天地大衍之數，絕無交涉。」（易圖明辨卷二，頁八〇）

「自春秋以迄兩漢，言五行者，裨竈梓慎主占候，呂不韋主時令，劉向主災異，劉歆兼主曆數，揚雄草元亦與泰初歷相應。雖皆言生成之數，却非為易而設。至鄭康成始援以注易，而四象之義乃定。要之，未以此數為河圖洛書者。」（同上，頁九七）

五行在漢朝已經替代了四象，又和卦氣相配，運用到一切學術和人生各方面；中國哲學便以陰陽五行爲中心。胡渭考證五行不是易經的思想。

「按月令呂不韋作也。而東木之數八，南火之數七，中土之數五，西金之數九，北水之數六，則似戰國時已有，以天地之數附會於洪範而為五行生成之說者矣，不待劉歆班固也。其於木火金水皆以成數言之，而土則獨立生數者，蓋舉五以例其餘，以見六七八九之尚有一二三四也。……鄭康成以木火金水為四象，實本於此。唐仲友經世圖譜云月令河圖之數也，故土藏十，此據劉牧之龍圖而為言耳。然龍圖，九宮之數也，南九西七，而月令以七居南，以九居西，則固與九宮易位矣。以是知不韋所言乃五行生成之數，非明堂九室縱橫十五之數也。」（同上，頁九一）

在中國哲學上，五行既占重要位置，考證五行的出處，對於研究中國哲學者能有很多的幫助。至於河圖洛書的數和先天後天易圖的數，都沒有哲學的價值；若要說有價值，也只是代表宇宙的變化，作爲卦象的象徵。

「按本義卷首列九圖於前，而總為之說，所謂天地自然之易，河圖洛書也。……是皆著為圖者。伏義有畫而無辭，文王繫彖，周公繫爻，孔子作十翼，皆遞相發揮以盡其義。……卦主象，蓍主數，二體六畫，剛柔雜居者，象也；大衍五十，四營成易者，數也。經文粲然，不待圖而明。……九圖雖妙，聽其為易外別傳，勿以冠經昔可也。」（易圖明辨 卷十，頁五四二）

「易為卜筮之書，與醫藥種樹並稱，秦人之見也。然其說亦有所自來。古者，太卜所掌，唯夏商以來相傳之繇辭，如左氏之所載者。而文王周公易象之書則藏於周魯之太史氏。故陳厲公時，周史始以周易見陳侯者。……可見易象之書，他國不皆有。孔子十翼則作於晚年，而傳之商瞿子木，尚未流行於世。秦併在西垂，何由得見。李斯未必知，卽知之亦必不信，其以易為卜筮之書，無足怪者。而儒者遂謂易專為卜筮而作。夫伏羲旣畫八卦，而卽制蓍為筮法，孔子贊易亦以蓍龜為神物，而深明其用。謂易為卜筮之書，無甚礙；但謂伏羲作易，書為卜筮，而文王周公孔子却說出許多義理，非伏羲之本義，是則大可疑耳。夫義理必藉文字以傳，伏羲時書契未興，故立象以盡意，卦畫有形而義理無形，有形者可見，而無形者不可見，然其意實在立人之道，曰仁與義也。三聖遞相祖述，發揮仁義之旨，而伏義之旨，乃大白於天下。安得謂孔子之易，非文王周公之易；文王周公之易，非伏義之易乎？……」（同上，頁一二三—六二六）

易經能成爲中國哲學的基本文典，因有象爻象的辭，辭以解釋卦象。伏羲只畫了卦象，因當時沒有文字書契，便沒有辭。辭爲文王周公孔子所作；但是考據學對這事很多懷疑。就孔子作十翼一事，辨論的文章很多。胡渭對於這事沒有表示意見，他很單純地接受這種傳說，清初王夫之也肯定易經爲四聖的作品。胡渭考據的對象，在於易經的圖。易經本沒有圖，圖爲後人所造；胡渭承認先天後天易圖有自己的價值，然不宜冠在易經的書上，宜作爲別傳。他關於易圖的考據，收集漢宋明清學者的意見，自己作按語，主張邵雍的學，出於希夷，爲老莊的宗派，然邵雍自己創見很多，改換了希夷的面目。對於龍圖、河圖、洛書，他辨明圖的來由，爲研究易學的人，解決許多難題。胡渭又作洪範正論「於漢儒附會之談，宋儒變亂之論，一掃廓深，而謂漢人專取災祥推衍五行，穿鑿附會，又後之盛尊漢儒者所未知也。」⑽

惠棟，字定宇，號稱松崖先生，生於康熙三十六年（公元一六六七年），卒於乾隆二十三年（公元一七五八年），年六十二。惠棟精於易學，著有易漢學七卷、周易述二十卷，繼承他父親惠士奇的易說，專宗漢學。

易漢學分述漢代易學家的學說，孟喜講變氣，京房講通變，荀爽講升降，鄭玄講爻辰，虞翻講納甲，所以有孟氏卦氣圖說和推卦用事日，京君八卦六位圖和五行，鄭氏周易爻辰圖，荀慈明乾升坤降。然而他對易學在哲學上的思想，則在周易述裏的易微言和易例：在易微言上下篇，他選出易學上的一些重要觀念，分別加以解釋，這些觀念中有些是哲學的觀念。如：

「元」，「無」，「滑」，「隱」，「微」，「幾」，「虛」，「始」，「初」，「本」。

義。易微言上，列舉這些觀念和其他別的幾個觀念。上面列舉的這些觀念，都有哲學的意

「易上經曰乾，元亨利貞。述曰：元，始也。乾初為道本，故曰元。」

(惠氏易學上頁六一七，易微上。廣文書局)

在這一段文據裏，有幾個觀念：始，初，本。元是乾，「乾坤相竝俱生，合於一元。」(同上)故稱乾元坤元，萬物資始，萬物資生。『始』爲萬物的開始，惠棟引虞翻和荀爽的易注，以乾爲萬物之始，始便是乾。爲解釋『始』，惠棟引乾鑿度的話：「太初者，氣之始也；太始者，形之始也；太素者，質之始也。」始字有開端的意思，也有本源的意思。『初』

是開始，「易上經曰：『初九，潛龍勿用。』述云：易氣從下生，故以下爻爲始。」（同上，頁六七一）「木」字從本末說，本也是開始，惠棟說：「易，大過，棟橈，象傳曰：棟橈本末弱也。虞注云：初上陰柔，本末弱，故棟橈也。繫下曰：復，德之本也。虞注云：復初，乾之元，故德之本也。」（同上，頁六七二）因此元，始，初，本，故指着乾，乾爲萬物之本，萬物之始，萬物之初，萬物之本。

乾是什麼呢？

乾爲氣，惠棟說：「公羊元年春王正月。元年者何？君之始年也。何休注云：變一爲元，元者，氣也。無形以起，有形以分，造起天地，天地之始也。疏云：春秋說云：元者，端也，氣泉注云：元爲氣之始，如水之有泉。」（同上，頁六一八）「說題辭曰：元，清氣以爲天，渾沌無形體。宋均注云：言元氣之初如此也，渾沌未分也。言氣在易爲元，在老爲道，義不殊也。」（同上，頁六二一）惠棟所引的文據，儒道相雜，還有乾鑿度和其他不足爲據的書，表示他對於考據並不留心，對於儒道思想的不同，也不注意。他以元爲乾，乾爲元氣，元氣爲氣之初，渾沌無形體。

乾既爲太初之氣，因此便是無，是隱，是微，是深，是幾。本來這些觀念，都是道家爲解釋『道』而用的，惠棟都用爲解釋乾氣。惠棟說：

「六經無有以無言道者，唯中庸引詩，上天之載，無聲無臭。乃孔子閒居論三無。此以無言道也。說文無字下，引王育說曰：天闕西北為無，乾西北之卦。西北，乾元也，不足西北，故言無。又引古文奇字曰：無通于元者。若然，則無與元同義。」（同上，頁六二七）

惠棟以無和元，意義相同，無即是乾。爲解釋『無』，引用老子的道德經。無字便是道德經所說的有生於無。無，爲無形，故稱爲潛。潛是隱而未見，又說是深，深而不可測。隱而未見，乃是微，乃是幾，「繫下曰：幾者，動之微，吉之先見者。虞注云：陽見初成震，故動之微。復，初元吉，吉之先見者也。幾即一也。一，古文作壹。說文壹從壺。吉即吉之先見之義。朱子據劉向傳，作吉凶之先見，失其義矣。」（同上，頁六三六）

惠棟且以虛解釋元。他引管子「心術篇」，「目虛無，無形謂之道。」又引荀子「解蔽篇」，「人何以知道？曰心。心何以知？曰虛壹而靜。」他雜引儒家道字的道，把兩家的思想混雜一起。

他對於乾，以乾爲氣之初，渾沌無形，深微不可測。

在易微言下，惠棟列舉：「道」，「遠」，「神」，「誠」，「中」，「純」，「精」幾個觀念。這些觀念又都是儒家哲學的重要觀念。

『道』在儒家和道家所有意義不同，惠棟則合兩家的思想以解釋「道」。開端他引易繫辭上的話：「一陰一陽之謂道」，這個道字是繫上所說：「形而上者謂之道」，乃是道理原則的意思。他援着引道家的話：「越紐錄范子曰：道者，天地先生不知老，曲成萬物不名巧，故謂之道。道生氣，氣生陰，陰生陽，陽生天地。天地立，然後寒暑燥濕，日月易辰四外而萬物備。術者，天意也。」（易微言下　惠氏易學，頁七一五）這一段范子的話，實在和老子的思想不合，又和易經的思想更不合，惠棟竟引來作爲徵信！後面，他引許多道家的文據，他是援受道家的思想，以道生天地。不過他末後引有形勢解說：「道者，萬物之所然也，萬理之所稽也。理者，成物之文也，道者，萬物之所成也。」（同上，頁七一七）這種解釋，則和戴震對於道和理的解釋相同。

道爲遠，惠棟引道德經說「玄德深矣，遠矣」。又引虞翻注易說：「乾爲遠」。乾爲遠，道爲乾。這大概是惠棟的思想。

『神』易繫傳上說：「陰陽不測之謂神。」說卦說：「神也者妙萬物而言者也。」這個神字不指一個實體，而是代表一項特性。在解釋神字，惠棟沒有引用老莊列子的話，祇引了淮南子的話，淮南子泰族訓引後漢書李固上疏皇帝的話：「臣聞氣之淸者爲神，人之淸者爲賢。」因淮南子，在泰族訓裏說：「故聖人懷天氣，抱天心。」（同上，頁七二九）氣之淸者爲神，乾爲元氣，元氣無形，則爲神。

『誠』爲儒家的哲學觀念，惠棟引大學、中庸、孟子、荀子、漢書，這些書上所講的誠，都是中庸所說「誠者，不勉而中，不思而得。從容中道，聖人也。誠之者，擇善而固執之者也。」所以荀子說：「養心莫善於誠。」中庸的誠，不是實體，而是行事的形相，爲表詞。惠棟又引乾鑿度說易是「至誠專密」，易爲變易，乃是乾坤之動。乾坤之動，至誠專密。誠字又歸到乾。（同上，頁七三三—七三六）

『中』，易經復彖說：「復其見天地之心」，惠棟說：「案：冬至復加坎，坎爲亟心，亟古文極中也；然則天地之心，卽天地之中也。」又引繫辭上所說「易成位乎其中」，荀爽注說：「易坎離陽位成于五，五爲上中，陰位成于二，二爲下中，故易成位乎其中。案：易簡卽天地之中也。」（同上，頁七四〇—七四一）易簡爲乾坤變易之道，乾坤變易常以中爲位，在卦爲二與五，在宇宙爲北方之中和南方之中。

『純』，文言說：「大哉乾乎，剛健中正，純粹精也。乾鑿度曰：「易卦六十四，分爲上下，象陰陽也。陽道純而奇，故上篇三十所以象陽也。陰道不純而偶，故下篇三十四所以法陰也。』鄭注云：陽道專斷，兼統陰事，故曰純也。」（同上，頁七四四—七四五）純代表陽，代表乾，乾純而不雜。

『粹』「文言曰：『大哉乾乎，剛健中正，純粹精也。』繫上曰：「精氣爲物』虞注曰：『乾純粹精，故主爲物。』鄭注云：『精氣謂七八也，精氣謂之神。』」（同上，頁七四六）

乾爲道，爲神，爲中正純粹。

在易例裏，有『中和』一例，頗具哲學意義，惠棟詳爲說明。先擧出中和爲易經裏所有意義：

> 「易二五為中和，坎上離下為旣濟，天地位，萬物育，中和之效也。三統曆說：陽陰雖交，不得中，不生，故易尚中和。二五為中，相應為和。」（易例　惠氏易學下，頁九五一）

中和以旣濟卦䷾作代表，上五爲陽，下二爲陰，爲中，上五的陽和下二的陰相應。惠棟再擧中庸的話，以說明中和，所以孔子說：「君子中庸。」然後，惠棟分別提出：詩尙中和，禮樂尚中和，君道尚中和，建國尚中和，春秋尚中和，君道中和。爲解釋或證明每一段，則引用經書子書，由天地陰陽的中和，見之於人事的君道和建國的中和，然後引用白虎通的話：「木者，少陽，金者，少陰，有中和之性，故可曲可直，從革。董子繁露曰：天有兩和，以成二中，歲立其中，用之無窮。是北方之中（坎），用合陰而物始動於下，南方之中（離）用合陽，而養始美於上。其動於下者，不得東方之和不能生中，春是也。其養於上者，不得西方之合不能成中，秋是也。」（同上，頁九五九）

中和，以天地變化中陰陽流行的方向去解釋，乃是漢朝儒者的五行思想，五行配合卦象，便成卦氣說。惠棟崇尚漢學，常依漢儒對易經的注解，自己很少表示自己的意見。因此，雖提出了許多哲學的觀念，却祇引用經書子書和一些不屬於正門的書，如乾鑿度，故在哲學上沒有多大價值；而在考據方面，對這些觀念，並沒有加以考證。他在易學上，雖然對漢易有所說明，然在思想上並沒有重要的位置。

在清朝考據學裏，集大成而作殿後的學者，乃是阮元。阮元字伯元，號芸台，江蘇儀徵人，生於乾隆二十九年（公元一七六四年）卒於道光二十九年（公元一八四九年），壽八十六歲。一生庶官督學、國史館總裁、兩廣總督、體仁閣大學士。平生專心考據之學，又一心提倡經學，曾經編刊經籍纂詁、十三經注疏、皇清經解。

胡適曾說：「阮元雖然自居於新式的經學家，其實他是一個哲學家。他很像戴震，表面上精密的方法，遮不住骨子裏的哲學主張。阮元似乎也很受了顏李學派的影響的。他說『一貫』，說『習』，說『性』，說『仁』，說『格物』，都顯出顏李學派與戴學的痕跡。他雖然沒有顏李戴三人的革命口氣，然而他的方法更細密，證據更充足，態度更從容，所以他的見解竟可以作顏學與戴學的重要後援。」[11]但是胡適捧戴震已經過當，戴震在考據學有成就，在理學方面則沒有深刻的思想。至於阮元，不能被稱爲哲學家。他雖有哲學思想，然總不出考據訓詁的範圍。

阮元論性，有性命古訓，見於揅經室集一，有塔性說和復性辨，見於揅經室續集卷三。在塔性說裏，他婉惜佛經翻譯經典時，爲翻譯印度佛教一種在中國所沒有的建築，造了一個「塔」字，但爲翻譯佛教明心而見之物，援用中國經典的性字，實際上意義並不相同。

「至於翻譯性字則不然。浮屠家說：有物焉具於人未生之初，虛靈圓淨，光明宿照，人受之以生，或為嗜欲所昏，則必靜身養心而後復見其為父母未生時本來面目。……晉宋姚秦人作翻譯者，執此物求之於中國經典內，有一性字似乎相近。彼時經中性字縱不相近，彼此典中性字已相近。於是

取以當彼無得而稱之物，此譬如執台字以當『窣堵波』而不別造塔字也。」（塔性說　揅經室續集，卷三）

原註舉出莊子所說：繕性於俗學以復其初，以性字指天生自然之物。佛教的性字和儒道的性字，在哲學本體論方面意義相近，都是物之所以爲物之理；在內容方面則不相同。佛教的理是眞如，儒家的理是物得自天命而生的理，道家的理應該是道。

阮元講儒家的性，有性命古訓一篇，依據訓詁，討論古書和古人論性的思想：

「古性命之訓雖多，大旨相同。」（性命古訓　揅經室集一，頁一）

他舉出召誥「節性，惟日其邁，王敬所作，不可不敬德。」「若生子，罔不在厥初生，自貽哲命。」以召誥的命，卽是天命。天命從天方面說爲命，在人方面說爲性。「君子祈命而節性，盡性而知命。」（同上）古書講節性，不講復性。他曾在復性辨一文裏，辨白李翺所說的復性，不是孔子曾子顏子的思想，而是莊子的思想。在性命古訓裏，他說孟子以耳目口鼻四肢爲性，耳目口鼻四肢以聲色味香和安逸爲趨向，故須節制，因此古書說節性，而不講復性。

古人講性，不從性本身去講，因爲性本身空洞不好講，而從性的表現去講，因此「古人但說威儀，而威儀乃性命之所關，乃包言行在內。……晉唐人言性命者，欲推之身心最先之天。商周人言性命者，祇範之於容貌最近之地，所謂威儀也。」（同上，頁七—八）他引春秋左傳襄公三十一年，衞北宮文子見令尹圍，成公十三年，成子受脤於社不敬。說「此二節其言最爲明顯矣。初未嘗求德行言語於虛靜不易思索之境也。」（同上）他認爲性的本身的虛靜不易思索。

他却又說性本來不是虛靜，祇是佛教以寂靜明覺爲主，晉朝和唐朝人喜歡這種思想，從樂記所說「人生而靜，天之性也。」和易繫辭所說，「易無思也，無爲也，寂然不動，感而遂通天下之故。」便說儒家的性，乃是虛靜。

阮元讚成戴震的情欲爲性的主張，以「欲生於情，在性之內，不能言性內無欲。欲不是善惡之惡。天既生人以血氣心知，則不能無欲。」（同上，頁二一）他講告子所說「食色性也。」又講孟子沒有闢辯告子的話，且以耳目口鼻四肢所求聲色味香和安逸，「此皆人性之所欲也。」但是孟子明明說這些，君子不謂之性而歸之於命；君子所性爲仁義禮智。阮元引趙歧孟子注以情欲爲性，仁義禮智爲命，他說：「孟子此章，性與命相互爲文，性命之說最爲明顯。趙氏注亦甚質實周密，毫無虛障。若與召誥相並而說之，則更明顯。惟其味色臭安佚爲性，所以性必須節。不節，則性中之情欲縱矣。惟其仁義禮智爲命，所以命必須敬德，德卽仁義禮智聖也。」（同上，頁二）後來晉朝唐朝儒家以欲爲惡，摒在性以外，晉唐人的性乃是佛家所說的佛性，不是經書所言的天性。阮元結論說：「今以此二經之說建首，而次以諸經，再隨諸經古訓比而說之，可以見漢以前性命之說未嘗少晦。詩曰：古訓是式，威儀是力，此之謂也。」（同上）

阮元這篇性命古訓，擧了尙書的皋陶謨、西伯戡黎、召誥、洪範；詩經大雅的文王、卷、阿、抑；周頌的昊天、有成命；春秋左傳、穀梁傳，周易文言、乾彖、萃傳、繫辭傳，孝經，論語，禮記，中庸，禮運，樂記，荀子，孟子等書，祗解釋了經書中的性字，對於性字在哲學上的意義，一點也沒有講，且表現出來他自己根本不懂。把詩經書經樂記孟子莊子和晉人唐人的性字，以及佛經的性字，混在一起，所得的結論祗是戴震所說『欲是性』。戴震以孟子的根據，阮元也以趙歧孟子注作證明，實際上孟子所說的正與他們相反。孟子講食色之性，講仁義之性；食色之性，爲小體耳目之官的性；仁義爲大體心思之官之性。然而人之所以爲人不在小體而在大體，因此孟子說君子不以食色之性爲性，而以爲命；君子只以仁義之性爲命，而以爲性。孟子的命，有天命的意思，有生來所有不隨人而變的意思，有遭遇而不能抵抗的意思。在講性和命一章，命字是生來所有而不隨人而變的命，聲色臭味安佚是人生來所有，是性的一部份，然而不代表人之所以爲人，因和禽獸相同，孟子便認爲應歸之於命。仁義禮智是人生來就有的，稱爲心的善端；但是就不是生來就全有，也不是不變，所以不是命，而是代表人之所以爲人之理，應稱爲性。阮元和戴震以及顏元李塨反對宋朝理學，既不提宋人的性說，也不願提人之所以爲人的理，祇講人的氣質心知，便對於性字在哲學上的意義，連邊都沒有摸到。

至於說節性，而爲節制情慾；那麼，中庸講盡性將如何講呢？召誥的性，根本不是哲學上的性。錢穆說：「今按孟子此章，趙注本甚是，即朱子集注亦不誤。自東原疏證別創新解，轉嫌牽强。芸台又節外生枝，比附於召誥，說益支離。」[12]連捧戴震的胡適也說「所以我們可以說，阮元的節性說祇是和顏學相近，而不能說是得戴學的精神。阮元所說，推到最高處，也不過是一種敬愼威儀的理學先生樣子，終是一種『重行不重知』的哲學，這是戴學所輕視的。」[13]

阮元對於理學還講到『仁』，有論語論仁和孟子論仁兩篇，都收在揅經室文集一。他解釋仁，爲兩人相處之道：

「元竊謂詮解仁字，不必煩稱遠引，但擧曾子制言篇『人之相與也，譬如舟車然，相濟達也。人非人不濟，馬非馬不走，水非水不流。』及中庸篇『仁者，人也。』鄭康成註『讀如相人偶之人』數語，足以明之矣。春秋時，孔門所謂仁也者，以此一人與彼一人相人偶，而盡其敬禮忠恕等事之謂也。『相人偶』者，謂人之偶之也。凡仁必於身所行者驗之而始見；亦必有二人而仁乃見。若一人閉戶齋居，瞑目靜坐，雖有德理在心，終不得指為聖門所謂之仁矣。……

其餘聖門論仁類推之，五十八章之旨，有相合而無相戾者，卽推之諸經之旨，亦莫不相合而無相戾者。自博愛謂仁立說以來，歧中歧矣。吾固曰孔子之道當於實者，近者，庸者論之，則春秋時學問之道顯然大明於世，而不入於二氏之塗。」（論語論仁）

這個「相人偶」的名詞，當是漢朝的俗語，意思大約是兩人相配，所以男女結婚稱爲配偶。仁字解釋爲兩人相處之道，這不是阮元所創的新說，說文已經說「仁，親也，從人二。」但這種解釋不過表示仁在外面實行的境遇，並不表示仁的意義。說文說仁是親，親是親愛，

「相人偶」也是說「爾我親愛之辭」。所以仁的意義，在於親愛。親愛要有兩人同在纔可以表現，纔可以成立，但是親愛不生於兩人同在的事實，而是生於人的心。孟子所以說「仁，人心也。」撇開仁的意義不講，祇講仁的事實，不是講哲學。

阮元在論語論仁裡對於「回也，其心三月不違仁。」解釋說：

「心與仁不違，可見仁與人心究不能渾而為一。若直號仁為本心之德，則是渾成之物，無庸用力為之矣。」

然而孟子以仁爲人心，並不是說人心是仁，而是以人心有仁，人心有仁，並不是有仁的全德，祇有仁德之端。心有仁德之端，便須要存養，時時去勉力實行。阮元在孟子論仁篇，乃說：

「孟子大指謂仁義為本心，故曰：仁，人心也。」

錢穆說：「以仁義爲本心，與以仁爲本心之德，所別何在？既認仁，人心也之說，又何

以謂仁與人心究不能渾而爲一？芸臺此等處甚多，由其先未有一根本之見解，旣牽纏於古訓，又依違於新說，故時見矛盾模稜也。」⒁

宋儒本讚成韓愈的「博愛之謂仁」，而以「仁爲愛之理」。愛之理，來自易經所講天地好生之德，以仁爲生，轉而爲愛生命。這種解釋，進於哲理，且不空虛，也不以仁和以渾合爲一。阮元和淸儒，除王夫之外，都沒有懂得這層道理，阮元則僅落脚在「相人偶」以解釋仁，沒有進入哲理的門。他說：

「孟子論良能良知，良知，卽心端也；良能，實事也。舍事實而專言心，非孟子本旨。」（孟子論仁）

旣不能合事實而專言心，也不能捨心而專言事實，阮元論仁則是專言事實而不言心，至於他解釋「㒵」爲「實」，並不合孟子的本意；而且「實」也並不祇是事實之實。

考據家以訓詁講哲學，有兩點不通。第一，所謂古訓，究竟何謂古訓？他們的古訓是指着漢人注疏；那麼孟子解釋孔子，孔子解釋經文，是不是古訓呢？錢穆說：「依芸臺此意，嚴格論之，孔子義理，出於詩書之古訓，詩書之義理復何出乎？若必以最先之古訓爲貴，則推溯古訓來源必有窮極。且何以最先之古訓，爲最眞之義理乎？此尤無說以解者。而義理自古訓來之意見，卽無形摧破，而芸臺不悟也。」[15]第二，哲學是講事理，事理不能由前代的一個名詞所有字義而被限制，哲學很可能給前代的一個名詞加以新的意義。否則，哲學不是講哲學，而是講文字學或訓詁學。清代考據學家以訓詁講哲學，而唾棄宋明理學，在於他們不懂，也不願意懂得哲學的意義。

## 三、樸學中的哲學思想

當阮元以大學士的聲勢，發展考據訓詁的經學，經學在清朝已到了極盛的時代。盛而轉衰，時勢天然的途徑。和阮元同時有一個學者，名方東樹，他極力反對訓詁的經學，引起學人的注意。

方東樹生於乾隆三七年（公元一七七二年），卒於咸豐元年（公元一八五一年），爲姚鼐的門生，頗能古文。但是他反對考據學者以訓詁解釋經學，作漢學商兌，條舉考據學者的意見，逐條駁辯。這本書有三篇自序，在第一篇序裏，他說明反對漢學的理由：

「近世有為漢學考證者，著書以闢宋儒，攻朱子為本，首以言心，言性，言理為厲禁。……衆口一舌，不出於訓詁小學，名物制度。棄本逐末，違戾詆毀；於聖人難行求仁，修齊治平之教，一切抹殺。名為治經，實足亂經；名為衞道，實則畔道。」

在第二篇序裏，他說明宋學的價值：

「經者，良苗也。漢儒者，農夫之勤菑畬者也，耕而耘之，以殖其禾稼。宋儒者，穫而舂之，蒸而食之，以資其性命，養其軀體，益其精神也。非漢儒耕之，則宋儒得食；宋儒不舂而食，則禾稼蔽畝，棄於無用，而羣生無以資其性命。今之為漢學者，則取其遺秉滯穗而復殖之，因以笑舂食者之非，日夜不息曰：吾將以助農夫之耕耘也。卒其所殖不能用以置五升之飯，先生不得飽，弟子長饑。以此教人，導之為愚也；以此自力，固不獲益。」

方東樹在漢學商兌的序例說：「首溯其畔道罔說之源；次辨其依附經義，似是而非者；次爲總論，辨其詆誣唐宋諸儒先，而非事實者。」

他說清初顧黃崇尚實學，但尚未標明漢學。專標漢學的人爲惠棟；然而惠棟尚未反對講『理』，戴震則是厲行禁止講論「理」字。他在漢學商兌卷二，講清代漢學的弊病。厲禁理字，責朱熹空言窮理，不合事實。不講理法效漢人不拘小節；又在第三卷說明小學爲訓詁名物之學，大學爲明明德，率性新民之學。漢學者不明小學大學的分別，把小學混於大學以內。漢學循訓詁以求經義，然訓詁不得義理的眞義，致誤解古經者多有人在。卽如鄭玄許愼，乖違失眞的地方很多。因此，主義理者，不能舍經而廢棄訓詁；主訓詁者，則不能拘守字義而排除義理。經書義理，往往有在字義以外。故孟子說「以意逆志，不以文害辭，辭害意也。」

方東樹忠於朱學，不僅反對訓詁的經學，也反對陸王。他相信訓詁的經學必引起厭惡，人心將趨於「其說高而可悅，其言造之之方捷而易獲。」（辨道論）的王學。但是，方東樹死去的一年，洪秀全起兵，江南富饒的區域，遭遇連年的兵禍，又遭洪楊的殺戮焚燒，藏書被毀，書院遭廢。訓詁學術就沒有繼續的人了，到了民初，纔有章太炎重講經學。

洪楊亂後，清朝元氣大喪。平定洪楊的大功臣曾國藩乃提倡樸學，身體力行，以建立國家的精神。

曾國藩字伯涵，號滌生，湖南湘鄉人，祖籍衡陽，生於嘉慶十六年（公元一八一一年），卒於同治十一年，（公元一八七二）年六十二歲。

國藩以道光戊戌十八年成進士，時年二十八。授翰林院庶吉士，七遷爲禮部侍郎。咸豐二年丁母憂，回家守喪。適洪秀全起兵由廣西入湖南，國藩乃起練鄉兵，討太平軍。在軍中十三年，平定了洪楊之亂。他的軍功在王陽明以上，他的學識和人品，也可以比擬陽明，封一等毅勇侯，總督兩江，又督直隸，內外大事，朝廷皆就商決辦。去世後，謚文正，世稱曾文正公。

國藩在翰林院和禮部時，常和唐鑑相交往。唐鑑爲湖南善化人，宗朱熹理學，力勸國藩以朱子全書爲每日課程。國藩早年曾和劉蓉郭嵩燾爲友，蓉好理學，勸國藩勿從事文章。國藩便以理學家修身法作修身法，作日記，力求改過。

道光二十二年（公元一八四二年），國藩三十二歲，年譜說：「公益致力程朱之學，同時蒙古倭仁公，六安吳公廷棟昆明何公桂珍，竇公垿仁和邵公懿辰及陳公源兗等，往復討論，以實學相砥礪。其爲日記，力求改過，多痛自刻責之言。每日必有記錄，是爲日課。每月中作詩古本若干篇，是爲月課。凡課程十有二條：一曰主敬，二曰靜坐，三曰早起，四曰讀書，五曰讀史，六曰謹言，七曰善氣，八曰保身，九曰日知所亡，十曰月無忘所能，十一曰作字，十二曰夜不出門。」（清 曾文正公（國藩）年譜卷一，頁一七—一八，黎庶昌編）當年日記，十月初一日：

「拜倭艮峯前輩先生，言研幾工夫最要緊。顏子之有不善未嘗不知，是研幾也。周子曰幾善惡，中庸曰潛雖伏矣，亦孔之炤。劉念台先生曰，卜動念以知幾，皆此謂也。夫此不察，則心放而難收矣。又云：人心善惡之幾，與國家治亂之幾相通。又教予寫日課，當卽寫，不宜再因循。」（曾文正公手書日記第一冊，學生書局印行）

十月初二：

「辰，初起靜坐片刻，讀易咸卦。飯後，昏昧默坐片刻，卽已成寐，神濁不振，一至於此！讀咸卦，卦象辭能解，繫傳釋九四爻，不知其意，浮淺可恨！靜坐，思心正氣順，必須到天地位，萬物育田地，方好。昏濁如此，何日能徹底變換也！午正，金竺虔來。平日游言巧言，一一未改，自新之意安在？……」

初三日：

「一早，心囂然不靜。辰正，出門拜何子敬，語不誠。至岱雲處，會課，一文一詩，謄真鐙初方完，僅能完卷，而心頗自得，何器小若是。與同人言多尖穎，故態全未改也。歸接家信。岱雲來，久談，彼此相勸以善。予言皆己所未能而責人者。岱雲言：余第一要戒慢，謂我無處不著怠慢之氣，真切中膏肓也。又言予於朋友，每相待過深，不知量而後入，隨處不留分寸，至少者齟齬，大者凶隙，不可不慎。又言我處事不患不精明，患太刻薄，步步留心。此三言，皆藥石也。默坐思此，須常有滿腔生氣，雜念憧憧，將何以掃却？勉之！」

十月廿七日：

「唐先生言，最是靜字工夫要緊。大程夫子是三代後聖人，亦是靜字工夫足。王文成亦是靜字有工夫，所以他能不動心。若不靜，省身也不密，見理也不明，都是浮的，總是要靜。又曰，凡人皆有切身之病，剛惡柔惡各有所偏。溺焉既深，動輒發見，須自己體察所溺之病，終身在此處克治。余比告先生謂素有忿恨不顧氣習，偏於剛惡。既而自究所病，只是好動不好靜。先生兩言，蓋對症下藥也。務當力求主靜，使神明如日之升，卽此以求其繼繼續續，卽所謂緝熙也。知此而不行，真暴棄矣，真小人矣。

……」

從這幾段日記，可見國藩自三十二歲時開始，專心研究易經，日行程朱的修身之法，尤重「主靜」。靜，一面在晨起靜坐片時，一在默坐自省，使心不亂。顏元李塨也也寫日記，也逐日改過；然而他們師生兩人，決不提程朱王陽明修身主靜，國藩則明明標出，力學程朱。主靜，在宋明爲心學，國藩主靜，必以心學爲要。

十一月初六日：

「早起讀易漸卦，飯後，讀歸妹卦，尚未看王弼本。邵蕙西來，久談。旋賀麓樵來，與之談藝，有巧言。此刻下手工夫，除謹言，修容，靜坐三事，更從何處下手！每人全無切實處，尚嘵嘵與人說理，說他何益？吳子序約喫飯，未正去，席間諧語無節，散後，走何子貞家，觀人圍棋，躍躍然心與之馳。歸乏甚。日來，心愈浮則言愈繁，而神愈倦。」

十一月十三日：

「又晏起，眞下流矣！樹堂來，與言養心養體之法，渠言舍靜坐更無下手處，能靜坐而天下之能事畢矣。因教我焚香靜坐之法。所言皆閱歷語，靜中眞味，煞能領取。言心與氣總拆不開。心微浮則氣浮矣，氣散則心亦散矣。此卽孟子所謂志壹則動氣，氣壹則動志也。與樹堂同走岱雲處，早飯席間，一語欺樹堂。午初，歸。因明日李集樂府題解已鈔一半，索性接鈔。鐙後始鈔完，共八葉。焚香靜坐一時，心仍馳放，勉強支持，猶頹然欲睡，何也！」

十一月十四日：

「……鐙後，點古文一卷，靜坐小半時，頹然欲睡，可恨之至！細思神明則如日之升，身體則如鼎之鎮，此二語可守者也。惟心到靜極時，所謂未發之中，寂然不動之體，畢竟未體出真境來。意者只是閉藏之極逗出一點生意來，如冬初一陽初動時乎，貞之固也，乃所以為元也；蟄之壞也，乃所以為始也；穀之堅實也，乃所以為始播之種子也。然則不可謂之種子者，不可謂之堅實之穀也。此中，無滿腔生意，若萬物皆資始於我心者，不可謂之至靜之境也。然則靜極生陽，蓋一息點生物之仁心也。息息靜極，仁心不息，其參天兩地之至誠乎。顏子三月不違，亦可謂洗心退藏極靜中之真樂者矣。我輩求靜欲異乎禪氏入定，冥然亡覺之旨，其必驗之此心，有所謂一陽初動，萬物資始者，庶可謂之靜極，可謂之未發之中，寂然不動之體也。不然，深閉固拒，心如死灰，自以為靜，而生理或幾乎息矣，況乎其並不能靜也，有或擾之，且憧憧往來乎！深觀道體，蓋陰先於陽信矣。然非實由體驗得來，經掠影之談也。姑記於此，以俟異日。」

這一段日記，講靜坐的意義，既不是朱熹的思想，也不是王陽明的思想，却有點近於楊時、呂大臨、羅從彥、李侗一系人的思想，以未發之中爲心的本體，本體以靜坐去體驗；實則楊李等人的思想乃是禪宗的思想。國藩加以修正，以寂靜的本體是有生意，卽是仁心，靜坐所體驗者，應體驗到一息的生意，使萬物皆資始於我的心。這種靜坐的境界，是中庸至誠的境界，贊天地的化育。中庸以這種境界爲聖人所自然而有的境界，賢人可以『誠之』勉力而得。然而『誠之』不能靜坐以觀心的本體，『誠之』乃是率性而行，不是靜坐而息。國藩以陰先於陽，由於易經所講一陽之動。然而他後來讀，且刻印王夫之的書，則知道乾坤陰陽並建的思想。

清朝的學術，有史學，有理學，有考據學。理學在王夫之以後，雖有顏李戴等人，都不能勝過考據的漢學。國藩述自己讀書求學的梗概說：

「有義理之學，有詞章之學，有經濟之學，有考據之學。義理之學，卽宋史所謂道學也，在孔門為德行之科，詞章之學，在孔門為言語之科；經濟之學，在孔門為政事之科；考據之學，即今世所謂漢學也，在孔門為文學之科。此四科者，闕一不也。予於四者，略涉津涯，天質魯鈍萬不能造其奧窔矣。惟取其要者，而日日從事，庶以漸廢之文，而漸有所開。義理之學，吾之從事者，二書焉：曰四子書，曰近思錄。詞章之學，吾之從事者，二書焉，曰：曾氏讀古文鈔，曾氏讀詩鈔，二書皆尚未纂集成冊，然心中已有成竹矣。經濟之學，吾之從事者，二書焉：曰會典，曰皇朝經世文編。考據之學，吾之從事者，四書焉：曰易經，曰詩經，曰史記，曰漢書。此十種書，須要爛熟於心中。凡讀此書，皆附於此十書，如室之有基而丹艧附之，如木之有根而枝葉附之。如鷄伏卵，不稍竭而使冷。如蛾成蛭，不見異而思遷。其斯為有本之學乎。」（日記 咸豐元年，辛亥七月）

國藩雖把道學和考據學並列，實際上則沒有從事清朝的漢學，他所謂考據，乃是經史，沒有加上漢朝鄭玄等的註釋，也沒有讀阮元的皇清經解，對於道學，則讀宋朝理學家的書；

所以他是理學一系的學者。

他對於清朝學術的評論，曾說：

「卽物窮理云者，古昔聖賢共有之軌，非朱子一家之創解也。自陸象山氏以本心為訓，而明之餘姚王氏乃頗遙承其緒。其說主於良知，謂吾心自有天則，不當支離而求諸事物。……自是以後，沿其流者百輩，間有豪傑之士，思有以救其偏，變一說則生一弊。高景逸，顧涇陽氏之學，以靜坐為主，所重仍在知覺，此變而蔽者也。近世乾嘉之間，諸儒務為浩博，惠定宇，戴東原之流，鉤研古訓，本河間獻王實事求是之旨，薄宋賢為空疏。夫所謂事者非物乎？是者非理乎？實事求是，非卽朱子所稱卽物窮理者乎？名目自高，詆毀日月，亦變而蔽者也。別有顏習齋，李恕谷氏之學，忍嗜欲，苦筋骨，力勤於見，迹等於許行之並耕，病宋賢為無用，又一蔽也。由前之蔽，排王氏而不塞其源，是五十步笑百步之類矣。由後之二蔽，矯王氏而過於正，是因噎廢食之類矣。」(書學案小識後 曾國藩全集 文集，頁一五五。漢苑出版社)

他以格物窮理爲孔孟傳統的求學方法，格物窮理爲『道問學』，『道問學』的目的爲『尊德性』。後來儒家學者把『道問學』和『尊德性』分開了。陸王以朱熹只是『道問學』而不『尊德性』，乃提倡『尊德性』而不『道問學』。清朝學者詆毀王陽明爲空疏，便主張『道問學』；然而他們的『道問學』不是求義理，而是求字義。實際上小學大學不可分，『道學問』和『尊德性』更不可分。清學以考據爲實學，乃是「矯王氏而過於正，是因噎廢食。」

國藩壯年時，曾向倭仁請教。倭仁字艮齋，一字艮峯，蒙古正紅旗人，道光九年成進行，官至文華殿大學士。平生爲學，反對陸王，宗承程朱。國藩又與湖南湘鄉劉蓉爲友。劉蓉字孟容，號霞仙，官至陝西巡撫。他曾傾心陽明之學，後恍然有悔，乃重歸孔孟程朱的道學。國藩和他有書札往來，文集中有答劉孟容書，評論「道問學，尊德性」：

> 「伏承信道力學，又能明辨王氏之非，甚盛甚盛。蓋天下之道，非兩不立：是以立天之道，曰陰與陽；立地之道，曰柔與剛；立人之道，曰仁與義。乾坤毀則無以見易；仁義不明，則亦無所謂道者。傳曰：天地溫厚之

氣，始於東北而盛於東南，此天地之盛德氣也，此天地之仁氣也。天地嚴凝之氣，始於西南而盛於西北，此天地之尊嚴氣也，此天地之義氣也。斯二氣者，目其後而言之，因仁以育物，則慶賞之事起，因義以正物，則刑罰之事起。中則治，偏則亂。自其初而言之，太和絪縕，流行而不息，人也，物也，聖人也，常人也，始所得者鈞耳。人得其全，物得其偏。聖人者，既得其全，而其氣質，又最清且厚，而其習又無毫髮累，於是曲踐乎所謂仁義者，夫是之謂盡性也。推而放之，凡民而準；推而放之，庶物而準，夫是謂之盡人性盡物性也。常人者，雖得其全，而氣質拘之，習染蔽之，好不當則賊仁，惡不當則賊義。賊者日盛，本性日微。蓋學問之事，自此而興。學問者何？復性而已矣。所以學者何？格物誠意而已矣。……

朱子曰：人心之靈莫不有知，此言好惡之良知也。曰：天下之物，莫不有理，惟於理有未窮，故其知有不盡。此言吾心之知有限，萬物之分無窮，不究乎至殊之分，無以洞乎至一理也。今王氏之說曰：致良知而已矣。則是任心之明而遂曲當乎萬物之分，果可信乎？……今乃以卽物窮理為支離，則是吾心虛懸，一成之知於此，與凡物了不相涉，而謂皆當乎物之分，又可信乎？朱子曰：知為善以去惡，則當實用其力，務決去而求必得之。此言仁義之分既明，則當畢吾好惡以既其事也。今王氏之說曰：卽知卽行，格致卽誠意工夫，則是任心之明，別無所謂實行。心苟明矣，不必屑屑於外之迹，而迹雖不仁不義，亦無損於心之明，是何其簡捷而易從也。復是說而不辨，幾何不胥天下而浮屠之馬哉！……」（答劉孟容書 曾國藩全書 文集，頁七一—七二）

國藩依據漢朝易學說明宇宙變化，以陰陽兩氣相循環，一起於東北，一起於西南。兩氣乃天地的仁氣和天地的正義，使萬物生而有成。又按宋儒的理學，以人性得天理之全，然有氣質的清濁而顯善惡。聖人自然而誠，凡人既有氣質的蔽塞，又有習染的牽累，須要努力以『誠之』而爲善。朱熹格物致知卽是擴心的良知，以求實行。王陽明以心有萬理，致知格物全在致良知，卽知卽行。國藩攻擊王學，心的良知不能窮萬物的理，致良知不是實行。他的思想乃是程朱的思想，又加上顏李戴所講的習染。在同一書函結尾說：

「今足下崛起僻壤，迺能求先王之道，開學術之部，甚盛甚盛，此真國藩所禱祈以求者也。此間有太常唐先生，博聞而約守，矜嚴而樂易，近著國朝學案一書，崇二陸二張之歸，闢陽儒陰釋之說，可謂深切著明，狂瀾砥柱。又有比部六安吳君廷尉，蒙古倭君，皆實求朱子之旨而力踐之。國藩既從數君子後，與聞末論，而淺鄙之資，兼嗜華藻，篤好司馬遷，班固，杜甫，韓愈，王安石之文章，日夜以誦之，不厭也。欲凡僕之所志，其大者欲行仁義於天下，使凡物各得其分；其小者，則欲寡過於身，行道於妻子，立不悖之言以垂教於宗族鄉黨。其有所成與，以此畢吾生焉！其無所成與，亦以此畢吾生焉！」(同上)

國藩的志向，遵循程朱之學，以行孔孟的仁義大道。他絕不是考據的漢學，也絕不是王陽明的致良知，更絕不提戴震以欲爲性。他所願的，在行仁義之道於天下，在立言以垂教於宗族鄉黨。所以他對於社會，主張『以忠誠爲天下倡』，改正風俗，他復彭麗生書說：

「足下稱今日不可救藥之端，惟在人心陷溺，絶無廉恥云云。國藩私見求實與賢者相脗合。竊嘗以為無兵不足深憂，無餉不足痛哭，獨擧目斯世，一擾利不先，赴義恐後，忠憤耿耿者，不可亟得。或僅得之，而又屈居卑下，往往抑鬱不伸，以挫，以去，以死；而貪饕退縮者，果驤首而上騰，而富貴，而名譽，而老健不死，此其可為浩嘆者也。」（復彭麗生書 曾國藩全集 書牘，頁八六二）

清朝中葉以後，風俗頹敗。太平天國亂起，國勢如同敗蘆，一吹卽折。曾國藩練鄉團，從基層做起，重振軍威。但是社會遭過大亂以後，江南富饒的區域，變成了荒涼的地，民心都貪求金財，喪失廉恥心。國藩所以浩嘆。

他在家書中，屢屢訓誡弟弟和兒子。居翰林時，致書家中弟弟，係家書中所收的第五封，信很長，中間指點的事很多：

「……然衡陽風俗，只有冬學要緊，自五月以後，師弟皆奉行故事而已。同學之人，類皆庸鄙無志者；又最好訕笑人，其笑法不一，總之不離乎輕薄而已。四弟若到衡陽去，必以翰林之弟相笑，薄俗可惡，鄉間無朋友，實是第一恨事。不惟無益，且大有損。習俗染人，所謂與鮑魚處，亦與之俱化也。……

於讀書之處，有必不可易者數端。窮經必專一經，不可泛騖。讀經以研尋義理為本，考據名物為末。讀書有一耐字訣，一句不通，不看下句。今日不通，明日再讀。今年不通，明年再讀，此所謂耐也。讀史之法，再妙於設身處地。每看一處，如我便與當時之人，酬酢笑語其間。……經以窮理，史以考事，舍此二者，更別無學矣。

蓋取西漢以至於今，識字之儒，約有三途：曰義理之學，曰考據之理，曰詞章之學。各執一途，互相詆毀。見之私意，以為義理之學最大，義理明則躬行有要，而經濟有本。詞章之學，亦所以發揮義理者也。考據之學，吾無所取焉。……」（致諸弟。曾國藩全集　家書，頁五五五）

他說的很明白，求學爲躬行仁義，以義理之學爲最大，對於考據，「吾無所取焉。」爲改正風俗，國藩很講究『禮』，在家書中講治家之法，便以祭祀之禮爲重。他給兒子紀澤說：

「字諭紀澤：初一日接爾十六日稟，澄叔已移寓新屋，則黃金堂老宅，爾為一家之主矣。昔吾祖星岡公，最講治家之法，第一要起早，第二打掃清淨，第三誠修祭祀，第四善待親族鄰里。凡親族鄰里來家者，無不恭敬款待。有急必周濟之，有訟必排解之，有喜慶必賀之，有疾必問，有喪必弔。此四事外，於讀書種菜等事，尤為刻刻留心。故余近寫家信，常常提及『書蔬魚猪』四端者，蓋祖父相傳之家法也。……八者缺一不可；其誠修祭祀一端，則必須爾母隨時留心。凡器皿第一等好，留作祭祀之用，飲食第一等好者，亦備祭祀之需。凡人家不講究祭祀，縱然興旺，亦不久長，至要至要。」（諭紀澤 曾國藩全集 家訓，頁七七九）

他的治家法八字，是「書蔬魚猪，早掃考寶。」在致四弟信中（同上 家書，頁七〇〇）曾說明。但他以家中祭祀爲最重要。又對親族鄰里來家者，必恭敬款待。又對親族鄰里有喜慶喪葬，必往賀弔；這一切都是家禮。有家禮而後有鄉黨之禮，然後有國家之禮。社會有禮，風俗必淳厚。

曾國藩在生時，死後，都受人崇敬，不僅因爲功高位尊，也因他的道德高尚，學業文章優厚。他不是學術專家，然是一位純儒，有古來儒家名相名將的風格。

## 四、史學中的哲學思想

清朝史學從初葉就有向上發展的趨勢，黃宗羲、顧炎武都注重歷史，且留有史學著作。王夫之更爲中國歷史哲學的權威，他由易經的宇宙變化原則，進而到人類歷史變遷的氣勢；又由尙書的天命觀，建立天命史觀；再依春秋評論史事的義理，立定倫理道德史觀。在講王夫之的哲學思想一章裏，已經討論了他的歷史哲學思想。

清朝考據學最盛，考據常和歷史相關，清朝的史學和考據學並駕齊驅。梁啓超在淸代學術概論，對於清代史學，他說：「康熙間，清廷方開明史館，欲藉以網羅遺逸；諸師旣抱所學，且藉以寄故國之思，雖多不受職，而皆間接參與其事，相與討論體例，別擇事實。故唐以後官修諸史，獨明史稱完善焉。乾隆以後，傳此派者，全祖望最著。顧炎武治史，於典章制度風俗，多論列得失，然亦好爲考證。乾嘉以還，考證學統一學界，其洪波自不得不及於史，則有趙翼之廿二史劄記，王鳴盛之十七史商榷，錢大昕之二十一史考異，洪頤煊之諸史考異，皆汲其流，四書體例略同。……其專考證一史者，則有惠棟之漢書補注，梁玉繩之史記志疑、漢書人物考，錢大昕之漢書辨疑、後漢書辨疑、續漢書辨疑，梁章鉅之三國志旁證，周壽昌之漢書注校補、後漢書注校補，杭世駿之三國志補注其尤著也。自萬斯同力言表志之重要，自著歷代史表，此後表志專書，可觀者多。……而對於古代別史雜史，亦多考證箋注，……。凡此皆以經學考證之法，移以治史，只能謂之考證學，殆不可謂之史學。其專研究史法者，獨有章學誠之文史通義，其價值可比劉知幾史通。」(16)

章學誠字實齋，浙江會稽人，生於乾隆三年（公元一七三八年），卒於嘉慶六年（公元一八〇一年），年六十四。幼年因病，讀書不能領識，二十歲以後，纔開始長進。四十歲時中順天鄉試，四十一歲成進士，爲多數書院講席的主講，修編志書，著有文史通義和校讎通義。胡適曾著章實齋年譜，現由臺灣商務印書館刊行。

在年譜二十八歲（乾隆三十年）時，在家書中說：「吾於史學，蓋有天授。自信發凡起例，多爲後世開山。而人乃擬吾於劉知幾，不知劉言史法，吾言史意；劉議館局纂修，吾議一家著述，截然分途，不相入也。」（年譜　頁六十五）

他和戴震同時，也和戴震是朋友，受戴氏的影響很大。年譜二十九歲（乾隆三十一年）錄他與族孫汝楠論學書的幾段話：

「往僕以讀書當得大意，又少年氣銳，專務涉獵，四部九流，泛覽不見涯涘。好立議論，高而不切，攻排訓詁，馳騖空虛。蓋未嘗不憪然自喜，以為得之。獨怪休寧戴東原振臂而呼曰：今之學者，毋論學問文章，先坐不曾識字。僕駭其說，就而問之。……僕重媿其言！……我輩於四書一經，正乃未嘗開卷，可為愧惕，可為寒心。」（年譜，頁十七）

但是他對戴震的思想，並不一切都讚成。戴震攻斥朱熹，學誠不以爲是，且認爲戴震戒鑿空言理，實乃源於朱熹。

在文史通義裏，有原道上中下三篇，原學上中下三篇，史德史釋各一篇。這幾篇爲學誠說明自己哲學思想的文章。

『道』爲天地的道，源自天，無形不可見，稱爲自然。天地之道，爲陰陽之道，在人以先就有，然而無形。道由人而顯，聖人顯明人道，不得不然。

「道之大原出於天。天固諄諄然命之乎？曰：天地之前，吾固不得而知也。天地生人，斯有道矣；而未形也。三人居室，而道形矣。……

人之生也，自有其道，人不自知，故未有形。三人居室，則必朝暮啓閉其門戶，……則必有分任者矣。或各司其事，或番易其班，所謂不得不然之勢也，而均平秩序之義出矣。……故道者，非聖人智力之所能為，皆其事勢自然，漸形漸著，不得已而出之，故曰天也。

易曰：『一陰一陽之謂道』，是未有人而道已具也。『繼之者善！成之者性』，是天著於人，而理附於氣也。故可形其形而名其名者，皆道之故，而非道也。道者，萬事萬物之所以然，而非萬事萬物之當然也。人可得而見者，則其當然而已矣。……

道有自然，聖人有不得不然。其事同乎？曰：不同。道無所為而自然，聖人有所見而不得不然也。故言聖人體道可也，言聖人與道同體不可也。

……」（原道 上）

這裏所說的道，乃是易傳的天道地道人道。天地之道乃陰陽變易之道，人道爲人生活之道。人道來自天，因天生而有，且根源於天地之道。人有天生之道，然不可見，可見的道，乃人在生活中的行動之道；行動之道必要合於天生之道。天生之道爲自然，爲誠；行動之道爲當然，爲不得不然。孔子集大成，明人道而立教。這種思想同於戴震的思想。

「道不離器，猶影不離形。後世服夫子之教者自六經，以謂六經載道之書也，而不知六經皆器也。」（原道 中）

道不離器，乃王夫之的學說。以六經爲器，則是學誠的學說，學誠以六經皆史。行動之道，見於先聖先王的文物典章。六經記錄先聖先王的文物典章，爲史書，也爲載道教人之器。後世人或求學或教人，應以六經爲依據，不可人自爲教。

「今云官守失傳，而吾以道德明其教，則人人皆自以為道德矣。故夫子述而不作，以存周公之舊典也，不敢舍器而言道也，而諸子紛紛則已言道矣。……」（原道 中）

章學誠以六經爲道之器，不能舍六經而言道，遂責斥宋儒舍器而言道。「然其析理之精，踐履之篤，漢唐之儒未之聞也。」（原道 下）

「易曰：『成象之謂乾，效法之謂坤。』學也者，效法之謂也；道也者，成象之謂也。夫子曰：『下學而上達』；蓋言學於形而下之器，而自達於形而上之道也。

『士希賢，賢希聖，聖希天』。希賢希聖，則有其理矣。上天之載，無聲無臭，聖如何而希天哉？蓋天之生人，莫不賦以仁義禮智之性，天德也；莫不納之於君臣父子夫婦兄弟朋友之倫，天位也。以天德而修天位，雖事物未交，隱微之地，而不過與不及之準焉，所謂成象也。平日體其象，事至物交，一如其準以赴之，所謂效法也。此聖人之希天也，此聖人之下學上達也。」（原學　上）

學誠的學，即中庸的率性，他以性爲天德，爲天所賦的仁義禮智。這種性論，和戴震不同；戴震最反對人生時得於天而若有其物之性。性爲仁義禮智的天德，表現於五倫的天位，有當然的準則。然而準則何在？人何能知？在於格物而致知。

「古人之學，不遺事物。」（原學 中）

當然的準則，在先聖先王的經書中；然不能說經書以外，就沒有學。「專於誦讀而言學，世儒之陋也。」（原學 上）學應行於事。

章學誠專於史學；他以史有事有義有文。

「夫史所載者事也，事必藉文而傳。故良史莫不工文，而不知文又患於為事役也。蓋事不得無得失是非，一有得失是非，則出入予奪相奮摩矣。奮摩不已，而氣積焉。事不能無盛衰消息，一有盛衰消息，則往復憑弔，生流連矣，流連不已而情深矣。凡文不足以動人，所以動人者氣也；凡文不足以入人，所以入人者情也。氣積而文昌，情深而文摯；氣昌而情摯，天下之至文也。然而其中有天有人，不可不辨也。氣得陽剛而情合陰柔，人麗陰陽之間，不能離焉者也。氣合於理，天也；氣能違理以自用，人也。情本於性，天也；情能汩性以自恣，人也。史之義出於天，而史之文不能不藉人力以成之，人有陰陽之患，而史文即忤於大道之公，其所感召者微

也。」（史德）

學誠所說的史，爲史書的史。史書的史，爲史家的著作，著作以文章而成，文章則有氣有情。氣能偏而害公道，情能汩性而害道，史義則在於文章不偏不汩性；所以要有史德。

「德者何？謂著書者之心術也。……

蓋欲為良史者，當慎於天人之際，盡其天而不益以人也。盡其天而不益以人，雖未能至，苟允知之，亦足以稱著述者之心術矣。……至於善善而惡惡，褒正而嫉邪，凡欲託文辭以不朽者，莫不有是心也。然而心術不可不慮者，則以天與人參，其端甚微，非是區區之明所可恃也。」（史德）

著述史事者，應具史德。史德在能「善善惡惡，褒正嫉邪。」人都這種心，這是『天』；然而史家作文時，有氣有情，氣情常能害公道汩人性，則史德不存矣。司馬遷曾說「究天人之際」，這是『天』；又說發憤著書；後人便說史遷發憤而謗人，以褒貶爲史家的大權。章學誠辨明這是以「亂臣賊子之居心，而妄附春秋之筆削，不亦悖乎！」（同上）

以史德而顯史義，史義乃是人道。人道爲仁義禮智的天德；故學誠的歷史觀，爲倫理的道德史觀。

「天下不能無風氣，風氣不能無循環，一陰一陽見於氣數者然也。」（原學下）

社會風氣，循環變遷，循環則遵循氣數的原則；歷史便有循環的氣數。易經講陰陽運行的循環，漢朝易學者講氣數。氣數的表現有『勢』，有『機』。王夫之常講歷史的勢和機。這是易經的歷史哲理。漢儒以氣數和尙書的天命相合，成爲天命歷史觀。王夫之雖講天命歷史觀，然不像漢儒的呆板機械化；章學誠沒有明白指出天命歷史觀，但氣數說是他對歷史的解釋原則。

歷史既是變，歷史變是向前而不後退，雖是循環但不是復古。故學誠講「史釋」以『時』爲主。

「孔子曰：『生乎今之世，反古之道，災及其身者也。』李斯請禁詩書，以謂儒者是古而非今，其言若相近，而其意乃大悖，後之君子不可不察也。夫三王不襲禮，五帝不沿樂。不知禮時為大。……而學者昧於知時，動矜博古，……」（史釋）

歷史的意義在於『時』；歷史的事件，應以事件當時的時境而作解釋；歷史的教訓，在於今天的事迹，應合於今天的時境。

章學誠在史學上的貢獻，不在於歷史哲學思想，而在於史學方法論，他看重通史，講述通史的意義和方法，以通古今之變，自成一家之言。

註：

(1) 天帝考　天主教東傳文獻續編第一冊。學生書局。

(2) 三山論學記　頁四　天主教東傳文獻續編　第一冊。

(3) 同上、頁五。

(4) 同上、頁四十。

(5) 主制羣徵　卷上，頁一　天主教東傳文獻續編　第二冊。

(6) 天儒印 頁九九三 天主教東傳文獻續編 第二册。
(7) 梁啓超 清代學術概論 頁二十四。
(8) 錢穆 中國近三百年學術史 上册，頁二二六—二三〇。
(9) 胡渭 易圖明辨 廣文書局。
(10) 錢穆 中國近三百年學術史 上册，頁二五七。
(11) 胡適 戴東原的哲學 頁一百四十三。
(12) 錢穆 中國近三百年學術史 下册，頁四八七。
(13) 胡適 戴東原哲學 頁一百五十七。
(14) 錢穆 中國近三百年學術史 下册，頁四八八。
(15) 錢穆 中國近三百年學術史 下册，頁四八二。
(16) 梁啓超 清代學術概論 頁八六—八九。

# 第五章　清代末葉哲學思想

## 一、康有為

### 1. 緒論

清朝考據學由清初顧炎武、閻若璩、胡渭開端，倡『舍經學無理學』之說。到了惠棟、戴震、段玉裁、王念孫、王引之步入全盛時期。他們的弟子輩紀昀、王昶、畢沅、阮元等，繼承學業，皆有成就。他們的目標，爲反對宋學，攻擊理學的空疏，主張以訓詁去明經。訾議程頤、朱熹、王陽明，宗服馬融、許愼、鄭玄。由清朝直追漢朝，研究東漢的經學。但是考據學既到了全盛時期以後，僅在故紙中求學問，不能再有新的發展，於是乃有人由東漢而到西漢，懷疑東漢的古文經都係僞作，專心研究公羊傳，而成公羊學派。

公羊學派開始於莊存與和孔廣森。莊存與號養恬，江蘇武進人，生於康熙五十八年（公元一七一九年），乾隆十年進士，乾隆五十三年（公元一七八八年）卒，壽七十。孔廣森字衆仲，號撝約，山東曲阜人，乾隆十七年（公元一七五二年）生，乾隆三十六年進士，乾隆五十一年（公元一七八六年）卒，年三十五。

莊存與有一侄，名述祖（公元一七五〇年——一八一六年），傳存與的公羊學，述祖字葆琛，有甥名劉逢祿，宋翔鳳兩人，皆傳外祖家學。劉逢祿字申受，生於乾隆四十一年（公元一七七六年）嘉慶十五年進士，道光九年（公元一八二九年）卒，年五十四。宋翔鳳江蘇長洲人，與申受同年生，嘉慶五年舉於鄉，咸豐十年（公元一八六〇年）卒，壽八十七。逢祿有弟子龔自珍，長於文學，兼習公羊傳。自珍字璱人，號定庵，浙江仁和人，生於乾隆五十七年（公元一七九二年），道光五年進士，道光二十一年（公元一八四一年）卒，逢祿另一弟子魏源，傳公羊學，源字默深，湖南邵陽人，生於乾隆五十九年（公元一七九四年），道光二十四年進士，咸豐六年（公元一八五七年）卒，年六十四，宋翔鳳有弟子戴望（公元一八三七年——一八七三年），望字子高，浙江德清人，同治十二年卒，年三十七，年雖少，學識頗深。

湖南長沙王闓運曾爲公羊春秋作箋注，有弟子廖平習公羊學。廖平光緒十五年進士，曾主廣州分校廣雅書院，和康有爲相識，有爲後來傳公羊學，倡孔子改制說。

康有爲（原名祖詒），字廣厦，號長素。廣東南海人。生於清咸豐八年（公元一八五八年），卒於民國十六年（公元一九二七年），壽七十。有爲少年從祖父贊修受教，習程朱理學，有志作聖人。年十九，奉同縣朱次琦爲師，受教六年，迄朱次琦死。這時識廖平於廣州，乃專攻公羊學。廖平四川人，生咸豐二年（公元一八五二年），民國二十一年（公元一九三二年）卒，年八十一，他學分今古，主張尊孔。有爲年三十一，初至到北京，上書請變法，時光緒十四年。光緒二十一年登進士，授工部主事。這一年正值中日和議簽定，有爲再上書反對和議。南下，到上海，組織强學會。回廣州，開顯學會、粵學會、公理學會、東文學社以講新學，弟子梁啓超臂助。光緒二十三年，膠州灣事起，有爲在京，上書變法。光緒二十四年，帝命王大臣在總理衙門召見有爲，命在總理衙門章京上行走。有爲立保國會於北京，邀集會試的十八省擧人在粵東會館開會，訂立章程三十條，以保國、保種、保教爲宗旨。這一年的陰曆四月，恭親王去世，光緒帝掌握事權，決計變法，任用有爲，又召侍讀楊銳，中書林旭，主事劉光第，知府譚嗣同參預新政。但是慈禧太后堅決反對新政，於四月廿七日迫德宗下詔，罷相國翁同龢。四月廿八日光緒帝於頤和園仁壽殿召見有爲，仍繼續推行新政。然新政只行了一百天，八月初四日，慈禧太后自頤和園回宮，重掌朝政，幽禁德宗，廢新政，殺譚嗣同等六君子。康有爲亡命海外。

政變後，康有爲由英艦救護至香港，於九月初五，赴日本，由日本赴英國倫敦，由倫敦赴加拿大，組保皇黨。次年回香港，留住四月，因清廷懸巨賞緝拿，乃再出國遠遊。由安南入暹羅，過檳榔嶼，過錫蘭，至意大利，遊羅馬、米蘭等勝地。往法國巴黎，赴德國，在柏林留一年餘，然後遊瑞典，赴奧國，轉往匈牙利、保加利亞、希臘，再回意大利，共遊十一國，歷時五年。由意大利往美州。辛亥革命，民國成立，康有爲能自由回國。民二年，有爲的母親病逝香港，有爲奔喪歸來，港督和廣東都督龍濟光竭誠迎迓，袁世凱也電邀北上，有爲堅辭。袁氏稱帝，有爲促兩廣軍隊討袁。民國六年，張勳謀復辟，有爲在上海替他策劃，主張虛君主制，改中華民國爲中華帝國，不恢復滿清朝號，並替他草寫詔書。張勳入京，聽劉廷琛的計謀，一切恢復滿清帝制。段祺瑞乃在天津馬廠誓師，推翻帝制。有爲已在京師，避居美國使館，由美大使芮恩施護送往天津。後十年，有爲年七十，在上海，門人集會祝壽。祝壽畢，赴青島，二月二十八日，病逝。

康有爲的著作很多；康同家著康有爲與戊戌變法一書，列擧有爲的著作，經部十六種，史部六十六種，子部二十八種，集部二十種，編輯九種。⑴然這些書，大都係一篇而成爲一種。梁啓超列擧有爲的著作三種：新學僞經考、孔子改制考，大同書。⑵錢穆列擧八種：新學僞經考、孔子改制考、春秋董氏學、春秋筆削大義微言考、論語注、孟子微、大學中庸禮運注、大同書。⑶康氏所有著作，可分爲三類：一類爲經學，一類爲政治學，一類爲遊記和詩文。他的哲學思想散見於經學和政治學的書中。

## 2. 公羊學

公羊傳爲春秋三傳的一傳，據舊說由子夏傳孔子作春秋的思想於公羊高，高四傳到胡母生，他以師說筆於書，乃成公羊傳。東漢何休作解詁。然當時古文經書得勢，公羊傳被忽視。漢末天下大亂，博士科廢置不設，公羊傳成了絕學，到了清朝中葉，忽因反東漢今文學而趨西漢古文學風氣，公羊傳忽放異彩。

康有爲作新學僞經考。「僞經者，謂周禮，逸禮，左傳及詩之毛傳，凡西漢末劉歆所力爭立博士者；新學者，謂新莽之學。時清儒誦法許鄭者，自號曰『漢學』，有爲以爲此新代之學，非漢代之學，故更其名焉。新學僞經考之要典：一、西漢經學，並無所謂古文者，凡古文皆劉歆僞作；二、秦焚書，並未危及六經；漢十四博士所傳，皆孔門足本，並無殘缺；三、孔子時所用字卽秦漢間家書，卽以文論，亦絕無今古之目；四、劉歆欲滅其作僞之迹，故校中秘書時，於一切古書多所羼亂；五、劉歆所以作僞經之故，因欲佐莽篡漢，先謀湮亂孔子之微言大義。諸所主張，是否悉當，且勿論，要之此說一出，而所生影響者有二：第一、清朝正統派之立脚點，根本搖動；第二、一切古書，皆須從新檢查估價；此實思想界之一大颶風也。有爲弟子有陳千秋、梁啓超者，並夙治考證學，陳尤精洽，聞有爲說，則盡棄其學而學焉；僞經考之著，二人者多所參與，亦時時病其師之武斷，然卒莫能奪也。實則此書大體皆精當，其可議處乃在小節目，乃至謂史記楚辭經劉歆羼入者數十條，出土之鐘鼎彝器，皆劉歆私鑄埋藏以欺後世。此實爲事理之萬不通者，而有爲必力持之。實則其主張之要點，並不必借重於此點枝詞强辭而始成立；而有爲以好博好異之故，往往不惜抹殺證據或曲解證據，以犯科學家之大忌，此其短也。有爲之爲人也，萬事純任主觀，自信力極强，而持之極毅；其對於客觀的事實，或竟蔑視，或必欲强之以從我。其在事業上也必然，其在學問上亦然，其所以自成字數崛起一時者以此，其所以不能立健實之基礎者亦以此，讀新學僞經考而可見也。」(4)

上面所引梁啓超的話，出自他的清代學術概論。他評論自己的老師，可以說是有資格說話的人；他認識有爲，從有爲研究學術，跟有爲從事政治活動。他說有爲「純任主觀」，「對於客觀的事實，或竟蔑視。」但也說新學僞經考「大體皆精當。」然錢穆則說：「梁氏之言如此，然而猶未盡。僞經考所持，爲事理之萬不可通者尙多，論大體亦無是處。昔全謝山謂毛西河著書，僞造證據；然毛書固多可傳，不如長素抹殺一切，强辯曲解，徒亂後生耳目也。」(5)錢穆又以爲僞經考和孔子改制考都受廖平的影響，且多剽竊廖平的主張。廖平本已逞臆說怪，有爲原多怪論。在考據學上，康有爲不能立足。他攻擊劉歆僞造經典，自己則僞造證據，已經破壞了考據學的基本原則。

康有爲的一本創作，稱爲大同書，以發表自己的公羊學的思想。

公羊學舊分三科九旨。何休作公羊解詁，曾說：

「新周，故宋，以春秋當新王，此一科三旨也。所見異辭，所聞異辭，所傳聞異辭，二科六旨也。內其國而外諸夏，內諸夏而外四夷，是三科九旨也。」（公羊傳注疏引何氏作文謚例所云）

「公羊學者以爲孔子之作春秋，乃視『春秋時代』爲繼周而起之新王朝，此新王朝卽爲魯，而孔子爲此新朝之王，卽所謂『春秋當新王』也。春秋既爲一新王朝，乃改號禹謂之帝禹，（不稱爲夏）錄其後以小國，是謂『絀夏』。封殷周二代大國，是謂『新周』『故宋』。則新周，故宋，以春秋當新王者，乃孔子之通三統也。然孔子究非一現實之王，凡此絀夏，新周故宋，僅能藉修改魯史之書法以表現之，是謂之『存三統』。」(6)因此孔子要托古改制。

「孔子改制託古大義，全見於此。一曰素王之誅賞，一曰與先王之託權。守經之徒，可與立者也，聖人但求有濟於天下，則言不必信，惟義所在。

無徵不信，不信民不從。故一切制度，託之三代先王以行之。若謂聖人行事不可依託，則是以硜硜之小人，律神化之孔子矣。布衣改制，事大駭為，故不如與之先王，既不駭人，自可避禍。」(孔子改制考　卷十一，孔子改制託古考)

普通人不能杜撰事實，聖人爲國家人民的益處，乃能假託先王，杜撰制度。康有爲眞是胡思亂想；然究其實孔子並沒有托古改制；而是有爲自己托古改制。

公羊學還有『張三世』的思想。三世出自禮運，爲治世、亂世、衰世。康有爲以禮運的大同和小康配三世。

「三世為孔子非常大義，託之春秋以明之。『所傳聞世』為據亂，『所聞世』託升平，『所見世』託太平。亂世者，文教未明也；升平者，斷有文教，小康也；太平者，大同之世，遠近大小如一，文教全備也。大義多屬小康，微言多屬太平。為孔子學，當分二類乃可得之。」(春秋董氏學，卷二)

## 3. 大同

三世爲亂世、小康、大同，大同乃太平的世界，在禮運裏有小康和大同的思想，所說和康有爲的思想不相同。康有爲在所著大同書中所講大同太平的世界，乃是個無父無君的烏托邦。他主張去國界，去階級界，去組織的形界，去家庭界，去私產界。這種世界人人平等，人人獨立，沒有政府，沒有產業，乃能去亂界而治太平。既是共產，又是無政府。這種世界要能太平，不是和老子所說的初民社會，廢棄一切制度和文明嗎？但是他却又主張有世界大同的制度。梁啓超條陳這種制度說：

「一：無國家，全世界置一總政府，分若干區域。

二：總政府及區域政府皆由民選。

三：無家族，男女同棲不得逾一年，屆期須易人。

四：婦女有身者入胎教院，兒童出胎者入育嬰院。

五：兒童按年入蒙養院，及各級學校。

六：成年後由政府指派，分任農工等生產事業。

七：病則入養病院，老則入養老院。

八：胎教、育嬰、蒙養、養病、養老諸院，爲各區最高之設備，入者得最高之享樂。

九：成年男女例須以若干年服役於此諸院，若今世之兵役然。

十：設公共宿舍公共食堂，有等差，各以其勞作所入自由享用。

十一：警惰爲最嚴之刑罰。

十二：學術上有新發明者，及在胎教等院有特別勞績者，得殊獎。

十三：死則火葬，火葬場比鄰爲肥料工廠。

「大同書之條理略如是。全書數十萬言，於人生苦樂之根源，善惡之標準，言之極詳辯，然後說明其立法之理由。其最要關鍵，在毀滅家族。有爲謂佛法出家，求脫苦也，不如使其無家可出；謂私有財產爲爭亂之源，無家族維復樂有私產；若夫國家，則又隨家族而消滅者也。」(7)

這種思想較比共產黨反人性的政策更壞，既不能實行，若眞得實行，結果必使人類淪於禽獸。梁啓超尙譽有爲。「在三十年，而其理想與今世所謂世界主義社會主義者多合符契，而陳義之高且過之。嗚呼，眞可謂豪傑之士已。」(8)

然梁氏的話乃爲尊敬自己的老師，究竟說來大同書沒有什麼特出的思想，更是沒有哲學思想。梁氏爲支持自己的話，乃說有爲的思想在禮運的思想裏有根據。禮運篇說：「大道之行也，天下爲公，選賢與能，講信修睦，故人不獨親其親，不獨子其子，使老有所歸，壯有所用，幼有所長，鰥寡孤獨廢疾者皆有所養，男有分，女有歸，貨惡其棄於地也，不必藏於己，力惡其不出於身也，不必爲己。……是爲大同。」梁啓超認爲禮運篇有民治主義、國際聯合主義、兒童公有主義、老病保險主義，共產主義、勞工神聖主義，有爲發揮了這些理想。(9)

但是禮運的思想，是唐虞昇平時代的思想，是仁愛的思想，而不是無家族、無國家、無私產的思想。

從整部大同書中，很少有哲學思想。書中稍有幾點，可說代表他的哲學觀點。

「康子乃曰：若無吾身耶，吾何有知而何有親？吾旣有身，則與並身之所通氣於天，通質於地，通息於人者，其能絕乎？其不能絕乎？其能絕也，則抽刀可斷水也；其不能絕也，則如氣之塞於空而無不有也，如電之行於氣而無不通也，……山絕氣則崩，身絕脈則死，地絕氣則散，然則人絕其不忍之愛質乎？人道則滅絕矣。滅絕者斷其文明，而還於野蠻，斷其野蠻，而還於禽獸之本質也夫！

夫浩浩元氣，造起天地。天者一物之魂質也。人者亦一物之魂質也，雖形有大小，而其分浩氣於太元，挹涓滴於大海，無以異也。孔子曰地載神氣，神氣風霆，風霆流行，庶物露生。神者有知之電也，光電能無所不傳，神氣能無所不感。神鬼神帝，生天生地。全神分神，惟元惟人。微乎妙哉！其神之有觸哉！無物無電，無物無神。夫神者，知氣也；魂，知也，精爽也，靈明也，明德也，數者異名而同實。有覺有則有吸攝，磁石猶然，何況於人。不忍者，吸攝之力也。故仁智同藏而智為先，仁智同用而仁為責矣。」（大同書 頁三—四。龍田出版社，民六十八年）

康有爲自己爲大同書題詞說作於二十七歲時，然實則如梁啓超所說：「彼時尚未成書也，至辛丑壬寅之間，先生避地印度時始成之。」由上面所引的一段文字看來，有古書元氣的思想，「浩浩之氣，造起天地」。有天地皆一氣的思想。「如氣之塞於空而無不有也。」然而也有他自己的宇宙思想，「天者，一物之魂質，人者亦一物之魂質，」這一點就不能懂了。魂質是什麼呢？魂的意思是陽氣爲魂，生命之根；質是才質，或是質料。魂質連成一詞，則不知有什麼意思。說天爲一物的魂質，應該是說天爲宇宙的魂質，天爲宇宙的中心質料。又說人爲一物的魂質，則不知「一物」指的什麼了？莫非說人是萬物的魂質？天和人都「分浩氣的太元，挹涓滴於大海。」這裏說到太元，太元似乎是浩氣的本體，是不是如同張載所說的太虛之氣，或太和之氣，爲氣的本體？後來又引孔子的話，其實孔子的話是有爲造的。

「神者，有知之電也。」拿電去解釋易經的神，有爲已經有西學對於電的知識。但是以電爲有知，則荒唐無據。他是想以電去解釋氣，故曰：「神氣能無所不感。」有似於漢儒的天人感應說。神氣在人，有知，有靈明，有精爽，有明德；因此有不忍之力。人人有不忍，人人互相引攝，如同磁石相引攝；這就是仁。解釋似乎新鮮，意義則是人有不忍之心，即是孟子所說的惻隱之心。但是所用的名詞和講法，混亂不定，沒有深入的思想。大同書的壬部份，題目爲「去類界愛衆生」，有爲說：

「人類既平等之後，大仁盎盎矣。雖然，萬物之本，皆本於元氣，人於元氣中，但動物之一種耳。當太古生人之始，只知自私其類；而自保存之，苟非其類，則殺絕之，故以愛類為大義。……夫所謂類者，不過以狀貌體格為別耳。與我人同狀貌體格，則之愛之，與我人不同狀貌體格，則惡之殺之。……孔子以祖宗為類之本，故父母子女，愛類之本也。……盡古今諸聖聰明才力之所營，不過以愛其人類。……故婆羅門佛者，人道之至仁也，無以逾之矣。……孔子之道有三：先曰親親，次曰仁民，終曰愛物。其仁雖不若佛，而道在可仁，必有次第。亂世親親，升平仁民，太平愛

物，此自然之次序，無由躐等。終於愛物，則與佛同矣。……」(大同書，頁四三一—四三四)

梁啓超說大同書成於康有爲逃難印度時所成，書中內容可以作證。全書根本思想是佛教思想，他本尊孔子爲教主，乃竟將孔子之道放在佛道以下。佛教的仁，不是孔子的仁，有爲沒有研究深刻。

人生之苦，列擧六類。「㈠人生之苦凡七，投胎、夭折、廢疾、蠻野、邊地、奴婢、婦女。㈡天災之苦凡八，水旱飢荒、蝗蟲、火焚、水災、火山、屋壞、船沉、疫癘。㈢人道之苦凡五，鰥寡、孤獨、疾病無醫、貧窮、卑賤。㈣人治之苦凡五，刑獄、苛稅、兵役、有國、有家。㈤人情之苦凡八，愚蠢、讐怨、愛戀、牽累、勞苦、願欲、壓制、階級。㈥人所尊羨之苦凡五，富人、貴者、老壽、帝王、神聖仙佛。」(大同書 頁十一～十五)

這種人生觀，同於佛教的人生觀。佛教的基本教義：苦集滅道四諦，以人生爲苦，苦包蓋人生各面。佛教的目的則在於滅苦。康有爲的大同書，第一部份就講人生的各種痛苦，而後想以他的大同思想滅除痛苦而使人登到樂界。大同書的最後一部份，卽是「去苦界至極樂。」

「當生民之初，以飢為苦，則求草本之實，鳥獸之肉，以果腹焉。不得肉實則憂，得而食之飽之飫之則樂。以風雨霧露之犯肌體為苦，則披草樹，織蘇葛，以蔽體焉。不得則憂，得而服之則樂。以不得人欲為苦，則求妃匹，擁男女。不得則憂，得之則樂。後有智者，踵事增華。食則為之烹飪，炮炙，調和，則益樂。……益樂者，與人之神魂體魄，尤適尤宜，發揚開解，懽欣快暢者也。其不得是樂者，則以為苦。神結體傷，鬱鬱不揚者矣。其樂之益進無量，其苦之益覺無量。二者交覺，而日益思為求樂免苦之計，是為進化。」（大同書，頁四四一）

康有為的苦樂思想，在佛教看來乃是俗人的見解。得物質的享受為樂，不得則為苦，這是俗人；佛教以得物質享受為苦，排除物質為樂。解除苦痛以求快樂之道也不同；佛教以世間一切為空，連自己本身都為空為假，絕慾不貪，進入涅槃為快樂；康有為以他的大同世界為樂。

「大同之世，人人皆居公所，不須建室，其工室外，則有大旅店焉。當時旅店之大，有百千萬之室，……具闕珠宮，玉樓瑤殿。……

行室者，通路皆造大軌，是行大車，……以電氣駛之，處處可通。……飛屋飛船者，氣球之製既精，則日推日大，可為小室，小船數十丈者，再推廣則為百數十丈，游行空中，備携食品，從容眺詠。……

大同之世，水有自行之舟，陸有自行之車。今自行之車已盛矣，異日或有坐船從容，携挾品物，不須費力，大加速度之妙。……

大同之世，只有公所，旅店，更無私室，故共飲食，列座萬千。……

大同之世，飲食日精，漸取精華，而棄糟粕。當有新製，今食品皆作精汁，如藥水焉。……

大同之世，新製日出，則有能代肉品之精華，而大益相同者，至是則可不食鳥獸之肉，而至仁成矣。……

草木亦有血者也，其血漿卽是。然則戒食之乎？則不可也。夫吾人之仁，皆由其智出也。若吾無知，吾亦不仁。故手足麻木者，謂之不仁，實不知也。故仁之所推，以知為斷。鳥獸有知之物也，其殺之，知痛苦也。彼既無知，吾亦無所用其仁，無所哀憐也，故不必戒殺。……

大同之世，衣服無別。……燕居遊樂，裾屐蹁躚，五采雜沓，詭異形製，各出新器，以異為尚。……

大同之世，什器精奇，機輪飛動，不可思議。床几案榻，莫不藏樂。……若夫男女交合，則有房中之樂，在其床焉。……男女媾精，實為全地人道之本始。……

大同之世，自髮至鬚眉，皆盡剃除，五陰之毛，皆盡剃落。……野蠻之人，人體亦多毛；文明之人剪髮，太平之人，文明之至也，故一毛盡除，六根清淨。是故多毛者，去獸不遠者也；……惟無毛者，超然為最高明之人矣。……

太平世之浴池，純用白石，皆略如人形，……刻鏤花草雲物以濆水，冷熱惟意，水皆有妙藥製之。……

太平之世，每人日有醫生來視一次。若有病，則入醫院。……

大同之世，人無所思，安樂既極，惟思長生。而服食既精，憂慮絕無；蓋人人皆為自然之出家，自然之學道者也。

於時人皆為長生之論，神仙之學大盛。……惟人受公政府之養二十年，報之工作亦須二十年，如亂世人之當報父母也。其有入山屏處者，必須四十歲之後，乃許辭工專學道也。蓋神仙者，大同之歸宿也。……耶教以尊天愛人為誨善，以悔罪末斷為悚惡。太平之世，自能愛人，自能無罪，知天演之自然，則天不尊，知無量衆魂之難立待於空虛，則不勝末日之斷。耶穌之教，至大同則滅矣。回教言國言君臣夫婦之綱統，一入大同旣滅。……孔子三世之說，已盡行，惟易言陰陽消息，可傳而不顯矣。……故大同之世，惟神仙與佛學二者大行。蓋大同者，世間法之極，而仙學者，長生不死，尤世間法之極也。佛學者，不生不滅，不離乎世，而出乎世間，尤出乎大同之外也。……故大同之後，始為仙學，後為佛學。下智為仙學，上智為佛學。仙佛之後，則為天遊之學矣。吾別有書。」

（大同書，頁四四二—四五三）

大同書就這樣結束，一個烏托邦不是精神世界的極樂園，而是物質享受的極樂園。一切都屬幻想，幻想中有科學的線索，有哲學的觀念。仁以知爲限，乃是宋朝學者以仁爲知覺的思想，然而宋朝學者沒有將仁愛和知覺相連，「仁民而愛物」包括一切萬物，當然也愛植物。康有爲的戒殺生，抄襲佛教的戒律，雖不以輪廻爲基礎，轉而以知覺爲基礎。最可怪的，康有爲雖尊崇孔子，主張創立孔教，竟在大同之世裏，孔子沒有地位，儒學也隨着消滅。在講大同之世，所講大同之世在衣食住行各方面，都能滿足人的慾望，還可以講是一種人間的樂園，可以作爲一種理想的政治學說，雖不能實現，但可象徵一種政治幻想。至於說到成仙成佛，以大同之後而有仙有佛，則又回到漢魏南北朝時代的迷信。所以大同書可以說是兒戲，也可以說是幻想。若說是一册政治理想書，則和康有爲一生的政治行爲，完全不合。書中講印度之處頗多，也證明書成於印度。然而大綱已在二十七歲時寫好，秘不示人，後來逃亡時，纔成定稿。

大同書若代表康有爲的思想，則只是一種烏托邦的思想，無所謂哲學，所有的哲學論點，只是「大同」的觀念。大同代表三世，三世代表一種歷史哲學思想。中國古代的三世觀，常以唐虞爲大同盛世，以後有小康，以後有亂世，乃是一種退化的歷史觀。邵雍的歷史觀就是這種思想；但是邵雍以宇宙運行遵守循環律。由大同、小康、亂世、而後再有大同、小康，亂世，康有爲則以亂世爲先，次有小康，後有大同，爲一種進化的歷史觀。[10]然而他犯了邵雍的同一毛病，以固定的數字去推演歷史。他以每一大世中，分三小世，每一小世中又分三次世，合爲九九八十一世。這等機械式的數學方法，根本來自易卦的象數，絕對不能用之於歷史。歷史只有變遷的大綱原則，決不能有呆板式的機械進化論。

康有爲的長處，在於能够在滿清專制極權的淫威下，主張變法維新，實行君主立憲，不失爲一政治家。但在哲學思想上，則殘缺破碎，既沒有思想的根據，更缺乏學術系統。

## 二、譚嗣同

### 1. 傳　略

康有爲的弟子，以陳千秋和梁啓超爲最早。當有爲三十四歲時，在羊城長興講學，陳、梁兩人從有爲受教。梁啓超記康有爲的大同書說：「大同書全書凡數十萬言，有爲雖著此書，然秘不示人，其弟子最初得讀此書者惟陳千秋梁啓超。啓超屢講印布，久不許。」⑾陳千秋少年去世，年僅二十三；梁啓超則隨康有爲共謀政變。政變時，有譚嗣同死難，譚同爲康有爲私淑弟子。

譚嗣同，字復生，又號壯飛，湖南瀏陽人。戊戌變法失敗，被斬。「以八月十三日斬於市（卽一八九八年，九月廿八日），春秋三十有三。」⑿戊戌年爲光緒二十四年，則他的生年，在清同治五年（公元一八六六年）。

譚嗣同的父親繼洵，曾任湖北巡撫。時嗣同的生母已去世，常遭父親的妾所虐待，他便出遊，來往於直隸、新疆、甘肅、陝西、河南、湖南、湖北、江蘇、安徽、浙江、臺灣等省，研究各地風土民情。甲午戰爭後，日本奪我臺澎，全國有志青年都憤恨不平。譚嗣同在故鄉瀏陽設立學會，集合同志，講求新學。當時康有爲在上海和北京設强學會，嗣同進京，往訪有爲。適有爲赴廣東，乃見梁啓超，聽講康有爲的興學宗旨，嗣同便稱私淑弟子。因父親之命，從事政治，爲候補知官，在南京留守一年，閉門讀書，棄舊學，專心西洋新學，作仁學一書，適逢當時，陳寶箴爲湖南巡撫，寶箴的兒子陳三立有學識，輔佐父親主辦湘政。同時黃遵憲拜湖南按察使，徐仁鑄爲湘省督學，湖南紳士乃官民合作，倡導講學，開辦新政，邀梁啓超赴湖南講學，招譚嗣同回鄉。嗣同辭知府官回省，安置家眷於故鄉瀏陽，自己獨居長沙。「與羣志士辦新政。於是湖南倡辦之事，若內河小輪船也，商辦礦務也，湘粵鐵路也，時務學堂也，武備學堂也，保衞局也，南學會也，皆君所倡論擘畫者。而以南學會最爲盛業。」(13)

戊戌變法，譚嗣同以徐致靖學士的推薦，被召入京，擢四品卿銜軍機章京，和楊銳林旭劉光第一同參預新政，乃於戊戌八月十三日被斬於市。梁啓超在傳中記嗣同所著書，有仁學一書，寥天一閣文二卷，莽莽蒼蒼齋詩二卷，遠遺堂集外文一卷，劄記一卷，興算學議一卷，壯飛樓治事十篇，秋雨年華之館叢脞書四卷，劍經衍葛一卷，印錄一卷，思緯壹壹臺短書一卷。臺北華世出版社於民國六六年出版譚嗣同全集。

## 2. 仁學

譚嗣同的仁學一書，著於在南京的一年裏，那時他已經在北京聽梁啓超講康有爲的思想，自稱私淑弟子。但那時他沒有看到康有爲的大同書，因大同書成於有爲亡命印度的時候。錢穆說「當時有切實發揮大同書含義著書而傳誦一時者，則爲譚嗣同之仁學。」⒁實際上仁學和大同書的內容並不相類。

### 甲、仁的意義

譚嗣同以仁爲二人相偶的意思，卽人和人相處之道。從字義上說：

「仁，從二從人，相偶之義也。元，從二從儿，儿，古人字，是亦仁也。无，許說通元為无，是无亦從工從人，亦仁也。故言仁者不可不知元，而其功用可極於无。」（仁學 自敍 譚嗣同全集，頁三）

從字義上說，仁爲人和人相關之道，卽是人際關係的原則。譚嗣同又說仁和元和無通用，元在易經上有根源的意思，仁便是人際關係的根源。無則是老子的無，無爲無限，則仁之道可以推到無限，便是包括人和人的一切關係，而也包括人和物的關係。

從內容說：

「仁以通爲第一義；以太也，電也，心力也。以太也，電也，粗淺之具也，借其名以質心力。通之義，以『道通爲一』爲最渾括。通有四義：中外通，多取其義於春秋，以太平世遠近若一故也；上下通，男女內外通，多取其義於易，以陽下陰吉，陰下陽吝，泰否之類故也；人我通，多取其義於佛經，以『無人相，無我相』故也。」(仁學　卷上，界說　頁六)

仁的內容爲心之通。譚嗣同假借以太和電作例，以太充塞宇宙，無所不通；電由線傳，或無線傳，都可通到。仁爲人心的力，可以通達一切事物。

所謂通，在於相合爲一，彼此相連結。譚嗣同解釋在四方面，特別顯出仁的相通。由易經的思想，陰陽相通，天地相交，故男女以仁相通達。長幼上下以仁相通達。由春秋太平世中外都相通，故世界各國以仁相通達。又由佛經無人執無我執，故我和非我沒有障礙，彼此以仁相通達。

譚嗣同的仁，以大同平等爲內涵意義，以佛教的萬法平等作解釋，和康有爲大同書的大同有相似的地方，也有很多不相同的地方。譚嗣同的大同，只在理想方面說話，康有爲的大同，則有烏托邦的政治計劃書的色彩。

譚嗣同認爲仁，不可僅因名詞去懂，應由內涵去領悟。

「不識仁，故為名亂，亂於名，故不通。」（仁學 卷上，頁六）

仁則是通，通則平等。

「通之象為平等。」（同上）

平等的意義，爲佛家的平等，不生不滅，不有不空，一切平等。

「不生不滅，仁之體。」（仁學　卷上，頁七）

「不生與不滅平等，則生與滅平等，生滅與不生不滅亦平等。生近於新，滅近於逝；新與逝平等，故過去與未來平等。……無對待，然後平等，無無，然後平等。」（仁學　卷上，頁七）

佛教大乘各宗，都講非有非空，中論和涅槃、華嚴、法華等經都講不生不滅，以世間萬有爲眞如的現象，一切融會相通，沒有數量和質量以及其他各方面的差別。差別就是對待，生和滅相對，過去和未來相對，把一切對待都打消了，就是一個一，沒有多，當然絕對平等。華嚴宗以一入一切，一切入一，一切入一切，根本上就只有一個絕對的眞如。譚嗣同以這種佛教平等的思想來解釋『通』，以『通』再解釋『仁』。因此他的仁學，就要破除人類社會的一切差別，就只看到人之所以爲人的理，其餘人在具體上的特性都要掃除。

## 乙、平　等

第一便掃除男女的分別，男女同是人，只是有生理上的差別。

「夫男女之異，非有他，在牝牡數寸間耳，猶夫人之類也。……故重男輕女者，至暴亂無禮之法也。……若夫華嚴、維摩詰諸大經，女身自女身，無取乎轉，自絕無重男輕女之意也。苟明男女同為天地之菁英，同有無量之盛德大業，平等相均。」（仁學 卷上，頁一九）

不分男女，則不宜分別家族，人人相通，家家相通，以至於全球。

「然而全球者，一身一家之積也。近身者家，家非遠也；近家者隣，隣非遠也；近此隣者彼隣，彼隣又非遠也；我以為遠，在鄰視之，乃其鄰也。……更廣運精神而通之，地球之鄰，可盡虛空界也，非有隔也。」（仁學 卷上，頁一二）

嗣同反對閉關絕市，反對海禁，以這種政策；「抑何不仁之多乎！」他既主張以仁通天下，乃反對君主制度。君主集天下權力財富於一身，盡天下財富供一人享受，而又殘酷暴虐，魚肉人民，極不平等。

「乃以竭天下之身命膏血，供其盤縣怠傲，驕奢而淫殺乎！供一身之不足，又濫縱其百官，又欲傳之世世萬代子孫，一切酷毒不可思議之法，由此其繁興矣。民之俯首帖耳，恬然受其鼎鑊刀鋸，不以為怪，固曰大可怪矣。而君之亡猶顧為之死節！」（仁學　卷下，頁五六—五七）

嗣同認爲人君在當從由人民共擧，先有民而後有君，民爲本，君爲末。唐虞以後，君位成爲家傳，君權日益增張。而且歷代君主中，禍國殃民者眞不少！因此，他主張改君主爲民主。

更奇怪的，他認爲中國人殘暴殺人，虐待別的種族，而稱讚歐洲列强和日本人，遵守公法。

「幸而中國之兵不强也，向使海軍如英法，陸軍如俄德，恃以逞其殘賊，豈直君主之禍愈不可思議，而彼白人馬，紅人馬，黑人也，棱色人馬，將為準噶爾，欲尚存噍類馬得乎！故東西各國之壓抑中國，天實使之，所以曲用其仁愛，至於極致也。中國不知感，乃欲以挾忿尋仇為務，多見其不量，而自窒其生矣！……若夫日本之勝，則以善倣效西國仁義之師，恪尊公法，與君為仇，非與民為敵，故無取乎殺。……

中國之兵，固不足以禦外侮，而自屠殺其民則有餘，而方受大爵，膺大賞，享大名，瞷然驕居，自以為大功，此吾所以至恥惡湘軍不須臾忘也。……」（仁學 卷下，頁六一、六二）

這種徧激的言論，當然不是從哲學方面立言，也不是從理論方面說話，而是從事實上去講。從事實上去查證，則譚嗣同的話完全沒有證據。這一點是因爲時代的處境，他既不能知道歐洲列强在殖民地所爲，又因排滿的思想隱在心內。然而在行動上，他又自相矛盾，他主張變法，保持君主，擁護滿清統治；而且在光緒帝被幽禁，他自己還沒有被捕時，拒絕朋友的勸告，不願逃亡，自願爲光緒帝殉節。可見他的仁學，也和康有爲的大同書一樣，只是青年人的理想，或更好說是青年人的幻想。

他的平等，以佛學爲根基；因爲主張無名。一切差別，都來自名字；若沒有名字，則一切渾渾噩噩，一切空虛，一切平等。

「仁之亂也，則於其名，名忽彼而忽此，視權勢之所積；名時重而時輕，視習俗之所尚。……又況名者，由人創造，上以制其下，而不能不奉之；則數千年來，三綱五倫之慘禍烈毒，由是酷焉矣。……」（仁學 卷上，頁一四）

「言性善，斯情亦善，生與形色，又何莫非善？故曰：皆性也。世俗小儒，以天理為善，以人欲為惡，不知無人欲，尚安得有天理？吾故悲夫世之妄生分別也。天理善也，人欲亦善也。王船山有言：『天理即在人欲之中；無人欲，則天理亦無從發見。』……然名，名也，非實也；用，亦名也，非實也。名於何起？用於何始？人名名，而人名用，則皆人之為也，猶名中之名也。何以言之？男女構精，名之曰『淫』，此淫名也。淫名，亦生名以來沿習既久，名之不改，故皆習謂淫為惡耳。而使生民之初，即相習以淫為朝聘宴饗之鉅典，行之於朝廟，行之於都市，行之於稠人廣

衆，如中國之長揖拜跪，西國之抱腰接吻，沿習至今，亦孰知其惡哉？……」（仁學 卷上，頁一六—一七）

這一段，從哲理上說話，所說的哲理有三點：一，名是虛，不是實，由人所造；二，倫理道德價值觀，由人所造，沒有客觀根據，可以隨時隨地而變；三，性善，情也是善。關於這三點，應該稍加解釋。

名是虛，不是實，由人所造。荀子曾經講過名由人所造，習慣而成了風俗，大家採用，名乃成立。然而名是代表客體，客體爲實，名實相符。名的用，在於指着實；名若離實，名就成虛名。所以名在本質上說不是虛，而是具有實。沒有實，便沒有名。在開始定名時，一實可以任意定一名，名既定了，名和實便不應分離。

倫理道德價值觀，也是一個名字，也由人所造。但是價值觀不是建立在名字上，而是在名字所代表的事實上。事實的倫理道德價值，固然由人的習俗而造成，但在造倫理道德價值觀時，所根據的標準，並不都是人的習俗，有些基本的標準，在於人性，爲各國各時代所共有。所舉男女構精卽爲惡，並非事實。男女構精的事實本身，並不是惡事；成爲惡事，乃是在不合於禮法時。淫惡由於禮法而定。禮法的標準，在完全在於習俗，基本的標準，在於天理。清朝儒者顏元李塨戴震都否認天理，譚嗣同也有同樣的思想。然而戴震承認情慾之動應合於事理之當然，也就承認有客觀的事物之理。

所謂性善，情慾也善，這是戴震的主張。戴震以自己的主張，反對宋明理學家的主張，實際上朱熹王陽明並沒有講情慾的本質爲惡，只是講情慾若過强，則可蒙蔽天理，故主張克慾。戴震也主張情慾之動，應合於事物的當然之理，並不是任聽情慾妄動。嗣同主張情慾爲善，則有任其自然的意思；因爲他認爲一切道德的名字，都是人所造的；若開始沒有這些名字，則就無所謂善惡了。他的主張，近於老子的主張棄聖絕智，也近於佛學所謂名都是假名。

譚嗣同的平等，有兩種根基。一，宇宙一切都由『以太』而成，『以太』，卽是萬物的原子。

「恆河沙數世界種為一華藏世界。華藏世界以上，始足為一元。而元之數，則算所不能稽，而終無有已時；而皆互相吸引不散去，曰惟以太。其間之聲光熱電風雨雲露霜雪之所以然，曰惟以太。更小之於一葉，至於目所不能辨之一塵，其中莫不有山河動植，如吾所履之地，為一小地球。

……更小之又小至於無，其中莫不有微生物，浮寄於空氣之中，曰惟以太。學者第一當認明以太之體與用，始可與言仁。」（仁學 卷上，頁一〇）

這種思想來自佛教華嚴的宇宙觀，以一毛孔中有三千世界，又有小乘的世界觀，以宇宙萬物，由微塵所成。萬物既由「以太」而成，以太通流在宇宙中，在萬物以內。以太爲電，電充滿虛空，又充滿人物。

「人知腦氣筋通五官百骸為一身，卽當知電氣通天地萬物人我為一身也。」（仁學 卷上，頁一八）

人的百官相通，人和別人也相通。自己心中有一念，誠不誠，自身的百官都知道。人和人相見，自然相感相通。「彼己本來不隔，肺肝所以如見。學者又當認明電氣卽腦，無往非電，卽無往非我，妄有彼我之辨，時乃不仁。電與腦猶以太之表著於一端者也；至於以太，尤不容有差別，而電與腦之名亦不立。」（仁學 卷一，頁一一）佛教華嚴宗以萬物都由眞如而起，萬物和眞如不離，又由眞如而互相融會，以一入一切，一切入一。譚嗣同得了當時天文學的一點智識，知道「以太」的名字；他却把以太來代眞如，科學不是科學，哲學不是哲學。

他擧身體爲例，手足有所觸，腦卽知道爲痛爲癢，因爲腦氣筋週佈全身，一方有觸，立卽傳到腦。若手足痲木，則不能傳，便沒有感覺，稱爲不仁，一身便相分離。同樣，「通天地萬物人我爲一身，而妄分彼此，妄見畛域。……反而觀之，可識仁體。」（同上）「以太」爲電，又爲知，爲靈魂。中國人和西洋人都拘泥於體魄，故講有罪，講輪廻；實際上以太不生不滅。

「若夫不生不滅之以太，通天地萬物人我為一身，復何親疏之有。……不生不滅烏乎出？曰：出於微生滅。此非佛說菩薩地位之微生滅也，乃以太中自有之微生滅也。……以太之微生滅亦不得息。……」（仁學 卷上，頁二十八）

「非一非二，非斷非常，旋生旋滅，卽滅卽生。生於滅相授之際，微之又微，至於無可微，密之又密，至於無可密。夫是以融化為一，而成乎不生不滅。成乎不生不滅，而所以成之微生滅，固不容掩焉矣。」（仁學 卷上 頁三〇）

「以太」自身有微生滅，繼續不停，無生無滅。譚嗣同所用文句，係佛學的文句：「非一非二，非斷非常，旋生旋滅，卽滅卽生。」但用這些文句來形容「以太」，「以太」本體反而不明。儒家講仁以生命爲根基，天地萬物的生理同一，生理的表現則有程度不同。張載在西銘裏以「乾稱父，坤稱母，民吾同胞，物吾與也。」王陽明在大學問講一體之仁，仁爲生，在生命上萬物成一體。因此，朱熹講仁爲愛之理，以仁而通於萬物。

「微生滅烏乎始？曰：是難言也。……吾試言天地萬物之始：洞然窅然，恍兮忽兮，其內無物，亦無內外。知其為無，則有無矣，知其有無，是亦有矣。俄而有動機焉，譬之於雲，兩兩相遇，陰極陽極，是生雨電，……振微明玄，參位錯綜，而有有矣。……天地萬物之始，一泡焉耳。泡分萬泡，如鎔金汁，因風旋轉，卒成圓體。日又再分，遂得此土。……」（仁學 卷上，頁四七）

宇宙萬物的起源，可由哲學去看，可由科學去看。由哲學去看，問題簡單，如西洋哲學的本體論和宇宙論。由科學去看則問題非常複雜，目前哲學的程度還不能答覆。然講哲學的人，不能把科學智識混到哲學裏去，中國漢儒和宋儒，便犯了這種毛病。但是當時因學術還不分類，一切都包括在哲學裏。譚嗣同的宇宙論，以當時尚幼稚的哲學智識，混入哲學，結果，他的仁學，破綻很多。

仁學的下卷，乃屬政治思想，批評君主制度，提倡孔教。康有爲曾主張以孔教爲中國的宗教，嗣同倡和。但是他却最尊佛教。他主張一切應歸於一，宗教也應統一。

「讀者至不一矣。約而言之，凡三端：曰學，曰政，曰教。學不一精，格致乃為實際；政不一興，民權乃為實際，至於教則最難言，中外各有所囿，莫能折衷，殆非佛教無能統一之矣。」（仁學 卷下，頁七一）

他解釋易經的乾卦，自洪荒之世，以到太平之世，以教主君主代表大人，最後歸於一統，到達「羣龍無首」的境地，衆生都成了佛。

「『用九，見羣龍無首，吉。』天德不可為首也。又曰：天下治也，則一切衆生，普遍成佛。不惟無教主，乃至無教；不惟無君主，乃至無民主；

不惟渾然一地球，乃至無地球；不惟統天，乃至無天；夫然後至矣盡矣，蔑以加矣！」（仁學 卷下，頁八八）

這種太平世界，爲一佛界。佛界最後爲涅槃，譚嗣同却不講涅槃，則他的太平世，無天無地，究竟是何境界？

「衆生度得盡否？當在何時度盡？曰：時時度盡，時時度不盡。……其實佛外無衆生，衆生外無佛；雖其性不動，依然隨處現身；雖流轉世間，依然遍滿法界。往而未嘗生，生而未嘗往。一身無量，一心無量。一切入一，一入一切，而何盡不盡之可言哉！」（仁學 卷下，頁八九—九〇）

仁學的結尾，以華嚴宗的思想作結束。『仁』不是孔子之仁，也不是佛教之慈悲，而是以『以太』爲宇宙爲唯一本體，一切萬有的差別都被掃除。沒有男女，沒有家族，沒有國家，沒有君主，沒有民主，沒有天地，所留者爲佛法身。

譚嗣同著有「以太說」一篇解釋『以太』。他的結論是：「是蓋徧法界虛空界衆生界，有至大至精微，無所不膠黏不貫洽不筦絡而充滿之一物焉。目不得而色，耳不得而聲，口鼻不得而臭味，無以名之，名之曰：『以太』。其顯於用也，爲浪，爲力，爲質點，爲腦氣。法界由是生，虛空由是立，衆生由是出。無形焉，而爲萬物之所麗；無心焉，而爲萬心之所感，精而言之，夫亦曰『仁』而已矣。」（以太說 譚嗣同全集，頁一二一）

**註：**

(1) 康同家 康有為與戊戌變法，頁二十七—三十六。香港寰球文化服務社 一九五九年版。

(2) 梁啓超 清代學術概論，頁一二七—一二九。

(3) 錢穆 中國近三百年學術史 下册，頁六三四。臺灣商務印書館，民五七年版。

(4) 梁啓超 同上，頁一二七。

(5) 錢穆 中國近三百年學術史 下册，頁六五二。臺灣商務，民五十七年版。

(6) 陸寶千 清代思想史，頁二二八。廣文書局民六十七年。

(7) 梁啓超 同上，頁一三三—一三五。

(8) 梁啓超 同上。

(9) 梁啓超 同上。

(10) 許冠三 康南海的三世進化史觀。晚清思想 張灝等著，時報文化出版事業公司。

(11) 梁啓超 同上，頁一三六。

(12) 梁啓超 譚嗣同傳 譚嗣同全集，頁五二四頁。華世出版社 民六六年版。

(13) 同上 頁五二二。

(14) 錢穆 中國近三百年學術史 下册，頁六六六。

# 三、歐陽漸

## 1. 緒論

佛學在魏晉南北朝時代，翻譯佛典，引用道家術語，講解佛法，藉用道家思想；在那時代，道家影響了佛教，佛教還沒有進入中國思想界。到了隋唐，佛教中國法師解釋經論，自立宗派，華嚴、天台和禪宗盛行於唐，佛學影響了儒家，遂有宋明理學。佛學在唐以後雖漸衰頹，然禪宗流派，綿綿不絕。到了清朝，明社剛滅，一輩忠於明朝的學者，隱身叢林，剃髮爲僧。方以智既入佛寺，還勸王夫之入山。然清朝皇帝，崇尚喇嘛，雖刊印大藏，並不獎勵禪學。考據學既興，學者都一心在故紙堆裏求智識，沒有人講心性義理，只有戴震以義理爲考據學的目標。在乾隆年間乃有幾位學人，講研佛學，由儒入佛，又由佛入儒，倡論佛儒

的根本道理相同。如彭紹升、薛家三、汪縉、羅有高。(1)

彭紹升字允初，號尺木，又號知歸子，江蘇長洲人，生於乾隆五年（公元一七四〇年）卒於嘉慶元年，（公元一七九六年）年五十七。

薛起鳳，字家三，和彭紹升同鄉，生於雍正十二年（公元一七三四年），卒於乾隆三十九年（公元一七七四年），年四十一。

汪縉字大紳，江蘇吳縣人，生於雍正三年（公元一七二五年），卒於乾隆五十七年（公元一七九二年），年六十八。

羅有高字台山，江西瑞金人，生於雍正十一年（公元一七三三年），卒於乾隆四十四年（公元一七七九年），年四十七。

清唐鑑著清代學案小識，在卷十一「待訪錄」中有瑞金羅先生一篇，簡單述說羅有高的學歷，曾從寧化雷翠庭學易，有志於孟子的求放心。清代學案小識對於其他三人沒有記錄，陸寶千的清代思想史略說彭紹升因薛起鳳而起心研究佛教，薛起鳳因自己的舅舅是比丘，起鳳少孤，依舅舅而生活，乃研究佛學。汪縉爲彭紹升父親的門下，與紹升相識，又與汪縉相交，便相與論佛法。這四位學人同時又同友，志趣都在佛學，然他們又不盡心信佛，而是想聯繫儒學與佛學。

「道，一而已，在儒爲儒，在釋爲釋，在老爲老，教有三而道之本不可有三也。學者由教而入，莫先於知本，誠知本，則左之右之，無弗得也。」(彭紹升 二林居集 卷三，頁十五 與汪大坤，光緒辛巳版)

「誠知本」，則佛儒道都可相通。甚麽是本呢？

「東西二教如日月相推，竝行而不悖，其要歸教人明自本心，見自本性，則一而已。」(二林居集 卷四，頁七 與大紳書)

彭紹升以明心見性爲『本』，儒佛相同。這一點若從宋明理學去講，可以說佛儒有相同點，然不過是出發點相同，所得的內容則不相同了。若從孔孟去說，則孔孟不講明心見性。但是彭、薛、汪、羅諸人，都喜歡從孔孟方面去拉佛儒的關係。

「近功專以諷法華爲業，讀至藥王本事品，妙音菩薩品，益自信平日解易，解中庸，都非杜撰。佛佛聖聖，出沒隱顯，一脈相承，不可思議。只因門庭不同，曲隨一切方便，度苦衆生，所以遂換却時人眼睛耳！」（羅台山　尊聞居士集　卷四，頁十六　與汪大紳書　二。光緒七年版）

上面兩段引文，都是彭、羅給汪縉的信，表示他們兩人的思想。汪縉自己本人也有同樣的思想。

「縉之遊乎儒釋，實有見於我孔氏，釋迦氏之道幾乎若何符節也。其幾乎若何符節者也，孔曰：無思無為，釋曰本無方；孔曰無方無體，釋曰當生不生。」（汪縉　汪子文集　卷五，頁十一　與羅台山書）

汪縉所擧的例證，不相符合。他引孔子的話爲易經的話，孔子以易無思，無爲，無方無體，指宇宙的變易。佛經的話乃是談空，談本體；兩者不相類。除非以『易』爲宇宙本體；然而易經以『太極』爲宇宙的根源。

彭紹升曾以中庸和華嚴經相比附，以爲「道並行而不相悖。」羅有高以楞嚴經解說孟子的「求放心」。汪縉又以淨土經說易。

實際上，他們所講『心學』和楊慈湖的思想相近。彭紹升說：

「本心之學，直達而已矣。楊子問於陸子曰：如何是本心？陸子曰：適纔斷扇獄，是知其為是，非知其為非，即此是本心。楊子曰：如斯而已乎？陸子竦然厲聲曰：更有何也？楊子言下廓然。楊子之論學也，以絕四為宗，或者疑之曰：是知其為是，非知為其非，而能無意乎？知歸子曰：直達而已矣，何意之有！子曰：吾有知乎哉！無知也。無知而無不知，是之謂絕四，是之謂本心。」（二林居集 卷二，頁三 讀楊子書）

彭、薛、汪、羅都是居士，沒有出家為僧。他們都曾研究孔孟和宋明理學，因不願專心考據，又不願高談哲理，乃研究佛學。後來一居士楊文會刊刻佛經，宏揚淨土宗。楊會文字仁山，生於道光十七年（公元一八三七年），卒於宣統三年（公元一九一一年）。文會的弟子歐陽竟无提倡唯識宗，開民國時代研究佛學的風氣。他的弟子中有熊十力則由佛經而歸到易經。歐陽竟无和熊十力本來應算是民國時代的哲學人，但是他們的思想，則是清朝中葉佛學的繼承者，因此，我把他們兩人列為清末哲學人，以結束清朝的哲學思想。

歐陽漸，字竟旡，江西宜黃人，生於清同治十年（公元一八七一年），卒於民國三十三年（公元一九四四年），壽七十三歲。

歐陽漸年二十入泮，卽不願應科舉考試，從叔父歐陽宋卿讀書，專習宋明理學。甲午戰敗，割讓臺灣，歐陽漸時年三十四，乃專治陸王心學，又因友人桂伯華的勸，轉而研究佛學。年三十六歲時，生母病卒，遂斷肉食，歸心佛法。次年，赴江寧從楊仁山老居士遊，又往遊日本，訪求佛經遺本。歸國後，任兩廣優級師範教師，因病作罷。宣統二年（公元一九一〇年）歐陽漸時年四十，再赴寧，依楊老居士。次年，楊居士卒，以他的刻經處編校相托。歐陽漸乃居刻經所，設研究會，廣籌刻經資金，至民國五十年，刻成瑜伽經後五十卷，作長敍。後在北京，於民國十一年，設內學院，講唯識學。又於內學院設研究部試學班和法相大學特科。民國十六年，因戰亂廢特科，自己則專治般若經和涅槃經，作經敍。九一八事變後，日軍佔據北平，歐陽漸率弟子，載運刻經板往四川，建蜀院於重慶，講學刻經。民國三十三年二月二十三日，因病卒。(2)

歐陽漸的著作，現有歐陽大師遺集四冊。新文豐出版公司印行。他的學術力作，除刻佛經外，講唯識學，辨別法相宗和唯識宗，並注意融會佛學和儒學。

## 2. 唯識學

### 甲、唯識的地位

歐陽漸弘揚唯識學，以唯識爲佛教的眞諦，天台、華嚴和禪宗都是中國佛教沙門所創，不是佛教的眞正教義。他以轉依爲佛法的中心點，轉依則是唯識。

「所以必須佛法者，轉依而已矣。所以能轉依者，唯識而已矣。所以不能轉依者，一大障礙，執有實色而已矣。天地物我，終古擾攘而不能轉，斯不亦大可哀乎。若唯有識，色卽是識，識本無礙，色法目轉，色法旣轉，心法亦轉，一切智智依卽全轉。唯異生聖人以唯識判。唯外道法，以唯識衡。唯小乘大乘，以唯識別。行若妙於般若，學莫精於唯識。釋迦以去，唯我龍樹始弘般若，唯我無着始弘唯識。無着弘唯識，作攝大乘論。……是則攝大乘者，唯識學最初之人最初之作也。……開創之初，便爾盡情，勢所不能，然根本安立，後之所基，亦精義絡繹，無明通三性，淨種寄賴

耶，識法互為因種，非條然異，斯不亦至賅且要乎。」（攝大乘論本 歐陽大師遺集(一) 論，頁二十九）

攝大乘論講阿賴耶識，講薰習，給唯識論舖路。由自相、因相、果相解釋阿賴耶，然爲出世淨心，主張應有第九識。歐陽漸批評攝大乘論爲最初的書，渾而不析，簡而不嚴。只有見相二分，沒有同種別種。由「正聞薰習」生正慧，然沒有講本有始起。歐陽漸乃指出對攝大乘論的讀法。

在讀攝大乘論以前，學唯識的人應先讀俱舍論，因俱舍論爲唯識學的基本。

「敍曰：唯識法相學，應學俱舍學。本有其本，室有其基，親有其禰。……創始於經部，結歸於唯識，樞機於俱舍，若學唯識而缺俱舍，虛空無源。」（阿毗達磨俱舍 論敍卷上 歐陽大師遺集(一)，頁一）

從小乘轉入大乘，俱舍論爲樞紐。俱舍論雖談三世實有，然已談種子義，和阿賴耶識相近。

「三、種子義，是阿賴耶識接近義者。緣生要義，實在因緣。說有之因，唯除能作，相應俱有同類徧行及與異熟，皆因緣性，是有部義。別立種子，謂有法體，雖經刧滅，而自相續。展轉相仍，猶為因性……。四、依義，是阿賴耶識接近義。所依微細，難可了知厥有三種：一者無心，二者無色，三者生死中閒。……有部二定，後依於前，定前無閒心，引出定心起。有部無色依衆同分及與命根。同分命根，更互為依。經部則無心無色而有種子。心種依色，色種依心。無色由心生，心與心所，更互為依。……五、刹那無位義，是法相詮用義者，有部住實，有得體時，即有住時。上座不然，雖得體時，而無有住。……夫無住者，大異於小，用異於體，刹他異自，有為異無。般若以此無得無留，瑜伽以此善巧方便，竗義觀止，寧能不居。以是因緣，舍有部義，取經部義。六、無漏智有分別義，是法相詮用義者。知斷證修正，如是知說名盡智。正如是知，不應更知，名無生智。……

八、一念二緣義，是唯識俱轉託變義者。……據經部義用勘大乘，託質變影，相分非境，猶有極微，不能驟合，而緣自不緣他，三界唯心觀。……」

(同上，頁八、九、十)

歐陽漸舉出俱舍十義，中間有五義，和法相唯識的義，相近或相合。無着講唯識，必有所本，所本即是俱舍論。唯識二十論爲世親所作，把無着的思想予以系統化，先作唯識三十論，後簡化爲唯識二十論。歐陽漸敍唯識二十論：

「唯識者，詮如實法界之一大法門也。此如實法界超乎世間乃克談，非世間見所能及。……大覺世尊，超乎世間，立三法印，傾天下迷。所謂無常，故若苦，故無我。法界無我，而唯是識是也。……世親菩薩成立唯識，詳其所成，作三十論，略其所成，作二十論。略其所成者，但使祛世見認真法而已，未遑唯識內蘊曲盡其致也。」(唯識二十論敍 歐陽大師遺集 (二) 論，頁三十三)

歐陽漸以唯識講如實法界，佛教通常以華嚴、天台講如實法界。如實法界爲實相眞如界，歐陽漸不採華嚴天台的觀法，只講唯識。實則唯識所講，還是不離色相。歐陽漸以唯識凡人的七執，使他入眞法界。

「其所繫於唯識者，今舉其七：一，明明實色；二，現量所得；三，並不了於覺境非有；四，明明友敎善惡業成；五，覺時果業大異夢時；六，為他所殺得殺他罪；七，他心是有，有智知他。解此七執，即超世見而了其法，是則所謂略成唯識也。」（同上）

歐陽漸敍成唯識論：

「有唯識學，有唯識論，略談唯識學，見眞而了幻，求學究竟在唯識性，思假而智實，入學方便在唯識相。唯識相者，無常而能存，無我而能立者也。無常而能存，唯變是適；無我而能立，唯依是從。……緣起義是依義，建立末那六識有根依，建立賴耶轉識有共依。轉依於本，本依於轉，有若束蘆交依不仆。梁淨依於識藏，相見依於自證，因亦有其依，緣亦有其依。因果以三法展轉而相依，心所依於心王，諸法依於二十二根，乃至地依金，金依水，水依風，人物依於大地，造色依於大種。法不孤獨而仗托是資。大乘緣無不生心，獨影亦依法起。無我而能立，一依之維繫而已矣。變非剎那離依，依非息息離變。本是幻形，緣至斯起，是為唯識。知彼相幻，乃見性真，復修而依轉，變身土以化萬靈，此之謂唯識學。」（同上，頁三十七）

歐陽漸講唯識，重在依和變。八識互相依，前六識爲根依，阿賴耶識爲共依。阿賴耶識的種子爲六識相共所依，種子則依前六識的緣爲根。有所依，識乃有變。變有兩義？一是變現義，一是轉變義；由能變的識之自體分，轉變現起所變現的相分和見分；即是由種子依着六識的緣，變現出六識的境。這種依和變，是識的依變。歐陽漸以萬法皆成於依與變。

歐陽漸具以唯識爲佛學的中心，可以和別的經相證相通，他說：

「故大乘是佛說。大乘既成，以證諸義，乃免隨一，總成唯識義，證大乘經五，證通經一。其證五者，方便遣執，言識似外生，而所緣實不離識，證厚嚴。三界唯心證華嚴。唯識所現，似彼說彼證深密。法不離心，俗故八有別，真故八無別，證楞伽。有情隨心證維摩。四智悟唯識，證阿毘達磨。」（同上，頁三十九）

從華嚴五教看來，唯識爲大乘始教。從天台五時八教看來，唯識沒有被列在內，只可看爲通教，因爲唯識論爲論，不是佛說的經。

## 乙、唯識抉擇

歐陽漸講唯識，先講唯識抉擇。遺集中有唯識抉擇談，又有唯識抉擇談演講稿。他講唯識抉擇，因中國人談佛學，常不知方法，唯識法相乃研究佛法的方便善巧。他又批評學禪法的人，認爲佛法直指人心，不立文字。實際上禪學大師，已是在無量刧前，按佛法文字修行，熏習很久，已達到絕高境界，乃能不立文字。普通學禪的人，徒拾禪學一二公案作口頭禪。他並且不滿於天台宗，華嚴宗也包括在他所不滿的佛法裏，他說：

「自天台賢首等宗興盛而後，佛法之光愈晦。創教者本未入聖位，所見自有不及西士大夫之處，而奉行者以世尊再世，畛域自封，得少為足，佛法之不明宣矣。」（唯識抉擇談演講 歐陽大師遺集 (二)，頁一三六〇）

為研究佛學，從佛經中須要加以抉擇，他刻印佛經常作一篇敍文，指出從經中研究那幾卷，這幾卷的意義何在。為研究唯識學，他舉出了十種抉擇：一，體用談用義，無為是體，有為是用。二，四涅槃談無住。三，二智談後得，加行智和根本智。四，二諦談俗義，空宗俗有眞無，相宗則俗無眞有。五，三量談聖言，取捨從違，自憑現量。六，三性談依他。空宗以二諦為宗，故談眞絕，相宗以三性為宗。七，五法談正智。眞如是所緣，正智是能緣。八，二無我談法無。九，八識談第八。十，法相談唯識。

歐陽漸在民國十一年，在北京內院作唯識抉擇談演講，原稿收在遺集裏，文字簡略，另一演講稿，為弟子聶耦庚的筆記，經過大弟子呂徵的校訂，文字稍為詳細。

第一抉擇，談體用，「無為是體，有為是用。」體用兩詞，在佛學裏常常可以遇到，用意不常相同。歐陽漸解說體用是就大概說，若加分析則有「體中之體，體中之用，用中之體，用中之用。」

體中之體——一眞法界

體中之用——二空所顯眞如

用中之體——種子

用中之用——現行

無爲有八：虛空，擇滅，非擇滅，不動，想受滅，善法中清淨界性眞如，惡性中眞如，無記性中眞如。這八種無爲，都是眞如。所以體中之體，卽是一眞法界眞如。眞如顯於二空界，以證得眞如，卽是體中之用。種子不是本體，但是一切知識現行的根本，而又隱藏於第八識中，故稱爲用中之體。一切現行爲種子所熏，當然是用中之用了。

第二抉擇，四涅槃談無住。歐陽漸解說涅槃爲全體大用，涅槃的體不生不滅，諸佛證得涅槃作諸功德爲涅槃之用，乃有生有滅。

四涅槃爲自性涅槃，有餘依涅槃，無餘依涅槃，無住涅槃。自性涅槃爲萬法的自性，卽是佛性，本來寂靜。有餘依涅槃，顯示苦的一切因，苦所依則未絕，異熟身尚在。無餘依涅槃，一切苦的因緣和所依都絕了。這兩種涅槃就滅諦而言，聲聞、緣覺、菩薩三乘人具有，凡夫則沒有。無住涅槃是佛的涅槃，佛不住涅槃而住菩提，超渡衆生，立大功德，所以就用方面說，稱爲無住。佛爲一大事因緣出現於世，使無量衆生都能超渡而入無餘涅槃。

第三抉擇，二智談後得。智卽是抉擇，於一切所知境當前照了，復能抉別簡擇，明白決定。智有三種：加行智、根本智、後得智。

加行智爲加功而行，尋思名義自性差別，知道都是假，如實了悟，但見似非眞，沒有達到究竟。

根本智，不變種種相狀，滅諸分別，能誠證眞如，稱爲見道。然祇是自悟，還不悟他。

後得智乃能悟他，稱爲眞見。眞見或說一心，或說三心，又具有相見十六智。一心眞見，以眞見所證所斷，都屬一心。三心眞見謂由三方便緣遣一切有情等假，一是內遣有情假，二是內遣諸法假，三是編遣一切有情諸法假。

相見十六，爲其見道後次第起心。

八心觀眞如
- 苦
  - 苦法智忍
  - 苦法智
- 集
  - 集法智忍
  - 集法智
- 滅
  - 滅法智忍
  - 滅法智
- 道
  - 道法智忍
  - 道法智

## 八心觀正智

- 苦
  - 苦類智忍
  - 苦類智
- 集
  - 集類智忍
  - 集類智
- 滅
  - 滅類智忍
  - 滅類智
- 道
  - 道類智忍
  - 道類智

忍爲忍可，尙未重證，重證乃是法智。法忍雖已入住，火候尙未熟，法智乃得圓證解脫。法忍有觀的用，法智有證的用。然法忍法智都屬外觀，觀所緣，類忍類智皆係內觀。

第四抉擇，二諦談俗義。法性宗和法相宗都談空義，性宗以遮爲表，相宗以用顯體。性宗以遮爲表，因空沒法可說，乃以遮爲表。例如紅色不好形容，越描寫越失眞，不若以非青非黃非白以遮表。相宗以用顯體，以相爲表。性宗辨空有，以二諦，相宗辨空有，也以二諦，卽是空宗俗諦爲有，眞諦爲無。相宗則俗諦爲無，眞諦爲有。俗諦所講的有，謂一切皆有。相宗則進一層以無爲俗諦，以實相有爲眞諦。窺基曾建四重二諦，吉藏也曾講四重二諦。

## 窺基的四重二諦：

| 四俗諦： | 四眞諦： |
| --- | --- |
| 假名無實諦 | 體用顯現諦 |
| 隨事差別諦 | 因果差別諦 |
| 證得安立諦 | 依門顯實諦 |
| 假名非安立諦 | 廢詮談旨歸 |

## 吉藏的四重二諦：

| 四俗諦： | 四眞諦： |
| --- | --- |
| 有為俗諦 | 無為真諦 |
| 說有說無，二，為俗諦。 | 非有非無不二，為真諦。 |
| 說有無二，說不二，為俗諦。 | 說非二，非不二，為真諦。 |
| 說此三門，為令悟不三，無所依得，始名為理。 | 三門均為世諦，不言之理為真諦。 |

這是就有無說，一層一層往深處觀。

第五抉擇，三量談聖言。三量爲現量、比量、非量。現量爲直接感覺，顯現外境。比量是推理的知識，由已知推知未知的事。非量爲誤覺，爲夢境。現量的現有三項意義：一者現成，不待造作；二者現見，全體呈現；三者現在，現前實現，非過去未來無體。從八識去說，第八識恒時現量，五六識則少有這種意義，因前之識有現量時也不免有染，乃是世俗，實不可靠。

第六抉擇，三性談依他。三性，爲依他起性，徧計所執性，圓成實性。相宗以三性爲宗，以一切爲因緣幻有。因緣幻有，係依他而起；故依他起性爲染淨的樞紐。緣起通於染淨的有漏無漏，有漏緣生曰染依他，無漏緣起曰淨依他。徧計和圓成二性卽依依他而顯。執爲實有曰徧計所執，空其所執曰圓成實。

第七抉擇，五法談正智。五法爲相、名、分別、正智、眞如。人的智識怎麽成呢？萬物怎麽成呢？都是有所緣和能緣。

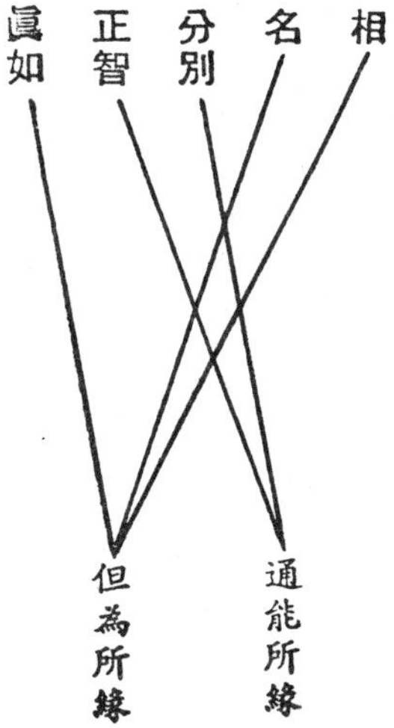

相　名　分別　正智　眞如

通能所緣　但爲所緣

正智爲能緣，眞如是所緣。分別爲能緣，相名爲所緣。人的知識，由種子熏習而成。

歐陽漸攻擊大乘起信論，責起信論不立染淨種子，却講熏習起用，熏習義不能成；不立正智無漏種子，則於理失用義，於教違楞伽經。故馬鳴所宏大乘不可但以起信一論相推測。

第八抉擇，二無我談法無。我有主宰的意思，人和法皆因緣和合而生謂有主宰卽名曰我執。謂有萬法卽名物執。佛法無非破執二字，執着是衆生，破執卽是佛。

第九抉擇，八識談第八。唯識講八識，以第八阿賴耶識爲最重要。阿賴耶識在阿毘達磨經、解深密經、入楞伽經及小乘共許的經典都講，有藏和執的意義。藏爲能藏，所藏，我愛執藏；執爲執持，執受，執取；然而藏識則爲破執。歐陽漸講唯識十理以建立第八識：一，持種心。諸法種子之所集起故名爲心，心必須要決定，而且恒轉，方能持種，前六識皆沒有這種意義，故立第八識。二，異熟心。異熟心酬牽引業，遍無間斷。前六識常有間斷，故應立第八識。三，趣生體，爲有流體轉五趣四生，應有眞實趣生體，故立第八識。四，能執受。前六識的根和依，祇能在現世有執受，不能牽引來世緣起，故應別有第八識。五，持壽煖。壽謂命根，煖謂煖觸。這兩者都靠識去轉，前六識不能有這能力，則應別立第八識。六，生死心。爲使命終不離，應有第八識。七，二法緣。識緣名色，名色緣識。前六識旣緣名色，不能爲名色所緣，故應別立第八識。八，依識食，一切有情皆依食住。食和生命更有關係，食有四種：段食，觸食，思食，識食。爲有識食，應有第八識。九，識不離，住滅定者，識不離心，滅定中沒有前六識，則應爲第八識。十，染淨心。心染淨故有情染淨，因染淨法由心生，心持種子，故應有第八識。由上面十理，可以看到佛教爲解釋識的成和來生輪迴，必須建立第八阿賴耶識。

### 丙、現　觀

歐陽漸講了唯識的抉擇，又講唯識的特點；他稱這特點爲『現觀』。佛教各宗常談『觀』，般若有靜觀，華嚴有三重觀，天台有止觀，禪宗有禪觀。歐陽漸以唯識有現觀。他解釋『現觀』說：

「一者，何為現觀？現有三義：一、非造作而現成；二、不隱沒而現在；三、不迷昧而現見。觀亦三義：

一者，一思，二證，三行。……現前明了，觀察現境，故曰現觀。

二者，何所觀？見道以後，所觀至繁，姑以六門列之：㈠三界九別所知事。㈡苦集有漏法。㈢滅道有漏法。㈣四諦所攝未見法。㈤滅道所攝未受法。㈥法智類智所行境。

三者，以何觀？以出世無分別智，能觀。邪見，見取，戒取及疑等，俱遣故，我執空故。

四者，何處觀？惡趣苦障，上界耽樂，皆無現觀。唯在欲界人，天，有佛出世，說三法印，方得現觀。

五者，誰能觀？此通三乘學，無學果，凡有五種人：㈠未離欲者，此謂聲聞初果十六心見道，二果。㈡倍離欲者，謂三果。㈢已離欲者，謂阿羅漢果。㈣獨覺。㈤菩薩。

六者，何者入？唯心能入，非我能入。……

七者，何次入？次第有六，卽六現觀：㈠思現觀，謂最上品喜受相應思所成慧。㈡信現觀，謂緣三寶世出世間決定淨信。㈢戒現觀，謂無漏戒，破除戒垢，令觀增加。㈣現觀智諦現觀，謂一切種緣非安立，根本，後得，無分別智。㈤現觀邊智諦現觀，謂現觀智諦，現觀後諸緣安立出世諦。㈥究竟現觀，謂盡智等究竟位智。此六現觀，思，信，戒，三是現觀加行，所以引生現觀；次二是根本現觀，以因果分為二；究竟現觀則在圓滿佛位。修行次第，首重加行，依至教量廣為辯論，惟在凡夫；多聞熏習，如理作意，是思現觀，無漏種子由此引生，三十七菩提分法始於此修，三法印（無常，無我，涅槃寂靜）於此深契，一切法共相真如亦於此證知，益以信戒現觀，以次能得後三。

八者，現觀相。智境決定，凡有十相：㈠衆生無；㈡徧計無；㈢無我有；㈣相有；㈤麤重有；㈥我無無我有；㈦法及法空無別；㈧空無分別；㈨法性無怖；㈩自在能斷，不復從他求斷方便。

九者，現觀差別，有十八種，聞思修所生智為三。順抉擇分智，見修究竟道智為四。不善淨善淨俗及勝義智為三。不善淨善淨行有分別，無分別智為三。成所作前正後智為三。聲聞菩薩智為二。合有十八。現觀諸門，略如上述。」（唯識抉擇談　歐陽大師遺集(二)　頁一三九三～一三九五）

歐陽漸在唯識抉擇談裏，當然沒有把自己關於唯識的思想都說出來，然也說了個大概。唯識不僅是談識，而是包涵整個佛教的要義。佛教要義除四諦外，講萬法緣起，講萬法實相，講修行，講解脫。歐陽漸在唯識的十種抉擇中，談到了這方面的問題，在唯識的現觀裏又講了解脫。

在他的遺集裏，有成唯識論研究次第一篇，解釋成唯識論的內容，略為列舉研究的次第。然所謂次序，不過是解析成唯識論的次序，稍加說明。但在開端，有幾句話解說唯識學的大綱，很有見地。

「一切法空宗為般若，一切無我宗為唯識。智慧與識屬法相事，空及無我屬法性事。空是其體，無我是用。唯識詮用義，是一大要旨。……識之體曰性，狀而名之曰如如。……識之用曰相，狀而名之曰變。……唯識於諦說世俗，於智說後得，於性說依他。依他為法相肝膽，法相乃唯識

所從出。」（成唯識論研究次第 歐陽大師遺集 (二)，頁一四〇五）

歐陽漸指出唯識學的重點，在於詮說無我，在於講識，識的性在於依他，識的成在於變。從這幾點去研究唯識，必能有所明瞭。

## 丁、辨唯識宗和法相宗

在歐陽大師遺集中，列有內學雜著，在這雜著有幾篇辨說的文章，如辨方便與僧制，如辨虛妄與方別，如辨二諦與三性，如辨唯識與法相。這幾篇文章，可以說是闢妄，可以說是說明。歐陽漸弘揚唯識學，以唯識出自法相宗，然特別說明唯識和法相有分別。法相爲唐玄奘所弘，成唯識論也是玄奘所譯。普通一般人都以唯識和法相宗沒有分別。

歐陽漸在辨二諦與三性文章裏，說明二諦空宗爲文殊學，三性非空非不空爲彌勒學。彌勒先講法相，後講唯識。在辨虛妄與分別文章裏，歐陽漸也談到法相與唯識的問題，然後在辨唯識法相一文裏，再加解釋。

「今譯辨法法性論，談一切法法相，詳其趨勢乃在無邊，蓋非有無竝擧，以宗其非空非不空也。實無而現，無義唯計，無而現有。無有別非一，有無無別非異，最是有無一異一頌，則竟以全無義邊談法相也。夫談唯識偏對外境，無其外義，則內識則唯。若談法相，則非談相之作用，而必談相之體性，體性之質實，體性之賅攝，必一一詳之，而辨法法性論乃詳無略有，何耶？」（辨虛妄分別　歐陽大師遺集（二），頁一五〇五）

辨中邊論，談一切法法相，以非空非不空爲宗。空是其無，不空詮有，是有無並舉。後來譯本辨法法性，則偏重於無，略於談有。歐陽漸則以爲應是有無竝舉，乃提到唯識和法相的不同。法相談相的體性，唯識談相的作用。體性是內，便是有，外境是假，乃是無，所以應是有無竝舉。法相講有，唯識談有

二諦爲俗諦和第一義諦（眞諦），乃說法的分別。三性爲徧計所執性，依他起性，圓成實性，乃教理的分別。

「二諦詮眞，剋實唯遮世俗諦；三性詮幻，剋實唯詮依他起性。第一義諦周徧有也，依他起性少分有也。第一義諦如實有也，依他起性如幻有

也，皆有也。其為無者，二諦中俗諦無，三性中計執無也。真俗以有無判，依圓以真幻判也。」（辨二諦三性 歐陽大師遺集㈡，頁一五一一、一五一二）

二諦講有無，三性講眞幻。講有，爲諸佛方便立教，有染而後有淨，去染然後得淨。講眞幻，則爲解說萬法的性相，眞有爲實性實相，假名爲幻有。幻有出於依他起性不是眞有，不是全無。依照二諦，文殊立空宗，依照三性，彌勒立非空非不空宗。彌勒以非空非不空講法相，又講唯識。

「彌勒瑜伽中詮法相於本事分，而詮唯識於抉擇分。是法平等曰法相，萬法統一曰唯識。二事可相攝而不可淆，亦不可相亂，此彌勒學也。無著者，親近彌勒，此閒以為初地菩薩，藏中稱為三地菩薩也。解深密經攝大乘論者，相宗大匠皆據為講彌勒學之經論也。……無著攝大乘之言曰：若有欲造大乘法釋，略由三相應造其釋：一者由緣說起，二者由說從緣所生法相，三者由說語義。緣起者，本轉種子之唯識也；法相者，三性之一切法語也；語義者佛功德與菩薩行之大悲相也。此唯識法相德義，論本乃世親無性論釋發揮明晰，不可誣也。所以唯識法相必分為二者，世尊義如是也。世尊於楞伽密嚴，旣立五法三自性之法相矣，而又立八識二無我之唯識。密嚴以為最勝之教理，衡量一切法，如稱如明鏡，照耀如明燈，試驗如金石，奈何淆而一之，或亂而易之哉。」（辨唯識法相　歐陽大師遺集㈠，頁一五二九、一五三六）

歐陽漸以法相唯識爲佛教最勝的教理，批評華嚴、天台爲誑妄。「不達斯旨，般若、瑜伽之上別立一宗，昧法平等，俯瞰羣流，高居統攝，謂爲融洽，理不可通，敎無其據。是爲波旬，衆恭滔天，一或不愼，喪慧失命，誠可哀矣。」（辨二諦三性　歐陽大師遺集㈠，頁一五一七）

歐陽漸舉出三種例證，以說明唯識和法相不同：

「初如攝大乘論是唯識邊論，大乘對小乘，故適用尊勝也。於境則知所依，立阿賴耶。……於行，則彼入因果，立六度行。……於果，則彼果斷，立無住涅槃，彼果智立法身。……唯識注重觀行，故於因果差別三學之先，提要特立，入所知相分也。

次如辨中邊論是法相邊論，三乘莫不皆法，故適用平等義也。一切法者，賅染與淨，淨法是有，染法亦應是有。若染不立有，則何所滅，而何所存耶？中邊談一切法中道，必立染有。……正行波羅蜜行，而修別有六，十波羅蜜之所緣，十波羅蜜之修證，皆廣大無邊也，凡此皆法相邊義也。又次如大乘莊嚴經論，是德義邊論，不但攝乎大乘而矣，而且莊嚴乎大乘，故適用廣大義也。瑜伽菩薩地詮菩薩行，是廣大義，莊嚴品目悉不與異。然莊嚴意存乎光大，必較瑜伽菩薩地而更充盈。……於是於德義邊而賅攝乎唯識法相。……

舉此三例，唯識法相德義體例各別，不相淆亂，彌勒學也。反此或淆或亂，非彌勒學也。」（辨唯識法相　歐陽大師遺集㈡，頁一五三一、一五三四）

歐陽漸所舉三例爲三部經典：一，攝大乘論，爲唯識宗相關的經典；二，辨中邊論，爲法相宗相關的經典；三，大乘莊嚴，攝有法相唯識的德義。我們讀歐陽漸的弟子黃懺華所著佛教各宗大意一書⑶，只列唯識宗，不列法相宗，用意是唯識包涵了法相，又看蔣維喬所著中國佛教史⑷，在第十四章「唐之諸宗」，講法相及華嚴宗，却沒有唯識宗；在第十八章

「近世各宗」，也祇講法相宗，而不講唯識宗，似乎是以法相宗包括唯識宗。歐陽漸所講法相和唯識的分別，在弟子的思想裏，竟沒有留下深刻的印象。

蔣維喬曾說：「如上所述，其傳世親教系雖同，但各有所自；約分十地論，攝大乘論，唯識論三種；然其說互有差異。考厥根原，實由對於阿賴耶識意見之不同。地論派以此與眞如同一意義，謂爲清淨識；攝大乘論派以此爲眞妄和合之識，一方爲眞如識，一方爲妄識，蓋現象妄境，乃由此識所造成，起信論等呼爲和合識者以此；然玄奘唯識論派，以阿賴耶識全爲妄識，主張應與眞如分離者也。」(5) 這種分別，在後來乃有舊唯識派和新唯識派的爭論，以歐陽漸和太虛法師兩人爲代表。

## 3. 佛儒融會

自唐以來，儒家素常反擊佛教，聲斥違背聖賢之道。宋明理學家大都研究佛學，接受佛學的影響，陸王學派和禪宗很接近。明末有憨山蕅益兩僧，提倡三教融合論。憨山著有中庸直指、老子解、莊子內篇注等書，蕅益著有四書解、周易禪解各卷。清中葉居士彭紹升、薛起鳳、汪縉、羅有高等人，也特留意佛儒的融會。清末歐陽漸步他們的後塵，以佛解儒。在歐陽大師遺集中有中庸傳、孔學雜著、四書讀、論孟課、毛詩課等篇。

在孔學雜著的一篇「孔佛」，歐陽漸解說孔學和佛學的關係。他說在宇宙萬物中有體有用，有用滿的體，有依體的用。一切思慮依於一心，心的體爲寂；心的體雖寂而有用，用稱爲智。宇宙萬有莫非幻化，能見一切幻化皆空，稱爲見寂，見寂卽是智，智和寂須臾不離。智和寂不離，則一切所爲都有條理，權變適當，無不自得。寂靜而有爲，有爲而寂靜，乃是應體之用。應體之用和體相依，稱爲行。體爲全體大寂，智爲一切智智；寂由智而顯，智由去障而生。寂和智便不能相離。不離，則觀一切無所有，一離衆生，必使宇宙齊放光明，然後眞身證住清淨，這是用滿的體。孔道卽依體之用，卽是行，易所謂君子自强不息，論語所說水流不舍晝夜。君子的性爲中庸；寂然不動是中，感而通天下的事稱爲庸。依性而行達到至誠，無聲無臭，通於神鬼，這就是見寂之智，卽是應體之用。佛法爲用滿之體，爲行而果，果則反於體，入本來清淨涅槃，以證全體大寂。(6)

歐陽漸以佛法爲體，以孔學爲用，基礎在於中庸的中。以中爲人性之體，中爲寂然不動，人性之體乃是佛法的實相眞如。「孔學是菩薩分學，佛學則全部分學也。」（同上，頁一六七九）

「喜怒哀樂之未發謂之中，發而皆中節謂之庸。中卽無思無為，寂然不動之謂寂。庸卽感而遂通天下之故之適。莊子庸也者用也，用也者通也，通也者得也，適得而已矣，固是已。已而不知其然之謂道。易窮則變，變則通也。寂曰大本，通曰達道，寂而通曰中庸。未發寂也，與寂相應而中節，發亦寂也。寂卽隱也。中庸有隱名無寂名，故曰中庸素隱之書也。」
(歐陽大師遺集 (三)，頁一六一七)

這麽一解釋，中便成了佛性，寂然不動；庸便成了智，事事證佛性眞如。「中，隱也，庸自中來而應乎中，亦隱也。」(同上，頁一六二〇)並且以中庸的誠道和佛法的頓悟相應。「頓之致也曰至誠，盡其性盡物性於不已而天地參，道以成也。漸之致也曰其次致曲不已，漸而至誠能變。」(同上，頁一六二〇)「素隱行怪，後世有述焉，吾弗能之矣。」(中庸 第十一)孔子不讚成素隱行怪，歐陽漸却以素隱爲中庸的本體，「素隱之名立於此。素之爲言本也，隱之爲言寂也。不言本寂而言素隱，則中庸之言也。」(同上，頁一六二六)他認爲中庸和佛書祇是言辭不同，內容則相同。在宋朝時，呂大臨講中，就有這種意思，羅從彥和李侗和他相同，朱熹則放棄了老師的主張，認爲過於偏於佛學。歐陽漸正是接受呂大臨等的解釋。在中庸傳結尾說：

「明德中庸，名異義一，示明德真相，即所以示中庸真相也。舉聲色之不大以狀明德也，而不知聲色已根本非是。舉毛之本微以狀明德也，而不知毛猶有對而非是。絕對之象，聲臭且無，非寂滅之境如何？是則明德之象寂滅象也，中庸之象寂滅象也。寂滅之為至善矣，止矣，蔑以加矣，示隱之相如此，合觀略廣結論，則略之為不離見顯而素隱也，廣之為費而隱微之顯而素隱也。結之，入德與修己及人治國平天下皆莫不素隱也。誠者中庸之為書也，素隱之書也。」（同上，頁一六六三、一六六四）

但是中庸不講寂滅，也不講素隱，中庸之爲書，乃率性之書，率性而誠，誠而贊天地的化育，一切都是積極，一切都是有。

歐陽漸解釋大學爲誠意的書，「大學之道，誠意而已矣。」（同上，大學王注讀敍 頁一六九七）他引王陽明的話「意者，心之動，知者意之體，物者意之用，是則知也者卽心之體，心之動，體也。是則此知非知見之知，而心體之知也。知爲心體卽中庸之誠也。……如其誠而誠之，謂之致知，卽謂之誠意。用當而體復，謂之格物，卽謂之誠意。」（同上，頁一六九八）王陽明的知乃是良知，良知爲心之體，致良知於事物，卽於誠意，歐陽漸讚成王陽明的主宰，以致知格物和愼獨，卽是誠意，「夫道一而已矣。」（同上）這種解釋並不是儒家共同的解釋，僅代表陽明學派。

他在論語十一篇讀敍，則以孔子的學說就是心學，而孔子的心學已失傳，則應研究佛學般若，孔子的心學乃可傳。

「佛學有結集，有毘曇，三藏浩瀚，維其統緒而可讀。孔學無是，旣阨秦火，又復年湮，於是老師宿儒曾不能答具體之求。……嗚呼，孔學止矣！若能精內典嫻般若，與晉以秦者，文武之道猶不盡墜於地歟！般若直下明心，孔亦直下明心。蓋墨子短喪薄葬，一切由事起；孔子食旨不甘，聞樂不樂，一切由心起，直下明心。不願乎外，是之謂一；無入而不自得焉，是謂之貫也。」（同上，頁一七一九—一七二〇）

陸象山和王陽明講儒家心學，都以心學起於孟子；歐陽漸乃說起於孔子，以孔子之學爲心學，且和般若同調。這就過於牽强了！而他在孟子十篇讀敍却不提孟子的心學，祇講孟子的氣節。氣節固是佛教法師所守，棄名利不顧，「名節事極大，生死事極小。唯一義行，恣

肆縱橫，擧之而無上，揮之而無旁，敵之而無當，至大至剛，何弱何强！」（同上，頁一七二七）

歐陽漸看重儒學，乃有感時勢，他處在清末民初，外憂內患重重，國勢危殆。後又遭値日本侵華；千千萬萬同胞死難。

「迨天之未陰雨，綢繆牖戶，誰敢侮予。今則流血百萬，慘不可言矣！事前有備，謂之未雨綢繆；事後追隨，謂之亡羊補牢。然今日之亡羊補牢，又他日之未雨綢繆也。綢繆在作新，作新在作氣，作氣在觀感而憤悱。聲音之感人也，成於樂而興於詩。……滬戰烈，渡江棲六合，兩閱月成毛詩讀三册。節彼三百篇之三十以為課也。繞梁裂石，奮然起矣。」（同上，毛詩課敍，頁一七三三、一七三四）

歐陽漸寫這篇敍文時於重慶，正在抗戰的鋒火時期。他乃以儒家積極之學，以振弟子的志氣。用心誠可讚揚。

歐陽漸作內學，爲所創內學院的學生講院訓，院訓中有師，有悲，有教，有戒。師道在儒教爲最重要之道，歐陽漸仿儒家的思說，以「佛者第一義，師者第一義。今而欲作師，是

之謂作佛。菩提心者第一義，師者第一義也。今而欲作師，是之謂發心。」（竟無內學　歐陽大師遺集(一)，頁六）

師爲第一義，師卽佛，發菩提心。然而他又引易經的話：「天地合其德，日月合其明，四時合其序，鬼神合其吉凶」，作爲師的品德。他以師的本體在於「知見」，知見爲佛法的慧。師有三等：第一大師，爲如來立聖教者，第二紹師，爲佛的第一弟子，紹承佛教；第三襲師，爲軌範師，以佛法教人。但是他講師道，却以孔子之道爲師道。

「師體曰慧，所謂知見。師道曰悲，所謂為人之學。充人之量，天地合其德，日月合其明，四時合其序，鬼神合其吉凶。天地不隅，日月無依，四時不拘，鬼神無私，合天之人，復禮克己。是故學亦是為人之學，教亦是為人之教，師亦是為人之師。是故教人大學曰：古之欲明明德於天下者。教人為仁之方曰：己欲立而立人，己欲達而達人。一言而可以終身行之曰：其恕乎。己所不欲，弗施於人。孔家師道有如此者。」（師道　同上，頁一八—一九）

作人。孔子的師道，教人爲人。歐陽漸的內學院不是寺廟，所收學生，不是僧尼，所敎在敎人作人。因此，他以孔子之學講師道，教弟子們好好做人。然而他又以佛學講師道：

「胎卵溼化色想有非及與俱非，我皆令入無餘涅槃而滅度之。……必使衆生無慳無貪，必使衆生慈悲喜捨。必使衆生佛之知見，必使衆生放大光明。衆生廣大至何境界，修證淺深，至何位次。衆生盡佛，己乃是佛。……以是而學，以是而教，盡大地人滔滔皆是。往哲有言，師道立，則善人多，善人多則國理。蓋自私自利之學興，攘奪壓迫之政行，而師道亡矣。」（同上，頁一九—二一）

當國家在危急存亡之秋，怎麼能夠講逃避世事而作佛？歐陽漸極力主張在俗作居士也同於出家，以孔子之道修行也同於修佛法。他在闢謬的一篇裏，力斥比丘僧輕視居士。他舉出比丘僧對居士的看法：「非僧類，非三乘，非福田，非師範，不應說法，不應閱戒，乃至不可入比丘中行坐敍次，但應奉事唯謹，一如奴僕之事主人，壓迫不平等，乃至波及慧命。而爲居士者謙退又退，無所容於天地，嗟乎悲哉！」（同上，頁三七、三八）而比丘僧「不廣就學，

不拜善知識，不與人同羣。間有參訪，如不得已，忍而獲求，行將速去。外順同行，中懷慢志，嗟乎誒哉！」（同上，頁三八）

歐陽漸看到佛教寺廟中比丘，比丘尼的無德無學，發願以居士來振興佛教。「今也不然，師不必賢，弟不必學，唯衣食住以續以嗣，養父假子，雲礽百世。大厦已傾，言亦曷濟，悠悠蒼天，奈之何哉！」（同上，頁四一）可見歐陽漸對當時佛教的悲痛心情。他却願以佛教以救國，故不能不融會儒家以人於佛。他以佛法不是宗教，也不是哲學，而是超乎宗教和哲學的「悲智雙運」。

黃公偉教授曾論歐陽漸的佛學：「大師於此直揭平等實性無餘涅槃之義以定歸極。以根本三智，方便三漸次，以明修證。發明正學，倡『抉擇唯識』，提出楞伽所謂『五法，三自性，二無我』，與『八識二無我』，折俱舍瑜伽之門徑，明唯識與唯智，二而一之理。指出大般若經十之分之釋『畢竟空』，以會般若極，提出『五分般若』，而詳談該『方便』以開般若門徑，闡明般若甚深。詳談心經以示般若樞要，標大般涅槃爲取淨最後究竟，復特舉無餘涅槃以示寂靜畢竟空。三德二轉依爲一眞法界，一切所依。由是而法相之學於以大明。」(7)

## 註

(1) 陸寶千　清代思想史　第五章，乾隆時代之士林佛學，頁一九七—二二〇。廣文書局。

(2) 參考呂澂　親教師歐陽先生事略。

歐陽竟无　竟無內學　問學出版社。

周邦道　章斗航　歐陽大師傳，歐陽大師遺集　第一冊。

(3) 黃懺華　佛家各宗大意　上下冊，商務印書館　民二十三年版。

(4) 蔣維喬　中國佛教史　上中下冊，商務印書館　民二十二年版。

(5) 蔣維喬　中國佛教史　中。頁五十四。

(6) 歐陽竟无　歐陽大師遺集　卷二，頁一六一。一六七五。

(7) 黃公偉　中國近代思想變遷史　頁一七四。幼獅文化事業公司　民六五年版。

# 後記

## 一

民國五十九年元旦，臺北的神父修女在靜修女中禮堂，舉行聚餐會，祝賀我的五九望六的生日，于斌樞機也在座。我在答謝時說，今後十年裏，我將努力寫一册中國哲學思想史。

寫中國哲學思想史的意願，早些年已經就有了。在羅瑪教中國思想史時，曾寫了一部中國哲學大綱，一共兩册，由香港眞理學會出版，後來在臺北由臺灣商務印書館再版。這部書不是哲學史，而是中國儒道佛三家哲學的大綱，以系統方法，說明三家的哲學思想。我當時已經有意寫中國哲學史，因爲讀了胡適的中國哲學史上册和馮友蘭的中國哲學史上下册，覺得過於簡單，對於胡適研究中國哲學的方法，則很讚成。但是我那時手頭所有的參考書過少，羅瑪又沒有中國圖書館，所以寫中國哲學史的意願，只是存在心裏。

民國五十年，我到臺南任主教，臺南係一新設立的主教區，一切建設都應從頭開始，又値教宗召開全球天主教大公會議，每年我須往羅瑪開會。在臺南五年，除了到臺北剛復校的輔仁大學哲學研究所授課外，我不能作別的學術工作。民國五十五年我調任臺北總主教，在輔大和文化學院哲學研究所授課，家中所購的中西哲學書漸多；然而當時我在修改教廷和中國的使節史、徐光啓傳、利瑪竇傳，又寫歷史哲學一書，沒有把心裏所有寫中國哲學史的意願，作成一個決定。到了五九望六的生日，我便作了這種決定。然併沒有馬上動筆，卻收集以往所寫的文章，編成「牧廬文集」，一共六册，由先知出版社於民國六十一年出版。民國六十二年七月，動筆寫中國哲學思想史。

我當初的計劃，把全書分成四册：先秦篇一册，兩漢南北朝篇一册，宋朝篇一册，元明清篇一册。

先秦篇，從民國六十二年七月動筆，到民國六十四年三月完結，十二月由先知出版社出版。寫了先秦篇，繼續寫宋代篇，因爲我素來研究宋朝理學，對於程朱的思想頗爲熟識。用了十二個月，寫完了這一部宋朝理學，民國六十五年十二月，先知出版社出版了這部書，名爲中國哲學思想史㈢。宋代篇既寫完，便馬上寫兩漢南北朝篇。這時遇到了一個難題，乃是漢易的問題。易經我是研究過，漢易則沒有。寫兩漢的哲學思想而不寫漢易，則缺一個大漏洞。可是漢易的卦氣、卦變、易緯，魏伯陽的納甲，眞眞不是容易可以清理一個脈絡。我費了六個多月的工夫，纔寫了漢易一章，其他各章則在十個月裏寫完，全書於民國六十六年十二月十五日脫稿，共六百八十三頁，交由臺灣學生書局於民國六十七年十一月出版。兩漢魏晉南北朝篇看來很少有哲學的價值，因爲在那一段時間裏，社會的思想都濃厚地帶有迷信的色彩，漢易也顯出這種特徵。可是漢易的五行和卦氣說對於中國的學術和民間生活，影響非常大。

佛教就是在這時期輸入中國，漸次成長，蔚然成爲中華民族所信仰的宗教。佛教各宗的思想先是隨着譯經，傳播在中國佛教法師中間，隋唐時，中國佛教法師自己作經論，創立新宗派，成立華嚴、天台、禪各宗，佛教的哲學思想便進入中國的士大夫裏，影響了中國哲學，使宋明能有理學出現。因此，便不能不寫南北朝和隋唐的佛學。

面對佛經，我眞有「望洋興嘆」的感觸。雖然，曾經研究一點佛學，若說要寫中國佛教哲學思想，我怎麼敢動筆呢？先閱讀佛經半年，還是沒有頭緒。値到民國六十八年暑假，看到日本高楠順治郎所著，藍吉富所譯的佛教哲學要義，突然想到了我要寫的這册書的大綱，以緣起論和本體論分述佛教各大宗的思想。有了大綱，我便動筆，進行很順利，到六十九年正月底，書已完結，共一千零三頁，分上下兩册，由學生書局在這一年的九月出書。

元明一篇，在民國六十九年寫完。學生書局趕於民國七十年元旦出版，爲賀我的六九望七生日。清朝一篇於民國六十九年十月動筆，當時我在羅瑪參加全球主教代表會議，在羅瑪寓所，我仍舊寫稿。民國七十年寒假，我趕寫王夫之的哲學思想，夫之的著作又多，又不容易讀，思想且又深又贅，三十天裏寫了一百六十多頁，纔算寫完，可是我也弄病了，血壓驟然增高。以後便慢慢寫，到了今年六月十八日，全書完稿。我特舉行謝恩彌撒聖祭，感謝天主大恩。

## 二

八年來的寫作，使我深深地浸沈在中國的哲學思想裏，體驗了中國哲學的精神，也理出了中國哲學的脈絡。幾千年的思想，似乎都是一些私人的感觸，隨便地寫在那裏。哲學和文學分不開，思想都有憧憧迷幻的色彩。八年的光陰，將歷代哲學思想家的著作，自己親自閱讀，親手選擇，抉剔，從滿紙琳瑯的文句裏，清理出哲學的觀念，結成思想的系統。我受過西洋士林哲學的陶冶，對於觀念和系統，要弄到意義明顯，段落分明。

對於歷代許許多多的哲學家，當然有所估計，各人的份量不相同。在先秦篇，孔子和弟子們的哲學思想，居中心的地位；在兩漢南北朝篇，漢易佔主要的篇幅；在佛教的思想篇，禪宗佔篇幅較多；在宋代篇，朱熹當然有集大成的身份；在元明篇，王陽明最爲特出；在清代篇，王夫之儼然稱王。每一篇有每一篇的中心和代表人物，從這些人物的思想裏可以看到中國哲學的精神和脈絡。

書經和詩經流傳了中國人對於人生的最初體驗。「相鼠有皮，人而無儀；人而無儀，不死何爲！相鼠有齒，人而無止；人而無止不死何俟！相鼠有禮，人而無禮；人而無禮，胡不遄死！」（相鼠）這是一般平民的生活體驗。「堯曰：咨爾舜，天之曆數在爾躬，允執其中，四海困窮，天祿永終。舜亦以命禹。」（論語・堯曰）這是一位君王的生活體驗。人生以天命爲依歸，以禮儀爲規範。易經則由生活的體驗，進而探索人生的根由，先以卦象作象徵，次以爻辭作解釋，再則有文言繫辭作說明。宇宙爲一整體，由陽行運陰而成。陰陽運行不息，化生萬物。陽稱乾，萬物資始？陰稱坤，萬物資生。乾坤並立，天地得位。天地得位而相交，乃三陽開泰，化生萬物。故天地的大德曰生，生生便是易。「一陰一陽之謂道，繼之者善也，成之者性也。」（繫辭上，第五章）

八卦三爻而成卦，重卦重三爻而兩卦。三爻的上爲天，下爲地，中爲人，八卦象徵天地人，代表整個宇宙。易經探索宇宙的變易，變易以太極爲起點，以陰陽兩氣爲成素，以生生爲目的。

陰陽的變易，繼續循環，沒有一刻的停息。在循環之中，陰陽有自己的位，有自己的時。按照時位而行，宇宙形成一大協調，像似一曲天籟的音樂，和樂泱泱。

孔子從易卦裏，欣賞宇宙的奧義，自己嘆息說：「天何言哉！四時行焉，百物生焉，天何言哉？」（論語 陽貨）宇宙變化，化生萬物，孔子由生而到仁，發揚易傳所說：「天地之大德曰生，聖人之大寶曰位。何以守位？曰仁。」（繫辭下，第一章）在天曰生，在人曰仁；仁代表全德。中庸乃說：「天命之謂性，率性之謂道。」（第一章）大學乃說：「大學之道，在明明德。」（第一章）孟子說：「仁者，人也。」又說：「仁，人心也。」（告子上）人若盡人的性，便能發揮仁心，中庸以至誠的人，贊天地的化育。易經乾卦文言以大人的心，和天地合其德，中庸稱聖人之道，「洋洋乎發育萬物，峻極于天。」（第二十七章）化育和發育，都是發揚『天地好生之德』。

孔子從易經時位的思想，推到人的生活，應該有中庸，中庸就是在此時此地適當的行動。爲守中庸，乃有禮樂。禮以天道爲本，使人的活動適當而不偏倚。樂以人情爲則，使人心相融洽。

道家的思想，老子偏於抽象理想，莊子則趨於生活的洋溢。「野馬也，塵埃也，生物之以息相吹也。」（逍遙遊）至人神人入火不焚，入澤不沉，「乘雲氣，騎日月，而遊乎四海之外。死生無變於己，而況利害之端乎！」（齊物論）易經的大人，和中庸的聖人，和莊子的至人神人，乃是生命發揚到最達境界的人。

漢朝易學家創卦氣的學說，雖含有迷信的色彩；但在哲學上則是繼承了易經生生的思想。宇宙的變易在於生生，變易的成就在時間和空間以內，宇宙的時間爲一年，宇宙的空間爲四方。易經象徵宇宙變易，畫有六十四卦。漢朝卦氣說就是把象徵宇宙變易的六十四卦，配合到一年和四方裏。一年的變易，由春到夏，然後到秋到冬。春夏秋冬配合四方，東爲春，南爲夏，西爲秋，北爲冬。卦氣說以陰陽的變易稱爲消息，六十四卦無非是陰陽的變易。於是以震離兌坎四卦配東南西北和春夏秋冬，稱爲四正卦。以十二消息卦配十二月，再以四正卦的每一爻配一年的二十四節氣，以十二消息卦的每一爻配一年的七十二候。卦氣說又有納甲，把天干地支也配入卦裏，又把五行配合四季四方。這樣整個宇宙的一切，都和卦，和五行發生關係。

佛教的各宗，雖都講修行，然沒有深入人的生命中。華嚴宗和天台宗講『觀』，然是留在抽象的哲理上。惟獨禪宗主張明心見性，直接體驗生命的眞諦。禪的生命體驗，不能言傳，乃不立文字。佛教自唐以降，各宗衰頹不振，竟至失傳，只有禪宗由宋到明，以及到清，還有傳人。

宋朝的理學由周敦頤開端；敦頤作太極圖，上追易經，下傳道教易圖。太極圖說大意爲：太極而無極，太極動而生陽，靜而生陰，動靜繼續，互爲根源。陰陽生五行，五行生男女，男女生萬物。周敦頤說明易經生生的哲學。

張載改太極爲太和，太和爲氣的本體，氣分陰陽而生育萬物。在西銘裏，張載說：「乾稱父，坤稱母，民吾同胞，物吾與也。」宇宙萬物共成一體，因着生命而相連。

二程創理氣說，朱熹繼承二程之學，且集理學的大成。他主張宇宙只有一個生命之理，萬物又各有生命之理，所以說『理一而殊』。又說天地間只有一個太極，萬物又各有一太極。同一的理，乃是同一生命之理。在萬物中都同一；但是每物有理有氣，理相同，氣則有清濁，清氣使生命之理能完全顯露，濁氣使生命之理遭蔽塞。他說「人得理之全，物得理之偏。」生命之理卽是物性，人性有完全的生命之理，完全的生命乃是人心的生命，人心爲神爲靈，統攝人性人情。朱熹主張人爲萬物之靈，得天地之心爲心，天地以生物爲心，人心乃是仁。仁的第一個意義是生命；仁的第二個意義乃是好生；因爲天地有生之德，人心乃有仁，仁便是好生。朱熹乃說仁是『愛之理』。人愛自己的生命，便愛別人的生命，也愛物的生命。這就是孔子所說的『己立而立人，己達而達人』；孟子所說的『仁民而愛物』。

宋朝理學家也都註解易繫辭所說：『一陰一陽之謂道，繼之者善也，成之者性也。』爲陰陽運行，化生萬物。

王陽明由陸象山的心學，走進良知的一路。陽明以人心爲良知，良知爲天理，良知又爲明德。自己看自己的良知，對於自己的心和性，得有直接的體驗。良知的體驗來自禪宗的明心見性，然不是直接體驗人生命的眞諦，而是體驗人生命的本體。生命卽是人的本體，在生命上萬物結成一體，他在「大學問」裏主張一體之仁。陽明的弟子，承認人的本體爲善，本體自然流露，不僅在良知，而也在情慾。他們後來走到極端，便一面是空疏，一面又是狂妄。清初學者乃罵陽明學說爲疏狂。

王夫之反對王陽明，而採納張載的氣說。宇宙爲一氣，氣有陰陽，陰陽運行不息化生萬物。陰陽且在每一物中，雖在成物時成物的性，仍舊繼續運行；因此王夫之主張乾坤陰陽並建，每一物常是『命日降而性日生』。宇宙是生動，每一物也生動，天地沒有不動之物。

顏元、李塨反對理學爲空疏，主張實學。戴震以訓詁方法而解釋孟子，統情欲爲性，排擠抽象的性。萬物生生不息，有條有理，乃有仁義禮智。

清末譚嗣同著仁學，以仁爲通，宇宙萬物相通，天地有『以太』，仁就是精神的以太，貫通萬物。

從詩、書開始中國生命的哲學，易經予以形上的哲學基礎，歷代儒者予以發揮，成爲儒家思想的脈絡，上下連貫，從古到今。道家佛家也在生命的哲學上和儒家相通，生命乃是中國哲學的精神。

中國哲學將來的展望，便在生命之仁的哲學上往前走。

# 三

我寫這部中國哲學思想史，在方法上，我以哲學思想作範圍。有些哲學家乃是思想家，有政治、經濟、教育或科學的思想，如孔子、孟子、王陽明、黃宗羲、顧炎武、王夫之、戴震等等。我只選擇他們的哲學思想，作爲研究的題材。若有人要問，甚麼是哲學？我則採西洋哲學的範圍，有形上學、自然哲學、倫理學的三大類。

研究的方法，有的人可能會說過於西洋化。但是我覺得並沒有西洋化，更沒有士林哲學化，還是依照中國哲學思想的順序。在這一點上，我讚成胡適寫中國哲學史上册的方法。中國古代哲學家沒有方法學，也並不系統地寫一册書，所有的著作都是一篇一篇的文章。他們所用的名詞也沒有一定的意義。例如體和用兩個名詞，從佛家開始到元明清的儒家，都各人有各人所用的意義。我寫中國哲學思想史，對於每位哲學家所用的名詞，一定要界說清楚。

還有一個方法，有些人會不同意，其他研究西洋哲學史的人可能不會同意，卽是引用的文據太多。他們主張引用長的文據，要放在一章後的註裏。所以西洋的研究報告，或論文，常是連篇的註釋。但是我所引的文據，不是作家的研究文，而是所講的那位哲學家的文據，以作證明。例如講孔子，引孔子的話；講朱熹引朱熹的話；講王夫之，引王夫之的話。中國歷代哲學家從來都不寫系統的著作，他們的思想散在文章和語錄裏。我講他們的思想時，把他們所有關於這種思想的話引來，作爲證據，作爲說明，爲的是我自己說我的話，講我的思想，而不是他們的思想。假使我說戴震主張情慾是性，別人要問戴震在那裏說了這種主張，我便要引戴震的話來證明我的話。西洋哲學家常是有專著，系統地說明自己的思想；我們研究時，只要註出他著作的名字和卷數章數。而且爲研究中國哲學史的人，他們不一定都有古人的著作在家裏；我能够在中國哲學思想史裏爲引古代哲學家的文據，就是幫助讀者去讀原書。這就是我多引原書的理由。方東美教授曾反對這種方法，所以不喜歡胡適和錢穆的學術史；但是我認爲這種方法，爲研究中國學術史，是必須用的方法。並不是敎讀者偷懶，自己不去閱讀原著；乃是爲使大家知道研究的方法，也就是考據的方法，說話要有根據。雖說我自己是不喜歡訓詁字音學。

有些人懷疑我是不是以天主敎的信仰或哲學去解釋中國哲學，把中國哲學予以洗禮，這種懷疑乃是多餘的，而且沒有根據。我最不讚成有些天主教人士，牽強地把中國古書裏的觀念和天主教的教義拉上關係。中國哲學思想的解釋應在中國哲學的思想系統裏去解釋。所以我反對現在一些沒有宗敎信仰或反宗敎信仰的人，把中國古代詩書的思想和孔孟荀子的思想，一定要往無宗敎信仰一方面去解釋。中國古人，無論士人，無論庸夫庸婦，都是信天的。天道和天命的觀念，便不能常常絕對地解釋爲自然。我在這七册書裏，可以說從來沒有提到天主教的信仰。我對古代哲學思想的解釋，都按照哲學家本人的思想去解釋。何況我是研究歷史哲學的人，很看重時代在歷史解釋的價值。

若有人要問我寫不寫中國當代的哲學思想史，我想我在最近幾年內不會寫。爲寫中國當代的哲學思想，我必須好好溫習，而且要好好研究西洋的當代哲學思想。中國當代的哲學人，大都是介紹西洋的哲學；卽是熊十力，方東美，唐君毅三位有自己的中國哲學思想，他們也或多或少受有西洋哲學的影響。

我想在兩三年內，先寫完已經和中華文化復興委員會訂約該寫的中外宗教哲學比較研究和中外歷史哲學比較研究；然後寫一部我自己的哲學思想。我既然看到中國哲學的展望，我就要在這條展望的路上，去作嘗試。

出版這部中國哲學思想史，辛苦了我的學生李匡郎君。他爲印刷事務跑學生書局，又三校每本書的印樣，費了很多的精力和時間，他的熱忱非常可感。還有我辦公室的兩位秘書，汪惠娟小姐和吳克倫小姐，費心把我的手稿複印，又校正了先秦篇，以便刊行第二版。雖然我從來不寫這類感謝的話，我想還是應該感謝她們。

民國七十年六月廿一日　天母　牧廬

# 附錄（論生命哲學）

## 一、易經的生生

### 1. 宇宙一體

中國的哲學是一部人生哲學，人生哲學的基礎則是宇宙本體論，中國哲學以易經爲開端，建立了宇宙一體的觀念。易經講天地的變易，以卦形象徵變易的現象，卦的構成以三爻爲構成素，三爻則代表天地人。

> 「易之為書也，廣大悉備，有天道焉，有人道焉，有地道焉，兼三才而兩之，故六。六者，非它也，三才之道也。」（繫辭下　第十章）

每一卦代表宇宙的一種變化現象，每一變化現象都包括天地人；卽是說每一種變化現象都是天地人的變化，也就是宇宙的變化；而宇宙的變化，乃是天地人的變化，天地人代表宇宙，天地人結成一體。

「日月得天而能久照，四時變化而能久成，聖人久於其道而天下化成。觀其所恒，而天地萬物之情可見矣。」（恒卦 彖曰）

日月四時的變化，乃是宇宙的變化，這些變化常繼續不斷，也常繼續不亂，所以有恆。有恆必是因爲有變化之道，聖人與天地相通，能夠明瞭宇宙變化之道，又能按照天地變化之道去治國，民衆乃能向化。這表示聖人和天地相合，又表示民衆也和萬物相合，所以聖人才能用天地變化之道去化民。

「與天地相似，故不違，知周乎萬物而道濟天下，故不過。旁行而不流。樂天知命，故不憂，安土敦乎仁，故能愛。」（繫辭上 第四章）

智慧周涵萬物，仁道濟愛天下；聖人的精神周流在萬物之中，乃能樂天知命。這表示聖人體驗天地萬物一體，表現於自己的生活中。

人是宇宙的一部份，而且是最優秀的部份，因爲人最靈，在人的靈性上反映出宇宙的一切特性，人也可以稱爲一個小宇宙，一個小天地。小宇宙和大宇宙相連，互相貫通。天地變易的原則就是人的生活原則，天地運行的氣，也在人的身體中運行。因此，人中的最智慧者，卽是聖人，能明瞭宇宙原則的奧妙，又能够仿效宇宙的原則去實行。

「聖人有以見天下之賾……聖人有以見天下之動。」（繫辭上 第八章）

「夫易，聖人之所以極深而研幾也。唯深也，故能通天下之志；唯幾也，故能成天下之務；唯神也，故不疾而速，不行而至。子曰：易有聖人之道四焉者，此之謂也。」（繫辭上 第十）

「是故天生神物，聖人則之。天地變化，聖人效之。」（繫辭上 第十一）

人的生活成爲宇宙變易的一部份，也是最高貴的一部份。在人的生活中，宇宙變易的原則成爲有靈性的原則，經過人的智慧和情愫，表現內部所含的意義，這種意義又能爲人所知。宇宙乃不是一個塊然無靈的物質，而成爲有目的，有心靈的整體。易經所以講『天地之心』和『天地之情』。

## 2. 宇宙萬物常動

易經一書所有的一個中心觀念是『動』，『動』是變易，簡稱為『易』。天地中的現象在古人的簡單觀察中，最引起注意的，必定是白天和黑夜，兩個相對又相反的現象互相繼續。另一個最引起注意的，是一年的四季。在四季分明的大陸，地上的草木按照季節而現出不同的色彩，嫩芽的淺藍、茂葉的深綠、衰草的暗黃、枯木的黯黑，一年內輪流變換。再觀察自身和家人常能發覺年歲過得很快。

古人便知道天地萬物常在變易，沒有停止的一刻。白天黑夜，春夏秋冬從來不會停留，而是永遠地繼續在動。

「易之為書也不可遠（猶亡也），為道也屢遷，變動不居，周流六虛（卦的六位），上下無常，剛柔相易，不可為典要，唯變所適。」（繫辭下　第八）

伏羲作卦，象徵宇宙的變易。卦由『剛柔相易』而成。卦的變化，在於陽陰兩爻在六位在，上下變動位置（周流六虛，上下無常）。

萬物是存有體，每一物爲一有，爲一存在體。中國古代哲人觀察萬物，不注意物的存在，而注意物的變易，注意物的動。每一存在的『有』，就是一個繼續的變易。『有』是存在，存在是變易的動。中國的哲學乃講『動』，而不講『有』。

「觀變於陰陽而立卦，發揮於剛柔而生爻，和順於道德而理於義，窮理盡性以至於命。」（說卦 第一）

從觀察宇宙內因著陰陽而起變化，乃成卦；把陰陽代表剛柔互相結合而製定爻；按照宇宙變化的原則而設立人生活的原則，乃有倫理道德的意義；研究宇宙變化的原理，以知道人物的本性，而後認識每人所有的命。易經的用處和價值在說卦的這四句話裡，很圓滿地表現出來，這四句話的基本之則在於『觀變』。

「變通莫大乎四時。」（繫辭上 第十一）

「變通配四時。」（繫辭上 第六）

宇宙中的變化最明顯而又具有圓滿意義的，乃是四時，漢朝易學者講氣，特別創立卦氣說，以六十四卦，配四時、配十二月、配二十四節氣、配七十二候、配三百六十五日，以氣爲宇宙變化的原素，是因氣在萬物裡流通運行。

通常在哲學上，以生物本身有變動，無生物本身沒有動。易經則以萬物都有動，凡是存在的物（有）都不是呆靜的；因爲氣是運行不停。

## 3. 變化的兩元素

王船山曾主張易經是『乾坤並建』，卽是說易經的卦變由乾坤兩元素而成。乾坤平等，沒有先後。

張載曾說變化要有『二』才能成立，祇有『一』不能起變化；因爲變化的最基本點（原則），是由一點而到另一點。這二點可以是空間，可以是時間，可以是量，可以是質，也可以是本體的存在。再者，變化要有兩種元素，互相結合或互相對抗，才可以出現。

易經稱呼這兩個元素，用各種不同的名詞，或稱爲兩儀，或稱爲剛柔，或稱爲陽陰，或稱爲動靜，或稱爲乾坤，或稱爲天地。

「是故易有太極，是生兩儀，兩儀生四象，四象生八卦。」（繫辭上 第十一）

太極爲變化的根源，爲變化的起點，爻也是變化的本體。張載主張太極爲『太虛之氣』，爲『氣之本體』。由太極而生兩儀，兩儀爲陽陰兩氣，有了陽陰兩氣，乃生四象八卦。漢朝學者撇開四象而講五行，五行卽是金、木、水、火、土，爲陰陽的五種結合，如四象爲陰陽的四種結合。由二到四，爲數學的變化；由二到五，爲宇宙的變化，宇宙的變化，在時間和空間以內。空間分東西南北和中央，空間爲五；時間分春夏秋冬，時間爲四，然而由冬到春，由夏到秋，暖寒起變化的時候，有個起點的時間，這個時間相當於中央，就是寒暖平衡的時候，漢朝易學者把易經的卦配合五個時間五個空間，再配合五行，五行便代表宇宙的變化。

五行由陰陽兩元素而成。陰陽兩元素爲宇宙變化的元素。中國古代哲人觀察宇宙萬物的變化，萬物中當然以生物爲最貴，生物是由兩性相結合而來。由生物推到其他的萬物，則每一物都是來自兩性的結合。易經乃說：

「彖曰：泰，小往大來，吉亨。則是天地交而萬物通也，上下交而其志同也，內陽而外陰。」(泰卦)

「彖曰：否之匪人，不利君子貞。大往小來，則是天地不交，而萬物不通也。上下不交而天下無邦也。內陰而外陽，內柔而外剛。」(否卦)

泰、否兩卦爲兩個相反的卦，由乾坤兩單卦，上下的位置變動而成。泰卦是內乾外坤☷☰，所以說「內陽而外陰」，由下而上乃起變化，陽居首位，上下相交。否卦是內坤外乾☰☷，所以說「內陰而外陽，內柔而外剛」，由下而上，陰居首位，上下不交。易經以天地代表乾坤、陽陰，然而也常以剛柔和動靜進退代表乾坤陽陰。

「動靜有常，剛柔斷矣。」(繫辭上 第一)

「剛柔相推而生變化。」(繫辭上 第二)

「變化者，進退之象也。」(繫辭上 第二)

實際上，宇宙變化的元素，乃是陰陽兩氣。一切的變化，都是陰陽的結合，繫傳說：

「一陰一陽之謂道，繼之者善也，成之者性也。」（繫辭上 第五）

每一物有一物之性，性由陰陽結合而成。陰陽變化而結合，就是宇宙變化之道；陰陽的變化，繼續不斷，以成萬物，表現天地好生之德，就是『善』。宇宙間陰陽的變化，目的在於使萬物發生。

## 4. 易經的變易乃是生生

陰陽兩元素的結合，化生萬物，萬物的『有』乃是『生』，易繫辭說：

「生生之謂易。」（繫辭上 第五）

『生』字在易的繫辭裡是一個專門的術語，易傳爲說明宇宙變易的歷程，就用「生」字。

「是故易有太極，是生兩儀，兩儀生四象，四象生八卦。」（繫辭上 第十一）

在這同一章裡，易傳又說：

「是故天生神物，聖人則之。」

這個『生』字，當然不是父母生育子女的『生』字；因爲兩儀不是由太極懷孕而生，神物也不是由天懷孕而生，這個生字第一、表示『存在』的由來，兩儀的存在是由太極而來，神物的存在是由天而來。第二、生字在由來或根由上又加上另一意義，即是化生。

『化生』的動作，非常神妙，可能爲我們人所認識。易繫傳常以『神』來解釋萬物的化生。因爲『化生』沒有形體可見：

「故神無方而易無體。」（繫辭上 第四）

周易本義的注釋說：「如此，然後可見至神之妙，無有方所，易之變化，無有形體。」

「陰陽不測之謂神。」（繫辭上 第五）

「子曰：知變化之道者，其知神之所為乎。」（繫辭上 第九）

陰陽變化之道不可推測，神妙莫可言，乾陽坤陰互相結合以生萬物。

「夫乾，其靜也專，其動也直，是以大生焉。夫坤，其靜也翕，其動也闢，是以廣生焉。」（繫辭上 第六）

『大生』和『廣生』，用以形容宇宙間萬物化生的多和盛，宇宙萬物的數量既多，質量也廣。

「易，無思也，無為也，寂然不動，感而遂通天下之故，非天下之至神，其孰能與於此？夫易，聖人之所以極深而研幾也；唯深也，故能通天下之志；唯幾也，故能成天下之務；唯神也，故不疾而速，不行而至。」

（繫辭上 第十）

這一段話形容宇宙化生萬物的變化，在沒有形跡可見的動作中，整個宇宙互相貫通，似乎不行動，却達到目的，似乎很慢，却非常快速，宇宙萬物的化生，是一種很深奧的動作，是種很幾微的動作；所以稱爲『天下之賾』，祇有聖人才能知道，用卦象去表現。

「是故夫象，聖人有以見天下之賾，而擬諸其形容，象其物宜，故謂之象。聖人有以見天下之動，而觀其會通以行其典禮，繫辭焉以斷其吉凶，是故謂之爻。極天下之賾者存乎卦，鼓天下之動者存乎辭，化而裁之存乎變，推而行之存乎通，神而明之存乎其人。」（繫辭上 第十二）

「日往則月來，月往則日來，日月相推而明生焉。寒往則暑來，暑往則寒來，寒暑相推而歲生焉。往者屈也，來者信也，屈信相感而利生焉。……窮神知化，德之盛也。」（繫辭下 第五）

宇宙萬物的化生，可以用卦象卦爻來代表，又可以用日月和四時來代表，日月四時的變化，調節寒暑，利於五穀的化生。這乃是天地好生之德，聖人以心靈的清明，和天地萬物相通，乃能『窮神知化』。

在同一章中又云：

「天地絪縕，萬物化醇。男女構精，萬物化生。」(同上)

所謂天地男女，都是代表陽陰兩個元素。周易本義的注釋說：「絪縕，交密之狀。醇，謂原而凝也，言氣化者也。化生，形化者也。」

## 5. 生生爲有目的之仁

易經講變易和道德經講變易，在變易過程中雖都有用『生』字，但其意義中有一點很不相同，道德經說：「道生一，一生二，二生三，三生萬物，萬物負陰而抱陽，冲氣以爲和。」(第四十二章)老子所講的宇宙變化的歷程，在節目上和易經所講的歷程不相同，在變化的意義上則相同，兩者都是講宇宙的變化有『一』爲基本，有『二』爲變化元素，有『次序』爲變化的程序。但是宇宙變化的目的則不相同，易經以宇宙的變化有目的；道德經以宇宙的變化沒有目的。易經所講宇宙變化的目的是生生之仁，道德經則說：「天地不仁以萬物爲芻狗。」（道德經 第五章）

易經承認宇宙的生生是有目的的變化。易經在講宇宙的變化時，稱宇宙的變化爲天地之大德，爲天地之情，爲天地之心。

「天地之大德曰生，聖人之大寶曰位，何以守位？曰仁。」（繫辭上 第一）

「復，其見天地之心乎。」（復卦，彖曰）朱熹注說：「積陰之下，一陽復生。天地生物之心幾於滅息，而至此乃復可見。」

「天地感而萬物化生，聖人感人心而天下和平，觀其所感，而天地之情可見矣。」（咸卦，彖曰）

「日月得天而能久照，四時變化而能久成，聖人久於其道而天下化成，觀其所恒，而天地萬物之情可見矣。」（恒卦，彖曰）

「大者正也，正大而天地之情可見矣。」（大壯卦，彖曰）

宇宙變易而化生萬物，乃是因爲天地有生物之心，有心乃有情，有情乃有德。宇宙變易便是一種有目的的變易，以生生爲目的。生生的目的稱爲仁。仁就是『生物之心』，也就是『好生之德』。

老子以天地不仁，萬物自然而生，而且盲目地化生，該生就生，該滅就滅，萬物不過是一種芻狗（犧牲品），沒有什麼價值。易經則以天地愛萬物，因愛萬物而使化生。聖人認識天地的『好生之德』，乃能『通天下之志』。『志』是志向，是目的。「天下之志」就是天地生物的目的。

「文明以健，中正而應，君子正也，唯君子為能通天下之志。」（同人卦，彖曰）

「夫易，聖人之所以極深而研幾也；唯深也，故能通天下之志。」（繫辭上第十）

聖人懂得宇宙的變易，所以能深入而『通天下之志』，明瞭變易的目的，在於生生之仁；聖人乃愛民而以謀人民的福利爲目的。

「子曰：夫易何為者也？夫易開物成務，冒天下之道，如斯而已者也。是故聖人以通天下之志，以定天下之業，以斷天下之疑。」（繫辭上 第十一）

聖人如何去探通天下的志呢？就是仁民而愛物。「何以守位？曰仁。」聖人以仁而守自己的名位。

易卦指示聖人和君子該修的德，乾卦爲六十四卦之首，乾卦的卦辭是「乾，元亨利貞」。這四個字代表乾的四種特性，乾代表陽，代表天，又可以代表皇帝，代表君子，代表聖人。元亨利貞四種特性卽是「生生之仁」。

「文言曰：元者，善之長也；亨者，嘉之會也；利者，義之和也；貞者，事之幹也。君子體仁足以長人，嘉會足以合禮，利物足以和義，貞固足以幹事。君子行此四德者，故曰乾，元亨利貞。」（乾卦，文言）

乾卦文言解釋卦辭，以元亨利貞爲仁禮義智。但是在卦序的原來意義，則是指着生生的四種過程：『元』指著生命的發育。『亨』指著生命的茂盛。『利』指著生命的成熟。『貞』指著生命的收藏；就是後來漢朝易學者所講，春生夏長秋收冬藏。

周易本義的注釋說：

「元者，生物之始，天地之德，莫先於此，故於時為春，於人則為仁，而衆善之長也。亨者，生物之通，物至於此，莫不嘉美，故於時為夏，於人則為禮，而衆美之會也。利者，生物之遂，物各得其宜，不相防害，故於時為秋，於人則為義，而得其分之和。貞者，生物之成，實理具備，隨在各足，故於時為冬，於人則為智，而為衆事之幹。」

漢朝易學者造了卦氣說，把八卦配一年的季節和日數，完全根據五穀的生長，以宇宙間的變化在一年四季裡周流，周流的結果，是一羣一羣的生命。

宋朝理學家乃以仁爲生，仁爲愛之理。天地之心爲生生，人得天地之心爲心，人心爲仁。

## 6. 生命哲學

易經生生的觀念，在中國哲學裡成了一個最基本的觀念，造成了中國哲學的特色。中國的哲學就是生命哲學。

西洋哲學以『有』爲形上學的研究對象，以形上學爲各部哲學的基礎。『有』是由靜的方面去研究萬有，由『有』而到『性』，而到『存在』，而到『個性』。中國哲學以「有」爲生生之動，以每一「存在」都是『動』，『動』卽是『生』，由『生』而研究「性」。

漢朝哲學建立了氣的觀念，發揮易經的思想，由抽象的太極到實有的氣，由象徵的兩儀而成爲變動無常的陰陽，由數理變化的四象而到普遍的五行。陰陽五行之氣，周行天地，貫通萬物。宇宙乃一活的宇宙，一切都緊緊相連，人事的善惡，因着相同之氣的感應而招致祥瑞或災殃。自然界現象的交流，影響人事的凶吉。天人感應的學說，爲漢朝的特殊思想，在漢朝學者的心目中，宇宙乃是一個生活的整體，上自朝代的更替，皇帝的承繼，下至婚姻的結合，喪葬的時日，旁至音樂的五音，醫藥的脈絡，都在五行之氣中，互相關連，互相影響。而漢朝的易學的卦氣說，更是以六十四卦配合一年季節時日的循環，構成一個生命盛衰的大系統。若從自然科學方面去看，漢朝人的思想近乎迷信。從哲學方面去看，漢朝人的思想更是武斷和幻想。然而在中國的哲學裡，漢朝人的思想正代表中國哲學的特色。不在抽象學裡方面嚴密去推論，而從人生活的深處，環環相連，構成一個活的宇宙。

漢朝人近乎迷信的思想，影響了後代中華民族的生活，中國人誰不講五行？中國人誰不看相擇地擇日？中國人講醫學，誰不根據五行以察看病源？就是宋代理學家，完全在理論方面追求性理，絕不染於迷信，然而理學家都以氣和五行的觀念，作爲理學的根據。

宋朝理學研究人的性理，以天理爲出發點，歸結到人性的善惡。朱熹主張天地祇有一個太極，萬物又各有一個太極。太極按照朱熹的主張爲理之極至的天理，天地祇有一個天理，萬物又各有一個天理。天理爲性；若是天地祇有一個性，則萬物完全相同相等，便成了莊子的「齊物論」。若萬物各有一個性，天地便不能祇有一個天理。因此，理學家所講的理，不是物理，而是生生之理，卽是物的存在之理。在『生』的方面，卽在存在方面，萬物都是『生』，所以天地祇有一個理。易經常說天地相交而萬物生，又說陰陽相交謂之道，這種生生之道在抽象方面說祇是一個普遍的觀念。好比「有」是一個普遍觀念，『存在』也是一個普遍觀念，『生』就是一個普遍觀念。生生之理也就是一個普遍觀念。

朱熹以萬物各有一太極，乃是每一物的「生生」，卽是每一物的實際存在各不相同。每一物的實際存在，由理和氣而成，理爲抽象的是生生之理，氣爲具體成形的氣。氣有清濁，程度不相同，每一個人由理氣合成的氣質之性，便各不相同。人和物的性既不相同，我和非我的性又不相同。朱熹說物得理之偏，人得理之全。生生之理，在各等的物體中，因著所稟的氣在清濁程度上不同，生生之理的表現隨着也不相同。礦物的氣最重濁，生生之理表現得最少，植物的氣稍清，生生之理表現得稍多。動物的氣更清，生生之理表現更多。人的氣最清，稱爲秀氣，人乃有靈明的心，生生之理乃能完全表現。萬物所有的生生之理，即是天理雖然相同，每物都有的具體天理便有差異，人雖都是萬物之靈，人之中每人所稟的氣又有較清較濁的分別，人之中便有智愚賢不肖。

因此，理學家的理氣觀念，以『生生』爲基礎，乃爲解釋生生之理。陸象山和王陽明以人心就是理，理就是人心，倡心外無理的學說。陸、王所講的理，不是物理，而是生生之理。但萬物的物理不同，不能都在人心，更不能說心外無理，理既是生生之理，人的生生之理包括各級物體的生生之理，人的生生之理在靈明的人心完全表現出來；若說人心等於理，或說心外無理，乃是合理的主張。

王陽明在大學問裡講『一體之仁』，仁就是生，在生的方面，萬物都是一體。宋朝理學家在王陽明以前已經以仁爲生，沒有生命便稱爲不仁。朱熹說：「人得天地之心爲心，人心便是仁。」仁和生緊緊相連。

仁代表孔子所說的一切善德，善德的根基在於人心。人心代表生生之理的全部，全部生生之理不是人的生理和心理生命。而是人的倫理生命，也就是人的精神生命。人心靈明能够有知識，知識生活當然是人的高尚生命，但是儒家孔、孟所看重的生命，乃是仁義道德的生命。孟子以人心生來有仁義禮智之端，人的生活就在於發育仁義禮智之端，使成爲仁義禮智的全德，孔子講『學』，不在於求普通的智識，而是在於求知人生之道，在於求知天理。顏回所以被稱爲好學，因爲他能三月不違仁，能够不貳過。全部的生生之理，在於仁義禮智之理。易經以乾卦代表天，乾的特性爲元亨利貞。人心卽是天心，元亨利貞在人心便是仁義禮智。

中庸以『天命之謂性，率性之謂道，修道之謂教。』大學講『明明德，親民，止於至善。』明德卽是人心的天理，卽是天命之性。明德是什麽呢？中庸第二十二章說明至誠的人，完全發揚自己的性，次第發揚人性和物性，最後參天地的化育。參天地化育乃是人的至善，至善則是完全發揚個人的性理。中庸、大學都以人的性理是仁，是愛萬物的生存，而助予發育。

儒家的倫理便是建築在形上本體論的性理，而性理乃是生生之理。在儒家的心目中，宇宙萬物是『生』，『生』的表現不同而有各種的實有物，整個完全的生生之理則是仁義禮智的理，整個的完全生命就是倫理性的精神生命。在倫理性的生命裡，反映出各級物體的生命，而又再加上因著仁而使生命永遠繼續的意義，在人的倫理性精神生活裡，不僅是人的生命，而是綜合萬物的生命，又使萬物的生命因著人的認識和體驗，不留在一種盲目自然的無知覺狀態中，而是使之成爲一種有意義、有生命、有美妙的整體。

老、莊主張無，孔、孟主張有。老莊以道不可認識，道在萬物中，萬物也不可認識，那麼道等於無，萬物也等於無。孔、孟以心的靈明，可以『下學而上達』，可以認識宇宙變易之理，可以認識萬物之理，萬物對於人都是有，都有意義。老、莊的人生觀以虛無爲根據，教人空虛一切，而一切成爲虛無，乃有幸福。孔、孟的人生觀以生生之理爲根據，使人和人，人和物在『有』卽在『生』上結成一體，乃有幸福。

西洋學者常以爲中國哲學沒有形上學，祇有倫理學；實際上中國哲學具有形上學，由形上學而到倫理學，中國形上學講論萬物的存在，以存在爲生生。生生在各級物體逐漸表現，達到最完美的程度時，乃有高尚的倫理生活。

中國哲學的倫理生活爲整個生活的表現，爲整體生命的實現。中國形上學和倫理學的連貫，不僅在於學理上的連貫，而是在於同有一個活的對象，兩者都在討論生命。所謂生命乃是動的存在。

馬克思（Karl Marx）唯物辯證論，以宇宙常動，但却以宇宙爲物質，物質就是動，人的生命也是物質的生命。易經以宇宙常動，每一物的存在都是變易，變易稱爲『生生』，或『生』。『生生』由物質的動，升到心靈的動，生命的完滿意義在於精神生命。

因此，我們可以看出易經的生生觀念，構成中國儒家哲學的基礎和骨幹，在生生的觀念上，整部中國哲學的各部份互相聯繫；在生生的觀念上，中國哲學有自己的特色。對現代的中國人來說，生生的哲學在現在還可以是適合時代的哲學，我們不能看易經僅爲卜卦的迷信書，也不必捧易經爲近代數學天文學或別種科學的先驅，易經自有它的意義和價值。我們更不應該把中國哲學看成古老陳舊的廢物，不能和西洋理性哲學相比。中國的生生哲學或生命哲學應該在現代還是活的思想，祇要加以合理的補充和革新，就可以成爲現代的中國哲學。

（曾載於哲學與文化 第五卷第八期 五四頁）

# 二、生生之謂易

（國際漢學會議所提論文）

## 1. 注疏

易經的易，在漢朝時被解釋爲三易。三易的含義有兩種：一種說三易爲連山、歸藏、周易，一種說三易爲簡易、變易、不易。周禮春官太卜說：

「掌三易之法：一曰連山，二曰歸藏，三曰周易。」

鄭玄注說：「連山，似山出內氣也。歸藏者，萬物莫不歸而藏其中。」賈公彥的疏說：「連山易其卦以純艮爲首，艮爲山，山上山下，是名連山。雲氣出內於山，故名易爲連山。歸藏易以純坤爲首，坤爲地，故萬物莫不歸而藏於其中，故名易爲歸藏也。」這些注疏，都是作者憑自己的理想所推測的，大家都沒有見到連山易和歸藏易，因爲連山易，有的說是伏義或神農的易，有的說是夏朝的易；歸藏易，有的說是黃帝的易，有的說是商朝的易，兩者現今都佚失而不存在了。周易，則大家承認是周朝的，就是現今的易經。

易經的易有什麼意義？易緯乾鑿度說：

「易一名而含三義：所謂易也，變易也，不易也。」

「易者，其德也。光明四通，簡易立節，天以爛明，日月星辰，布設張列，通精無門，藏神無穴，不煩不擾，澹泊不失，此其易也。變易者，其氣也。天地不變，不能通氣，五行迭終，四時更發，君臣取象，變節相移，能消者息，必專者敗，此其變易也。不易者，其位也。天在上，地在下，君南面，臣北面，父坐子伏，此其不易也。」

這兩種對易的解釋，第一種是歷史性的名稱，現在已經不可考了。第二種是易的意義，雖在易經中能有根據，但不是易經本書所講。易經解釋易有兩處；一處是繫辭上第五章說：

「生生之謂易。」

一處是繫辭下第三章，說：

「是故易者，象也，象也者，像也。」

易的意義，卽是變易，繫辭上第二章說：

「聖人設卦，觀象繫辭焉而明吉凶，剛柔相推而生變化，是故吉凶者，得失之象也；悔吝者，憂虞之象也；變化者，進退之象也。剛柔者，晝夜之象也。六爻之動，三極之道也。」

易，爲宇宙的變化；宇宙的變化，以象去表現。八卦就是這種變化的象。按卦象而看卦辭，可以斷定吉凶。吉凶的理由，在於六爻的變動，六爻變動的理由，卽是天地人三才之道。因此說：「是故，易者，象也。」八卦六爻的變動，以斷吉凶，這是卦的用處。然而八卦所象徵的宇宙變化，用處則不在於吉凶，而是爲化生萬物。因此說：

「生生之謂易。」

周易本義注說：

「陰生陽，陽生陰，其變無窮。」

荀爽注曰：

「生生之謂易，陰陽相易轉相生也。」

九家易注：

「『原始反終，故知死生之說』；陰陽交合，物之始也；陰陽分離，物之終也。合則生，離則死，故原始反終，故知死生之說矣。交合、泰時，春也；分離，否時，秋也。」

韓康伯注說：

「陰陽轉易，以成化生。」

虞翻注說：

「乾易顯仁，故盛德；坤簡藏用，故大業。可大致富有，可久故日新；陰陽消息轉易相生，故謂之易。京氏曰：八卦相盪，陽入陰，陰入陽，二氣交互不停，故曰生生之謂易。」

來知德注說：

「一陰一陽之謂道，若以易論之。陽極生陰，陰極生陽，消息盈虛，始終代謝，生生不易，變化無窮，此易之所以名易也。」

王船山在周易內傳解釋說：

「生生之謂易。此以下，正言易之所有，設皆一陰一陽之謂道而人性之全體也。生生者，有其體而動幾必萌，以顯諸仁；有其藏必以時利見，而效其用；鼓萬物而不憂，則無不可發見，以興起富有日新之德業，此性一而四端必萌，萬善必興，生生不已之幾。而易之由大衍而生數，由數而生爻，由爻而生卦，由卦而生變占，由變占而生天下之亹亹。有源故不窮，乘時故不悖，皆卽此道也。」（周易內傳 卷五，頁十四）

歷代易經注疏家對於「生生之謂易」的註解，以陰陽兩氣交互不停，化生天地間的萬物，因此『易』稱爲『生生』。

生生兩字的意義，上一「生」字爲動詞，卽是化生；下一「生」字爲名詞，卽是物。『生生』卽是化生萬物。『易』爲天地的變化；「生生之謂易」的意義，就是化生萬物稱爲易，也就是說天地變化是爲化生萬物。

物稱爲生，則是生物。普通把物分爲生物和無生物，易經却以萬物卽「天地之亹亹」都稱爲生物。以天地間的一切物都是生物，意義何在？

生物的意義，是有內在自動的物稱爲生物。易經以每一物的構成，由於陰陽的結合。繫辭說：

「一陰一陽之謂道，繼之者善也。成之者性也。」（繫辭上 第五章）

「陰陽消息轉易相生，故謂之易。」陰陽交互結合乃成一物。陰陽結成一物後，在這物裏仍然繼續變動，因此宇宙間沒有一個靜止之物，整個宇宙又是變化不停。易經由本體的動態以觀物，以觀宇宙，乃有動的哲學，稱爲易。

「天下之理，未有不動者，而能恒者也；動則終而復始，所以恒而不窮。凡天地所生之物，雖山獄之堅厚，未有不動者也。故恒非一定之謂也，一定則不能恒矣，惟隨變易，乃常道也。」（二程全書 伊川 易傳三）

但是僅只有內在的自動，也不能都稱爲生物。現代物理學發現物體的構成素有原子有電子，原子和電子都常在運動，可是不能因此就說一切物都是生物，而生物的特徵，則在於自體內有自動的新陳代謝。

易經所謂生物，別有一種意義；這種意義，由宋朝理學家與以說明。程頤和朱熹都主張『理一而殊』。

「萬物皆只是一個天理，己何與焉！」（二程全書一 二程遺書二上，頁十三）

「曰：太極只是天地萬物之理，在天地言，則天地中有太極，在萬物言，則萬物中各有太極。」（朱子語類 卷一）

「西銘一篇，始末皆是理一而殊。」（朱子語類 卷九十八）

天地只有一理，萬物又各有自己的理。朱熹以月亮作譬喻，天上祇有一個月亮，映在水裏的月亮則很多，海裏、湖裏、江裏、河裏、池裏、杯裏都能有反映在水裏的月亮，這麼多的月亮，則是同一個月亮。

理是性，乃是理學家一致的主張。若是理祇一個，那麼性也祇一個；萬物既同一理，便同一性。若萬物同一性，則沒有所謂萬物，祇有一物。佛教以實相祇有一個，乃是眞如，其他的萬法（萬物）都是假相。儒家不以萬物爲假，又不以萬物爲同一物，朱熹便說理一而殊。那麼這個『理』和『性』應另有意義。

『理』在禮記裏稱爲天理，乃是聖人作禮的根據。

「故聖人作則，必以天地為本。」（禮記 禮運）

「禮者，天地之序也。……太禮者，與天地同節。」（禮記 樂記）

理，乃是節，乃是序。天理是天地的序，天地的節。所謂節或序，卽是變動的規律和次序。

「天生蒸民，有物有則。」（詩經 大雅，蒸民）

一物有一物之則，便是一物有一物之理，每一物之理卽是性。天地之則，在易經稱爲天道地道，人之則，稱爲人道。天地萬物的變化之理，在原則上是相同的。例如易經的『中』、『位』、『循環』，乃是天道地道人道的共同原則。但是在實行上則按各物的本體而不相同。因此，乃有理一而殊的主張。

這種變動之理，祇有一個。在自體上說是一個成全之理，卽是變動的最完全最美好之理；這個完全之理在實現時却常不完全。理學家以爲「物得理之偏，人得理之全。」

明朝湛若水解釋天理爲生生之理：

「舜臣謂正應事時，操存此心，隨處體認吾心身天理真知，覺得吾心身生生之理氣，所以與天地宇宙生生之理氣吻合為一體者，流動於腔子，形見於四體，被及於萬物。」（明儒學案 卷三十七，甘泉學案一 語錄）

戴東原也解釋這個理爲生生之理。生生之理爲生命的條理，生命的條理爲仁。

「生生之呈其條理，『顯諸仁』也。惟條理是以生生，藏諸用也。顯也者，化生之生於是乎見。藏也者，化之息於是乎見。生者，至動而條理

也。息者，至靜而用神也。卉木之株葉華實，可以觀夫生。果實之白（核仁），全其生之性，可以觀夫息。」（原善　卷上）

變動的條理，使物變動有秩序，物的變動把變動的條理表現出來。表現的程度高下不齊，程度的高下來自結成物體的氣，氣有清濁，得氣清者，條理的表現高而全。得氣濁者，條理的表現低而偏。

「問：或問氣之正且通者為人，氣之偏者塞者為物，如何？曰：物之生，必因氣之聚而後有形。得其清者為人，得其濁者為物。」（朱子語類　卷十七）

人得氣之清，故得理之正，得理之全。天地之理在人裏爲一完全美善之理，這個理卽是人性。孟子以人性爲善，人性具有仁義禮智的善端，大學以人性爲明德，中庸以率性爲人生之道。

生生之理，物的內在變化之理，這種理因物之氣有清濁，表現程度不同，表現最高者是人，人的生活以心靈生活爲最高，人的生活之理，便是道德生活之理。又稱爲『仁之理』。

孟子和中庸都說「仁者，人也。」（孟子 盡心下，中庸 第二九章）仁之理，既指生命之理，儒家以生命爲有條理的內在自動，條理的內在自動在人的生命中完全表現出來，乃是道德生活，道德生活由心去表現，心表現生命之理時爲仁，仁爲愛之理，包括一切善德。

「生生之謂易」的意義是指宇宙的變化爲化生萬物，萬物常有自己的內在變化，稱爲生命。生命的表現有高下的程度，最高最完全的生命，爲人的心靈生命，心靈生命的本質爲仁義的道德生活。

## 2. 生生的變化

「生生之謂易」由宇宙變化去看，一切在於化生生物，生物乃是有條理的內在自動之物。

這種變化是怎樣呢？

易經說明變化的性質：

「聖人設卦，觀象繫辭焉而明吉凶，剛柔相推而生變化。……變化者，進退之象也。」（繫辭上 第二章）

「天尊地卑，乾坤定矣。卑高以陳，貴賤位矣。動靜有常，剛柔斷矣。方以類聚，物以羣分，吉凶生矣。在天成象，在地成形，變化見矣。」（繫辭上 第一章）

在繫辭開端的第一章和第二章，說明易經以卦爲主，卦爲明吉凶，吉凶來自變化。天地的變化，第一有位的變化，位在於定尊卑，尊卑的代表爲天地；第二有剛柔的變化，剛柔的特性來自動靜；第三有吉凶的變化，變化的理由在於同類相應；第四有象的變化，象來自天地形象。

卦是象，伏犧氏作卦：

「仰則觀象於天，俯則觀法於地，觀鳥獸之文，與地之宜，近取諸身，遠取諸物，於是始作八卦。」（繫辭下 第二章）

觀察天地人物之象，伏犧氏作八卦，卦是做什麼呢？

「以通神明之德，以類萬物之情。」（同上）

卦象徵天地變化之道，人事的變化因着同類相應，在天地變化中所引起的感應，感應可以是吉，可以是凶。這種感應由天地變化之道，可以推究。然而操持人類吉凶賞罰的乃是鬼神，因此卦占便要「通神明之德」。

八卦「類萬物之情」，因爲象徵天地的變化，天地的變化包括萬物的變化，八卦便包括萬物變化之道。

天地怎樣變化呢？

「子曰：乾坤其易之門邪！乾陽物也，坤陰物也，陰陽合德而剛柔有體，以體天地之撰，以通神明之德。」（繫辭下 第六章）

乾坤爲宇宙變易之門，即是變化的開端和通道。易經的八卦和六十四卦，以乾卦和坤卦爲基礎，繼續變化而成。乾卦和坤卦以什麽爲元素呢？乾爲陽，坤爲陰，由陽陰兩元素而成。陽陰兩元素在變化中的價値，是剛和柔。易經的卦辭常以剛柔的變化，以定一卦的吉凶。乾坤爲陽陰的表現，剛柔爲陽陰的德性，宇宙的變化歸根是由陽陰交互而成。

「一陰一陽之爲道，繼之者善也，成之者性也。」（繫辭上 第五章）

這三句話成了宋朝理學家對於解釋易經思想的關鍵，各人有各人的解釋。朱熹在周易本義注釋說：

「陰陽迭氣者，氣也，其理則所謂道。道具於陰而行乎陽。繼，言其發也。善，謂化育之功，陽之事也。成，言其具也。性，謂物之所受，言物生則有性，而各具是道也。陰之事也。周子程子之書，言之備矣。」

周敦頤通書說：

「天以陽生萬物，以陰成萬物。生，仁也；成，義也。」（通書 順化 第十一）

張載的易說疏解說：

「一陰一陽，是道也。能繼續體此而不已者，善也。善之猶言能繼此者也。其成就之者，則必俟見性，是之聖。仁者不已其仁，始謂之仁；知者不已其知，方謂之知。此是致曲，曲能有誠也。誠則有變化，必仁智會合，乃為聖人也。……」（張子全書 卷十一，頁五）

程頤易說解釋說：

「道者，一陰一陽也，動靜無端，陰陽無始，非知道者，孰能識之。動靜相因，而成變化，順繼此道則為善也。成之在人則謂之性也。

易道廣大，推遠則無窮，近言則安靜而正。天地之間，萬物之理，無有不同。乾，靜也專，動也直。……故其生物之功大。坤靜翕動闢……開闔而廣生物……。」（二程全書三 伊川 經說一，易說 繫辭 頁二）

王船山疏解說：

「一陰一陽之謂道，推性之所自出而言之，道謂天道也，陰陽者，太極所有之實也。……動靜者，陰陽交感之幾也。動者，陰陽之動，靜者，陰陽之靜也。……非動之外，無陽之實體，靜之外，無陰之實體，因動靜而始有陰陽也。故曰陰陽無始，言其有在動靜之先也。……故可謂之靜生陰，動生陽，而非本無而始生，尤非動之謂陽，靜之謂陰也。合之則為太極，分之則謂之陰陽。……此太極之所以出生萬物，成萬理，而起萬事者也……。

道統天地人物，善性則專就人而言也。……繼者，天人相接續之際，命之流行於人者也。其合也有倫，其分也有理，仁義禮智不可為之名。而實其所自生。……成之，謂形已成而凝於其中也。此則有生以後，終始相依，極至於聖，非有外益，下至於牿亡之後，猶有存焉者也。」（王船山周易內傳 卷五 頁十一～十二）

理學家皆以宇宙間的變化，由陰陽兩氣交互而成。繫辭以易有太極，太極生兩儀，（繫辭上 第十一章）太極爲一，一爲變化的基礎，陰陽爲二，有二統的變化。張載曾說：「一物兩體，氣也。一故神，兩故化，此天之所以參也。」（正蒙 神化）變化的起點，即是宇宙的起點爲太極，朱熹以太極爲至極之理，然理不能無氣，有理有氣，則太極爲一實體，而不是抽象之理。張載以太極爲太虛之氣；太虛之氣不分陰陽，既分陰陽，乃有變化。

陰陽的表象爲乾坤兩卦，乾坤兩卦的實體爲天地，天地的德能爲剛柔。因此易經講變化，常講天地的交互和剛柔的交互。

「象曰：子克家，剛柔接也。」（蒙，象曰）

「屯，剛柔始交而難生。」（屯，象曰）

「姤，遇也，柔遇剛也。」（姤，象曰）

「渙，亨。剛來而不窮。柔得位乎外而上同。」（渙，象曰）

「節，亨。剛柔分而剛得中。」（節，象曰）

「雖不當位，剛柔應用。」（未濟，象曰）

卦的爻，分陰陽，易經却不稱爻爲陰陽，而稱爲剛柔；因爲在變化時，不看陰陽，而看剛柔的德能。因着剛柔的德能，乃起變化，剛柔的德能在人事裏，也常顯明；因此乃能解說人事的變化。

易經講宇宙的變化，又用天地去講：

「彖曰：大哉乾元，萬物資始，乃統天。」（乾，彖曰）

「彖曰：至哉坤元，萬物資生，乃順承天。坤厚載物德合無疆，含弘光大，品物咸亨。牝馬地類，行地無疆。」（坤，彖曰）

「天地變化，草木蕃，天地閉，賢人隱。」（坤，文言）

「泰，小往大來吉亨，則是天地變而萬物通也。」（泰，彖曰）

「否，之匪人，不利君子貞，大往小來，則是天地不交，而萬物不通也。」（否，彖曰）

「謙，亨，天道下濟而光明，地道卑而上行。」（謙，彖曰）

「家人，女正位乎內，男正位乎外，男女正，天地之大義也。」（家人，彖曰）

「歸妹，天地之大義也，天地不交而萬物不興。」（歸妹，彖曰）

宇宙的變化，由剛柔的德能而相交，剛柔的實體爲天地，宇宙的變化乃成爲天地的交互，周敦頤畫太極圖，以男女代表天地，因爲男女在萬物裏更是具體的實體。男女的交互，化生萬物，太極圖便以男女生萬物。「男女構精，萬物化生」。宇宙的變化的意義和價值是化生萬物。因此說：「生生之謂易」。

### 3. 化生萬物

易經標明天地的變化爲化生萬物，這種思想貫通易經的整體思想。十翼雖不是孔子自己的著作，然必定代表孔子研究易經的成果，由弟子或再傳弟子們所紀錄，易卦原來爲占卜之用，占卜有占卜的理由。易卦的理由在於天地變化之道。孔子研究易經深深體會了天地變化之道的意義，看到了整個宇宙變化成爲一個整體的系統，在變化裏萬物彼此相連，宇宙不是盲目的機械，無情的自然運轉，而是萬物相連在同一的目標裏，運轉不息。

「天地之大德曰生，聖人之大寶曰位，何以守位，曰仁。」（繫辭下 第一章）

「天地絪縕，萬物化醇，男女構精，萬物化生。」（繫辭下 第五章）

程頤易說加以發揮說：

「運仁之跡，生育之功，顯諸仁也。神妙無方，變化無跡，藏諸用也……天地無心而成化，聖人有心而無為，天地聖人之盛德大業，可謂至矣。」

（二程全書一 伊川經說一）

王船山疏解說：

「天地之大德曰生，統陰陽柔剛而言之。萬物之生，天之陰陽具而噓吸以通，地之柔剛具而融結以成。陰以歛之而使固，陽以發之而使靈，剛以幹之而使立，柔以濡之而使動。天地之為德，即立天立地之本，德於其生見之矣。……」（周易內傳 卷六 頁四）

「絪縕，二氣交相入而包孕以運動之貌。醇者，變化其形質而使靈善，猶酒醴之釀而醇美也。男女兼牝牡雌雄而言。……按此言天地化醇，男女化生，形質交資而生。乃遂則乾坤稱父母，而父母一乾坤之理，於此可見。人不能離生以養醇，則父母之恩均於天地，不可專歸生化於天地，以遺志父母。仁人孝子事親以事天。」（同上）

由天地變化的成效而看到天地的大德，由天地的大德而體會到父母的大恩；天地父母同爲生命的根源。

易經的八卦和六十四卦，以乾坤兩卦爲根基，六十四卦的變化，就是乾坤兩卦的變化，乾坤變化的意義爲生生。

「大哉乾元，萬物資始，乃統天。雲行雨施，品物流行。」（乾，彖曰）

「大哉坤元，萬物資生，乃順承天，坤厚載物，德合無疆，含弘光大，品物咸亨。」（坤，彖曰）

乾乃萬物所資以始，坤卽萬物所資以生。王船山疏解繫辭上第一章「天尊地卑」說：

「乾者，陽氣之舒，天之所以運行；坤者，陰氣之凝，地之所以翕受。天地一誠無妄之至德，生化之主宰也。」（周易內傳 卷五）

六十四卦的基本卦乾和坤，爲萬物化生的根由。在乾卦和坤卦的彖象文言，生的觀念貫澈一切。「乾，元亨利貞」。周易本義朱熹注說：「元者，生物之始，天地之德，莫先乎此，故於時爲春，於人則爲仁，而衆善之長也。亨者，生物之通，物至於此，莫不嘉美，故於時爲夏，於人則爲禮，而衆美之會也。利者，生物之遂，物各得其宜，不相妨害，故於時爲秋，於人則爲義，而得其分之和。貞者，生物之成，實理具備，隨在各足，故於時爲冬，於人則爲智，而爲衆事之幹。」周易本義注坤卦的彖說：「始者，氣之始，生者，形之始。唯承天施，地之道也。」乾象天，又象大人。大人則「與天地合其德，日月合其明」（乾，文言），德高配天，「與天地相似故不違，知周乎萬物而道濟天下故不過，旁行而不流，樂天知命故不憂，安土敦仁故能愛。」（繫辭上 第四章）坤象地，地順承天以生萬物，「含萬物而化光，坤道其順乎。承天而時行。」（坤，文言）繫辭闡揚乾坤化生的德能，「夫乾，其靜也專，其動也直，是以大生焉。夫坤，其靜也翕，其動也闢，是以廣生焉。廣大配天地，變通配四時。」（繫辭上　第四章）乾坤配天地，天地的變化實現於春夏秋冬四時，四時的變化使五穀繁殖。漢代的易學，特別發揮這種配四時的思想。

六十四卦的基本兩卦，既然被認定爲萬物化生的根源和開端，六十四卦的變也就象徵生命的變化。漢朝宋朝的易學對於六十四卦的變化次序，有幾種不同的主張，當代學人方東美教授還作了一篇易之邏輯問題，提出一種解釋方式。易經的傳文裏，有序卦一篇，對於六十四卦在易經次序予以一種說明。序卦說明的理由，是生命的變化：

「有天地，然後萬物生焉。盈天地之間者唯萬物，故受以屯，屯者盈也。屯者，物之始生也。物生必蒙，故受之以蒙；蒙者，蒙也，物之穉也。物穉不可不養也，故受之以需，需者飲食之道也。……物畜然後有禮，故受之以履。……物大然後可觀，故受之以觀。……物不可以終盡，剝窮上反下，故受之以復。……。」（序卦　上篇）

「有天地然後有萬物，有萬物然後有男女，有男女然後有夫婦，有夫婦然後有父子，……物不可以久居其所，故受之以遯，遯者退也。……物不可以終壯，故受之以晉，晉者進也。……物不可以終難，故受之以解，解者緩也。……物不可以終動，止之，故受之以艮，艮者，止也。物不可以終止，故受之以漸，漸者進也。……物不可以終離，故受之以節。……物不可以終窮，故受之以未濟。」(同上 下篇)

序卦，說明六十四卦的次序，在上篇，以「有天地，然後萬物生焉！」開端，在下篇以「有天地，然後有萬物。」開端，表明上下篇的次序都是以天地生萬物爲次序。整個六十四卦的次序，由萬物化生的變化去解說，明明表示六十四卦的意義，在於象徵萬物的化生。

繫辭上第一章說：

「乾道成男，坤道成女，乾知大始，坤作成物。」

第四章說：

「易與天地準……範圍天地之化而不過，曲成萬物而不遺。」

第五章，有「生生之謂易」，第六章，講乾坤的大生廣生，第七章主張「成性有仁，道義之門。」第十章指出「易，無思也，無爲也，寂然不動，感而遂通天下之故，非天下之至神，其孰能與於此！」第十一章建立宇宙變化的過程，「是故易有太極，是生兩儀，兩儀生四象，四象生八卦。……是故天生萬物，聖人則之，天地變化，聖人效之。」第十二章說明變化的性質，「化而裁之有乎變，推而行之存乎通，神而明之存乎其人，默而成之，不言而信，存乎德行。」繫辭下篇第一章肯定「天地之大德曰生。」第五章乃說：「天地絪縕，萬物化醇，男女構精，萬物化生。」說卦傳解釋卦的意義：「觀變於陰陽而立卦，發揮於剛柔而生爻，和順於道德而理於義，窮理盡性以至於命。」（說卦 第一章）「萬物出乎震，震東方也。齊乎巽，巽東南也，齊也者，言萬物之潔齊也。離也者，明也，萬物皆相見也。南方之卦也。……坤也者，地也，萬物皆致養焉，故曰致役乎坤，兌正秋也。萬物之所說也，故曰說言乎兌。戰乎乾，乾西北之卦也，言陰陽相薄也。坎者，水也，正北方之卦也，勞卦也，萬物之所歸也。故曰勞乎坎。艮東北之卦也，萬物之所成終而所成始也，故曰成言乎艮。」（說卦第五章）「神也者，妙萬物而言者也。動萬物者莫疾乎雷，撓萬物者莫疾乎風，燥萬物者莫熯乎火，說萬物者莫說乎澤，潤萬物者莫潤乎水，終萬物始萬物者莫盛乎艮。」（說卦 第六章）

說卦解釋八卦的意義和價值，以對萬物生發的次序作標準。八卦的象名：天地雷火風水山澤，象徵各卦參預萬物生發的功能。因此八卦的方位，排在天地的八方，配合春夏秋冬的四季，更明顯地隨著五穀在一年中的成長而顯出各卦的生生價值。春生夏長秋收冬藏，由卦的象而予以表現。說卦傳和序卦的思想相同。說卦按照生生的理想而定八卦的分位，序卦以生生的思想而解釋六十四卦的次序。乾坤兩卦既居六十四卦之首，爲萬物生生的根源。由乾坤而變爲六十四卦，象徵陰陽交互的結合而化生萬物。陰陽的交互，乃「天地絪縕」，「男女構精」萬物因此化生。這種化生的工程，「無思也，無爲也，寂然不動，感而遂通天下之故。」「默而成之」，「範圍天地之化而不過，曲成萬物而不遺。」「是以大生焉，……是以廣生焉。」這種生生工程，神妙莫測。「非天下之至神，其孰能與於此！」面對偉大神奇的生生工程，孔子曾嘆說：「天何言哉！四時行焉，萬物生焉，天何言哉！」（論語，陽貨）人祇有欽佩讚頌：「顯諸仁，藏諸甲，……盛德大業至矣哉！富有之謂大業，日新之謂盛德，生生之謂易。」

## 4. 生命洪流

中華民族以農業爲生活，在歷史開始時，在黃河流域，面對一片無垠的黃土，播種大麥小麥；進入長江流域後，在山水環繞的田地裏，揷播稻穀，播種揷秧後，耘草灌水。看著稻麥發出嫩芽，長成綠綠的葉幹，結出金黃的長穗。日出而作，日入而息，一年四季，胼手胝足，所盼望的，在收穫的一日，能够把麥粒穀粒藏在倉庫裏，但其間多少勞苦，多少憂慮！陽光雨露應得其時，風雪冰雹不能作災。農夫們每早每晚，翹首看天，推測天氣；每月每季，計算節候，配合農作。他們的心專注在五穀，看嫩芽的出生，看麥稻的長成，慶幸秋冬的收穀。生命的觀念籠罩一切，宇宙的觀象都歸之於五穀的生命。易經的思想乃是這種農業生活的寫照，繪畫卦象以象徵生命的化生程序，繫辭以推測吉凶而闡說生命化生的哲理。易經乃成爲生命哲學的基礎，統系了中國哲學的思想。

孔子「述而不作」，整頓了古傳的經書，傳遞了這種生命的哲學。書經和詩經記述中華民族的遠祖的生活，信仰上天，仁民愛物，道德生活的價值，居在私人生活社會生活的高峯。莊子天下篇曾說：

「不離於宗，謂之天人；不離於精，謂之神人；不離於真，謂之至人，以天為宗，以德為本，以道為門，兆於變化，謂之聖人。」

這是道家的思想，道家以完全的成人，在生命上常和天地相連，儒家的成人，易經有所說明：

「夫大人者，與天地合其德，與日月合其明，與四時合其序，與鬼神合其吉凶。」（乾，文言）

大人為聖王，聖王和天地同德，和日月同明，照顧全國人民，參天地的化育。中庸發揮這種思想：

「唯天下至誠，為能盡其性；能盡其性，則能盡人之性，能盡人之性，則能盡物之性；能盡物之性，則可以贊天地之化育；可以贊天地之化育，則可以與天地參矣。」（中庸 第二十二章）

至誠之人，誠於自己的性，發揮人性的生命。體會生命的無限。生命在宇宙間，發展在一切萬物中，繼續在萬代間。中庸所以說：

「唯天下至誠，……知天地之化育，夫焉有所倚！肫肫其仁，淵淵其淵，

浩浩其天。」(中庸 第三十二章)

心：

生命爲仁，仁爲生命的發揚，仁爲生命的愛心。聖人之心和天地同心，發揮自己的仁

「大哉聖人之道，洋洋乎發育萬物，峻極于天。」(中庸 第二十七章)

孟子乃說：「仁，人心也。」(告子上)又說：

「萬物皆備於我矣！反身而誠，樂莫大焉！强恕而行，求仁莫近焉！」

(盡心上)

孔子曾敎門生以生命的快樂。生命的意義不在於一己的享受，而在於生命的發揚。生命的發揚，貫通於萬代。易繫辭所以說「通天下之志」，「曲成萬物而不遺。」

宇宙的變化爲生命的洪流，一陰一陽交互相通爲生命的創造力。漢朝易學家的卦氣說，

以六十四卦配四季，十二月，二十四節氣，七十二候，三百六十五日。宇宙的變化，空間的八方在時間的四季裏運行。孟喜創「消息說」：「陽進爲息，陰進爲消，立十二消息卦，配合十二月。由十一月復卦的一陽。漸次升進，到泰卦的三陽爲正月，到六陽的乾卦爲四月。五月姤卦消爲一陰，十月坤卦爲六陰。十二消息卦象徵一年裏陰陽的盛衰。」秦末呂氏春秋有十二紀，漢初禮記有月令，記述十二月的寒暑。以陰陽五行作哲理，和孟喜的消息十二卦理由相同。十二月的變化，爲陰陽的變化，而陰陽的變化，乃五穀生發的次序，由十二消息卦，再進爲二十四節氣，以四方的正卦坎震離兌的二十四爻配一節氣，再又以十二消息卦的七十二爻配七十二候。最後除去四正卦，以六十卦的爻配每年的日數，每卦配六日七分說。這種卦氣說，以六十四卦象徵宇宙的變化。

京房又創「納甲說」，以天干地支配合卦爻，以紀卦爻，用於記時記地。天干的甲乙丙丁十字，也象徵五穀的生發現象。例如甲象徵初芽從兩片實仁中生出，乙象徵嫩芽的委屈。

漢朝的易學同漢朝董仲舒的儒學相合，使整個宇宙成爲一大生命，人和天地相合，五臟骨骼和天地日月相配，人事感應天地，發生祥瑞災異。卦變象徵宇宙變化，產生五穀百菓。天地間沒有一物是塊然無靈的物，石頭、樹木、飛禽、走獸，互相貫通。漢朝的迷信，充斥社會，桓譚王充乃力主災異感應的不可信。

宋朝理學家排除了漢朝易學的卦氣說，重回到易學的理義。首先周濂溪作太極圖說，從太極到男女，「二氣交感，化生萬物。」他以圖表說明天地的變化，是「生生之謂易」。張載倡乾坤和人合爲一宇宙：「乾稱父，坤稱母，……民吾同胞，物吾與也。」（西銘）「聖人盡性，不以聞見梏其心，其說天下，無一物非我。」（正蒙，太心篇）他乃倡四句教：

「為天地立心，為生民立命，為往聖繼絕學，為萬世開太平。」（近思錄拾遺 卷三）

程顥心胸開拓，有古儒仁者之風，他心喜易經的生生之道。他說：「生生之謂易，是天之所以爲道也，天只是以生爲道。繼之生理者卽是善也。」（二程全書一 二程遺書二上，頁十二）又說：「一人之心，卽天地之心。一物之理，卽萬物之理。」（同上，頁二）朱熹乃說明天地以生物爲心。「天地以生物爲心，天包着地，別無所作爲。」（朱子語類，卷五十三）這種生物之心稱爲仁。

「仁者，天地生物之心。」（朱子語類 卷五十三）

人得天地之心以爲心，人心必仁。

發明心字，曰：一言以蔽之，曰生而已矣。天地之大德曰生，人受天地之氣以生，故此心必仁，仁則生矣。」（朱子語類 卷五）

人心充盈生生之理，又充滿生物之氣，人心必仁而愛生。仁乃愛之理。愛己之生命，推而愛人愛物的生命，心乃包萬物，萬物皆備於我。王陽明遂倡『一體之仁』。仁卽生命，在生命上，人和物相連，人爲發育生命，須食物吃蔬菓，喝水飲藥石。

「陽明子曰：大人者，以天地萬物爲一體者也。其視天下爲一家，中國猶一人焉。……大人之能以天地萬物爲一體者，非意之也，其心之仁本者是，其與天地萬物而爲一也。」（大學問）

張載曾說「天之生物也有序。」（正蒙，神化篇）王船山注曰：「其序之也，亦無先設之定理，而序之在天者卽爲理」（張子正蒙注 卷三）人的貴賤高下，沒有先設的次序，萬物的化生則有天定的次序，礦物、植物、人三級卽天所定，人則爲萬物之靈。故在生命上，萬物就有先天的次序，構成一個偉大的系統。王船山注易繫辭的「安土敦乎仁故能愛」說：

「天地普愛萬物，而德施無窮。……是體天地廣大之生，以詔人而利物也。」（周易內傳卷五）

戴震在清朝雖然和顏元李塨一樣，反對宋朝理學的空疏，然而他的思想仍以易經爲根基。他在原善裏說：「一陰一陽，蓋言天地之化不已也，道也。一陰一陽，其生生乎，其生生而條理乎，以是天地之順，故曰一陰一陽之謂道。」（原善上三）又說：

「易曰：天地之大德曰生，氣化之於品物，可以一言盡也；生生之謂歟？」（同上，四）

劉蕺山反朱熹，信王陽明，然又辯駁王學，但他對於易經、中庸仍有專好。他在學言裏有一條說：

「一元生生之理亘萬古常存。先天地而無始，終天地而無終，渾沌者元之後，開闢者元之通。」

清末譚嗣同演繹仁學，以「仁以通爲第一義。」「不生不滅，仁之體。」（仁學 卷上）仁由心而顯。

中國的哲學思想，由古到今，以『生命』相貫通，生命爲仁，仁乃爲中國哲學的中心和脈絡。普通講儒家哲學的人，常說儒家哲學爲倫理道德哲學。爲人文主義；殊不知儒家的倫理道德以形上的生命哲學爲基礎。天地的變化，由陰陽而成，陰陽繼續交互結成，化生萬物，生生不息。宇宙萬物的生命，互相聯繫，自然和諧。人得天地的理和氣，人心乃仁。人的生命和萬物成一體，人道和天地之道成一系統，人心的仁發而爲仁義禮智，顯而爲中庸和平。中國詩人歌唱天籟，中國畫家講神韻生氣，中國政治家把先天下之憂而憂。先總統蔣公乃說生命的目的爲創造宇宙繼起的生命。易經生生之理，由形上的變化哲理形爲天地一年四季的循環，因着人心之靈能『知周乎萬物，而道濟天下。』演爲精神生活的仁道，『是以明於天之道而察於民之用。』（繫辭上 第十一章）上下貫通，構成一種生動的宇宙，成爲一系統的生命哲學思想，此正是「天地之大德曰生，聖人之大寶曰位，何以守位？曰仁。」（繫辭下，第一章）

（曾載於哲學與文化 第七卷、第十一期）

# 三、中國哲學中生命的意義

## 1. 形上學的研究對象

西洋的形上學，從亞里斯多德以來所研究的對象爲『有』。對於『有』的研究爲靜態的研究，爲分析的研究，研究『有』的意義，『有』的成素，『有』的原理定律。從『有』而到『存在』，對於『存在』的研究也是靜態的研究，把『存在』和『性』分開。直到當代的存在論，纔從動態去研究『有』，乃有所謂『存有』。然而存地論的『存有』，仍舊脫離不了西洋哲學的傳統靜態，海德格祇能以『無』去陪襯『存有』。

中國哲學的研究法爲動態研究法，不用分析，而用體驗，中國形上學的研究對象，不是靜態的『有』，而是動態的『在』。

一個『有』便是一個『在』，理想之有也是理想之在，中國哲學不談理想之有，而談實際之有，實際之有爲一實際之在，實際之在，不是靜止的在，而是繼續動的在。中國哲學的形上學便研究這個實際常動的在，這種動的在，就是具體的有，也就是實際的『存有』。中國哲學稱這種動的『存有』爲『生命』。

講這種生命的文獻，爲易經，爲宋明理學家的著作。

西洋哲學從笛卡爾（Descartes）以後，也漸漸轉向動態的『有』，笛卡爾的「我思則我在」，由動作去體驗存在。斯賓諾匝（Spinoza）的泛神論，黑格爾（Hegel）的絕對精神辯證論，馬克思（Karl Marx）的唯物辯證論，柏格森（Bergson）和懷德黑（Whitehead）的繼續變動論，都是由動態去講萬有。胡賽爾（Husserl）的現象論和海德格（Heidegger）的存在論，也是就實際的活動具體去研究『有』。所以動的有可以成爲形上學的研究對象，但是一個動的有，很難以靜的分析法去講解，因爲我們的觀念，都是一個一個互相分離的，爲表示動，需要將有關的觀念連繫起來，我們沒有一個繼續動的整體觀念，可以表示一個整體的動。

『有』和『在』是一體的兩面，從抽象方面去看，稱之爲有，從具體方面去看，稱之爲在。中國形上學的對象和西洋形上學的對象，同是一個客體，祇是研究的觀點不同。

## 2. 生命的意義

### 甲、變

馬克思的唯物論，以萬有都是物質，物質都是動，物理學上以一切物質都是力，力就是物質，物質就是力。

易經以宇宙一切萬有都是動，有就是動，動就是有，動爲『易』，『易』爲生命。

「易之為書也不可遠，為道也屢遷，變動不居，周流六虛，上下無常，剛柔相易，不可為典要，唯變所適。」（繫辭下 第八章）

宇宙不是一個靜止的塊然大物，而是一個變動不居、剛柔相易的整體。無時不變，無物不變。

變是變易，變有什麼意義呢？

「化而裁之謂之變，推而行之謂之通。」（繫辭上 第十二章）

朱熹注說：「因其自然之化而裁制之，變之義也。」這個變字和通字連用，指的是聖人在治國時，知道按着天地之道而有變通，以治理國家。

「是故闔戶謂之坤，闢戶謂之乾，一闔一闢謂之變，往來不窮謂之通。」（繫辭上 第十一章）

朱熹注說：「闔闢，動靜之機也。先言坤者，由靜而動也，乾坤變通者，化育之功也。」闔闢爲動靜，動靜爲乾坤，乾坤爲剛柔。

「剛柔相推而生變化。」（繫辭上 第二章）

「剛柔相推，變在其中矣。繫辭焉而命之，動在其中矣。」（繫辭上 第一章）

變易由於剛柔相推，動靜相繼。剛柔代表動靜，動靜代表乾坤，乾坤代表天地，天地代表陽陰。變易乃是陽陰的結合，易經很少講陰陽，卻常講剛柔和天地。

## 乙、化

變又是化，變化兩字的意義何在？

「變化者，進退之象也。」（繫辭上 第二章）

進退代表動靜，變化由動靜而成，而變化代表動靜的現象。但是化字在易經上有另外的意義。化字，指着動靜的變，產生新的體。

「易與天地準之……，範圍天地之化而不過，曲成萬物而不遺。」（繫辭上 第四章）

「窮神知化，德之盛也。」（繫辭上 第五章）

宇宙的變化最神妙，變所有的化更是神奇莫測，易經乃稱宇宙的變化爲神。能夠知道宇宙的變化，必定是一位德盛的聖人。

「易無思也，無為也，寂然不動，感而遂通天下之故，非天下之至神，其孰能與於此？」（繫辭上 第十章）

「知變化之道者，其知神之所為乎！」（繫辭上 第九章）

天地變化，看來似乎不動。一顆小花由發芽到生葉，然後開花，外面看不出來有什麼動作，似乎『寂然不動』，然而結果則非常神妙，葉子和花，都是新的產物。祇有聖人纔能知道天地變化的神秘，「夫易，聖人之所以極深而研幾也。唯深也，故能通天下之志，唯幾也，故能成天下之務，唯神也，故不疾而速，不行而至。」（繫辭上 第十三章）天地的變化既深遠，又微妙，聖人能够『極深研幾』。

丙、生

天地的變化都有目的，目的在於『生生』；因爲這種變是化，化則是化生而產生新的實體。

「生生之謂易。」（繫辭上 第五章）

天地變易之道，乃是生生，生生爲化生一個新的『存在』，卽是產生一個新的『有』。

「天地之大德曰生。」（繫辭下 第一章）

『生』的觀念充滿易經，乾坤天地爲變易的元素，乾坤天地所起的變易，在於『生生』。

「天地絪縕，萬物化醇，男女媾精，萬物化生。」（繫辭下 第五章）

朱熹注說：「絪縕，交密之狀，醇謂原而凝也，言氣化者也，化生，形化者也。」天地卽陰陽之氣，互相交接，化生萬物。

「彖曰：小往大來，吉亨。則是天地交而萬物通也。」（泰卦）

萬物。

「彖曰：歸妹，天地之大義也。天地不交而萬物不興。」（歸妹卦）

卦辭以天地相交，則萬物通亨而興發。天地相交卽是『易』，就是變化，有變易，乃生萬物。

「彖曰：大哉乾元，萬物資始，乃統天」（乾卦）

「彖曰：至哉坤元，萬物資生，乃順承天。」（坤卦）

乾坤，稱爲萬物生存的源始；因爲一切萬物都由乾坤相合而生。易傳說：

「乾道成男，坤道成女，乾知大始，坤作成物」（繫辭上第一章）

朱熹注說：「乾主始物，而坤作成之。承上文男女而言乾坤之理。蓋凡物之屬乎陰陽者，莫不如此。大抵，陽先陰後，陽施陰受，陽之輕淸未形，而陰之重濁有迹也。」乾坤代表陽陰，陽陰相結合則物化生。

「一陰一陽之謂道，繼之者善也，成之者性也。」（繫辭上 第五章）

宋明理學家對於易傳的這一段話非常重視，所作的注解很多，原文的意義，在於說明生生的變化：宇宙之道就是陰陽變化之道，這種變化繼續不停，表示天地好生的善德，這種變化的成果，是物的性。物因性而成，性由陰陽相結合而生。這種陰陽的變化，不僅是不停地繼續成物，而且在所成的物體內還是繼續變化，這就是說每一物的本體是動的，而不是靜呆的。王船山乃主張『性日生而命日降』。一個物體的性時刻在成就，並不是一成就停止了，因爲陰陽繼續在變易，但是在一個物體內，牠的性雖是繼續在成就，性的理却是一樣，性常是這個性，那是因爲『命日降』。命爲『天命之謂性』的天命，這個性，乃是因爲天命如此，陰陽的變易，按著天命而變。繼續的變易，需要繼續的天命，因此『性日生而命日降』。

每一個物體的本體常體，這是就實際的存在而言；這個繼續動的存在，稱爲生命。繼續不停的變易，稱爲化育。

化育的思想爲儒家傳統的思想，天地化育萬物，聖人也發育萬物。天地的變化使萬物發生，又繼續培育。聖人法天去治理國家，使人民能够生，能養育。

「至誠者……贊天地之化育，可以與天地參矣。」（中庸 第二十二章）

「大哉聖人之道，洋洋乎發育萬物，峻極於天。」（中庸 第二十七章）

中華民族自古爲農業民族，農民看天地的變化，是看一天的日和一年的四季。日夜所帶來的變化是太陽月亮，四季所帶來的變化是寒暑和雨露。這些變化對於農民的生活很有關係，因爲農民的生活在於使五穀生長。日月、寒暑、雨露則直接影響五穀的生長。風調雨順，寒暑得宜便成爲農民的希望。上天有好生之德，使四季的變化能發育五穀。孔子乃說：

「天何言哉！四時行焉，百物生焉，天何言哉！」（論語 陽貨）

宇宙的變化爲化育，化育爲生生，生的物體乃是生命。

## 丁、生命

易經和中庸所說的生，是不是普通所說的生命？一切萬物都稱爲生，是否都是生物？生命和生物，在哲學上和科學上都有一定的意義，生命爲內在的自動力，生物爲具有自動力的物體，生物又分爲植物、動物和人。普通在科學上和哲學上，宇宙物體分爲生物和無生物，無生物稱爲礦物。易經和中庸是否以一切萬物都是生物？

易經和中庸，以及後代儒家，都承認物體中分爲生物和無生物，也把人和物分得很清楚。然而儒家的朱熹對於生命和生物，所講的說明，則是凡是物都有生命之理，祇是生命之理的表現有高低的程度。在無生物裏，生命之理祇有一點表現，就是存在。在植物裏，生命之理有一部份的表現。在動物裏，生命的表現加高。在人，生命之理則全部表現。朱熹說物得理之偏，人得理之全。

朱熹以萬物同一理，但「理一而殊」。萬物之理相同，如同天地間祇有一太極，太極爲『理之極至』。萬物之氣則不同，因爲氣有清濁。物的氣濁，因此，所有之理不能顯明。人得理之清，所有之理乃完全顯出。

「西銘要句句具理一而殊。西銘一篇，始末皆是理一而殊。以乾為父坤為母，便是理一而分殊。予茲藐焉混然中處，便是殊分而理一。天地之塞吾體，天地之帥吾性，分殊而理一，民吾同胞，物吾與也，理一而殊。逐句推之，莫不該然。」（朱子語類 卷九十六）

朱熹這一段話，講張載的「西銘」。「西銘篇」以人和天地萬物合爲一體，朱熹說這是因爲理一而殊。

「問理與氣？曰：伊川說得好，曰理一而殊。合天地萬物言，只是一箇理。及在人，則又各有一個理。」（朱子語類 卷一）

人和人，都是人，但每個人的個性又不相同。朱熹乃說氣質之性有善有惡，人因氣質之性，卽理和氣結合之性，而有善惡智愚的分別。

「問：或問氣之正且通者為人，氣之偏且塞者為物，如何？曰：物之生，必因氣之聚而成形。得其清者為人，得其濁者為物。……又問：氣則有清濁，而理則一同，如何？曰：固如此。理者，如一寶珠，在聖賢則如置在清水中，其輝光自然可見；在惡不肖者，如置在濁水中，須是澄去泥沙，則光方可見。」（朱子語類 卷十七）

朱熹說得很明顯。萬物之理，同是生命之理，祇是因所得之氣有清濁不同，生命的表現乃不同，所以各種物體的生命也就不同。礦物沒有生命，但也有生命之理。生物當然有生命之理，祇是生命的程度不同。

最高的生命爲人的生命，因生命之理在人以內完全表現出來，而人的生命又有高低不同，如同孟子所說人有小體有大體，小體爲感覺之官，和禽獸相同，大體爲心思之官，則是人之所以爲人的生命。心思之官的生命的仁義道德的生命，而不祇是智慧的生命。孟子以人心生來有仁義禮智之端，人的生命乃是道德的精神生命。

「人之所以為人，其理則天地之理，其氣則天地之氣，理無迹不可見，故

於氣觀之。要識仁之意思，是一箇渾然溫和之氣，其氣則天地陽春之氣，其理則天地生物之心。」（朱子語類 卷五）

仁義道德的生命，在天地萬物中都存在，祇是不能顯出，然而在天地間也顯露出。天地不是化生萬物嗎？這就是天地生物的仁心。人得天地之心爲心，人心也就是仁。中庸說：「仁者，人也。」

生命的意義，爲仁義的精神生命。這種生命之理在萬物中都有。因此物都可稱爲生物，物的化成也稱爲生。祇是生命之理的表現，則有高低的程度。

這一點，可以相幫我們解釋天主教的進化論。

## 3. 生命的發展

中國的形上學不分析生命的意義，而從動的方面講生命的發展。生命的發展分成兩大部份：第一、物的化生程序；第二、人的修養。

物的發生程序，在易傳裏有所說明：

「是故易有太極，是生兩儀，兩儀生四象，四象生八卦。」（繫辭上 第十一章）

這種程序爲八卦和六十四卦的發生程序，先有單數的一，由一而有兩爻，兩爻相疊而成四象，三爻相疊而成八卦，八卦相疊而有六十四卦，六十四卦代表天地萬物，萬物產生的程序便也是卦的程序。在卦的發生程序中是兩儀的陽陰，因著陽陰兩儀的變化，遂有四象、八卦和六十四卦。因此萬物的元素都是陽陰。

漢朝學者接受了戰國末年的陰陽五行思想，改變了易傳的程序，以五行代表四象。漢朝學者的程序在宋朝理學家而得完成。因濂溪作太極圖和太極圖說：

「無極而太極，太極動而生陽，動極而靜，靜而生陰，靜極復動。一動一靜，互為其根，分陰分陽，兩儀立焉。陽變陰合，而生水火木金土。五氣順布，四時行焉。……五行之生也，各一其性。二五之精，妙合而凝，乾道成男，坤道成女，二氣交感化生萬物。萬物生生，而變化無窮焉。惟人也，得其秀而最靈。……聖人定之以中正仁義，立人極焉。故聖人與天地

合其德，日月合其明，四時合其序，鬼神合其吉凶。」（太極圖說）

太極圖說是一篇中國哲學的生命發展論。生命由太極而來，由陰陽五行而成，由乾坤而生，人爲最秀。而聖人乃是人中之極。宇宙間也有生命的流行，卽是日月四時，表示上天好生之德，聖人能够貫通宇宙的生命，和萬物相通。聖人和宇宙生命的相通在於仁，王陽明在「大學問」中講天地萬物的『一體之仁』。

人爲發展自己的生命，用修養的方法。中庸說明儒家修養的原則。

「唯天下至誠，而能盡其性。能盡其性，則能盡人之性。能盡人之性，則能盡物之性，能盡物之性，則可以贊天地之化育。可以贊天地之化育，則可以與天地參矣。」（中庸 第二十二章）

性爲理，在這裏所說的性，爲生命之理，因爲生命之理相同，故人發展自己的生命，便能發展別人的生命，也能發展物的生命。我要保全而發展我的存在，便要保全也發展人和物的存在。我的存在是生命，在生命上我和別的人物相聯繫。王陽明講一體之仁卽一體的生命，人的生命需要吃肉、吃菜、吃藥，這就表示我和萬物的生命連接在一體之內。一體之仁，為一體之生命相接，也就是一體之仁的相愛。孟子說仁民而愛物，張載西銘說「民吾同胞，物吾與也。」這也是孔子所說仁者立己立人，達己達人。乃是精神生活的最高峯。

儒家的哲學就包括在這個範圍內，也用這種系統去連繫。由太極而陰陽，由陰陽而五行，由五行而生物。物中最秀而生命之理表現最完全者為人。人之心為仁，由仁而和萬物相連，因相連而相愛。人乃仁民愛物以參天地的化育，如大學所說「大學之道，在明明德，在親民，在止於至善。」(第一章)

(曾載於 靜宜文理學院學報 第二期 民六十八年六月)

# 四、儒家生命哲學的形上和精神意義

在科技爲國家發展最需要的時代，在工商業發達所帶動的西化社會裏，提倡儒家的哲學思想，對於今天的中國人究竟可以有什麼意義？是不是僅僅因爲政府在恢復中華文化，便把古代的老古董拿出來以作招牌呢？或者是因爲大家在被國際外交孤獨我們的時候，我們要肯定我們中國人是中國人（Identity），便把儒家的傳統托出來做幌子呢？或是因爲我們堅決反共，爲表示中華民國本性上就和共產主義不相容，便把儒家用爲反共的工具呢？若是祇因上面的這種來自時勢的要求，而提倡儒家哲學，都不是儒家思想本身的意義，也更不是儒家思想的內在價值。一般人都認爲儒家思想是農業社會和封建社會的產物，已是陳舊的落後思想，不適合於現代的中國社會。

一種哲學思想的興起和傳授，當然和社會環境有關係；然而思想究竟是人心靈的產物，思想的產生一定是產生於一位思想家的天才。儒家思想的成爲一家思想，乃是孔子的才學和修養；但是孔子也是繼承先代的思想，而且是生在中國春秋的時代。

中國古代的哲學思想和希臘古代的哲學思想，表現出兩種不同的途徑。希臘古代哲學探索宇宙萬物的本質，在變易的宇宙中尋求不變的常體，柏拉圖乃創觀念世界，亞里斯多德以理則學的推論法，推到永久常存的最高實體（Supreme Being）。變者沒有價值，永久不變者纔是完全的實有（Perfect Being）。中國古代哲學在易經和書經裏，以『人』爲中心；人代表萬有，連結天和地。人的價值在於心靈的生活；這種心靈的生活，綜合天地萬物的意義和價值。希臘古代哲學，研究宇宙萬物的本體，以靜爲研究的觀點；中國古代哲學，講論人生，以動爲研究的觀點。由靜的觀點去研究，所用方法爲邏輯的分析法；由動的觀點去研究，所走的途徑爲實際的體驗和言行合一的實踐。

## 1. 儒家生命哲學的形上意義

生命的意義，爲內在的活動。儒家認爲宇宙萬物都常在變易，而且這種變易是在每一物體以內。

「一陰一陽之謂道，繼之者善也，成之者性也。」（繫辭上 第五章）

宇宙間的變化，由兩種元素而成，一種稱爲陽，一種稱爲陰。陽陰兩元素來自太極，太極爲最高之一。太極具有變易的能力，由變易而有動靜，有進退，動進爲陽，靜退爲陰。陽陰兩元素因變易而互相結合，互相分離；結合時則生化物體，分離時則銷毀物體。陽陰的變易，繼續不斷，「繼之者善也，成之者性也。」每一次陽陰的結合，成一物性（Essence），卽是生化一個物體。因此，易經說：「天地之大德曰生。」（繫辭下 第一章）又說明天地變易的目標爲生化萬物，所以說「生生之謂易。」（繫辭上 第五章）

因着太極的變易而有陽陰，因着陽陰的變易而生化萬物，每一物由陽陰相結合而成。陽陰兩元素結成了一個物體，在這物體內陽陰兩元素仍舊繼續變易，這種變易是物體以內的變易，由物體以內而顯於物體以外。宇宙內沒有一個物體不變易的；物體的變易在物體外面可以被認識，在物體以內則不爲人所知。這種內外的變易稱爲生命。(1)

易經所說的生命，卽是物體內外的變易，這種變易爲向上的發展。宋朝理學家朱熹發揮易經的思想，創理氣論（Theory of Li and Chi）。『理』爲一物所成這物的理由(Reason)，『氣』爲一物所成這物的形狀(Figure)。一物之理卽是物性，一物之形卽是物體。易經曾說：「一陰一陽之謂道。」道卽是理，陰陽的每一次結合，必有結合之理；朱熹稱這結合之理爲『理』。陽陰結合而成物，物卽有具體之形，朱熹稱這種形爲『氣』。

朱熹以宇宙萬物之理爲一理，理的表現程度在萬物內不同，因着理表現的程度，萬物乃有高低的等級。普通說萬物分爲礦物、植物、動物三等，在每一等中，又分更多的等級，人則是萬物中最高等級的。朱熹以人得理之全，別的物都祇得理之偏；卽是理在人，全部表現出來，理在物則祇表現一部份。

這種『理』，卽生命之理。生命之理爲變易之理，能够自己變易，而且自己發育，自己知覺，自己主宰。最低的生命，祇有變易，乃是礦物，在礦物內，陽陰兩元素，繼續變易。高一級的生命，則能自己發育，乃是植物。再高一級的生命，則能自己感覺，乃是動物。最高級的生命，能够自己有意識，自己作主宰，則是人。孟子曾說人有大體，有小體，小體爲感覺之官（Organ），大體爲心思之官。心爲人的特有器官，能思想，能有意識，能主宰。心的本質便不是物質物，而是精神體，理學家都稱心爲神（Spirit）。

生命之理爲什麼有表現不同的差別呢？是因爲氣有清濁，清濁的程度有千千萬的不同。氣濁，則蒙蔽了理，使理不能表現，或祇能表現一部份；氣清，則可以使理全部表現出來。

生命之理的最高表現，在於一個人的心能够和宇宙萬物相通。這種相通稱爲『仁』，是生命的互相聯繫，互相協調，互相成全。而這種聯繫，協調和成全，該當是有意識的，是由自心而發的。孟子乃說：「仁，人心也。」（告子上）。「仁也者，人也。」（盡心下）。中庸第二十章也說「仁者，人也」。生命的最高表現，便是心的生命，而心的生命，爲精神的生命，卽是倫理道德的生命。孟子乃有性善的學說，以人心有仁義理智之端（Seed）。這樣，儒家把倫理學和形上學相連，形上學爲倫理學的基礎。(2)

儒家的形上學，研究的對象爲動的『存有』（Being）。每一個物體都常在變易，變易由陰陽相結合，陰陽按理而結成一物的性和形，在結合成物後，在物內仍繼續變易，變易卽是生命。宇宙爲一變易的綜合，形成一道生命的洪流。

方東美先生曾說：「因此，我將向諸位闡述一種極其不同的哲學風格—那就是典型的中國哲學，數千年以來我們中國人對生命問題一直是以廣大和諧之道來旁通統貫，它彷彿是一種充實和諧的交響樂，在天空中，在地面上，在空氣間，在水流裏，到處洋溢着歡愉豐滿的生命樂章，上蒙玄天，下包靈地，無所不在，眞是酣暢飽滿，猗歟盛哉！」(3)

儒家的哲學就在發展成全的生命，而成一個成全的人。成全的生命爲最高的精神生命，這種生命不僅是有倫理的意義和價值，而是具有形上的（Metaphysical）意義和價值；因爲最高的精神生命，乃是生命本體的完成（Essential perfection），生命由最低的礦物變易，升高到自養的植物生命，再升到感覺的動物生命，最後升到人的心思生命，心思生命的完成，便是最高的精神生命，有最高精神生命的人，不僅是在倫理上是完全的人，並且在人的本性上正是完全的人。

## 2. 儒家生命哲學的精神意義

### 甲、生命的相連

人的生命在本體上，和宇宙萬物的生命相連。生命是陽陰的變易，陽陰的變易是整個宇宙的變易。人的生命，不能單獨存在，必要和宇宙萬物的存在（Existence）互相聯繫。王陽明在「大學問」裏主張『一體之仁』，『仁』卽是生命，生命聯繫成一體。人爲維持自己的生命，要吃肉，吃蔬菜，吃水菓，人的生命便是和動物植物的生命相連貫，要靠動植物的生命來協助。人爲生存要喝水，在病時要吃藥；這就是表現礦物的生存和人的生存，也互有關係。生命既是互相聯繫，人的生存而且依賴動物植物和礦物的生存，人便要愛一切物的生存。王陽明的『一體之仁』，也表示愛。人心的愛應涵蓋宇宙的萬物。孟子曾經說過：「仁民而愛物」（盡心上）。張載的「西銘」，倡言『民吾同胞，物吾與也。』儒家的大同思想，就政治的理想說，有禮記的禮運篇所講的天下爲公，萬民同樂；就倫理的愛心說，有孟子的推己及人，「老吾老，以及人之老，幼吾幼，以及人之幼。」（梁惠王上）就生命的互相聯繫說，有宋明理學家的萬物一體。在實際的生活上，儒家以「聖人」爲最高的目標，聖人的特點就在於法天地好生之德，以兼善天下爲自己的志向。聖人不是一位專圖自己修養德性的人，聖人乃是一位能使天下人都得他的恩澤的人。中國古代所尊稱的聖人：堯舜禹湯文武周公，都是在王位的人，周公也曾攝王政，他們都曾以仁政加惠天下人民。孔子是最後的一位聖人，孔子雖不曾在朝廷居王位或相位，但是他的敎化，澤及萬代。因此也稱爲『素王』。這種聖人，稱爲大人，與天地合德，與大道同行，具有治理萬物的人格。

宇宙萬物都流行着生命，中國的繪畫就充滿這種生氣。一幅風景畫，一幅花卉畫，一幅歐美人所稱爲「呆板自然」的水菓畫，中國畫家都要求畫內要隱藏一股活動的生命。中國畫的最高境地，爲神韻；神韻不能言說，然究其實卽是畫內的圓融生活的氣象。

方東美先生曾論中國藝術的特點說：「由此可見，中國的藝術精神貴在勾深致遠，氣韻生動，尤貴透過神奇創意，而表現出一個光輝燦爛的雄偉新世界。這個世界絕不是一個乾枯的世界，而是一切萬物含生，浩蕩不竭，全體神光煥發，耀露不已，形成交光相網，流衍互潤的一個『大生機』世界。」(4)

## 乙、生命的調協

宇宙萬物在生命上互相聯繫，而且互相調協，互有次序，構成一曲天然的樂章。中國古人常說自然界含有『天籟』，聲調非常美妙。又以自然爲一幅高雅的圖畫，顏色調和恰當。一年四季的春夏秋冬，寒暑溫涼互相節制，各有時節，五穀百菓乃能生長。而且還要風調雨順，麥稻纔可以豐收。人心也可以和天地的自然調協相通，在幽靜的山間，聽着清風和鳥語，看着古木和明月，人心似乎和周圍的萬物共鳴，脈博跳動成了音樂，忘記了自己身體的界限，自己和天地同化。詩人和騷客發爲詩歌，作爲文章，引動世世代代的讀者的同感。

這種自然的調協，在人的生命中，表現爲中庸。中者，得其中；庸者，得其時。孔子提倡中庸之道，教導弟子們不要走偏差，『過與不及』都不合於道德。中，雖爲中道，然不是呆板的規律，隨時隨地應做得恰當，卽是『各得其宜』。易經最講究中正，陽和陰各在自己的位置：易經又最看重『時』，屢次說『時之義，大矣哉。』孔子主張『正名』，名和事相合，有事便有名，有名便有事。各人在自己的名位上盡名位的責任，不超越自己的名位。

中庸教訓人在情感動作時，應守中和，合符節奏。「致中和，天地位焉，萬物育焉。」(中庸　第一章)。人的中庸，跟天地的自然規律相合，萬物也因着而得發育。

人生活的調協規律，稱爲禮樂。禮爲人動作的規律，使人和人之間，事和事之間，都有次序，互相調協。樂則爲人情感的規律，使喜怒愛惡合符節度，互相融洽。禮記上說：「樂者，天地之合也；禮者，天地之序也。和，故百物皆化；序，故羣物皆別。……天高地下，萬物散殊，而禮制行矣；流而不見，合同而化，而樂興焉。春作夏長，仁也，秋歛冬藏，義也；仁近於樂，義近於禮。」（禮記 樂記）在自然界有高下的次序，有繼續流行的生命，萬物互相調協。自然界生命的調協，發爲人事的中庸。儒家中庸之道，養成了中華民族重人情，貴名份，愛和平，不走偏激的邪路。中國的繪畫不用過於強烈的顏色，中國的音樂不慣於高吭的呼聲，中國的人情不喜歡挺而走險和好新立異的偏激人。孔子的人格『溫而厲，威而不猛，恭而安。』（論語 述而）乃是中國人的標準人格。

然而調協不是懦弱，不是委屈求全。自然界生命的調協是萬物恰得其當，各有節制。所以俗語說『暴風不終朝』。儒家爲求中庸，強調守禮，禮是義的表現。孔孟都主張「殺身成仁，捨生取義。」每個人抱着守義而節制自己，不妨害他人；他人妨害正義時，則據死力爭。這種精神是剛毅的精神，然也是中庸的精神。沒有剛毅，就不能有中庸的調協。應當柔弱的時候，就柔弱，應當剛強的時候，就剛強。中庸說：「仲尼曰：君子之中庸也，君子而時中。」（中庸 第二章）孟子曰：「孔子，聖之時者也。孔子之謂集大成。」（萬章下）

### 丙、生命的互助

一體的生命，不僅是互相調協，而且互相協助。宇宙的萬物不能孤立，「孤立無援」則必不免滅亡。陽光雨露，當然是萬物所需要；小草小花，在萬物中也是有貢獻；造物主沒有造一種無用的東西。生在一座山上的草木，從土壤、砂石、水質、蘚苔、樹根、枝葉、空氣，都互相協助，以維持各自的存在；在各自的存在中，又有協助的次序。整個宇宙的萬物依着生命表現的程度，列成上下的次序。在生命的需要上，上列生命需要下列生命的供養，下列生命因而有被犧牲者。人的生命最高最貴，因而一切的萬物都供人的使用。然而同時人便要愛惜萬物的生存而予以照顧。儒家稱讚「天地有好生之德」，倡言「天地以生物爲心」，「人得天地之心而爲心，人心故仁」。

達爾文發明進化論，主張『弱肉强食』，『物競天擇』，造成了以鬪爭而生存的原則，共產黨遂演化爲階級鬪爭。中山先生根據中國儒家思想，駁斥達爾文的學說，以互助爲人類生活的規律。

易經的乾卦彖曰：「雲行雨施，品物流行。……首出庶物，萬國咸寧。」雲雨使萬物繼續生長，聖人施恩使萬國得福。孔子說：「夫仁者，己欲立而立人，己欲達而達人。」（雍也）

人不是以自私而能發揚自己的人格，而是在協助他人纔能發揚自己。

儒家的發展哲學，以這個『協助』爲基礎。人能發揚自己的本性，必能協助別人也發揚本性；協助了別人發揚本性，便能協助萬物發揚本性；協助了萬物發揚本性，乃能贊襄天地化育萬物。中庸說明這端大道，「唯天下至誠，爲能盡其性。能盡其性，則能盡人之性；能盡人之性，則能盡物之性；能盡物之性，則可以贊天地之化育；可以贊天地之化育，則可以與天地參矣。」（中庸　第二十二章）

儒家的理想人格，爲仁人和聖人，聖人的人格在中庸上說：「大哉聖人之道，洋洋乎發育萬物，峻極于天。」（中庸　第二十七章）。易經乾卦文言說：「夫大人者，與天地合其德，與日月合其明，與四時合其序。」

張載說：「大其心，則能體天下之物。物有未體，則心有外。世人之心，止於見聞之狹。聖人盡性，不以聞見梏其心。其視天下，無一物非我。孟子謂盡心則知性知天以此。」（正蒙　大心篇）。

聖人的心與天地之心相合，達到儒家精神生命的最高峯，而能天人合一。這種合一不僅在倫理道德上，人心能愛萬物；不僅在心理上，人心能涵蓋宇宙；而也是在形上的本體，生生的理表現到最完全點。

## 3. 儒家哲學的現代意義

我在羅瑪住了三十年，又信仰天主教，我明瞭西方文化的精神。西方的文化以基督信仰為基礎，這種信仰滲透西方人生活的各方面，不僅是衣食住行有基督的信仰，藝術和哲學更是充滿基督的信仰。雖然近兩世紀，西方因科學的發達，物質享受很高，唯物的思想和科學的經驗，瀰漫社會，使人心歸向『自我』，而不願歸屬於超越宇宙的上帝天主，宗教的信仰因而衰微。然而在家庭的傳統裏，在西方人的血液裏，仍舊流着祖傳的信仰。我因研究天主教神學，也習慣了西方人的生活，我知道西方的文化和西方的哲學不是以物質為主，而不看重精神，更不是輕看自然界的萬物，而祇虛慕身後的天堂。我不敢，也不贊成高呼以東方的哲學和文化去救西方，以儒家的孔孟人生哲學以救西方走向末路的唯物人生觀。我願和吳經熊先生一樣謙虛地說：「就一般而論，中國自古以來的學人所特別注意的，是偏於倫理和藝術方面。而近代西方學人所特別注意的，是偏於科學方面。因為各有偏向，各有各的主要園地，所以兩種文化可以分道揚鑣，各有千秋。但我相信在不久的將來，各民族的特殊貢獻可以會合起來，成功一個文化的交響樂。」(5)

東西方的哲學各有各的優點，各有各的缺點。我們固不能蔑視西方哲學為唯理性的哲學，責斥西方文明爲唯物的文明；我們也不能接受人家批評中國哲學祇是一些倫理的規例，沒有形上思想，更不能接受許多人的責難，以爲中華民族的文明是保守退化的文明。西方哲學雖然注重理性的分析，然也和天主教的靈修學相聯繫，講究精神生活的發育，指引人成聖，如聖・奧斯定、聖・多瑪斯、聖・文篤，都是超凡的聖人。中國的哲學雖是注重體驗，力求言行合一，發揚人性，以達天人合一的境界；然也有形上的理論作基礎。東西方的哲學各有特點，對於東西方的文化都有特殊的貢獻。

因此，我們肯定儒家的哲學不是陳舊的古董，在哲學和科技興盛的時代，仍舊具有引導現代中國人生活的價值。

哲學的任務，在於研究事物的最高原由。研究事物的最高理由，是人用自己的理智去研究，理智所以在哲學上佔重要的位置。理智的運用，須有方法；西方哲學從亞里斯多德以後，常運用邏輯，在這一方面較比中國哲學佔優勝。但是人運用理智去研究事理，是人的生活的一種表現：人的生活是整個人的生活，在整個生活中，情感意志爲最廣最深的一部份，而情感意志須受理智的指導，因爲人號稱理智的動物。因此人研究事理所得智識，應當是爲人的情感意志生活。因此哲學不能僅是推理的抽象智識，而是對於人的生活具有同化的作用。西方哲學和宗教信仰相連結而又相分離，哲學專重理性的研究，生活的指導則歸於宗教信仰。西方的精神生活，在培育和發揚上，都由宗教信仰的靈修學去引導。而且宗教信仰規範一個人的整體生活，宗教信仰也就規範哲學的研究。現代西方人的宗教信仰日形薄弱，生活和信仰脫節，哲學再不受宗教信仰的規範。因而整個社會受哲學的引導而趨向物質生活。中國的哲學以人生爲中心，由人的生命上溯到化生的來源，進入形上的領域，發見整個宇宙爲一個生命的大海，而又是一道生命的洪流。一切萬物都繼續變易，這種內在的變易就是生命。內在的變易由最低的存在，到最高的精神生命，層次互列，而又互相調協。人便是最高的精神生命，在這種生命裏，人能在精神上涵蓋宇宙，和天地同德，協助萬物的發育。

這種精神生命的哲學，包括西方哲學的理性部份和宗教信仰的情感意志部份，把整個人的生命，融合在研究和實踐的精神生活中。在這個生命的體驗上，中國哲學較比西方哲學佔優勝。

西方的社會旣是淡薄了宗教信仰，所以有許多先覺之士感到西方哲學無助於生活，乃轉向東方的哲學，從印度和中國的哲學裏，探求生命的玄妙。中國現在的社會正在傾慕西方文化，企圖以科學和科技來發展物質生活，因而忘記了自己本有的生命哲學，甚且予以鄙視，而使中國的社會將陷於與西方社會對於生命的苦惱和墮落。儒家的生命哲學正足以阻止中國人陷入這種危機裏。不僅是儒家的生命哲學，道家的『安於自然』，『冥合於道』的生命哲學，禪宗的『無心無念』直接體驗本體眞如的生命哲學，也都能使沉於科技的人，提高自己的心神，超越物質，享受安祥的生活。

方東美先生曾分析東西對於哲學有三種途徑：「一是由宗教啓示去研究哲學，一是由科學智識去研究哲學，一是由人文透過生命創進去研究哲學。」(6)前兩者爲西方哲學，後者爲中國哲學。然而這三種途徑的分別，也祇是研究的途徑，而研究最後的目標，則都在指導人的生活。所以三者不能成爲獨有的途徑，也不能視爲唯一的眞理。三種途徑應互相調協，所有結論也應互相融會，就如吳經熊先生所說：「各民族的特殊貢獻可以會合起來，成功一個文化的交響樂。」

註：

(1) 羅　光　易經的生生思想　見於中國哲學的展望，頁九三—一〇六。台北學生書局，民六六年。

(2) 羅　光　生生之理　見於中國哲學的展望，頁一〇七—一二六。

(3) 方東美　中國哲學的智慧　中國文化月刊，民六十八年十一月，頁七十四。東海大學出版。
原文見 The Chinese View of life. C. I., 聯經出版公司。

(4) 方東美　中國藝術的理想　中國文化月刊，民六十九年一月號，頁四十一。

原文見 The Chinese View of Life. C. VI ，聯經出版公司。

(5) 吳經熊　中西文化的比較　哲學與文化，頁五一。三民書局。

(6) 方東美　中國哲學的智慧　同(3)，頁六十五。

# 五、易經的人生哲學思想

易經在中國哲學思想史上的位置，近年更見提高了；而且是在中國儒家形上學方面，易經已經佔住了重要的位置，易經講宇宙的變易，變易爲生生，生生乃是中國形上學的中心點。西洋形上學以『存有』爲研究對象，中國形上學以『生生』爲研究的對象。『存有』爲物的本體，『生生』爲物的行；『生生』就是『存有』。

易經既然研究『生生』的變易，變易的表現爲進退。由生生的進退，進而研究人事的吉凶。易經的卦便是爲推算吉凶之用。

但是在孔孟和後代儒家學者的眼裏，人事的吉凶，沒有重大的價值；人事的價值在於倫理道德；因此「十翼」的思想都是倫理道德的思想。易經的倫理道德的思想和大學中庸的立場不同，即是易經常以天地變易的思想爲基礎。宋朝理學家因此以易經和中庸大學共同研究，作爲理學的根基。

民初以後，考古運動在學術界活動，顧頡剛等人以易經的「十翼」爲僞作，以易經的卦詞爲卜詞，貶抑了易經的價值。易經在中國哲學史上失去了地位。但是民初摧殘古代文化的考古風氣在現在失去了勢力，圖騰崇拜的中國古代文化起源的學說也失去了依據，易經的價值乃逐漸提高。

現在我們不討論易經的形上思想，我們所要討論的是易經的人生哲學思想，就易經對於人生的理想，加以說明。

## 1. 天人相通的人生

易經的一個基本原則，是天人相通。天地為自然界的宇宙。自然界宇宙的變易有一定的原則，這些原則和人事的變易相通。自然宇宙的變易，由陰陽兩個元素互相結合而成，人也是由陰陽結合而成。

「天地交而萬物通也。」（泰卦，彖）

「天地不交而萬物不通也。」（否卦，彖）

「天地絪緼，萬物化醇。男女構精，萬物化生。」（繫辭下 第五章）

天地之道和人道相通，人道合於天地之道。易經的卦由三爻而成，重卦六爻即為三爻的一倍。三爻代表天地人，人處天地之中，貫通上下。

「易之為書也，廣大悉備；有天道焉，有人道焉，有地道焉，兼三才而兩之故六。六者非它，三才之道也。」（繫辭下 第十章）

『三才之道』爲儒家傳統的思想，後代儒家都常保持。中國繪畫的山水畫，以天地人相調協爲原則。人和天地相通，在本體上說，是因爲天地人共一氣；雖說人之氣爲最秀，然也是氣。在運用上說，則是人贊天地的化育；因爲天地變易的目的在於生生，「天地之大德曰生，聖人之大寶曰位。何以守位曰仁。」（繫辭下，第一章）在成效上說，人若與天地相通，則可以深通天地變易的奧妙，可以預知人事的順逆，可以明瞭事件將發的『機』。

「夫大人者，與天地合其德，與日月合其明……」（乾卦，文言）

「聖人有以見天下之賾……聖人有以見天下之動，……」（繫辭上 第八章）

在這種天人相通的境界裏，人在行動上常以天地爲法。

「是故天生神物，聖人則之。天地變化，聖人效之。天垂象見吉凶，聖人象之。」（繫辭上 第十一章）

聖人效法天地，天地代表自然界的宇宙。自然界的宇宙則由造物者所造。易經在經文裏多次提到上帝或上天，而且說『天地之心』，『天地之大德』，『天地萬物之情』，易經的自然天地，和老子的天地不同，老子以天地無心不仁，易經却以天地有心有仁。天地之心和天地之仁，不是自然天地的天地，而是代表造物者的上天。因此，孔子常說君子要知己、知人、知天，理學家朱熹以人得天地之心爲心。人和天地相通，卽是人心和上天之心相通，相通之道在於仁。

「天地感而萬物化生，聖人感人心而天下和平。觀其所感，而天地萬物之情可見矣。」（咸卦，彖）

天地的心情，在於萬物化生，聖人的心情，在於天下和平。這種心情，貫通天地人，表現上天的好生大德。

實現。

## 2. 積極前進的人生

易經講宇宙的變易，宇宙的變易由天地的變易而顯明出來，天地的變易則由一年四季而實現。

「變通莫大乎四時。」（繫辭上 第十一章）

「變通配四時。」（繫辭上 第六章）

從事農耕的中華民族，對於天地的變化當然由一年四季去看。漢代易學的象數易，以卦配一年四季，二十四節氣，七十二候，三百六十五日，便是以卦的變化由一年四季的變化而實現。

一年四季的變化，循環不絕，沒有一刻的停止。天地的變化也就循環不息，天地間的生命係一道洪流，川流不停。人的生活便應該繼續前進。易經乾卦說：

「九三，君子終日乾乾。象曰：天行健，君子以自彊不息。」

老莊的人生觀，以靜爲主，以退爲貴。易經的人生觀則以動爲主，以進爲貴。人的生命沒有停止的一刻，若一停止，生命就滅了。肉體生理的生命到了壯年以後，趨於衰頹；可是人的精神生命，却能繼續發揚；而精神生命乃是人的眞正生命。

「君子進德修業，欲及時也。……君子以成德爲務，日可見之行也。」
（乾卦 文言，九四）

易經最重剛德，剛爲陽爲天；柔應順從剛，柔爲陰爲地。剛則强，則健，常積極前進。

「其德剛健而文明，應于天而時行，是以元亨。」（大有，彖）

剛健則動，動而進，進而文明。中華民族爲一耐勞勤奮的民族，海外華僑的創業，充份表現這種積極前進的人生觀。

「天地以順動，故日月不過，而四時不忒。聖人以順動，則刑罰清明而民服。」（豫卦，象）

的方法。

按理隨時而動，乃動的一項原則。孔子主張有勇，然而勇而猛而暴，則爲失德而生亂。動雖剛，剛應順理。普通人的心理和生理活動，常不能保持同樣的高度熱忱，時强時弱，過久則停息。人的精神生活則應有恒，能够持久。易經講有恒，講反復；反復卽是爲持久有恒

「動以順行，……反復其道。七日來復，天行也，利有攸往。剛，長也。復，其見天地之心乎。」（復卦，象）

卦爻的變化，因是六爻，便有六變，六變就恢復原卦。卦變的基礎爲乾坤兩卦，兩卦的變，以七爲來復。有來復乃能週而復始，持久不停。

「天地之道，恆久而不已也。……日月得天而能久照，四時變化而能久成，聖人久於其道而天下化成。觀其所恆，而天地萬物之情可見矣。」（恒卦，彖）

天地變易的原則在於有恒，因有恒，日月久照，四時久成，萬物乃能化生。人的精神生活便也應有恒，人能有恒則『天下化成』。

在動時不能沒有阻礙；遇着阻礙，當然該停止。然而停止時，便該想解決阻礙的方法，然後再動。

「見險而能止，知矣哉！」（蹇卦，彖）
「解，險以動，動而免乎險。」（解卦，彖）

蹇解兩卦相連，遇險而止，譬為明智。遇險却要行動，有行動纔能脫險，纔能解除阻難，可以繼續前進。

## 3. 中正的人生觀

易卦的變易，以爻爲代表，爻的變易在於位的變易。在一卦中每一爻有每爻的位置，從最低的一爻起，依次數到最上一爻，乾卦的爻有初九、九二、九三、九四、九五、上九；坤卦的爻有初六、六二、六三、六四、六五、上六。六爻的卦分爲上卦下卦，或外卦內卦。第二和第五兩爻，處在上下卦的爻的中央，二和五便是卦的中央位置，非常重要。爻分兩類，有陰爻和陽爻，陰應在下，陽應在上。若陽爻處於第五位，陰爻處於第二位，便是得其正，乃稱中正。中正的位置在易經中乃是最吉利最理想的地位。

例如陽爻居第五位：

「九五，飛龍在天，利見大人。」（乾卦）

「利見大人，尚中正也。」（訟卦，象）

「剛中正，履帝位而不疚。」（履卦，象）

「中正有慶。」（益卦，象）

例如陰爻居第二位：

「不終日，貞吉，以中正也。」（豫卦 六二，象日）

「受茲介福，以中正也。」（晉卦 六二，象日）

對於中正、中貞、正中、中，的例，在易經的卦裏非常多。易經非常着重陰陽得其位。位的價值在變易者代表「時」，因爲變易雖在時間和空間裏而完成，以時間爲主。卦的象是圖，圖是在空間裏，故祇有位。然而卦爻的位代表變，位就代表時了。例如乾卦的爻，很明顯表示這種性質：

「初九，潛龍勿用。……九二，見龍在田，利見大人。……九三，君子終日乾乾，夕惕若厲，無咎……。九四，或躍在淵，無咎。……九五，飛龍在天，利見大人。……上九，亢龍有悔。」

這六個位都代表時。

『時』在易經裏有很高的意義，天地的變易順着時候而動，不能違時，否則會造成非常的現象，稱爲災異。易經卦裏很多次有『時義大矣哉』的話。

「革之時義大矣哉！」（革卦，彖）

「旅之時義大矣哉！」（旅卦，彖）

「豫之時義大矣哉！」（豫卦，彖）

「隨之時義大矣哉！」（隨卦，彖）

「姤之時義大矣哉！」（姤卦，彖）

變易是在時間以內，常該隨時。易繫辭說：

「變通者，趣時者也。」（繫辭下 第一章）

人的行動，便該適合時候，孔子在論語裏常常提出這條原則。易經的原則是：

「時止則止，時行則行，君子以思不出其位。」（艮卦，象）

孔子很守這項原則，可以進則進，可以退則退。亂世而得厚祿爲可恥，盛世而不得厚祿也是可恥。孟子所以稱孔子爲『聖之時也』。

時既代表位，位在儒家的生活觀裏佔重要的位置，『君子以思不出其位。』孔子以不在位則不談政治；而且最重正名，正名的意義就是守位。每個人在那個位置上，就盡這個位置所有的職務。易經的家人卦，說明「女正位乎內，男正位乎外。男女正，天地之大義也。」（家人卦，彖）

但是易經的時位觀念，以中正爲標準。中正的意義是適當。適當的標準則是天道或天理，天道的表現爲禮。禮的精神在於避免偏激，防止暴亂，使事事有秩序，即是使人有中庸之道。易經的卦裏有幾點特別表示中庸之道。

「知至至之，可與幾也。知終終之，可與存義也。是故居上位而不驕，居下位而不憂。故乾乾因其時而惕，雖危無咎矣。」（乾卦，文言，九三）

可以往前，就往前；這樣纔可以說是認識事件將發生的跡兆。跡兆是幾。可以停止，就停止，這樣可以保全自己的令譽和事業，即是有義。這等的賢哲，必定不會偏激，常保持心中的平衡，在上不驕，在下不憂，合於中庸。

「亢之為言，知進而不知退，知存而不知亡，知得而不知喪。」（乾卦 文言，九六）

亢代表不中庸，衹知道一面而不知道另一面，所以不能折中而執。知進不知退，在該退的時候不退，乃招身敗名裂的禍，便是不知道中庸。

易經又用另一個名詞，代表中道，即是謙。謙雖說是自下，實際乃是中道，不走偏激的亢。

「謙，亨。天道下濟而光明，地道卑而上流。天道虧盈而益謙，地道變盈而流謙，鬼神害盈而福謙，人道惡盈而好謙。謙，卑而光，卑而不可踰，君子之經也。」（謙卦，彖）

「謙，卑而光，卑而不可踰。」說明謙雖是退，雖是自下，同時却是在上，正得其中。

## 4. 君子聖人的人格觀

聖人和君子的人格觀，由孔子所創建。聖人的人格，在古書裏雖然有，但沒有標出非爲人生的努力目標。孔子在論語和中庸裏標擧了聖人的人格，又創建了君子的人格，同時也描寫了小人的卑鄙。聖人、賢人、君子、小人，在儒家的傳統裏成了人的階級。

易經的「十翼」裏，很多次標擧君子的人格。

「君子終日乾乾，夕惕若厲。」(乾卦，卦辭)

「君子體仁足以長人，嘉會足以合禮，利物足以和義，貞固足以幹事。君子行此四德者，故曰：元亨利貞。」(乾卦，文言)

「君子敬以直內，義以方外，敬義立而德不孤。」(坤卦，文言)

「師，君子以容民畜衆。」(師卦，象)

「象曰：天地不交，否。君子以儉德辟難，不可榮以祿。」(否卦，象)

「君子以教思無窮，容保民無疆。」(臨卦，象)

「君子以明庶政，無敢折獄。」（賁卦，象）
「君子尚消息盈虛，天行也。」（剝卦，象）
「吾子以虛受人。」（咸卦，象）
「君子以立不易方位。」（恒卦，象）
「君子以遠小人，不惡而嚴。」（遯卦，象）
「君子以非禮弗履。」（大壯卦，象）
「君子以言有物，而行有恒。」（家人卦，象）
「君子以反身修德。」（蹇卦，象）
「君子以見善則遷，有過則改。」（益卦，象）

上面所引已經很多了，其他各卦講君子的還有不少。易經講君子常在「象曰」。「象曰」以上下兩卦的象，說明這卦的意義；所說的意義，常是君子所行之道，例如益卦，上卦為震，震為雷，下卦為巽，巽為風。「象曰：風雷，益，君子以見善則遷……」因有「風雷之勢，交相益助。」（周易本義 注）又如家人卦，上卦為離，離為火，下卦為巽，巽為風。「象曰：風自火出，家人。君子以言有物……」，因為『身修則家治』。又如明夷卦，上卦為離，離爲火，下卦爲坤，坤爲地。「象曰：明入地中，明夷。君子以莅衆，用晦而明。」

用「象曰」說明君子所行之道，易經的思想是表明天人相通，以天地之道用於人事，使自然界的現象常有一種精神的意義。君子所行之道，乃儒家的倫理道德觀。君子是一位努力前進，修身齊家治國的人。易經「象曰」的一些話成了後代儒家的修身原則。例如『敬以直內，義以方外。』在宋朝理學家中，爲一項重要的修身之道。又如『君子以自彊不息』，在現代的中國，還是一條修身的標語或座右銘。祇從這一點去看，「十翼」若非孔子自己所作，一定是孔子門生所錄，因爲「十翼」的思想和論語、大學、中庸的思想相同，而不是漢朝儒者的思想。

君子的人格，爲修身的模範。每個人應求爲君子，而不流爲小人。易經的卦象本來爲卜算人事的吉凶，但是「十翼」的解釋，則常歸到倫理的善惡。這一點也表明；孔子的思想。人所注意的在於善惡，而不在於吉凶，吉凶隨着善惡而定。善就是吉，惡就是凶。

但是人生努力的最高目標，不祇是成爲君子，而是成爲聖人。易經講聖人在經文裏很少，在繫辭裏較多。聖人的人格很高，不易達到，也不易認識。這種最高的人格，實現在天人相通的最高境界。乾卦的文言稱揚『大人』的人格，大人爲一位聖人皇帝，或是一位有德的大臣。

「夫大人者，與天地合其德，與日月合其明，與四時合其序，與鬼神合其吉凶。先天而天弗違，後天而奉天時。天且弗違，而況於人乎！而況於鬼神乎！」(乾卦，文言)

周易本義的朱子注解，以人和天地鬼神，同有一理。聖人沒有私慾的阻礙，故能和天地鬼神相通。實際上，朱子所說的天地之理，卽是生生之理，聖人能贊天地的化育，所以便是天人相通。這種相通的境界，自然流行，不加努力，聖人的心已穩定於善，遇事就自然流露。君子人，須事事努力以求善，聖人則自然而爲善。孔子曾說他自己「七十而從心所欲，不踰矩。」便是聖人的氣象。

「夫易，聖人之所以極深而研幾也。唯深也，故能通天下之志；唯幾也，故能成天下之務；唯神也，故不疾而速，不行而至。又曰：易有聖人之道四焉者。」(繫辭上　第十章)

易經的卦爲聖人所作，易經表現了聖人的四種「道」；「易有聖人之道四焉：以言者尙

其辭，以動者尚其變，以制器者尚其象，以卜筮者尚其占。」（同上）

爲什麼聖人能作易呢？因爲聖人和天地相通，乃能知道天地變易之道。

「聖人有以見天下之賾，而擬諸其形容，象其物宜，是故謂之象。聖人有以見天下之動，而觀其會通，以行其典禮，繫辭焉以斷其吉凶，是故謂之爻。」（繫辭上 第八章）

聖人製造了易卦，卦代表天地的變易，從天地的變易中可以推知人事的吉凶。卦旣是聖人所造，聖人便可以知道人事的吉凶。

「子曰：夫易何爲者也？夫易，開物成務，冒天下之道，如斯而已者也。是故聖人以通天下之志，以定天下之業，以斷天下之疑。……是以明於天之道，而察於民之故，是興神物，以前民用，聖人以此齋戒，以神明其德夫！」（繫辭上 第十一章）

這種神妙的人格，可望而不可卽。宋代理學家雖以成聖爲修身的目標，然也知道聖人的境界不是常人所能達到。但是聖人的人格觀，則常懸在心目中。

## 5. 結語

易經原爲占卜的書，秦始皇焚書時未遭焚燒。漢代易學專以占卜爲主，沒有注意到「十翼」的人生哲學思想。王弼注易，纔開始以易經的義理爲重，掃除了漢易的象數占卜學。宋代理學家除研究易經的宇宙變易思想外，也專心於易經的人生哲學；因此理學家的基本資料，爲易經和大學、中庸。

易經的人生哲學思想，乃是孔子的思想，成於漢代儒學以前。漢代儒學一心注重天人感應的謬論，又以道家思想滲入儒家，把易經的積極而動的人生觀，變爲了靜而無爲的人生觀。又因魏晉南北朝天下紛亂，人都不能安於位，於是士人或者避世以求脫離政治生活，或者趨合時機，以求苟安。於是易經的注重時和位的人生觀，變成了投機的企圖。中華民族的民族性經過了戰國和魏晉南北朝的亂世，失去了積極向前的特性，改成了靜而保守的特性。於是幾千年來，中華民族的文化成了保守的文化。在目前，民族和國家又遭遇空前浩刼，在國際最困難中求生存，總統 蔣公乃提出自强不息的標語，直追易經的人生觀，眞是看清了中華民族的根本思想。蔣公取名介石，號中正，都是出自易經。目前研究易經的風氣頗盛，但若拘泥在占卜卦的解釋，乃爲考古；最重要的，則在於研究易經的哲理，以明瞭中國哲學的根本；然後加以發揮，與以新思想的充實以構成現代中華民族的人生哲學。

（曾載於哲學與文化　第五卷第一期四七頁）

# 六、書經、詩經以及後代儒家的「天」

在儒家的形上學裏，易經爲第一册書；在儒家的人生哲學裏，書經詩經則爲最早的文獻。詩、書的人生哲學觀念雖不很多，但是其中有一個觀念對於儒家以及中華民族的生活和思想，有着很深刻的影響，這個觀念就是『天』。

講社會學的人，常以文明起於宗教信仰，又常把文明分爲幾個時期，例如宗教信仰或神權神學時期、哲學思想時期、科學技術時期。這種講法就大體上，可以說是正確的，歐洲文明和亞洲文明都經過這種階段。但是對於非洲文明來說，則就從未開化時期而躍入開化時期，從宗教信仰時期，跳入了科學技術時期，並沒有所謂哲學時期。再者在歐洲和亞洲的文明裏這種進化的階段雖很顯明，然而不是正反合的辯證式，而是互相融洽的方式，在哲學時期仍舊有神學，也有宗教信仰；在科學技術時期，宗教信仰、神學和哲學也一併存在。

在中華民族的文明裏，『天』的觀念貫通這三個階段，成爲中華民族文明的基本要素。在夏商周的書經詩經時代，天的觀念爲宗教信仰。在漢唐宋明的儒家哲學裏，天的觀念爲人文哲學的基礎。在現代的科技時代，天和自然相合，成爲研究的對象。

# 1. 宗教信仰的天

社會考古學者，考證各原始民族的信仰，漸漸地走向一個歷史的事實，即是最原始的宗教爲一神教。多神教的各種崇拜爲原始一神教的嬗變，圖騰崇拜，精靈崇拜，人鬼崇拜等等宗教，都在失去一神的觀念後纔起來，各地所有的崇拜對象和方式都不相同，也不依循一致的途徑。中華民族的原始宗教信仰，不必要經過圖騰方式。在人類進化到理智運用最高的時期，又再回到一神的信仰。這一點可以證明一種推測，即是最原始的一神信仰，來自神的啓示，原始人的理智並不能由人自己而想到，經過了長久的時期，人們失去了這種啓示的宗教知識，乃由自己的心理感受，編造各種的神靈信仰。

中華民族的原始宗教信仰，現在可以知道的是甲骨文所記錄的和書經、詩經所記載的。從這幾種古代文獻的記載，我們可以知道中華民族的原始宗教信仰爲一神信仰，即是『天』。雖然原始宗教信仰也崇敬別的天神地祇和神鬼，然而『天』被尊爲至高的崇拜對象，其餘的神祇都在『天』以下，又不是一般人所要崇拜的。

中華民族文明所有的最古文獻爲卜筮的甲骨文。可能不是一樁偶然的事，甲骨當然可以在土中保存；然而當時朝廷用的金屬書簡也可以保存，到現在却沒有發現。這一點至少作證一事，就是當時中國人的宗教信仰很盛，支配一切人事。

金文和石鼓文也是一種很古的文獻，稍在甲骨文以後。書經和詩經的時代雖不能絕對確定，然而大致來說，和甲骨文以及金石文的時期相同，兩書的內容也作證了當時中國人的宗教信仰非常濃厚。

宗教信仰對於民族思想的形成所有的影響，可以從多方面去看；從生活的價值，從政治的制度，從倫理道德，從哲學的形上論，都由宗教信仰去形成。

甲骨文和金石文的天，書經和詩經的天，有同樣的宗教涵義，都指着宗教信仰中的最尊神靈。現在我們有考古學者和宗教史學者的著作，解釋在文字方面，天字在原始的意義。這些學者也說明詩，書中的『帝』字，也和『天』字一樣都指同一最尊神靈。

我們不去考證天和帝在文字學上和宗教史上的遞嬗，是天字在先呢？或是帝字在先？我們所要研究的，是宗教信仰的天，在中國思想史所有的地位。

### 甲、一神信仰

天字的最始意義，是指着蒼蒼的形天。形天在人的頭上，甲骨文和金石文的天字，都像一個人伸開雙手，頭上頂着東西，所頂的東西就是蒼蒼的天。說文解釋天字：「天者，巔也，至高無上也。從一從大。」

從甲骨文、金石文、和書經、詩經裏所有天字，通常都指着一位最高的尊神。這位尊神的稱呼有好幾個：帝，上帝，天，上天，皇天，皇天上帝。名稱雖在字面上不同，實際上都是指着同一位尊神：這位尊神爲中華民族有史以來的宗教信仰。

中華民族所信仰的天，爲有位格的神，和印度的梵天不同，和天主教及基督教所信的尊神則在基本上相同，因此天主教稱所信仰的尊神爲天主，基督教稱爲上帝。

天是一位尊神。中華民族在統制上很注重領袖的唯一，俗語云「天無二日，人無二王。」在人世的最高統治者祇能有一個，在宗教信仰上的尊神也祇有一位。

但是從古以來，天地常一同併出在中國人的心目中。宗教方面的祭祀有郊社之祭：郊祭天，社祭地，同爲祭祀中的最高的祭祀。在易經的思想裏，天地常是併立。不過，郊社之祭具有等級的分別，在祭禮上郊祭最隆重，社祭較低。郊社都是祈福感恩的祭祀，祈求天地豐賜收穫，感謝天地能得豐收。農事的收穫爲五穀的長成，五穀的長成靠天靠地，風調雨順是靠天，土地肥沃是靠地。在農人的生活裏，天地同樣重要，因此皇帝代表人民舉行郊社祭祀。但在一般的信仰裏，天特別高，地居其次；天不稱神，地可稱爲神，神在天以下。

秦漢時五行的思想盛行，支配一切，在宗教信仰方面乃有五帝的祭祀。五帝的祭祀起於秦朝，成於漢代。齊鄒衍按所倡五行的思想，倡言天有五常，青、黃、赤、白、黑，循環用事，以配四方四時。漢文帝在渭陽立五帝廟。史紀封禪書說：「同宇，帝一殿，面各五門，各如其帝色。祠所用及儀，亦如雍五畤。夏四月，文帝親拜霸渭之會，以郊見渭陽五帝。」於元十五年，西元前一六五年，文帝祭五帝，儒者上書說：「天一而已，而曰有五帝，非古也。……夫帝一而已，安得有五。」鄭玄又以皇天上帝立在五帝之中，乃有六帝六天之說。宋神宗卽位元年卽下詔罷六帝的祭祀，祇祭上帝，因六天之說，爲鄭玄的異說。

## 乙、精神體的尊神

中華民族所信的天，不像古希臘人所信的邱匹特；邱匹特爲神而人化，追逐戀愛和表揚仇恨；天則是無形像的精神。「上天之載，無聲無臭。」（詩經 大雅，文王）書經和詩經沒有講『神』的特性，易經和中庸則說明『神』是無形的精神體。易經說：『神無方而易無體。』（繫辭上，第四章）「惟神也不疾而速，不行而至。」（繫辭上，第十章）中庸說：「鬼神之爲，其盛已乎！視之而弗見，聽之而弗聞，體物而不可遺。」（中庸，第十六章）天雖不是鬼神，但在鬼神以上，更是不可見不可聞的精神體。

神爲精神體或精神性，在中國哲學裏是一個普通的觀念。凡稱爲神的，都有精神的特性，漢儒和宋明理學家都稱人的心爲神，就是因爲動作，「不疾而速，不行而至。」而且靈妙不可測。

上天既是無形無像的精神體，祂和人們的關係怎樣可以建立呢？這種關係的建立，不能是一端，以眼耳爲關係起點的人，一端是不能見聞的精神：而是須要兩端有同樣的性質；因此中國古人觀察自己的生活，以天象代表上天的工作，這些工作乃是天人關係的基礎。中國古人以宇宙常常運行，運行目標爲生生，生生的根源則來自天地，於是天人的關係，乃建立在人和有形的天地之間，有形的天地代表無形的上天。在祭祀裏便有郊社之祭，在易經裏便以天地乾坤爲生命之源，荀子、王充和宋明理學家便以天代表自然。在詩經裏已經有以形天代表無形上天的思想，「悠悠蒼天，此何人哉！」（詩經，黍離）「彼蒼天者，殲我良人。」（詩經，黃鳥）「昊天疾威，敷于下土。」（詩經，小旻）以有形的蒼天代表上天，理由很簡單，因爲古人相信上天是在蒼天之上，蒼天爲上天的住所。中國普通人要發誓，常指天作誓。

## 丙、天生神物

「天生蒸民，有物有則。」（詩經，蒸民）「天作高山，大王荒之」（詩經，天作）上天造生人物，乃是中國從古到今的一個民衆化觀念。中國思想裏，造物者的觀念也很普遍，就連莊子也有。中華民族原始的信仰，相信上天爲人物的創造者。後代的中國人，常常保全這種信仰。歷代的中國人家裏，都供有『天地君親師』的神位牌，信天地爲生命之本。

中國古人的信仰沒有上天創造人物的說明，不說上天怎樣創造了天地。至於盤古開天地，女媧氏造人，則是古代的神話，不屬於宗教信仰：中國古人從來沒有祭祀盤古和女媧。

『天造人物』的信仰，對於中華民族的思想影響很大，歷代的農人都是『靠天吃飯』。但是對於中國的哲學則不見有什麼影響。

西洋的哲學，以神學爲基礎。這是因爲西洋的人民都信仰天主上帝。西洋哲學認定宗教信仰爲人生的規範，因此便認定上天創造萬物爲宇宙的源起，在哲學裏不講宇宙源起的問題，祇有在最古的希臘哲學裏有粗俗的論說。西洋宇宙論講『物』的意義，研究『物』的構成素。西洋形上學講『有』的意義，研究形上的基本原則。宇宙源起則在自然宗敎哲學裏討論。西洋古代哲學和神學不能分離；若是把神學和哲學分開，哲學便對於宇宙和人生，有許多基本問題沒有辦法交待。西洋的現代哲學則離開神學而和科學相連，把宇宙的源起問題交給科學，形成和古代哲學的脫節。

中國的哲學不以宗敎信仰爲基礎，因爲中國人對於宗敎信仰的評價和西洋人的評價不同。西洋人以宗敎信仰爲整體人生的規範，一切都要以宗敎信仰爲依據，哲學也包括在內。

中國人以宗教信仰祇是人對神靈的崇拜，宗教信仰所包括的祇有神的敬禮。雖然後來佛教傳入中國，把整體人生包括在宗教信仰以內；然而中國人雖然信佛，却不採納佛教的哲學。因此，中國哲學沒有天造人物的問題，却另以太極或道作爲宇宙的起源；且進而討論宇宙萬物生化的歷程，老子有道的生化歷程，易經有太極的生化歷程，宋朝周敦頤作太極圖，以說明宇宙萬物的源起和生化的經歷。中國的宇宙論，乃是宇宙的源起論，包括形上學的『有』，又包括宇宙論的『物』。

但是中國的哲人，却不因爲自己的哲學思想而拋棄自己的宗教信仰。荀子和王充講自然之天而仍舊信靈明的上天，宋明理學家講理性之天也仍舊信神明之上天。

## 2. 自然之天

現在一些中國學者，講述中國古代思想史，特別强調中國古代宗教信仰的變遷。他們認爲書經詩經的位格上天信仰，到了春秋戰國時已經變成了一種形天的信仰，由着形天的觀念，再進到『自然』的觀念，因此書經和詩經的上天，變成了自然的形天。所謂形天，並不是僅指着蒼蒼的形天，而是指着自然界的現象。

春秋戰國時的宗教生活，人神雜處，各國所信的神靈，糅合一起。書經和詩經初期所信的上天，被羣神信仰所掩蔽。

胡適之曾說：「這是秦帝國的宗教，其中最尊的大神仍是秦民族的上帝四時，最時髦的仍是秦民族的『陳寶』；而地方舊祠祀，如齊之八神，周之杜主，以及各地的名山大川，都成爲這國教的一部份。天地，日月，星宿，山川，都是自然界的實物；杜主等是人鬼，陳寶是物神。故秦的國教是一種拜物，拜自然，拜人鬼的宗教。」(1)

徐復觀說：「按春秋時代，在進步的貴族間，天已由宗教的意義演變而爲禮的根源的意義，此爲儒家所承，而成爲道德的最高根據，這當然是價值的意義。」(2)

「古代天由宗教的意義，演變而爲道德價值的意義，或自然的意義，這都不足以構成天的哲學。因爲這只是由感情、傳統而來的『虛說』，點到爲止，沒有人在這種地方認眞地求證驗，也沒有人在這種地方認眞地要求由貫通而來的體系。到了董仲舒，才在天的地方，追求實證的意義，有如四時，災異。更以天貫通一切，構成一個龐大的體系。他這不是直承古代天的觀念發展下來的，而是直承呂氏春秋十二紀紀首的格套，內容，發展下來的。……天由四時之運行而見。四時由氣候不同，春主生，夏主長，秋主收，冬主藏；……這便是呂氏春秋應同篇中所說的『與元同氣』。四時雖春夏主生主長，秋冬主收主藏，但必先有生與長，然後才有收與藏。所以呂氏的賓客們，實際是把天的功能重點，放在『生』與『長』的上面。政治上的布德施惠，慶賞敎化，都配在春夏；實際上政治設施的重點，也收在德惠敎化方面。董氏的天的哲學，便是由此而發展下來的。」(3)

唐君毅談論儒家的人生觀，以儒家肯定人世現生爲重點，以孔子的「未知生，焉知死？」爲最高範疇。他說：

「此儒家之思想，要在對於人當下之生命存在，與其當前所在之世界之原始的正面價值意義，有一眞實肯定，卽順此眞實肯定，以立敎成德，而化除人之生命存在中之限制與封閉，而銷除一切執障與罪惡所自起之根，亦銷化人之種種煩惱苦痛之原。人之成德，要在循序而成，以由今至後，由近而遠，由本之末。……故亦必不可先神而後人，先念天堂地獄而後人間，先念前生來世，而後此今生。」(4)

「吾意首當細認取：前所謂吾人生命之生於此世界，初爲一破空而出之一赤裸裸之生命，乃表現一先天的空寂性，純潔性，而爲一善之流行，爲第一義。亦卽以自覺的超越忘去此生命之來處，以及其超越的根源，爲第一義。……由上所說，則生命之存在，自當有其超越的形上根原，亦依此根原之有而有。……此形上根原在中國儒家名之爲天，而此理卽天理，此道爲天道，吾人之生命存在之具此理此道爲性，爲天性，亦爲人性。」(5)

上面所引三位當代學人對於中國『天』的意義的轉變歷史。胡適所說爲由位格的精神尊神信仰變到自然物的信仰。但是對於這種信仰的轉變，並不是自然物的信仰代替了位格的尊神之信仰，而是在位格的尊神之信仰以外，加上了，也滲雜了自然物的信仰。漢朝有五帝的信仰，然而位格的尊神之信仰仍舊存在，漢武帝行封禪之禮，就是在泰山祭皇天上帝。宋朝的皇帝廢五帝祭祀，恢復古代的郊祭，繼續了古代位格的尊神之信仰。

徐復觀所講的演變，是中國哲學上『天』的意義之演變。這種演變是在漢代的天人感應說裏表現出來。這種學說的代表是董仲舒。但是王充在另一方面也代表漢代自然的天之思想。這種自然的天之思想是一種哲學思想，但有宗教信仰作根據。由宗教信仰的位格尊神演變爲自然的天，這種演變是一種增加水流，而不是斷絕水源而另開信仰之源。漢朝人仍舊信有書經詩經的皇天上帝，但他們又信皇天上帝和人的關係，由自然的天而表現，即是以自然之天爲皇天上帝的表形。當然在一般人的單純信仰裏，自然的天可以代替了位格的精神尊神。

唐君毅所說的儒家思想，爲由宋明理學家所演變出來的義理之天。在下一段我必加以研究，在這一段裏我研究的是——自然之天。

在中國哲學上自然之天的思想，當然以老子爲先。儒家的自然之天，則以荀子爲開路的人。荀子在天論篇强調人爲能够勝天。他所謂的天卽是指自然界的物和現象。「大天而思之，孰與物畜而制之；從天而頌之，孰與制天命而用之；望時而待之。……故錯人而思天，則失萬物之情。」（天論篇）這個天，和易經所用的天地之天，意義相同，都是指着自然。荀子恨當世人「不遂不道而營巫祝，信禨祥。」（史記 荀卿列傳）一切都要隨着天意。他以法家的精神提倡禮法，以正人心。他本主張性惡，然很看着『善』，『善』爲僞，僞爲人爲。在禮樂方面，人要以自力來改正天性的『惡』；在國家建設方面，人要以自力去改正自然的阻礙。荀子在宗敎信仰上，信有皇天上帝；因爲他在書裏，表示這種信仰；但他不願意把皇天上帝和自然現象合而爲一，他敬仰皇天上帝，却要物畜自然而加以制裁。

董仲舒的哲學思想，可以說是建築在『天』的意義上。他的『天』，是自然的天。但他提倡自然之天和荀卿提倡自然之天，目標互相對抗，荀卿反對戰國社會的迷信，想把自然之天和皇天上帝分開，董仲舒則把自然之天和皇天上帝相連。「在春秋繁露裏，天有兩種意義：一種指着無形無像的最高上天，一種指着由事物可現的自然之天。這兩種天似乎互相混合，又互相衝突，使現在研究董仲舒思想的人感到困惑；因爲一方面看到他誠心信仰上天，一方面又看到他講人和形天的合一，便不容易了解他對於『天』究竟有什麽意義。」(6)

董仲舒以人配天，「唯人獨能偶天地。人有百三十六節，偶天之數也。形體骨肉，偶地之厚也。上有耳目聰明，日月之象也。體有空竅理脈，川谷之象也。心有哀樂喜怒，神氣之類也。……天以終歲之數成人之身，故小節三百六十六，副日數也。大節十二分，副月數也。內有五臟，副五行數也。外有四肢，副四時數也。乍視乍瞑，副晝夜也。乍剛乍柔，副冬夏也。」（春秋繁露 春十三，人副天數）這個『天』，完全是形天，是自然現象。董仲舒以自然之天和人身相合，解說天人合一，牽涉到皇天上帝。

尤其是漢朝，人們相信天人感應，人事的善惡，特別是皇帝行爲的善惡，必招到相合的天象。祥瑞災異，就是人事所招引的感應。這種思想在呂氏春秋裏很濃厚，在淮南子裏也有，爲漢朝最流行的思想。天人感應的天爲自然之天，而天人所以感應是在於氣的同類相應，那麼天人感應之天乃是氣所成，不能是無形無像的位格尊神。但是我們不能夠肯定說這種自然之天代替了位格尊神之天，更不能說漢朝人祇信自然之天而不信皇天上帝。追究這是以皇天上帝的信仰爲根本，自然之天代表天意行賞行罰，以祥瑞災異而表現。在一般社會上人的心目中，自然之天和皇天上帝相混，中國人的宗教信仰有了演變。不過，在詩經裏所說的『悠悠蒼天』，就有這種意義。同時，皇天上帝的信仰，依舊存在。

這種自然之天的信仰，造成一切都詢問神意的迷信，較比荀卿當時的迷信爲重。漢朝有識之士，都起來反對天人感應所造成的讖緯。王充便是其中最有代表性的學人。

王充回到荀子的自然之天，以天無意志，因天沒有口目；不能看，不能言，當然不能和人事有感應。「夫天道，自然也，無爲。如譴告人，是有爲，非自然也。黃老之家論天道，得其實矣。」（論衡，譴告篇）因此，他反對讖言。但是他却很相信妖，但不信神；所謂神，是人死後的神鬼，書經詩經的皇天上帝，王充仍舊相信。

漢朝人所講的自然之天，在天人感應說裏，和位格尊神的皇天上帝相混，但並不互相衝突或互相否決，漢朝人信皇天上帝，也相信自然之天。在自然天道的學說裏，自然之天和易經的天地之天相同，代表陽氣。王充在自然篇說：「天地合氣，萬物自生，猶夫婦合氣，子自生矣。……或說以爲天生五穀以食人，生絲麻以衣人，此謂天爲人作農夫桑女之徒也，不合自然。」這種思想則又和易經所講天地好生之德不相同了，而是和老子的『天地不仁』的思想相同。

## 3. 義理之天

義理之天來自法天的思想。儒家的人生理想在於法天，以天爲生活規範。在詩經裏有「天生蒸民，有物有則」的話。天所定的規律，爲人生活的規範。天所定的規律，稱爲天道。天道的觀念，在書經和詩經裏，和天意天命相同，所謂天意天命卽是上天之命。在易經裏則是自然界的原則。易經的卦，以三爻代表天地人，卦的意義代表天道人道地道。卦的來源呢？則是伏羲氏仰觀天象，俯察鳥獸之跡，卽是觀察自然現象而畫成的。易經的天道可以說是自然律。

孔子以禮作爲人生規範，「非禮勿視，非禮勿聽，非禮勿言，非禮勿動。」（論語 顏淵）禮的來源本於天，所謂天，指着易經的天道，然也指着書經的天意。

中庸則以性爲人的生活規範，「天命之謂性，率性之謂道。」人性爲人生之道，中庸以至誠的人爲最高尙的人格，至誠的人就是盡性的人。

這種思想在漢朝中斷了，到了宋朝纔由理學家重振起來，加以發揚。

理學家的思想以易經爲根據，以中庸大學爲骨幹。周敦頤作太極圖，演變易經的宇宙變易論。張載講太虛之氣，以宇宙的元素爲氣。二程由氣而到理，朱熹乃有理氣的學說。宇宙萬物都由理氣而成，而理氣却不能分離。人有理氣，理爲性，氣爲形；形限制理，理範圍氣。人的一切，以理爲根基，氣則是形成理的表現。人的氣爲清氣，因此人表現理的形式爲靈明，人的靈明是心；心旣是靈明，理便能全部表現，因此人的理是偏是全。

理是人性，性爲天生，理便是天理。所謂天理，卽是自然之理，爲人天生所有之理；因此便可以稱人的理爲天。朱熹說：「性者，人所受之天理。」（朱子語類・卷五）程頤說「在天曰命，在人曰性，循性曰道；性也，命也，道也，各有所當。」（二程全書 伊川文集五，頁十）朱熹又說：「天之賦於人物者謂之命，人與物受之者謂之性，主於一身者謂之心，有得於天而光明正大者謂之明德。」（朱子語類・卷十六）程頤和朱熹都說：天、理、性、心、命，在名詞上都不同，在內容上所指的客體同是一個，祇是觀點不相同。天是從來源方面去看，性是從人方面去看，心是從動方面去看。簡單來說就是中庸所說的「天命之謂性」。

理學家以天命爲人生來所有者，這個天命不是指皇天上帝的命。天是自然，而這種自然的本體是理，天卽是理。人，天生就有理，理是人的性，人的生存和活動，都按照性理去成就。理學家的哲學研究到這一點就止住了，沒有再追上去，天命的天究竟是什麼？唐君毅說：「生命之存在，自當有其超越的形上根原，亦依此根原之有而有。……此形上根原在中國儒家名之爲天，而此理卽天理，此道卽天道。」

唐君毅以人的生命根原，是超越形上的天。這超越形上的天，究竟是什麼？是天理嗎？天理可以說是本體方面的生命根源。人的生命由理和氣而結成，理既是天，天便是生命的根源。然而這種根源只是原素式的根源。若問理和氣由何而來？答是天生如此。天生究竟是由何而來，則說是天命。天命又是什麼？再往上追，祇能假定有一最後的實有體，或說是『道』或說是『太極』。但都不能解說所追問的問題，需要進入宗教信仰纔有答覆。將天命的天，解釋爲位格的尊神——皇天上帝，要說「天作人物」。

理學家所講義理的天，乃是易經所說：「一陰一陽之謂道，繼之者善也，成之者性也。」(繫辭上，第五章)爲解釋人之所以爲人的理，和人的生活之理。在哲學上爲形上學的本體論。這個天字，來源還是來自宗教信仰之天。書經講天命，爲皇天上帝之命。理學家講天命，認爲自然之理，然而自然之理之所以成，理學家祇能說是天生的或自然而有的。實際上所謂天生的或自然而有的，在儒家的思想裏，應該和書經所說的皇天『天作人物』相連貫，纔能表現儒家的整體思想。

義理的天可以說是相當於自然，天理相當於自然。在近代歐美的哲學裏，也有這種思想。辯證唯物論把這種思想推到了極點，而且也應當說是必然的結論。因爲若一切都以自然爲根本，宇宙當然是物質的宇宙，宇宙一切都是物質。

儒家雖然根據易經的思想，以天地代表形天，而又以天代表天理；然而在形天和天理的後面，有皇天上帝作根基。皇天上帝爲精神體，由上帝而來的宇宙便不完全是物質，而是具有心靈的。理學家講自然天理，同時却也强調靈明的人心。人心爲靈，爲精神，能知。理學家主張心物並存。因此理學家便不能以物質爲人生存的根本。雖然唐君毅以天爲超越形上的。但若不以超越形上者爲絕對精神體，天必要落爲物質的自然。

## 4. 天人合一

中國哲學注意生命，無論儒家道家佛教，都是人的生命哲學。生命哲學常講生命的由來，生命的意義，和生命的發揚。道家的生命哲學以道爲生命的根源，以自然爲生命的意義，以人合於道爲生命的發揚。佛教以因緣論爲生命的根由，以解除痛苦爲人生的意義，以入涅槃爲生命的發揚。儒家則以天爲生命的根本，以仁爲人生的意義，以天人合一爲生命的發揚。

天人合一的思想在易經上很明瞭地表現出來。易經的天人合一思想，以聖人爲主體。聖人的心靈光明純潔，能够洞悉天道，明瞭天地變易的奧妙。易經繫傳說：「聖人有以見天下之賾，而擬諸其形容，象其物宜，是故謂之象。聖人有以見天下之動，而觀其會通以行其典禮，繫辭焉以斷其吉凶，是故謂之爻。」（繫辭上，第八章）「是故，天生神物，聖人則之；天地變化，聖人效之。天垂象見吉凶，聖人象之。」（繫辭上，第十章）

聖人既因心靈的清明，洞悉天地變化的奧妙，又因心靈的清明，沒有情慾的紛擾，能够在一切行動上合於天道。易經以這種境界爲天人合一的境界。「夫大人者，與天地合其德，與日月合其明，與四時合其序，與鬼神合其吉凶。」（乾卦，文言）這種天人合一的境界是知和情的境界，而所謂天，爲自然之天。然而這種自然之天，不是老子的自然之天。易經講天地好生之德，好生之德表示皇天上帝『天生神物』之德。自然之天乃是皇天的表現。

中庸的『誠』，爲天人合一的道徑和方法。「誠者，天之道也；誠之者，人之道也。」(中庸 第二十章) 朱熹註釋「天之道」爲「天理之本然」，「誠」爲「眞實無妄」。誠的對象爲性。中庸說明至誠的人能盡自己的性，而後盡人性，而後又盡物性，終而能够「贊天地之化育」。(中庸 第二十二章)「可以贊天地之化育，則可以與天地參矣。」朱熹註說「與天地參，謂與天地並立爲三也。」天地人並立爲三，代表宇宙萬物，也是易經的思想。中庸的「與天地參矣」，有天人合一的價値與境界。至誠的人，與天地合一；合一之道在於贊助化育，卽是在於仁。易經也說：「天地之大德曰生，聖人之大寶曰位。何以守位，曰仁。」(繫辭下，第一章) 中庸的天人合一和易經的天人合一相貫連，然已進了一步指出了天人合一的內容。內容卽是好生之德，既然是好生之德；雖說是『贊天地之化育』，歸根仍然要歸到「天作神物」的皇天。

宋明理學家承援易經中庸的思想，周敦頤講『誠』，張載講聖人淸虛之氣，都能達到天人合一。但張載更進而講「乾稱父，坤稱母，予玆藐兮，乃渾然中處。故天地之塞，吾其體，天地之帥，吾其性。民吾同胞，物吾與也。」(西銘) 人與天地同體，這種思想應該是由他的太虛之氣而發展出來。天地萬物同具一氣，雖氣分清濁，然都是一氣。一氣的天地萬物，可以說同是一體，因此以『物吾與也』。同是一體的結果，在於人與萬物相通，萬物各按次序，互相貫通共存。人因所具之氣爲清氣，乃有靈明之心，人以靈明之心，體會並體驗萬物一體，『大其心，則能體天下之物。』（正蒙・大心篇）。心體萬物，卽是愛萬物，愛就是仁，就如孟子所說：『仁民而愛物』。

王陽明更明白提出一體之仁。所謂仁卽是生，人和萬物在生命上乃是一體。「大學問」講一體之仁，以人爲保存生命，需要動物植物和礦物，吃肉吃蔬菜，吃藥石，這一點表示人的生命和動植礦等物相連，可稱爲一體之仁。因着生命相連，彼此便相關，相關便不能互相殘殺，而應互相愛護；因此生生之仁而進爲愛之理，人心要愛萬物。在相連和相愛而實現天人合一。

愛之理爲仁，是朱熹的思想，朱熹曾著一篇「仁說」，以人得天地之心爲心，天地則以生物爲心。天地生物而愛物，人心既是和天地之心相同，也應該生物而愛物。人心能體驗這種仁心，便是天人合一。朱子的『天地之心』，所謂爲自然天理，然而在天理的後面，應該是皇天以生物愛物爲心。

先總統　蔣公曾說：「我們中國『天人合一』哲學思想，乃是承認了『天』的存在，亦就是承認了『神』的存在。故『天曰神』，又曰『神者，天之本，而爲萬物之始也。』又說惟有『天人合一』的尊神論者，纔能樂道順天，不憂不懼，安心立命。」(7)這種解釋，爲一種符合中國思想傳統的正確解釋。若祇以天人合一的天爲自然天理，儒家和道家，孔子和老子，便沒有分別了。

## 5. 結語

儒家的天，首先的意義，爲宗教信仰的位格尊神。這種宗教信仰從古代流傳到現今；而且在中國歷代的祭天郊祀裏常被保存。歷代儒家的學者，沒有不信上天的，孔子和孟子信仰上天，荀子也信仰上天。漢朝董仲舒和王充都保有這種信仰，二程和朱熹，以及王陽明、王船山都信天而敬神。

在中國宗教信仰的變遷過程裏，漢朝人最相信形天，主張天人感應，讖語流傳社會，把形天混在皇天上帝的信仰裏，使哲學的思想也以形天作人生的根本。

理學家破除漢朝人的迷信，追踵孔孟而回到易經和中庸，以天命之性爲人的根本，天命既是天理，天理卽是自然之天。理學家講論人的本體，止於理和氣。然而天理之天，和自然之天，不能是形天；因爲若是形天，則墮於唯物論。

因此，儒家的義理的天和自然之天，都和宗教信仰之天相連貫。義理之天爲自然之天的演變，自然之天爲形天的演變，形天爲皇天上帝的演變。在演變的歷程裏有宗教信仰的演變，又有哲學的演變。但是演變的結果，自然之天和義理之天，並沒有摧毀古代宗教信仰之天。我們祇要看北平的天壇，就可以知道中國歷代社會都保留了上尊神的信仰。

註：

(1) 胡　適　中古思想史長編　頁五一四　民國六十年。
(2) 徐復觀　兩漢思想史　卷二，頁四三六，學生書局　民國六十五年。
(3) 徐復觀　兩漢思想史　卷二，頁三七一。
(4) 唐君毅　生命存在與心靈境界　下册　頁八三六，學生書局　民國六十六年。
(5) 同　上　頁八六七，八七一。
(6) 羅　光　董仲舒哲學思想　頁一一，輔仁大學人文學報第六期。
(7) 蔣經國　風雨中的寧靜　頁三ㄧ四。

（曾載於哲學與文化　第五卷第九期，五五頁）

# 七、儒家的仁

（民國六九年七月十五日於國學講習會講）

## 1. 先儒的仁

### 甲、孔子以仁爲修身之道

在書經這本書裏，有講論道德的話，堯典且說『克明俊德』，皋陶謨說『九德』，康誥說『不孝不友』；然而却很少見到仁德的『仁』字。

但是到了論語，則書中充滿了仁字；孔子對於仁字的解釋，意義非常廣泛，也特別深刻，我爲各位擧出幾個例子：

「子曰：巧言令色鮮矣仁」（學而）

「子曰：惟仁者，能好人，能惡人。」（里仁）

「子曰：苟志於仁矣，無惡也。」（里仁）

「子曰……君子去仁，惡乎成名，君子無終食之間違仁，造次必於是，顛沛必於是。」(里仁)

「子貢曰：如有博施於民，而能濟衆，可謂仁乎？子曰：何事於仁，必也聖乎！堯舜其猶病諸。夫仁者，己欲立而立人，己欲達而達人。能近取譬，可謂仁之方也矣。」(雍也)

「顏淵問仁，子曰：克己復禮為仁，一日克己復禮，天下歸仁焉，為仁由己，而由人哉！顏淵曰：請問其目。子曰：非禮勿視，非禮勿聽，非禮勿言，非禮勿動。」(顏淵)

「仲弓問仁，子曰：出門如見大賓，使民如承大祭，己所不欲，勿施於人。在邦無怨，在家無怨。」(顏淵)

「司馬牛問仁，子曰：仁者其言也訒。」(顏淵)

「樊遲問仁，子曰：愛人。樊遲未達。子曰：擧直錯諸枉，能使枉者直。」(顏淵)

「樊遲問仁，子曰：居處恭，執事敬，與人忠，雖之夷狄，不可棄也。」(子路)

「子曰：剛毅木訥，近乎仁。」（子路）

「子張問仁於孔子，孔子曰：能行五者於天下，可為仁矣。請問之。曰：恭寬信敏惠。恭則不侮，寬則得衆，信則人任焉，敏則有功，惠則足以使人。」（陽貨）

上面每一段答詞，都不說到『仁』的一面，我們把這些話綜合起來，就可以看到『仁』在多方面的意義，孔子對於門生的問答，是就修身的工夫說話。修身有兩方面：一方面是對於自己，一方面是對於旁人。在對於自己說，仁是端重，所以說仁是剛毅木訥，是訒言，是居處恭，是守禮。孔子很重視端重，在言語行事上，處處都要端莊。孔子說：「君子不重則不威，學則不固。」（學而）孔子自己生活的姿態，「溫而厲，威而不猛，恭而安。」（述而）大學和中庸講論修身，特別指出愼獨，愼獨就是端重，獨自一個人的時候，也不能輕佻放蕩，仍舊要謹愼端莊。宋朝理學家便標出『持敬』，作爲修身的主要工夫。漢朝揚雄還說明『四重』：「重言、重行、重貌、重好；言重則有法，行重則有德，貌重則有威，好重則有觀。」（法言，修身）

仁在對自己本身的修養，應該是端重，在言語上，木訥少言；在行動上，恭正不苟，端重的標準則是禮，所以守禮便是仁，在視聽言行上，處處遵守禮的規則。

對於旁人，仁是愛。所以說「惟仁者能愛人」、「己所不欲勿施於人」。又說：「寬則得衆，信則人任焉，惠則足以使人。」孔子在論語和中庸裏講三達德：「智仁勇三者，天下之達德也。」（中庸，第二十章）達德的仁，就是愛。

從孔子對於『仁』的解釋，仁字等於修身，包括一切的善德。但是在一切的善德裏，有一種善德居於中心的地位，可以代表一切善德；這種居於中心地位的善德，就是仁愛。仁等於修身，因爲孔子說過：「夫仁者，己欲立而立人，己欲達而達人。」立己立人，達己達人，乃是修身的最高原則和目標。中庸說：「子曰……修身以道，修道以仁。」（第二十章）

仁爲中心的善德，因爲孔子曾經說：「吾道一以貫之。」（衛靈公）曾子解釋孔子的話，說：「夫子之道，忠恕而已矣。」（里仁）忠恕都是對人而有的善德，忠是與人有忠信，恕是推己及人，忠恕便是好好待人，便是愛人。從曾子的解釋，我們可以知道孔子的一貫之道，乃是仁愛。

## 乙、孟子以仁爲仁政

孔子的思想，到了孟子，有了很深刻的又很具體的發揮。孟子說：

「仁也者，人也。合而言之，道也。」（盡心下）

這句話非常深刻，仁就是人，仁就是人之所以爲人之理。一個人若沒有仁，便不是人。中庸也說過同樣的話：「修身以道，修道以仁，仁者人也。」（中庸　第二十章）爲什麼仁是人呢？孟子說：「仁，人心也。」（告子上）人的心是仁，人心爲人的大體。孟子曾說人有小體和大體，小體爲耳目之官，大體爲心思之官；耳目之官，人和禽獸相同，心思之官纔是人所特有。（告子上）心思之官的大體便代表人，人心既是仁，所以「仁也者，人也。」

人心是仁，孟子以人心生來有仁義禮智四端，四端乃是人性之理，在人心理和情相合，便有惻隱之心，羞惡之心，辭讓之心，是非之心。「惻隱之心，仁之端也；羞惡之心，義之端也；辭讓之心，禮之端也；是非之心，智之端也。人之有是四端，猶其有四體也。」（公孫丑上）孟子乃講仁義禮智四端，又以仁義代表四端，最後則講仁政，作爲自己思想的代表。

『仁政』的思想，爲孟子思想的中心，仁政就是愛民。大學曾說：「大學之道，在明明德，在親民，在止於至善。」（大學，第一章）孟子以親民爲仁政，以仁政爲堯舜之道。他說：「堯舜之道，不以仁政，不能平治天下。」（離婁上）又說：「三代之得天下也以仁，其失天下也以不仁。國之所以廢興存亡者亦然。天子不仁，不保四海；諸侯不仁，不保社稷；公卿不仁，不保宗廟；士庶人不仁，不保四體。今惡死亡而樂不仁，是猶惡醉而强酒。」（離婁上）他引孔子的話作爲根據，孔子曰：「道二，仁與不仁而已矣。」（同上）孟子在週遊列國時，向諸侯所說的政治理想，回鄉以後，向弟子們談論政治，都以政治爲目標。因此，「仁政」一詞成了儒家政治思想的代名詞。

### 丙、漢儒以仁爲元爲本

秦始皇焚書，易經未被燒毀，漢朝儒者在思想上便以易經爲主。易經論宇宙變化，以陰陽兩氣爲元素。董仲舒以仁爲陽氣。「陽氣煖而陰氣寒，陽氣予而陰氣奪。陽氣仁而陰氣戾。陽氣寬而陰氣急，陽氣愛而陰氣急，陽氣生而陰氣殺。是故陽常居實位而行於盛，陰常居空位而行於末。」（春秋繁露，卷一一，王道通三）。仲舒所列舉陽氣的特性：煖、予、仁、寬、生、愛，都代表仁愛，於是仁，不僅是人心之德，而也是宇宙萬物的天生特性，因爲宇宙萬物，都由陰陽相合而成。

漢朝儒者特別講五行，以五行爲陰陽的變化，由五行而結成萬物，天地間的事物，便都和五行相配。宇宙的變化在空間的東西南北四方，在時間爲春夏秋冬四季。漢朝易學家將五行配合四方和四季，以仁配東配春，東和春都代表陽氣漸盛，萬物都有生意。易緯說：「夫萬物生於震，震東方之卦也，陽氣始生，愛形之道也，故東方爲仁。……故道興於仁，立於禮，理於義，定於信，成於智；五者，道德之分，天人之際也。」漢儒以五德爲五常，配於木、火、水、金、土五常。

漢儒思想的中心，在於天人相應，董仲舒以人爲一小宇宙，和天地的大宇宙相配合；因此人的道德也和天地的現象相應，道德的理論由倫理思想進入了宇宙論和形上學的理論。仁乃代表天地的陽氣，代表萬物的化生。

## 2. 理學家的仁

### 甲、朱熹以仁爲生爲愛之理

宋朝理學家朱熹，可以說是集儒家思想的大成，他承繼了孔孟的思想，也採納了漢儒的思想。他論『仁』，由孟子以仁爲人性人心的善德，歸到孔子以仁爲全德。

「蓋天地之心，其德有四：曰元亨利貞，而元無不統，其運行則為春夏秋冬之序，而春生之氣，無所不通。故人之心，其德亦四：曰仁義禮智，而仁無不包。其發用焉。則為愛恭宜別之情，而惻隱之心，無所不貫。」（朱文公文集，卷六十七 仁說）

仁義禮智爲人性之理，惻隱、羞惡、辭讓、是非之心，則爲人心之情。惻隱之心貫通羞惡辭讓是非之心，仁德包括義禮智之德。

朱熹以人心有四德配合天地之心有四德，這種思想來自漢儒。然而朱熹不願意停留在漢朝易學家的卦氣之說，他上溯到易經本身。易經以「天地之大德曰生。」（繫辭下 第一章）朱熹便說：

「天地以生物為心，天包着地，只是生物而已，亙古至今，生生不窮，人物則得此生物之心以為心。」（朱子語類 卷五十三）

天人相應，天地以生物爲心，人得天地之心以爲心，人心便也以生物爲心。

「天地以生物為心者也，而人物之生，又各得夫天地之心以為心者也。故語心之德，雖其總攝貫通，無所不備，然一言以蔽之，則曰仁而已矣。」（朱文公文集 卷六十七 仁說）

生物之心，卽是仁心，仁乃是生。朱熹說：

「仁者，天地生物之心。」（朱子語類 卷五十三）

「仁是個生理，若是不仁便死了。」（同上）

醫書上以手足痲木爲不仁，痲木卽是沒有生氣。桃杏的生命根源，在於核內的仁，桃仁杏仁就是生命的根。朱熹却不贊成以仁爲知覺，因爲二程的門生中有人以痲木不仁爲失去知覺爲仁。朱熹說：

「仁固有知覺，喚知覺做仁，却不得。」（朱子語類 卷六）

生稱爲仁，仁稱爲生，在仁的意義上加了一層形上的意義。生由天地之心而來，天地之心稱爲好生之心，好生之心稱爲天地好生之德。好生之德卽是愛萬物愛生命，天地代表上天，上天因愛萬物而使萬物化生，乃稱爲仁。仁便是好生之德。生稱爲仁或仁稱爲生，就是萬物的化生由於上天之愛，上天之愛表現於天地之心。人得天地之心爲心，人心也愛萬物。所以朱熹說「仁爲愛之理」。

「愛非仁，愛之理爲仁。心非仁，心之德爲仁。」（朱子語類 卷二十）
「愛雖是情，愛之理是仁。仁者，愛之理，愛者，仁之事。仁者，愛之體，愛者，仁之用。」（朱子語類 卷二十）

爲什麼要呢？每一種物體，都由本性就愛自己的存在，這種存在常動，稱爲生命。凡是生物，更表現對於自己生命的愛。愛自己的生命，就發揚自己的生命，而萬物的生命彼此相連，一個人愛自己的生命，也要愛別人的生命，而且還要愛萬物的生命。孟子所以說「仁民而愛物」。人若能達到這種境界，孟子說：「萬物皆備於我矣。」（盡心上）

## 乙、王陽明的一體之仁

王陽明發揮孟子的這種思想，主張一體之仁。人和萬物在生命上相連，因此在愛上也互相貫通。王陽明在「大學問」一文裏說明人爲維持生命，要吃肉吃蔬菓吃藥，人的生命便和動物植物礦物的生命相連，人需要動植礦各種物質。人愛惜自己的生命，也就愛惜別的人物的生命。

「故見孺子之入井而必有怵惕惻隱之心焉，是其仁之與孺子而爲一體也。孺子猶同類者也，見鳥獸之哀鳴斛觫而必有不忍之心焉，是其仁之與鳥獸而爲一體也。鳥獸猶有知覺者，見草木之摧折而必有憐憫之心焉，是其仁之與草木而爲一體也。草木猶有生意者也，見瓦石之毀壞，而必有顧惜之心焉，是其仁之與瓦石而爲一體也。是其一體之仁也，雖小人之心亦必有之，是乃根據於天命之性，而自然靈昭不昧者也，是故謂之明德。」（王陽明，大學問）

大學以人性爲明德，王陽明以明德爲仁。人生來知道愛人愛物。就是作惡的人，他心中也有這種明德，祇是被私慾所掩蔽。大學乃說：「大學之道，在明明德。」

儒家的大同思想，在論語和「禮運篇」標明四海之內皆是兄弟，孟子講推己及人。張載在「西銘篇」主張：「民吾同胞，物吾與也。」王陽明更建議「一體之仁」，萬物因着仁而成爲一體、清末民初的譚嗣同作一篇「仁說」，以仁爲通，仁能貫通萬物。「是故仁與不仁之辯，于其通與塞。通塞之本，惟其仁不仁。通者，如電線四達，無遠弗屆。」（譚嗣同，仁說，仁學界說）

仁的思想，由孔子到譚嗣同，常是一貫地流傳在儒家的思想，成爲儒家思想的主流。中華民族的傳統文化也以仁道爲特徵。在今天世界的國際關係中，這種仁道，還是救世的良藥。以愛對抗共黨主義的恨；以合作撥正自由世界的自私；以互相關懷，以改正民族的自私。世界大同，乃是大家所期望的國際新秩序。

（曾載於哲學與文化　第七卷第九期二六頁）

# 八、中國哲學的貫通之道

## 一

哲學這個名詞，對於一般人來說，引起不了什麼反應。大家都認爲哲學祇是一些奧妙的空談，不好懂，又和普通生活不發生關係。就連大學生除哲學系的學生外，也都以另種眼光去看哲學。原先在大學各系設有哲學概論一課，現在已經取消了，罪過說是在於講概論的老師講得不好，學生沒有興趣。

哲學這個名詞，本來有點奧妙，但是哲學的內容則不一定遠離人間。中庸是中國一冊老哲學書，先總統　蔣公，却曾親自給將士們講中庸，蔣公說：

「今天我要將我國古代最精微正確的人生哲學卽中庸之道講給大家，這是我們個人修己立身成德立業之要道。我們將領要完成革命救國之要務，不可不透澈明瞭這個哲學的理論。」（中庸之要旨與將領之基本學理　蔣總統言論彙編

第十二卷）

中庸書裏也就說到哲學的理論可深可淺，淺的一面對鄉野間沒有受過教育的夫婦可以知道，可以實行，在深的一方面說，就連智慧過人的聖人也有所不知，有所不能。中庸說：

「君子之道，費而隱，夫婦之愚可以與知焉；及其至也，雖聖人亦有所不知焉。夫婦之不肖，可以能行焉；及其至也，雖聖人亦有所不能焉。」（中庸 第十二章）

哲學所講的，雖然是關於宇宙萬物的最高理論，然而却是由我們人去討論。我們人願意知道宇宙萬物的最高理論，因爲和我們人有關係；我們人也是宇宙萬物的一部份，宇宙萬物的最高理論，也就是我們人的最高理論。我們人是一個活的人，關於人的最高理論，便是我們的人生活的最高理論。誰能說哲學和我們的生活沒有關係呢？先總統蔣公曾說：

「生活卽是人生一切活動之總稱。」（新生活運動 蔣總統言論彙編 第二十一卷）

中庸說：

「子曰：道不遠人！人之為道而遠人，不可以為道。」（中庸 第十三章）

生活的道理，怎麼可以離人很遠呢？若祇是懸空的妙論，和人不相關，就不是生活的道理，也就不是哲學。形上學和宇宙論看來都是抽象的理論，但是中國講形上學和宇宙論的易經，則是人生之道。

從人一方面說，人也不可以遠離人生之道，否則生活沒有原則，沒有目標，生活就很亂，人便不能成德立業。

孔子曾說：

「君子無終食之間違仁，造次必於是，顛沛必於是。」（論語 里仁）

又說：

「朝聞道，夕死可矣。」（論語　里仁）

生活必定要有原則，要有目標；這就是人生哲學。中國的人生哲學以天地之道作基礎，就是說以宇宙萬物的最高理論，作我們人生活的最高理論。易經便是講這種最高理論的書。易經以後的諸子百家也都是講這些理論。因此，中國的哲學乃是人生哲學。

## 二

### 甲、仁的哲學

易經一書講什麼呢？講宇宙萬物的變化，宇宙萬物的變化是什麼變化？我們的老祖宗都是耕田的農夫，農夫怎樣看宇宙的變化？他們看到一年四季春夏秋冬的變化，他們看到中國南北土地和氣候不同，農作物有變化。四季代表時間，南北代表空間，在時間和空間裏，有宇宙萬物的變化。時間和空間裏的變化，有冷熱、有太陽和陰雲，有風和雨、有霜和雪。這一切的變化對於農作物都有密切的關係；五穀在四季裏成長，春生、夏長、秋收、冬藏。因此，可以說宇宙的變化是在使五穀能够生長，同時天地間的萬物也都是在四季裏生活。易經乃說：

「生生之謂易。」（繫辭上 第五章）

「天地之大德曰生」（繫辭下 第一章）

整個宇宙的變化，在於創造生命。易經以陰陽兩氣互相交結，繼續運行，不斷地化生萬物。

「一陰一陽之謂道，繼之者善也，成之者性也。」（繫辭上 第五章）

凡是變化應當有根基，有了根基應當有兩個元素，根基是一，元素有二。沒有一，便沒有根基，變化不能發生；沒有二，變化不能成。宇宙萬物變化的根基是太極，宇宙萬物變化的原素是陰陽。易經說：

「易有太極，是生兩儀，兩儀生四象，四象生八卦。」（繫辭上 第十一章）

易經的卦象代表宇宙萬物的變化，由一而二，由二而四，由四而八，由八而六十四。這是數的變化，簡單又易懂。漢朝人則去掉了四和八，代以五行，由一而二，由二而五，由五而有萬物。五行是金木水火土，代表陰陽的五種變化。這五種變化所成的五行，成爲天地間一切事物的成素，無論什麼東西，甚麼事件，都會有五行。中國人的看相算命，看地，看日子，都用五行去推算，連音樂和醫術也都是五行的動作。

陰陽五行在天地間，繼續變化，運行不已，但是我們人在這些變化裏可以看到幾種很有意義的現象。

第一，天地間的變化，常是互相調節，彼此和諧。冷熱在四季裏互相節制，風雨在四季裏互相調順。自然界的各種事物，常有自己的位置，常有自己的次序。在自然界裏，樹木花草的各種顏色，鳥獸溪澗的各種聲音，構成多彩多姿的美景和天籟，表現大自然的和諧。自然界的各種現象也都互相調協，土壤、水流、空氣互相連繫，使各種生物發育生命。現在科學的進步，人們造成許多汚染的惡現象，破壞了大自然的和諧，使一切生物都受害。

第二，天地間的變化，常是循環不斷，從不衰頹。白天黑夜，春夏秋冬，繼續運行，一絲不苟。易經乃說：

「天行健，君子以自强不息。」（乾卦 象曰）

農夫耕田，按照一年的二十四個節氣，揷秧、拔草、灌水、下肥、收割。一年一年地繼續去做。花草年年長，年年凋謝。鳥獸和魚鼈年年生蛋懷胎，繼續繁殖。自然界沒有停止的一刻。

第三，天地間的萬物，互相連繫，互相依賴。沒有一樣物體，可以單獨存在。一切都是天所覆地所載，一切都需要太陽月亮，一切都需要雨露。動物需要植物，植物需要礦物，植物礦物又需要動物。在生命上萬物都是相連。達爾文說物競天擇，弱肉强食，並不代表萬物的互相鬬爭，而是代表萬物的互相連繫。連繫有連繫的自然規律，絕對沒有一種動物或植物，因着他種動物的需要而被消滅，祇是會被人所消滅。氣候的變遷，可以使不適合的生物死亡，然而新的適合環境的生物，逐漸又發育。宇宙間乃有一道生命的洪流，奔流不停。

中國哲學家研究宇宙間的變化，驚訝一切變化有條有序，萬物化育。孔子說：

「天何言哉！四時行焉，百物生焉，天何言哉！」（論語 陽貨）

孔子驚訝天地的變化，自行運行，無聲無色，萬物得以化生，人的生活也是生命的化生，繼續運行。人的生命的化生，卽是仁。易經的繫辭說：

「天地之大德曰生，聖人之大寶曰位。何以守位？曰仁。」（繫辭下 第一章）

天地的大德在於化生萬物，聖人乃是天地的代表，深深明瞭天地變化之道。聖人最重要的事，卽是說聖人的大寶，在於知道自己的地位。怎麼能夠實現自己地位該有的行爲在於仁。孔子所以在論語裏特別講『仁』。

仁是什麼呢？仁從字面上說，是二人相處之道。從字的意義說是生，醫書說痲木不仁，就是沒有生命，所謂桃仁杏仁，就是桃子杏子生命的根基。由生命而進到生命的發育，由發育而轉到使生命發育的動作，稱爲愛。朱熹曾說天地以生物爲心，乃是仁。人得天地之心以爲心，人的心也是仁。孔子在中庸裏，孟子在孟子書裏都說：「仁者，人心也。」（中庸 第二十、

孟子 盡心下）「人者，人心也。」（告子上）人的心就是仁，卽是「好生之德」。人的心和天地之心一樣，常想使萬物的生命能够發育。孔子乃說「己欲立而立人，己欲達而達人。能近取譬，可謂仁之方矣。」（論語 雍也）朱熹便以仁爲愛之理；他說：「愛非仁，愛之理是仁。仁者，愛之理；愛者，仁之事。仁者，愛之體，愛者，仁之用。」（朱子語類 卷二十）「愛非仁，愛之理爲仁，心非仁，心之德爲仁。」（朱子語類 卷二十）孔子曾也就說過仁是愛人，「樊遲問仁，子曰：愛人。」（論語 顏淵）

『仁』，卽是孔子的一貫之道。孔子的思想以仁爲基礎，中國的哲學也以仁爲中心，中華民族的文化，又以仁爲特有的精神。然而仁則以生命爲基礎，生命的發育爲仁。中庸講至誠的人，盡自己的性又盡人性，再又盡物性，乃能贊天地之化育。（中庸 第二十二章）中庸又讚揚聖人說：「大哉聖人之道，洋洋乎，發育萬物，峻極于天，優大哉！」（中庸 第二十七章）宋元明清的理學家都指出仁爲中國哲學的道統，到清朝末年譚嗣同還作了仁說。

人心有仁，愛惜萬物的生命，第一當然是愛人。愛人是愛自己的父母兄弟子女，而後推己及人，愛別人的父母兄弟子女。儒家乃有大同的精神，以天下的人都是自己的兄弟，所以說：「四海之內，皆兄弟也。」禮記的「禮運篇」已經奠定大同的思想。

第二，愛物，孟子曾說仁民而愛物。因爲人的生命和萬物的生命相連，王陽明講一體之仁。人和萬物在生命上，連結成一體，人愛自己的生命，便也要愛萬物的生命，這種大同的精神，表現在張載的「西銘」爲：「乾稱父，坤稱母，民吾同胞，物吾與也。」

仁的哲學貫通了孔子的思想，也貫通了儒家的哲學思想。

### 乙、性的善惡

宇宙間的天道常有和諧，自然界的物體相連，孔子講論人生活之道，特別提出中庸。中庸卽是不偏不倚，不過也無不及，對於時間和地位，能够恰當適合。論語和中庸書裏都記載孔子的話說：「中庸其至矣乎！民鮮能久矣！」（中庸 第三章）五穀的生長發育，需要風調雨順，風雨不能過多過少；也需要春暖夏熱的陽光。人的生命便需要飮食有度，行動有節；在精神生命上，更需中庸，否則一切的道德都不能够成立。

中庸書上說：「喜怒哀樂之未發謂之中，發而皆中節謂之和。致中和，天地位焉，萬物育焉。」（中庸 第一章）中和也就是中庸，人的感情在發動時要有節制，要能合理。宋明理學家常講保持未發之中，或是恢復未發之中，那就是保全人的本性，就是中庸書中所講的誠。

萬物的生長化育，很自然地發展，祇看到外面的成果，看不到發育的動作。易經稱天地萬物的發育爲神妙莫測，稱爲神：「唯神也，故不疾而速，不行而至。」（繫辭上 第十三章）

這種化育動作，是物性的自然發展，按照宇宙變化的規律去進行，彼此和諧地互相連繫，乃是物的『行』，也是物的『成』。

人有自己的人性，人性有自己的發育。孟子稱人性的發育，爲人心善端的發揚。人心有惻隱羞惡辭讓是非的善端，善端發揚成爲仁義禮智。中庸稱爲率性，稱爲誠，大學稱爲明明德。孔子孟子都主張人性是善的，孔子說：「人之生也直。」(論語 雍也) 天地萬物的物性既然都是善，人的性當然也是善。不過人有自由，又有慾情，人可以作惡，實際上有許多人作惡事；荀子便以人性爲惡。然而惡必不來自人性，而是來自慾情。朱熹乃講氣質，人的氣質有善有惡，因爲人所享受的氣有清有濁，氣清之人的氣質善，氣濁之人的氣質惡；於是主張變化人的氣質。

王陽明則認爲人性之善就是良知，即是說人性就是良知，良知自然發揚而成爲善的行爲，良知的發揚就是人性的發揚。這種發揚稱爲行。王陽明主張知行合一。先總統 蔣公把人性的自然發揚稱爲『行的哲學』，說行是自然的，是善的，和動不相同。

人性的善惡問題，乃是中國歷代哲學上的一個中心問題。自從孟子提出性善的主張，告子則有性可善可惡的主張，荀子有性惡的主張，漢朝董仲舒、王充有性分三品的主張，唐朝李翺有性分五品的主張，宋朝朱熹有本然之性善而氣質之性有善有惡的主張，清朝顏元有性善而習氣惡的主張。不過歷代學者不論對於人性的主張怎樣，大家都承認人有慾情使人爲惡，因此便應該克制慾情。祇有王陽明的一些門生，大膽說人性是善，人凡是任性所行都是善，他們不注意任性時乃慾情在動，慾情動不能都是好，所以學者都罵他們疏狂。

## 三

中國的哲學爲生命哲學。宇宙有陰陽兩氣，運行不息，化生萬物。周敦頤的「太極圖說」講宇宙由太極而無極，太極由動靜而生陰陽，陰陽生五行，五行生男女，男女生萬物。萬物各有物性，物性自然發育。

人得生命之理最成全，又得氣之秀，人乃有靈明的心，人性由人心而顯，道有仁義禮智。人能發揚自己的人性，便能發揚萬物之性，贊天地的化育，達到天人合一的境界。這種境界爲聖人『大德敦化』的境界。宇宙的生命，繼續不斷；陰陽兩氣時常運行，萬物陸續化生，若是這種化生的運行一旦斷了，宇宙便不是宇宙了。

人的生命也繼續不斷，人生命的繼續在於家族，在於民族。一個人的生命有完結的一天，但是這個人的生命，由他的子孫綿延下去。家族便是祖宗生命的綿延。這種生命的綿延，以祭祖的祭祀作爲象徵。一個人死後有人祭他，他的生命就沒有斷。中國的孝道爲『事

死如事生』孔子也說：「生事之以禮，死葬之以禮，祭之以禮。」（論語 爲政）

然而儒家最重人的心靈生命，卽孟子所謂人的大體。小體爲耳目之官。大體爲心思之官。人的生命以心靈的精神生活爲主。中國儒家哲學常講修身之道；因此，有許多學人說中國哲學祇是倫理哲學。然而中國儒學有易經的形上學作基礎，有理學家的靈修學作精神生活的修養，孔子所講的五倫道德乃成爲一種有系統的哲學。

道家的哲學也是生命哲學，莊子專講養生，使人的氣和天地之氣相合，與『道』合成一體，成爲眞人。道教乃講養氣煉丹，以求長生不死。

佛教的思想又是另外一種生命哲學，既以人生爲痛苦，乃求解脫，看透世界一切萬物皆是空，連自我也是空，乃能看到自心內的眞心，眞心卽是佛，人遂成佛入涅槃，常樂我淨。

從生命去看宇宙萬物，從精神生活去看人，中國哲學自成一系統。這種系統從古到今沒有斷絕。民國以來有許多學人，尤其青年學生，認爲中國哲學祇是一些倫理道德的說明，目前社會已變，倫理道德也變了，中國哲學已失去價値。但是對中國哲學有深入研究的人，如方東美和唐君毅兩位先生，就知道中國哲學在現在仍舊保有自己的價値。這一篇中國哲學大綱，雖然很淺，很簡單，大家就可以看到生命哲學在今天更有高深的價値：因爲大家在求生活的享受，大家都覺得生命的可貴。生活和生命究竟有什麼意義呢？先總統 蔣公說：

「生活的目的在增進人類全體之生活，生命的意義在創造宇宙繼起的生命，可以說是我的革命人生觀。」（蔣總統言論彙編 第十卷，自述研究革命哲學經過的階段）

這就是中庸所說的贊天地的化育的哲學，也就是儒家的生命哲學。

（曾載於益世雜誌 第五期 民國七十年二月）

# 九、中國哲學未來的展望

## 1. 中國哲學與中華民族的歷史

哲學不是不着實際的思想，而是時代改革和文化改革的指導，在東西的歷史上，都可以看到這種實例，歐洲近代社會的組織和形態，起自文藝復興運動。文藝復興雖由文藝之趨勢而起，然其時也有笛卡爾等的哲學思想。歐洲當代的社會形態，則起自法國大革命。法國大革命雖爲一政治史蹟，然當時有盧梭等人的哲學思想。我們可以先看一看中國以往的哲學思想史。春秋戰國的時代，是中國歷史上第一次大亂的時代，人心在久亂中思安，便產生了老、莊的清靜無爲論。五霸繼續爭强，兵戈連年，乃有墨子的兼愛論。合縱連橫，游說的政客各逞舌辯，於是有公孫龍等人的詭辯名學。堯、舜之道已絕，民族文化將斷，孔子、孟子乃起而繼承堯、舜、文、武之道，建立了儒家的思想系統。漢高祖統一天下，迎合思安厭動的民心，以道家無爲的思想，平治天下。到了漢武帝，天下已定，建立了一統的强國，便罷黜百家，一尊儒學。三國南北朝，天下鼎沸，朝代變換很快，沒有人能安於位；於是便有道家的清談，和竹林七賢的疏狂。唐太宗勵精圖治，國富兵强，中華文化達到高峯，詩歌和繪畫，大放異彩，佛教哲學建立了玄想高深的天臺、華嚴、禪各宗。唐末五代十國，消廢了儒家的人格。宋朝學者乃採道佛兩家的長處，結合儒家易經中庸大學之道，創立了理學，爲宋朝的讀書人建立了嚴肅的人生觀，提倡自律自重的人格。元朝蒙古人治理中國，士大夫盡力保存儒學，使中華文化繼續不絕。明初學者以篤行爲重，律身嚴厲，王陽明乃反而提倡致良知，他的弟子遂流於疏狂。明末學者謀救王學的流弊，趨向實學。清初學者痛惜王學疏狂，使明朝滅亡，致使滿清人入主中國，遂極力攻擊理學的空疏，主張回到六經和孔、孟之學，以求致用。清朝皇帝很怕漢人的民族思想，大興文字之獄，鉗制了思想的發展，學者乃趨於考據，使清朝三百年內沒有高明的哲學家。到了民國，因着反抗列强侵略的意識，力求「以子之矛，攻子之盾。」列强的科學發達而有兵力和經濟力，中國的青年就一心傾向科學，而且認爲清朝所有的傳統，乃是中國積弱的原因，於是養成反中國傳統的心理，胡適之講打倒「禮教」，打倒「孔家店」，把中國的哲學思想盡量拋除；然而也沒有接受歐美的哲學思想，以致形成社會生活的混亂，禮儀生活的脫節，哲學思想的眞空。這個現象遠的原因，是清朝的鉗制思想政策；近的原因，是追求革新社會的迫切企圖。

目前，臺灣的社會已安定下來，經濟繁榮，又急於以中華文化號召大陸同胞，社會乃漸復祖傳文化的趨向，青年人又漸漸重視中國固有的哲學思想。然而社會生活已經澈底改變，領導社會思想的三民主義應有一套完善的新中國哲學作後盾，所以我們很關心中國哲學未來的展望。

## 2. 中國哲學未來的展望

未來的中國哲學不能是懸空的玄想，而是要適合社會生活的領導思想。中國當前的社會是工商業的社會，是求進取的社會，和以往農業的安靜社會不同。中國當前的社會不是重視科學和科技的社會，而是求物質享受的社會，和以往重視人文思想和重視精神生活的社會不同。然而中國當前的社會又是民族意識很強的社會，大家追求國家在國際上的較高地位。我們研究這種社會的情況和需要，可以看到中國哲學未來的展望。

第一：中國哲學在未來的展望裏，一定是要從中國儒家哲學的基本觀念開展。中國歷代的哲學思想，雖有儒道釋三家，然而國民的生活和文化，都以儒家思想爲規範。儒家思想的中心爲生命哲學，講論人的生命，由天地生生之德，歸結到人的道德生命；因此儒家的哲學稱爲人文主義的哲學。

宇宙爲一整體，時時變化；變化的經歷爲萬物的生和死滅，卽是動靜不息。然而死滅乃是化生的歷程，死滅中含着新的生命，宇宙看來是一個活動的整體，是一道生命的洪流。而人的生命爲萬物生命中最高貴的生命，由心思之官去發揚。心思之官的生命爲靈明的生命，即精神的生命。宇宙萬物的『存有』，由動的方面說，中國古人稱爲『生命』，生命有生命之理，爲生命的次序。人的生命之理爲最完全的，最高尚的倫理之理，即仁義道統之理，儒家稱人爲『倫理人』，人的本體就是倫理的，就是善的。孔、孟講人性爲善。人的生命雖是最高貴的，然而和宇宙萬物的存有互相連繫，成爲『一體之仁』。宇宙萬物的連繫，各有自己的位置，各有各自的時間，互相調節，結成一個和諧的整體。儒家哲學所以講中庸之道，講大同之道，講『仁民而愛物』，這一個系統的觀念，就是儒家哲學的基本觀念，從易經一直到宋朝的朱熹、明朝的王陽明、清朝的王船山和戴震。未來的中國哲學也應保存這種思想，這種思想並不是一種陳舊不合時代的古董。當前的歐美哲學，趨向東方的生命哲學，援納印度哲學神秘生活的思想，因而歐美的社會在科學發展和物質享受到最高峯時，體驗到生活的枯燥，迷失了生命的意義，旣拋棄了固有的宗教信仰，乃向印度的神秘主義尋找生命的玄妙。我們的社會正在由農業進入工商業，開始享受豐盛的物質生活，我們不能讓我們的社會步歐美的後塵，墮入枯燥的物質生活裏。我們傳統裏旣然有高尚的精神生命意義，便應加以保存，加以發揚，使物質生活和精神生活能有平衡，能有和諧。

第二，中國哲學中所缺的，我們應該加深。中國哲學最缺乏邏輯方法，而歐美當前的哲學，以數學邏輯和語言邏輯最時髦，同時也還保存亞里斯多德的理則學。我們便在邏輯學方面，取歐美哲學之長，以補中國哲學之短。中國傳統哲學並不是不推理，然而因爲講宇宙之動，講人物的化生，講人心之靈明，習慣上使用直覺的體驗，少用客觀的推論。所有哲學著作，都是一篇一篇的文章，沒有連貫；所用名詞，意義多不確定；所有文句，在推理上多不嚴密。在歐美邏輯學和認識論已經發達到很嚴密的程度時，我們應採取這種哲學的優點。近年臺灣研究哲學的人，已經有人研究歐美的新邏輯。然而我們要採納長處而捨棄短處，歐美新邏輯的短處，是把邏輯學由方法論變成形上學，造成了語意邏輯和數學邏輯壟斷眞理。

第三，現在是自然科學發達的時期，雖然不能說科學萬能，也不能說自然科學以外沒有學術，我們不能走歐美前兩世紀的錯路，拋棄形上學，但是我們講形上學則不能明明地違背自然科學。中國傳統哲學裏的陰陽五行，形成了漢朝的易經卦氣和卦數說，以及董仲舒的天人感應說，也滋長了宋朝朱熹的天地構成說，以天在外，地在內，地由天氣運行的渣滓所構成。這些思想已顯然不合於天文學和物理學，在西洋哲學裏，希臘哲學的宇宙構成論也早已因不合於科學而被拋棄。我們中國未來的哲學，也要刪除漢朝和宋朝人的天地構成論，要用新的意義去解釋陰陽五行。張載曾說宇宙的變化以太極之一爲根源，以陰陽之二爲動力，這種思想是合於科學的思想。五行——金木水火土爲陰陽兩動力結合的基本形式，由五行而結成宇宙的物體。物體的質料爲氣，物體的物性爲理，理氣二元論，和西洋的士林哲學很相近。

第四，談到士林哲學，我們可以把它看作爲中國哲學未來展望的途徑。士林哲學雖然被人看作天主教的哲學，但是實際上它是代表歐洲的傳統哲學，由亞里斯多德，經過聖多瑪斯而傳到現代。在中古時它代表歐洲的唯一哲學，到了近代，歐洲哲學分成了許多學派，或者採納士林哲學的基本哲學，或者反對士林哲學的思想，直接地或間接地都和士林哲學有關係。而且這些哲學派別經過或短或長的時期就過去了，士林哲學則仍存在。別的哲學派常是討論哲學上的一部份問題，士林哲學則有整部哲學的系統。對於形上學，對於自然哲學，對於實踐倫理學和藝術論，士林哲學是有一貫的系統思想；對於人的生命觀和生活原則，也有高深的理論。理論雖高，却不是脫離人生的玄想；這一點和中國儒學思想很接近。士林哲學的認識論、本體論、倫理道德論，爲中國哲學未來的發展，在方法上、在原則上、在系統上，都能供給許多可以採用的途徑。歐美的新士林哲學已經採用了歐美新哲學派別的一些觀念。如數學邏輯、現象學和存在論。中國哲學的未來發展，當然也要採用這些新哲學的優點。

## 3. 結　論

哲學是一種學術，然而又是一種生活的藝術。自然科學爲客觀事實的研究，和人的生命可以不相關連；哲學則是人的思想，是我們人去看宇宙萬物。人生活在宇宙萬物之中，人的生命和宇宙萬物相連結，對宇宙萬物所有的觀念，造成人對自己生命的看法，形成人的人生觀，由人生觀而構成人的生活價值觀。

各位青年同學，你們是受高等敎育的青年，敎育是敎育青年生活的智識、生活的技能、生活的意義和途徑。凡是人都有靈明的心，會思索，既有思索就在行動時常有目標。生活的目標由哲學去指點，哲學攀不到的地方，便借助於宗敎信仰。青年大學生對於生命的意義和生活的目的，應該確定。然而常有不少的青年，對於自己的生活感到迷惘，不知道生活的意義。因此，我常主張在大學裏，並且在高中裏，應設有人生哲學和哲學概論，敎導青年學生去思索、去追求、去體驗人生的意義。人是『倫理人』，人生命的本身就有倫理價值，人生活的本性就有道德規律，一切物體都要按照本性的規律，以求存在，一株花木，按照本性要有陽光，要有水。凡是人，按照本性，須要有倫理道德，否則不能發展人的生活。中國儒家的哲學講述了這種人生的基本思想。儒家哲學在未來的發展，就在於把這種基本思想更科學化、更時代化、更哲理化，使合於新時代中國人的要求，以指導中國新文化的建立。

（民國七十年四月十三日 講於東吳大學）

載於益世雜誌 第九期 民國七十年三月

# 十、中國哲學與宗教

在輔仁大學召開的國際哲學會開幕詞裏，我曾論中國哲學與宗教，但因爲是開幕詞，不宜太長，我只寫了稍爲詳細的大綱，却並沒有發揮。今天，在宗教與文化的研究班，我便就這個問題，向大家作一次系統的講演。

## 1. 中國古代的宗教

宗教，就普通的意義說，是對於有超越性的神靈所具的信仰。這種意義只能說是宗教信仰，由信仰而發生敬禮，宗教便有敬神的儀典。因有儀典，便應該有擧行儀典的人，宗教乃有司祭。既有司祭，便應該有聯繫，有從屬，於是便有宗教組織。這種宗教稱爲有組織的宗教。

我國古代的宗教，在漢末道佛兩教成立以前，沒有宗教的司祭，沒有宗教的組織，只有宗教信仰，也有宗教儀典。沒有信仰，當然沒有宗教；有了信仰，必定表之於外，便有祈禱和祭禮。祈禱可以私人擧行，祭祀則是公開儀典，應有人主禮。禮記說：

「天子祭天地，諸侯祭社稷，大夫祭五祀。天子祭天下名山大川，五嶽視三公，四瀆視諸侯。諸侯祭名山大川之在其地者。」（王制）

中國古代只有宗教信仰和信仰的表現儀典，儀典的主禮人，卽是負責管治民衆的官員。皇天后土爲全民族所敬拜的神靈，敬禮由一國之主的皇帝主禮，其他神靈的敬禮由地方官主禮，家族祖先的祭祀由族長和家長主禮，這一點表現中國古人以信仰生活爲人生的一部份，宗教敬神的敬禮爲社會活動，由社會主管人負責。

中國最初的宗教信仰，現在可以考據的，是甲骨文的卜辭。甲骨文中有「帝」，帝卽書經中的上帝。書經和詩經的年代有的較比甲骨文還早。這兩册古書中充滿了「帝」和「天」的信仰。「帝」多用在商代，及商代以前，「天」則多用於周代。帝或上帝或皇天上帝，天或上天，都指着同一的尊神。在現代的商周銅器中，有毛公鼎和宗周鐘的銘文，銘文中刻有「皇天」，「唯皇上帝」。足以證明中國最初的尊神信仰。

當對人在信仰尊神以外，還信仰別的神靈。從書經裏我們可以看到有上下神祇的信仰，上天的神靈爲日月星辰風雨雷電的神明，地下的靈祇，爲山川湖海和家屋的五祀。

在書經詩經的時代，上帝的信仰很虔誠，人君的政治都奉天命爲依歸。到了春秋戰國，周室皇位的權威日形衰弱，終至於被霸主所淹沒；於是上天的信仰也漸式微，鬼神的崇拜越來越廣，以至人事的吉凶，幾乎都決於鬼神，詢神問卜的風很盛，孔子乃說：「敬鬼神而遠之。」(論語 雍也) 左傳關於鬼怪的紀錄很多，屈原九歌更顯出有物類的精靈。戰國末年的齊國的術士，更信神仙，倡言長生不死之術。五行的思想產生了五帝的說法，幾乎亂了上天尊神的信仰。民間的鬼神信仰及在漢末產了道教，道教興起的同時，佛教由印度傳入中國。道教和佛教有信仰，有祈禱和祭祀，有司祭的道士和僧尼，便成爲有組織的宗教。因此，普通講中國的宗教，常講道教和佛教，對於中國古代的宗教，雖有人稱爲儒教，然其實只能說是中國古代的宗教信仰。

對於宗教信仰的意義，在書經和詩經的時代，人都認爲上天信仰乃是政治的基礎，也是人行善行惡的監督。到了孔孟時代，孔孟都相信天命，作爲自己一生的規範。在後代的中國人心理上，上天的信仰和命運相連，人到了窮困時則呼天。

## 2. 中國古代宗教與哲學

宗教和哲學的關係，在中西的哲學裏互不相同。西方的宗教信仰，從羅瑪帝國以後，只有天主教（基督教）的信仰。天主教的信仰對於人的生活，在平面和縱面上都包括一切，有如中國的孝道，把兒子的一生所有的行動都涵蓋在內，兒子的一切善行爲孝，一切惡行爲不孝。天主教的信仰支配整體的人生，指示人生的來源，啓示人生的歸宿，以倫理的誡律，規範人的一切行動。因此一切學術都以信仰爲準繩，學術不會反對信仰。哲學既爲研究事物的最高理由，更不能違背信仰的啓示。而且信仰還須要理智去解釋，哲學便視爲信仰的解釋者。方東美先生說這是從宗教的途徑去研究哲學。

中國古人對於宗教信仰，則視爲人對於神靈的關係，這種關係的實現是人對於神靈的敬禮，敬禮的意義爲求福免禍。求福免禍的行動，不是研究事理的理由，故不進入哲學以內。中國古代哲學所研究的對象，以人的生命爲中心，由生命在人心的表現，而和宇宙萬物相連，進而研究宇宙萬物的生命，然後歸到至誠以贊天地化育的至善。方東美先生稱爲從人文的途徑去研究哲學。至於現代的西方學者，多以科學包括規範一切學術，哲學也以科學爲原則，則是從科學的途徑去研究哲學。（方東美　中國哲學的智慧。中國文化月刊　民六八年十一月號，頁六五）

不過，透過宗教研究哲學，並不否認哲學的獨立性，也不是以現世的宇宙和人生爲虛妄，而只追想形上的世界。例如聖多瑪斯的哲學爲實在論哲學，深深地研究事物的本體。同樣，透過人文研究哲學，並不否認宗教的信仰，更不是以人作宇宙的絕對主人翁。只有抱守狹見的學者，以科學爲萬能，除科學實證外沒有學術，則透過科學研究哲學，哲學便排斥宗教信仰，同時，哲學本身也失去了意義。

## 甲、中國古代形上思想與宗教

中國儒家形上學以易經爲根本，易經講宇宙的變化，講生命的來源。宇宙變易來自太極，太極自身有內在的變易，太極變易乃生陰陽，陰陽互相結合而有四象和八卦。

「易有太極，是生兩儀，兩儀生四象，四象生八卦。」（繫辭上 第十一章）

陰陽的變易，繼續不斷，乃化生萬物。

「一陰一陽之謂道，繼之者善也，成之者性也。」（繫辭上 第五章）

陰陽繼續變易，萬物乃得化生。易經以這種變易而化生萬物，爲天地好生之德，所以說：

「天地之大德曰生。」（繫辭下 第一章）

天地有德，而且有心有情。易經在解釋卦辭時，許多次說到天地之心和天地之情，例如：

「彖曰：復見其天地之心乎。」（復卦）

「彖曰：觀其所感，而天地萬物之情可見矣。」（咸卦）

「彖曰：觀其所恒，而天地萬物之情可見矣。」（恒卦）

天地而有德，有心，有情，這不能是象徵式的說法，而是代表古代儒家思想，以天地代表造物主上天。易經在形上的宇宙變易論裏，沒有包括宗教尊神的信仰；但是在生命的哲學裏則含有宗教信仰。例如：

「彖曰：大有上吉，自天祐也。」（大有卦）

「彖曰：先王以樂崇德，殷薦之上帝，以配祖考。」（豫卦）

「彖曰：天命不祐，行矣哉。」（無妄卦）

「六二，王用享於帝，吉。」（益卦）

「彖曰：利有攸德，順天命也。」（萃卦）

這些卦的彖或象，說到上帝和天，乃是表示易經對於生命，相信有上天的照顧。道家的形上學爲道德經，道德經以道爲萬有的根由。道自動自化，由道之無而生有，由有而生陰陽。

「道生一，一生二，二生三，三生萬物。萬物負陰而抱陽，沖氣以爲和。」

（道德經 第四十二章）

道爲無，有爲氣，氣分陰陽，陰陽調和而有和氣，乃化生萬物。在這種化生過程中，沒有宗敎信仰。老子只相信盲目的自然，以天地爲不仁，萬物自生自滅，受自然的支配，否認有天地好生之德。莊子却承認有造物者，在「大宗師篇」和「應帝王篇」就明明說出「偉哉造物者！」「彼方且與造物者爲人（偶）。」「予方將與造物者爲人（偶）。」而且在「齊物論篇」還說：「若有眞宰，而特不得其眹。」郭象注說「萬物萬情趣舍不同，若有眞宰使之然也。」莊子是否相信上天尊神，很難根據上面的文據而予以確定。然而他旣承認有造物者，則有點似乎易經，在生命方面相信有神。

漢朝的儒者，有經學家和易學家，兩者都受當時社會篤信鬼神的影響，而有天人感應的思想。天人感應以上帝和人民所行的善惡，在天地的自然現象裏引起感應。行善有祥瑞的感應，行惡有災異的感應。感應是種預兆，也是種警告，表示上天將予賞罰。呂氏春秋、淮南子、春秋繁露等書都有這種思想。他們的理由，在於宇宙萬有，無論物體或人事，都由陰陽之氣而成。人事之氣，可以引起宇宙間同類之氣的感應。呂氏春秋說：

「類因相合，氣同則合，聲比則應。」（應同篇）

易學家更以陰陽五行，配合六十四卦，再以六十四卦配合一年的四季，十二月，二十四節氣，七十二氣候，三百六十五日；又以干支配合日時；五行又能配合到天上的星辰和神明；整個宇宙萬事萬物，都受五行的支配，神和人之間沒有距離。

宋朝理學家擯棄了漢朝人的思想，直追易經和中庸大學的根源。周敦頤作太極圖說：

「無極而太極，大極動而生陽，動極而靜，靜而生陰，靜極復動。一動一靜，互為其根。……陽變陰合，而生水火木金土。……無極之真，二五之精，妙合而凝，乾道成男，坤道成女，二氣交感化生萬物。萬物生生而變化無窮焉。……」

這幅萬物生生圖，不含有宗教信仰，只綜合易經的太極兩儀和漢朝的五行，繪畫了萬物化生的過程。朱熹集理學的大成，主張物體由理氣而成，理成物性，氣成物形。人的心和性，卽是天理。天理爲天道，人心爲天地之心。在宋朝理學的形上思想裏，只有「天地之心」可以上溯到造物者上天之心，但其宗教信仰則不明顯。

中國的形上學，不像西方的形上學。西方形上學研究萬有的本性，追溯萬有的最高根由，乃歸到宗教信仰的上帝天主。萬有按照本性既不能自有，必定須有一自有而能使萬有可以有的尊神造物主。中國形上學講『道』—萬有的來由，一切由變而化生，變易由兩元素而成，兩元素來自最高之一；這個最高之一，爲太極，爲道，然不稱爲尊神。因此中國形上學和宗教信仰相分離，而只由理性去講求事理；然而並又排擠宗教，更不反對宗教信仰。

## 乙、中國古代倫理思想與宗教

在西方的倫理學裏，倫理的規律和標準，歸之於上天尊神，倫理的賞罰也歸之於尊神。倫理和宗教信仰不能分離，宗教信仰乃是倫理的基礎。

中國古代倫理的規律和標準，在開始時是由上天而來，到了後來則歸到人性天理。書經和詩經以天意爲倫理標準和規律；桀、紂因不奉行天意，暴虐人民，罪惡滔天。天爲上天的意旨。不僅皇帝的選擇，來自天意，善惡的規律也來自上天。易經以倫理標準爲天道地道，人的生活之道取法於天地之道，天地之道卽天地運行之道，爲自然界的規律。這種規律當然來自造物者上天；但是易經只講天地之道當然若何，不講天地之道的所以然之來源。孔子重禮，禮則作於聖王，聖王按照天道而作禮，孔子說：

「非禮勿視，非禮勿聽，非禮勿言，非禮勿動。」（論語 顏淵）

中庸則倡言遵從人性。中庸第一章開端就說：

「天命之謂性，率性之謂道，修道之為教。」

性爲人的本性，人的本性卽是人的善惡標準和規律。人性來自天命，天命本是上天的命，然宋明理學家則解釋爲人所天生的，所以稱爲天性。

孟子乃倡性善，性由心而顯，人心有仁義禮智的良能，存心養性，人就成爲善人君子。

性的善惡問題，由孟子開始，而後有荀子的性惡，有漢唐的性三品或五品說，到了宋朝朱熹乃以理氣說分性爲天地之性和氣質之性，天地之性本無善惡，氣質之性則有善惡。明朝王陽明則倡良知說，以良知爲善惡標準。良知卽是人性的具體表現，致良知便是大學的明明德和中庸的誠。

中國倫理的標準和規律，在書經和詩經爲天道，天道和宗教信仰相連。到了易經的天地之道，以及後代的人性，則都是一種自然之天理，而不和尊神上天的信仰相連了。天理在外界爲自然律，在人內爲人性良知。因此中國古人講倫理少有提到皇天上帝；雖然在倫理的根源，大家都假定有上天的信仰。這種信仰在倫理規律和標準上，不大明顯，但是在倫理的賞罰上，則很明顯了。中國人沒有人不信上天對於善惡的賞罰的。孔孟相信負有上天的使命，他們認爲遇或不遇，乃是上天的旨意。現在春節時，人家門上還貼着「行善之家，必有餘慶。」中國人的孝道，連繫父子的生命爲一體，父親行善行惡，兒孫可以受天命的賞罰。

倫理沒有賞罰，則不能完成任務。所謂行善而不存受賞之心的人，可以自唱高調。實際上行善而良心得安，已經是一種賞。行惡而得良心的指責，也是一種懲罰。但是良心的賞罰對於社會上一般的人，缺乏督促的動力。倫理須有超越人世的造物者予以賞罰，纔可以實現。書經說：

「乃訓于王曰：惟天監下民，典厥義。」（高宗肜日）

詩經「周頌」說：

「敬之敬之！天維顯思。……陟降厥士，日監在茲。」（敬之章）

上天監視全國上下，善者賞，惡者罰。

中國古代的哲學和宗教信仰，不直接相連繫，哲學研究人生，在理性的範圍內作研究。超乎理智的信仰，只在祈福免禍，和悲嘆一生的命運時，乃表現明白。

## 3. 中國當代哲學與宗教

中國當代哲學思想，指着中華民國時代的哲學思想，在清朝末年，社會上已經掀起改革的呼聲，這種呼聲到了民國初年，隨着五四運動的政治革命，擴張到思想的革新，和社會生活的改革，當時中國人因受歐美列强的欺侮。自覺不如人，願意採取歐美的社會生活方式和制度。歐洲當時盛行科學萬能的思想，貶抑形上的哲學思想。中國當時在自覺不如歐美的自卑感中，尤其覺得在科學上不如人；因此當時中國社會的傾向，傾向科學，輕視哲學，更輕視宗教，以宗教爲迷信，這種傾向在哲學上的代表爲胡適。胡適向中國青年介紹實驗主義，他說：「我敢說實驗主義是十九世紀科學發達的結果……上面我說了兩大段的話，現在我把它結束起來，就是㈠一切眞理都是人定的，人定眞理不可徒說空話，該當考察實際的效果。㈡生活是活動的，是變化的，是對付外界的，是適應環境的。」（實驗主義介紹 胡適選集 演說，頁八—一〇，傳記文學社印）。一切眞理都要由實驗去證明，宗教信仰也要實驗的證明，人類的思想都是假設，假設有了試驗，才成爲信仰，「然而信仰並不是一定不易的，須得試驗試驗才好。」（同上，頁一二）胡適並不反對宗教，但是他不信宗教，因爲宗教信仰不能有實驗的證明，他所說的實驗，乃是科學的實驗。

胡適的實驗主義是由美國杜威到中國來演講而發起的，後來英國羅素到中國來講學，邏輯實證論在中國也漸漸傳揚，這一派的代表，是殷海光，殷海光以「科學經驗論者對於證實原理倚若長城。但是，這道長城在經驗論底範圍以內基礎是否穩固實在大成問題。」（殷海光，科學經驗論底徵性及其批評　殷海光先生文集(一)，頁六二），他主張以經驗與邏輯作爲正確思想的評準，那麼「宗教教條，傳統的說法，祖宗的遺訓，……這些東西充滿了特殊的色調，沒有普遍的效率。我們把他叫做『有顏色的思想』，古往今來這些東西常常侵犯了知識的疆界，常常被人拿來代替知識，於是乎毛病卽產生。」（殷海光，正確思想的評準。殷海光先生文集(二)，頁七二三）。

在這種西化程度過高的呼聲中，引起了一些學者的反感。研究歷史的錢穆先生，堅決肯定中國儒家以人心爲倫理標準，用不着像西洋的宗教信仰。「我們所謂的中國道德精神與西方宗教精神不盡同，也與他們的團體精神與個人自由精神不盡合。我們常覺得自己既沒有宗教，而在團體組織與個人自由兩方面，其表現的精神力量也都不如人，實際這種看法，只是忘記了自己所特有的一套，而把別人的尺量來衡量自己。自然要感到自己的一無是處的了。中國的歷史文化民族，旣是以一種道德精神來奠定了最先的基礎，今天此一精神墮落，自將顯得一切無辦法，存在都發生了困難。如果我們能再把爲自己歷史文化民族作基礎的這一種道德精神，重新喚醒，我想當前的許多問題，也都可以迎刃而解。」（錢穆　中國歷史上的道德精神

中國歷史精神，頁一一四。東大圖書公司）

眞正代表中國當代哲學思想的兩位哲人，一位是方東美，一位是唐君毅。方東美對於人生，特別注意精神生活的超越性，以聖人的人格，超越人生的一切部份，而能統攝全世界，爲有這種精神，宗教信仰可以予以助力。「如此，他不僅僅是一個自然人，也不僅僅是一個藝術家，不僅僅是一個道德人格，而且在他的生命裏面，各方面的成就都閱歷過了，都提昇他的精神成就到達一個極高尚的地位。……他整個的生命可以包容全世界，可以統攝全世界，也可以左右支配全世界，那一種人我們可以叫做『全人』，而那個全人的生命能力叫做全能，那個全能，從世界許多文化上面看，我們拿藝術名詞，讚美他不够，道德名詞讚美他不够，世界上許多宗教等宗教的神聖價值讚美他的生命，才庶幾乎近之。除掉在口頭上談談之外，事實上在近代世界上面很少人在他的生命裏面眞正把他的精神提昇到一種盡善盡美的神聖境界。像這樣一種全人，我們可以叫做宗教的，這種宗教的人在宗教上就可以說是全人」。（中國哲學對未來世界的影響，方東美先生演講集，頁二二 黎明書局）

唐君毅在生命存在與心靈境界書裏，討論了宗教信仰在生活中的地位。「吾人今之說，則不以此諸信仰爲滿足情感上之要求，可容人自由信仰者，而承認此諸信仰，爲人依其道德生活之求相續，其生活之求理性化之要求，其思想所必然產生之不容已的信仰。」（唐君毅，生命存在與心靈境界下册，頁九七六，學生書局）。但是唐君毅認爲這種信仰只是生命的外圍；生命的核心，乃是人當下的道德心靈，道德心靈，卽是自覺心靈，能够在生活上和所處的境和事相感通，能包括這種種超越的信仰，在自覺心靈中，各種宗教信仰將溶化在一極單純的信仰中，卽「一切止於至善的信仰」。「而人誠能默存此一信仰之心，亦可涵攝此一切超越的信仰而無遺也。」（同上，頁九七八）。

## 4. 結語

我若要作一結論，講一講在當前的中國哲學思想裏，可不可以有宗教信仰，我的結論應該是肯定的。

當今中國的社會處在道德崩潰的時代，大家都感覺到應該恢復民族的道德遺產，提高人民的精神生活。在工業發達的社會裏，人民追求物質的享受，但是在有了物質的享受時，心頭却覺空虛，進而自覺生活的痛苦。這種現象乃是目前全世界人類所感到的現象。但是素以精神生活高尚，生活滿足的中華民族在自由國家裏，有了物質壓迫，精神失常的感覺，則應深加檢討。

中國人的精神生活，素來以君子和聖人爲目標。君子重義不重利，卽是看精神價值在物質價值以上，以道德爲重；聖人則是和天地相通，以天地好生的仁心而愛人。這種目標在工商社會，日日以取利爲目標的人看來，已經不合時代，然而爲求中國社會的安定和繁榮，爲求能統一大陸，復興中華文化，就必定要把傳統的生活目標：君子和聖人，重新標擧起來，吸引全體同胞，實踐這種生活，君子重義，義由禮去規定，因此孔子說仁道就是「非禮勿視，非禮勿聽，非禮勿言，非禮勿動。」（論語 顏淵）。禮不是以法律爲根基，法律則是以禮爲基礎，禮的根基是天理，天理爲造物主的天命。雖然現代歐美哲學家和法學家，有些人不主張有天命，不主張有自然律和性律，而主張一切規律都由人按時地環境所造，但是他們所主張而發生的結果，就是現在歐美社會的墮落和紊亂，我們中國既然有我們的傳統，就應該不蹈他的覆轍，我們應該繼承古人的道德思想，以『天命』爲倫理、道德、禮法的根基和來源。而且聖人以天地之心爲心，天地之心代表『上天』的愛心。以『上天』的愛心，參天地的化育，能以天地萬物爲一體，懷抱張載所說『民吾同胞，物吾與也。』（西銘）的大同精神。

我們要把徇於物慾的人心，提昇到一種精神化的境界裏，不僅有「仁民而愛物」的仁心，而且有「富貴於我如浮雲」（論語 述而）的心理，而後有「富貴不能淫，貧賤不能移，威武不能屈」（孟子 滕文公下）的大丈夫志氣。這種高尙的精神界不是科學所發明的物質宇宙，更不是金錢所造成的酒肉世界，而是宗敎信仰所啓示和實現的超越境地，拒絕幾千萬的賄賂，以保自身的淸白，這需要超越物質的精神力；不怕揷在身上的白刃，寧死不屈，以保全自身的貞潔，這更需要超越物質的精神力。這種精神力不是科學可以給的，也不是哲學可以產生的，而是由信仰而來。

當今的自由中國，需要這種精神力量；今日的哲學思想便要結合宗敎的信仰，以答覆現在民族和國家的需要。

中國的倫理道德需要宗敎信仰作根基，中國的形上學也需要宗敎信仰作根基，今天的形上學需要宗敎，這並不是反背時代的趨勢，現在中國社會的趨勢，在於科學，科學的精神在於事事求有理由，形上學對於萬有的源起，不能不予以交待，或者以宇宙萬有爲自有，如馬克斯的唯物辯證論，如各種進化論，如各種各式的泛神論，或者以宇宙爲尊神所造，從哲學立場去看，受造論較比自有論，更合於理，也就合於科學的要求。

中國儒家形上學，主張太極爲最先的實有，由太極而生變化，由變化而生萬物。儒家不以太極爲自有，同時主張太極的哲學家，如周敦頤、朱熹等人，都信書經和詩經所信的上天。今天我們講中國哲學接受易經所講的宇宙繼續變化，天地爲一『道』的生命洪流。生命的起點爲沒有生命的頑石，生命的最高峯，爲人的精神生活；頑石的來源不是來自自己本體，而是來自超越萬物的絕對實體，一個最高神靈，生命的最高峯，不是停在人的自心，也不停止萬物，而是直向超越萬有的絕對實體。人心無限，超過宇宙萬物而有餘，也可以包括宇宙萬有而有餘；人心的幸福快樂，在止於至善，體驗到絕對完滿的眞、美、善。科學所發明的宇宙，只能刺激人心再向前追求智識；哲學所講的思想系統，只能激勵人的理智向深處瞭解，藝術所創造的美，只能令人感嘆美的形式多不勝計。人心唯有達到絕對的實體時，纔能覺到如魚在海中，自由游泳。

歐美來源最遠、流傳最久的士林哲學，接受亞里斯多德的形上思想和倫理思想，以造物主的信仰作爲形上學和倫理學的根基。這種信仰可以貫通全部哲學思想，並不和科學思想相衝突。因爲若是科學家可以相信宗教，哲學家爲什麼不可以相信宗教呢？若是科學家不以宗教信仰和科學智識相衝突，爲什麼哲學家就要以宗教信仰和哲學相衝突呢？

士林哲學有的絕對實體，稱爲天主或稱爲上帝，也就是中國詩經書經所信的皇天上帝。這樣，今天我們講中國哲學，當然可以有宗教的信仰，而以信仰作爲基礎。

（曾載於輔仁大學第一屆國際哲學會論文集）

國立中央圖書館出版品預行編目資料

**中國哲學思想史**．清代篇／羅光著 -- 修訂版 -- 臺北市：臺灣學生，民 79
14,717 面；21 公分
ISBN 957-15-0174-3（精裝）：新臺幣 450 元 --
ISBN 957-15-0175-1（平裝）：新臺幣 400 元

1.哲學 - 中國 - 清（1644-1912）
127　　79001183

# 中國哲學思想史 清代篇（全一冊）

著作者：羅光
出版者：臺灣學生書局
發行人：丁文治
發行所：臺灣學生書局
台北市和平東路一段一九八號
郵政劃撥帳號〇〇〇二四六六八號
電話：三六三三六三四
FAX：三六三六三三四
本書局登記證字號：行政院新聞局局版臺業字第一一〇〇號
印刷所：淵明印刷廠
地址：永和市成功路一段43巷五號
電話：九二八七一四五
香港總經銷：藝文圖書公司
地址：九龍偉業街九十九號連順大廈五字樓及七字樓
電話：七九五九五九五
定價 精裝新臺幣四五〇元 平裝新臺幣四〇〇元
中華民國七十年十一月初版
中華民國七十九年十一月修訂版一刷

12011

ISBN 957-15-0174-3（精裝）
ISBN 957-15-0175-1（平裝）

# 學生書局出版羅光博士著作目錄

|  |  |  |
|---|---|---|
| 士林哲學——實踐篇 | 25開本 | 四八四頁 |
| 士林哲學——理論篇 | 25開本 | 八〇六頁 |
| 中國哲學思想史先秦篇 | 25開本 | 六五六頁 |
| 中國哲學思想史兩漢、南北朝篇 | 25開本 | 七一〇頁 |
| 中國哲學思想史魏晉、隋唐佛學篇（二册） | 25開本 | 一〇四二頁 |
| 中國哲學思想史宋代篇（二册） | 25開本 | 九六二頁 |
| 中國哲學思想史元、明篇 | 25開本 | 六三四頁 |
| 中國哲學思想史清代篇 | 25開本 | 七四六頁 |
| 中國哲學思想史民國篇 | 25開本 | 四八〇頁 |
| 中國哲學的展望 | 25開本 | 七〇四頁 |
| 新儒家論叢 | 32開本 | 二三〇頁 |
| 人生哲學論叢 | 32開本 | 四五二頁 |
| 宗教與哲學 | 32開本 | 三七〇頁 |
| 利瑪竇傳 | 32開本 | 二三六頁 |
| 羅馬四記 | 32開本 | 四二四頁 |
| 瑞士、羅馬、臺南 | 32開本 | 三〇六頁 |
| 臺北七年述往 | 32開本 | 二五二頁 |
| 儒家哲學的體系 | 25開本 | 四四〇頁 |
| 生命哲學 | 25開本 | 三九八頁 |
| 振興與民族生命 | 25開本 | 一四八頁 |
| 儒家哲學的體系續篇 | 25開本 | 二七二頁 |
| 中國哲學的精神 | 25開本 | 三二八頁 |